Ägypten

Ägypten

Eine Reise durch das Land der Pharaonen

Belser Verlag

STUTTGART
ZÜRICH

Schutzumschlagmotiv:
Vorderseite: Ansicht der Pyramiden von Gîzeh
(Foto John G. Ross/Rapho).
Rückseite: Hieroglyphen auf einem Steinblock aus dem
Tempel der Königin Hatschepsut (18. Dynastie) aus Karnak,
heute im Museum von Luxor (Foto G. Dagli Orti).

Titel der italienischen Originalausgabe:
Viaggio nell'Egitto dei Faraoni
Aus dem Italienischen von Christel Galliani

CIP-Titelaufnahme der Deutschen Bibliothek
Ägypten: eine Reise durch das Land der Pharaonen
(aus d. Ital. von Christel Galliani).
Stuttgart; Zürich: Belser, 1990
Einheitssacht.: Viaggio nell'Egitto dei faraoni < dt. >
ISBN 3-7630-1238-9
NE: Galliani, Christel (Übers.); EST

Redaktion: Angelo Conterio
Beratung: Lidia Pedrini
Graphische Gestaltung: Otello Geddo, Gianfranco Fiori
Bildrecherche: Centro Iconografico dell'Istituto
Geografico De Agostini – Mailand
Redaktion der deutschen Ausgabe: Erwin Tivig

Anschrift: Chr. Belser Verlag, Falkertstr. 73, 7000 Stuttgart 1
Satz: Fotosatz Hahn, Kornwestheim
Druck: Druckhaus Neue Stalling, Oldenburg
Printed in Germany
ISBN 3-7630-1238-9

Inhalt

Einführung ins moderne und antike Ägypten

Der nordöstliche Teil Afrikas und insbesondere der nordöstliche Sektor der Sahara-Wüste bilden das heutige Ägypten, einen Staat von etwa einer Million km² Oberfläche, von der nur 35 500 bewohnt und landwirtschaftlich genutzt sind, und in dem die Bevölkerungsdichte – im Durchschnitt mehr als 1000 Einwohner pro km² – Spitzenzahlen erreicht. Derzeit zählt Ägypten 40 Millionen Einwohner, aber die eindrucksvolle Zuwachsrate (ca. 800 000 Menschen pro Jahr) gibt trotz der von Nasser in den frühen sechziger Jahren eingeleiteten Politik der Familienplanung ständig Anlaß zu großer Besorgnis. Die erwerbstätige Bevölkerung beträgt ca. 12 Millionen, von denen sich eine Hälfte mit Landwirtschaft befaßt; die städtische Bevölkerung betrug 1977 44%.

Das Fruchtland des Niltals wird zu beiden Seiten von Wüste umschlossen (im Westen von der Libyschen, im Osten von der Arabischen Wüste): Diese deutliche natürliche Abgrenzung spiegelte sich im Lauf der Geschichte und Kultur wider, so daß man den Begriff „Oasenkultur" geprägt hat, eine lange schmale Oase schwarzer Erde zu beiden Seiten des großen Stromes. Das Leben spendende Element der Oase war natürlich immer der Nil, der das Land auf einer Länge von ungefähr 1500 km durchfließt, zu beiden Seiten gesäumt von zwei Landstreifen, die er durch seine Wasser fruchtbar macht und die insgesamt zwischen 10 und 20 km breit sind. Sturzbachartige Regenfälle, die während des Sommers auf die äthiopische Hochebene niedergehen, rufen das Hochwasser beider Nile (des Weißen und des Blauen) und des Atbara hervor: schon im Juni ist der Fluß angeschwollen, seinen höchsten Stand erreicht er im September, um sich dann langsam zurückzuziehen und schließlich im April sein Normalniveau zu erreichen. In der Vergangenheit hatten diese jährlichen Hochwasser große Wirkung und trugen durch Bewässerung und Ablagerung von Schlamm dazu bei, die Uferstreifen fruchtbar zu machen. Nach der Erbauung einiger Staudämme, allen voran des Hochdamms von Assuan, wird der Fluß auf einem konstanten Niveau gehalten und das aufgespeicherte Wasser je nach Bedarf verteilt. Auf diese Weise wurde das Fruchtland leicht verringert, dafür aber die Erzielung von drei Ernten jährlich möglich gemacht. Im Norden öffnet sich fächerartig das Nildelta; es hat eine Oberfläche von 23 000 km² und bietet sich als landwirtschaftlich genutzte weite, leicht gewellte Ebene dar, durchzogen von künstlichen Kanälen und Binnenseen. Die Meeresströmungen gebieten der Ausdehnung des Deltas Einhalt, das heute jährlich um 4 Meter wächst. Die einst zahlreichen Flußläufe sind heute auf zwei reduziert: die Kanäle von Damiette und Rosette, also die antiken Kanäle von Pelusium und Canopus.

Das Niltal beginnt auf der Höhe der Hauptstadt Kairo und entfaltet sich zwischen zwei Reihen terrassenförmiger Wüstenhochebenen, die sich in geringerer oder größerer Entfernung vom Fluß – felsig und zerklüftet im Osten, sanfter und sandiger im Westen – erheben. Zwischen Nâg Hammâdi und Luxor beschreibt der Nil eine Biegung nach Osten, dann verengt sich das Tal so stark, daß bei Gebel el-Silsila die felsigen Hügel fast senkrecht zum Fluß herabfallen. In Assuan bietet der Fluß dank einer natürlichen Sperre (auf der ein Staudamm gebaut wurde), obwohl abgeschwächt durch die Regulierung des Wasserlaufs, das Schauspiel des ersten Katarakts, wo die Strömung von zahlreichen granitenen Erhebungen durchbrochen wird. Weiter im Süden hat der Hochdamm das große Becken des Nasser-Stausees geschaffen, und die ursprünglich wild wirkende Landschaft hat sich stark verändert: Im nördlichen Nubien ist der Flußlauf verschwunden, er wird fast vollständig von der neuen Stauung eingenommen.

Eine immerwährende Landschaft des alten und heutigen Ägypten: die karge, kalkige Welt des Tals der Könige im Gebiet von Theben. Auch das Bild des einfachen Mannes und seines Esels gehören zum Heute und zum Gestern: ein Gesicht Ägyptens, das sich nicht wandelt. Gegenüberliegende Seite: Sarkophagsaal des Grabs von Tut-ench-Amun im Tal der Könige. Der Mumiensarg enthält die Mumie des Pharaos, die einzige in situ erhaltene.

Physisch-politische Karte des heutigen Ägypten.

Das ägyptische Klima ist heute trocken und weist recht hohe Temperaturen auf. Im Deltagebiet kann man es als ein mediterranes Klima mit nicht übermäßig hohen Temperaturen bezeichnen, in Mittelägypten gemäßigt mit starken Temperaturschwankungen zwischen Tag und Nacht, in Oberägypten und im unteren Nubien sehr heiß. Niederschläge sind selten und von kurzer Dauer. Charakteristisch sind die Passatwinde; sie wehen mit der Regelmäßigkeit eines Uhrwerks von Norden nach Süden und begünstigen damit blauen Himmel und das trockene Klima; den südlichsten Regionen schenken sie in den brennend heißen Mittagsstunden manches kleine „Lüftchen". Zwischen Ostern und Pfingsten wehen die heißen Chamsin-Winde; sie bringen Hitze und tragen Sand und Staub aus der Wüste herbei. Es versteht sich von selbst, daß das Winterhalbjahr die beste Zeit für einen Besuch in Ägypten und insbesondere im Niltal ist.

Die Nachfahren der alten Ägypter weisen ethnische Gemeinsamkeiten auf und sind zu 93% Moslems (die Zahl der Christen, überwiegend Kopten, beläuft sich auf 1 200 000). Nach ihrem sozialen Status kann man sie in zwei große Gruppen unterte-

len: die auf dem Land lebenden Fellachen und die fortschrittlicheren sogenannten Kopten, die in den größeren Städten leben. Daneben gibt es die Minderheiten der Nubier und der Wüstenbeduinen; letztere sind noch Nomaden. Gegenwärtig ist Ägyptens Staatsform ein Präsidialregime: Der Präsident bleibt sechs Jahre lang im Amt, er wird von der Wählerschaft bestätigt, nachdem er von der Nationalversammlung nominiert war. Letztere ist die einzige Kammer (372 gewählte Mitglieder und 10 präsidial ernannte), sie übt die legislative Gewalt und die politische Kontrolle über die Tätigkeit der Regierung aus. Das Land ist in 25 Verwaltungsbezirke unterteilt. Das alte Ägypten war ein reiches Land, eine große Oase in der Wüste, von ihrer Organisation her darauf ausgerichtet, daß das unbekannte Universum die Zeitläufte unbeschadet überdauere: ein konservativer Staat, dem es darum ging, zu viele Bewegungen und Veränderungen von Natur und Menschen zu verhindern. Absoluter Herrscher war nur der Pharao, er besaß die alleinige Entscheidungsgewalt; unterstützt wurde er durch einen Rat von hohen Staatsbeamten, die seine Entscheidungen oft beeinflussen konnten. Nach ihm

Ansicht des linken Nilufers auf der Höhe von Assuan. Der große Strom, zusammen mit seinem Quellfluß Kagera der längste der Welt, fließt auf ca. 1.500 km durch ägyptisches Gebiet. Als ursprüngliche und schützende Kraft eines großen Volkes war er für die Zeitgenossen der Pharaonen die Achse der Orientierung, die Straße par excellence und der große Bewirker der natürlichen Feldbewässerung. Von seinem jährlichen Hochwasser, soweit es zu gering oder zu ausgiebig war, hingen Leben und Wohlergehen der Bewohner dieser Oase zwischen zwei Wüsten ab.

Einer der Titel des Pharaos war Nesutbit, *„der dem Schilf und der Biene angehört", also Ober- und Unterägypten.*
Die Reichseinigung der beiden Ägypten wurde etwa dreißig Jahrhunderte vor Christus von König Menes-Narmer vollendet.

Mittlere Temperatur (in ° C)			
Ort	Jahres-mittel	Januar	Juli
Gîzeh	21,1	13,1	28,0
Fayûm	22,2	13,6	29,1
Kairo	21,9	13,8	28,6
Luxor	24,1	14,6	31,2
Assuan	25,2	16,0	32,2

Jährliche Niederschläge und relative Luftfeuchtigkeit		
Ort	Nieder-schläge	Luft-feuchtig-keit
Gîzeh	19 mm	53 %
Fayûm	19 mm	48 %
Kairo	42 mm	50 %
Luxor	4 mm	34 %
Assuan	–	22 %

kam der Wesir: er kümmerte sich um die Verwaltung des Landes und auch um die Justiz. Die Bürokratie, durch die der Herrscher die Ordnung im Reich aufrechterhielt, wurde vervollständigt durch eine Reihe von hohen Beamten, Schreibern und Priestern. Der Wesir hatte die Macht, „Gesetze zu erlassen, Ämter zu übertragen und die Grenzen zu bestimmen, um einen Besitzer von seinem Nachbarn zu unterscheiden". Unter den hohen Beamten gab es einen Schatzmeister, dem die Kontrolle über die königlichen Speicher übertragen war, einen Beauftragten für die öffentlichen Arbeiten und einen Befehlshaber der Feldzüge. Die Aufteilung des ägyptischen Territoriums erforderte lokale Gouverneure und lokale Richter für kleinere Straftaten.

Der Pharao blieb Herrscher und Machthaber, bis Ende der 6. Dynastie die Entwicklung der Bürokratie der 42 Provinzen, der von einem Gaufürsten getragenen Gaue (diese Ämter waren inzwischen erblich geworden), sowie die Einräumung von größeren Privilegien an diese Verwaltungen zur Aufteilung Ägyptens in Fürstentümer von feudalem Zuschnitt führte; gleichzeitig erlangten Priester und Tempelorden immer mehr weltliche Macht. Mit dem Mittleren Reich, dem klassischen Wohlstandszeitalter des Landes, wurde die Verwaltung erneuert, und die Staatsbeamten verloren einen Teil ihres Einflusses: eine von Wohlstand geprägte Kultur setzte sich so bis zur 13. Dynastie fort. Die politische Einheit zerbrach noch einmal an der Beherrschung durch die Hyksos, und asiatische Elemente beeinflußten das ägyptische Leben bis zum 16. Jahrhundert, als die Fremdherrscher vertrieben und eine Periode der Erneuerung eingeleitet wurde – auch dank des Hereinströmens von Reichtümern durch glückliche Feldzüge in Asien. Die Gesellschaft strukturierte sich nun nach einem neuen, blühenderen Modell: unter den Herrschern Thutmosis III., Amenophis II., Thutmosis IV. und Amenophis IV. dehnte sich der Reichtum auch auf eine neue Gesellschaftsschicht aus, die sich zwischen Adel und Plebs schob, ohne jedoch die Übermacht der thebanischen Priesterschaft zu mindern. Gezwungenermaßen mußte der Pharao nun zu den religiösen, bürokratischen und administraven Klassen sowie zu den von draußen zurückgekehrten ruhmreichen Heerführern Beziehungen unterhalten. Amenophis IV. gab den Anstoß zu einer Revolution in der Verwaltung und setzte durch den Aton-Kult eine neue zentralisierte Macht ein, die bis zu seinem Tode bestehen blieb. Anschließend stellte Tut-ench-Amun die vorherige Ordnung nach den Kanons von Polytheismus und die Beamtenmacht der Tempel- und Militärklasse wieder her (letztere konnte einem ihrer Feldherren, Haremhab, zur Macht verhelfen). Eine vielgestaltige, komplexe und eklektische Kultur und Lebensart kennzeichnen das Ägypten der 19. und 20. Dynastie. Die Pharaonen dieser Epoche waren diplomatischer und suchten ihre alte Autorität durch den Ruhm großer architektonischer Werke und durch die künstlerische Verherrlichung von Ramses' Sieg über die Hethiter wiederzufinden. In dieser Zeit jedoch kamen die politischen und kulturellen Impulse von hohen Beamten, Militärs und Priestern: nicht von ungefähr instituierte sich eine neue Volkssprache, das Neuägyptische.

Der langsame Niedergang der Macht war in diesem „bürgerlichen" Ägypten bereits im Gange, und die politische Kraft wurde durch die Machtergreifung ausländischer Pharaonen abgeschwächt. Die 21. Dynastie leitete eine weitere Zwischenperiode ein, die mit der saïtischen Dynastie (7. und 6. Jh.) einen flüchtigen Moment des Wiederaufblühens erlebte. Das politische Leben erholte sich, und zwischen der assyrischen Besetzung und der ersten persischen Beherrschung kam ein Prozeß der Aufnahme von Beziehungen zur griechischen und mediterranen Welt in Gang. Später, infolge der Auflehnung von Amyrtaios gegen die persischen Pharaonen, erlebt Ägypten dann die letzte Periode wirklicher Unabhängigkeit (28.–30. Dynastie).

Während des Alten und Mittleren Reichs ist die Existenz von Sklaven nicht nachgewiesen, wahrscheinlich benützte man aber Kriegsgefangene als öffentliche Sklaven. Nachgewiesen ist dagegen die Existenz von privaten Sklaven während des Neuen Reiches. Es war ihnen jedoch die Möglichkeit zu juristischen Handlungen gegeben, etwa gegen ihren Herrn vorzugehen, ein kleines Vermögen zu besitzen und eine Familie zu gründen. Was die Organisation der Familie betrifft, läßt sich im Alten Reich dank des ausgeprägten herrschenden Individualismus beobachten, daß die väterliche Macht und die Autorität des Ehemanns ihre Grenzen hatte, so daß sowohl die Ehefrau als auch die Kinder eigene Rechtsfähigkeit besaßen. Die Ehe gründete sich überwiegend auf Monogamie, wenn auch Fälle von Polygamie vorhanden waren. Aufgrund der gewandelten ökonomisch-sozialen Verhältnisse wuchs während des Neuen Reiches die Verantwor-

Ausschnitt des inneren Sarkophags aus massivem Gold von Tut-ench-Amun, Pharao der 18. Dynastie. Man sieht die königlichen Attribute, Symbol für Macht und Autorität: Auf dem Haupt des Herrschers der Schleier nemes, *geschmückt mit den Köpfen von Geier und Kobra, Abbilder der Schutzgöttinnen von Ober- und Unterägypten; in den Händen der Hirtenstab und die Geißel. Der lange künstliche Bart war außer den Göttern allein dem Pharao vorbehalten und symbolisierte seine göttliche Abstammung.*

tung des Vaters oder, wenn er fehlte, des ältesten Sohnes. Dieser Familienvorstand war vor dem Pharao verantwortlich für die der Familie zugewiesene Arbeit und für die Erbringung der entsprechenden Leistungen. Eine Rückkehr zum Individualismus fand während der saïtischen Zeit statt, die volle rechtliche Gleichstellung der Ehepartner wurde wiederhergestellt.

Über die Erbfolge liegen keine gesicherten Erkenntnisse vor, ob also dem Verstorbenen, der keine Verfügungen getroffen hatte, der älteste Sohn nachfolgte oder alle Kinder. Man weiß, daß während des Neuen Reiches einer nur dann „Erbe" werden konnte, wenn er sich um die Bestattung des Verstorbenen kümmerte, und daß ein jeder das Eigentum an alle oder einen Teil seiner Güter auf Priester übertragen konnte, die sich dann um alles kümmern würden, was der Verfügende nach seinem Tod benötigte. Der Boden war Eigentum des Pharaos, der ihn zur Nutznießung an Tempel oder Privatleute überlassen konnte; tatsächlich scheint es auch Privatbesitz gegeben zu haben, was Dokumente aus verschiedenen Perioden bezeugen.

Die Geschichte des alten Ägypten

Vorbemerkung

Die vom Unterlauf des Nils durchzogene Nordostregion Afrikas nimmt gerade durch den Nil einheitliche geographische Charakteristiken an, während die sie im Osten und im Westen begrenzende Wüste ihre Isolation und Verteidigung begünstigt. Geographische Faktoren waren daher, wie auch im Falle Mesopotamiens, von großer Bedeutung für die Geschichte des alten Ägypten, obwohl sie allein keine hinreichende Erklärung für eine so entwickelte und die Zeit so lange überdauernde Kultur bieten.

Ägypten ist deshalb, wie Herodot sagte, sehr wohl „ein Geschenk des Nils", aber dieses Geschenk kam erst durch Jahrtausende von Mühen und Kämpfen zum Tragen, durch welche die geographische Wirklichkeit angepaßt, verwandelt und ihre positiven Seiten ausgenutzt wurden. Die Bewohner des Niltals, die sich hier wegen der Fruchtbarkeit des Bodens in vorgeschichtlicher Zeit niedergelassen hatten, kämpften hartnäckig gegen die regelmäßig wiederkehrenden Überschwemmungen, die mit ihrer Düngekraft heilsam waren, aber auch den Siedlungen Zerstörung brachten. Die Menschen bauten Dämme und gruben Kanäle, erbauten Speicherbecken, legten ihre Behausungen höher, verstanden es, das Hochwasser zu verteilen und seine düngende Kraft zu nützen. Die ägyptische Zivilisation baute also auf der Landwirtschaft auf, stellte aber erhöhte Anforderungen an die Organisation zwecks Kanalisierung und Bewässerungsnutzung der Nilwasser. Es liegt nicht fern zu vermuten, daß solche organisatorischen Notwendigkeiten ein Ansporn zu einem schrittweisen Übergang von der politischen Teilung zu einer Einheit waren, nachdem der übliche Wandel von einer halbnomadischen zu einer Hirtenkultur und dann zu der der seßhaften Landbauern stattgefunden hatte. Diese hatten offenbar im 5. Jahrtausend, im frühen Neolithikum, ein technisches und soziales Niveau erreicht, das es ihnen erlaubte, mit einer systematischen Kultivierung des Fruchtlandstreifens am Fluß zu beginnen.

Doch aus welchen Volksgruppen setzte sich die ägyptische Bevölkerung zusammen? Kann man tatsächlich von einer Verschmelzung afrikanischer und asiatischer (semitischer) Elemente sprechen, wie manche Gelehrte behauptet haben?

Gewiß zeigt das ägyptische Volk im Lauf seiner jahrtausendelangen Geschichte ziemlich homogene und beständige Charakteristiken, doch die ursprünglichen Herkunftsgruppen definitiv auszusondern, hat sich als extrem schwierig erwiesen. Statt von hamitisch-semitischen Völkern zu sprechen, sind die Gelehrten heute eher der Ansicht, daß man diese Frage aus linguistischer Hinsicht angehen muß. Wegen der gemeinsamen Elemente in Phonetik, Morphologie und Wortschatz stellt sich das Altägyptische als dem Kuschitischen, dem Libysch-Berberischen und Semitischen verwandt dar und kann daher als hamitisch-semitische Sprache bezeichnet werden. Die Herkunft der diese Sprachen sprechenden Bevölkerung bleibt daher Hypothese.

Vorzeit

Während des paläolithischen Zeitalters, bis zum 7., 6. Jahrtausend v. Chr., herrschte in der Nilregion ein feuchtheißes Klima und eine üppige subtropische Vegetation; die heutigen Wüstenzonen waren damals bewaldet und hügelig, sehr geeignet für die Jagd.

Gegenüberliegende Seite: Ausschnitt aus der einen Seite der Schminkpalette des Königs Narmer, die vom Beginn der 1. Dynastie stammt und 1898 in Hierakonpolis gefunden wurde. Sie ist das wichtigste Dokument, das an die in den Anfängen der ägyptischen Geschichte gewaltsam herbeigeführte Einheit der „beiden Länder" unter einem einzigen König – dem des Niltals – erinnert. Man sieht König Narmer mit der weißen Krone Oberägyptens, wie er mit seinem Stock einen Feind trifft, sicherlich einen Krieger des Deltas, was in der Symbolik oben rechts auf der Palette zum Ausdruck kommt (der Falkengott des Südens, Horus, thront über dem Papyrusbusch, Symbol des Deltas, also des Nordens).

Aufgrund der sturzbachartig mitgeführten Wassermengen, die den Lauf des Nils anfangs bestimmten, brauchte er Jahrtausende, um sich sein Bett zu graben; das mit ungesunden Sümpfen und Lagunen gesäumte Niltal war lange Zeit völlig unbewohnbar. Aus paläolithischer Zeit gibt es mit Ausnahme einiger Funde entlang der das Niltal begrenzenden Terrassen nur wenige Zeugnisse; es handelt sich um steinerne Ablagerungen, die oft nicht geschichtet sind und allein aus der mesolithischen Phase stammen, auch infolge eines Wechsels des trockener gewordenen Klimas, von dem uns mehr Funde aus Heluan, Kôm Ombo und in der Oase von Laqeita vorliegen. Nachdem die Hochebene der Sahara mit Ausnahme weniger Oasen unbewohnbar geworden war, ließen sich die verschiedenen Stämme im Niltal nieder, das inzwischen allmählich seine heutige Gestalt angenommen hatte. Die neolithische Zeit, deren Wirtschaft auf Viehzucht und Landwirtschaft aufgebaut war, ist ausführlicher dokumentiert in Merimde, Beni Salâme und in der Gegend des Fayûm, und zwar durch Gräber, die bereits reiche Grabbeigaben, ebenso wie Schmuck und Amulette enthalten. Auf das Neolithikum gehen auch fein gearbeitete Keramiken zurück: in Form von Lorbeerblättern geschnittene Lanzen (letztere aus dem Deltagebiet), geschliffene Äxte sowie elegant und präzise gearbeitete Pfeile. Die neolithische Zeit ist gekennzeichnet vom gleichzeitigen Vorhandensein von Metall und Stein und bietet uns umfangreiche Zeugnisse in Oberägypten, spärlichere im Deltagebiet. Man unterteilt das ägyptische Neolithikum üblicherweise in drei große Phasen, genannt Badari, Nakâdâ I und Nakâdâ II. Die Badari-Kultur, die sich auf eine Wirtschaft aus Bauern und Hirten gründete, ist bis Nubien dokumentiert und gekennzeichnet durch Gebrauchsgegenstände aus Stein, Bein, Muscheln und Kupfer sowie durch schwarzgeränderte Keramiken. Die Nekropolen befanden sich in einiger Entfernung von den Dörfern; unter den Grabbeigaben wurden Vasen, Paletten und weibliche Figürchen aus Elfenbein oder Ton gefunden.

Die Nakâdâ I-Kultur ist reich an nubischen Einflüssen, aber die bemalte Keramik bezeugt auch Kontakte mit Asien. Einige Darstellungen eines langohrigen Hundes verweisen wohl auf den Seth-Kult; Sarkophage tauchen auf, und in vielen Gräbern Oberägyptens sind die Toten wie in pharaonischer Zeit mit dem Kopf nach Osten begraben.

Die Nakâdâ II-Kultur kennt den Gebrauch von Kupfer, Silber kommt hinzu, und es finden sich Hinweise auf eine Kolonisation des Deltas. Aufgrund ikonographischer Elemente mesopotamischer Herkunft auf ägyptischen Gebrauchsgegenständen dieser Zeit schließt man auch auf Invasionen asiatischer Völker im Niltal. Ein neuer Typus der verzierten Keramik tritt auf, ferner das blaue oder grüne Email, das später in der ägyptischen dekorativen Kunst eine besondere Entwicklung finden wird.

Oben: Statue des Pharaos Djoser, der als Begründer der 3. Dynastie gilt.
Unten: Ausschnitt der Diorit-Statue von Chephrên, dem vierten Pharao der 4. Dynastie. Die großen Pyramiden, obwohl beeindruckende Zeitzeugnisse, sind stumm; dennoch vermitteln diese gigantischen Bauten den Eindruck einer starken, zentralisierenden Regierung, deren Souverän unangefochten herrscht, sowie eines Staates, der gut vorbereitet ist, eine solche Arbeit organisatorisch zu bewältigen und das Heer von Zehntausenden von Arbeitskräften zu versorgen.

Frühzeit und Altes Reich

Mit Beginn der historischen Zeit, um das 4. Jahrtausend v. Chr., wirkt Ägypten im Gegensatz zu den ersten Ansiedlungen, die sich am Tal des großen Flusses gebildet hatten, jetzt bereits wie ein sehr fortgeschrittenes und zivilisiertes Land. Die einzelnen Gaue sind schon fest gegründet, ein jeder hat sein eigenes Schutzsymbol, seine „Standarte“ wahrscheinlich totemistischer Herkunft: Falke, Stier, Krokodil, Lotos usw. Zwischen den Gauen gibt es häufig Streitigkeiten und Kämpfe, und zwischen den Gauen des Südens und denen des Nordens scheint eine dauernde Rivalität zu herrschen. Diese Dualität spiegelt sich schon in der ägyptischen Bezeichnung für das Land – „Die beiden Länder“ – wider, also Ober- und Unterägypten. Gemeinsam stand man jedoch vor der gleichen Aufgabe: gegen den Nil zu kämpfen und ihn zugleich auszubeuten, Dämme und Kanäle zu bauen und das Land zu bearbeiten, und darum siegten schließlich gemeinsame Interessen über Gegensätze.

Die Einigung der Reiche von Buto (Unterägypten) und Hierakonpolis (Oberägypten) soll durch den Stab des sagenhaften Königs Skorpion dokumentiert werden, einem König des Südens, dessen Name man mit dem Ideogramm des Skorpions schrieb und der ein Bündnis aus Ägyptern, wahrscheinlich aus dem Norden, besiegt haben soll. Die Vereinigung des Landes bestätigt ein anderes, ebenfalls in Hierakonpolis gefundenes Dokument, die Palette des Königs Narmer, auf welcher der König auf der einen Seite mit der weißen Krone Oberägyptens dargestellt ist, wie er gerade auf die Feinde aus dem Norden einschlägt, auf der anderen mit der roten Krone von Unterägypten. Die

Relief der Mastaba des Ptahhotep und Achethotep in Sakkâra. Ab der 5. Dynastie gewannen die mit Alltagsszenen ausgeschmückten Gräber von Privatleuten an Bedeutung. Aus solchen Funden und aus manchen Dokumenten kann man schließen, daß zu jener Zeit die absolute Herrschaft an Stärke verlor und die Grundlagen für die folgende feudale Staatsform entstanden. Auch die Ämter, bis dahin durch königliche Ernennung vergeben, wurden fortan erblich.

Identifizierung des Königs Skorpion mit Narmer, wie sie in der Vergangenheit vorgeschlagen wurde, ist heute nicht mehr akzeptabel; man kann daher davon ausgehen, daß die von „Skorpion" begonnene Einigung um 3000 v. Chr. von Narmer zu Ende geführt wurde oder, nach einer anderen Datierung, um 2850 v. Chr. stattfand.

Über die prädynastische Zeit gibt uns neben den archäologischen Funden der sogenannte „Stein von Palermo" wertvolle Auskunft, eine Platte aus Diorit, aufbewahrt in Palermo, auf deren beiden Seiten die königlichen Annalen bis zur 5. Dynastie mit Darstellungen aus der Zeit vor der ersten Dynastie eingraviert sind. Über die dynastische Zeit, also seitdem die historisch belegte Geschichte des Landes beginnt, werden die Nachweise immer zahlreicher und eingehender. Neben den Monumenten ist dies den Inschriften mit Königslisten, den Papyri, den Annalen der Pharaonen, den Verwaltungsdokumenten und den literarischen Texten zu verdanken: Sie sind recht gut erhalten, vor allem diejenigen, die man in Oberägypten mit seinem trockenen Klima und Wüstensand gefunden hat. Vervollständigen lassen sich diese Dokumente mit den Hinweisen aus der Bibel und denen der griechischen Geschichtsschreiber, allen voran Herodot, der Ägypten im 5. Jahrhundert besuchte. Dem ägyptischen Priester Manetho, der zu Beginn des 3. Jahrhunderts v. Chr. lebte, verdanken wir die Einteilung der historischen Perioden in Dynastien: von Menes bis Alexander den Großen sind es dreißig. Dieser Einteilung als Kriterium folgten bis in die heutige Zeit die Ägyptologen, obwohl Manethos Text, der uns aus zweiter oder dritter Hand überliefert ist, alles andere als sicher und verläßlich ist. Gegenstand lebhafter Diskussionen war immer die Chronologie. In jüngerer Zeit tendiert man zu einer Verkürzung gegenüber der tradi-

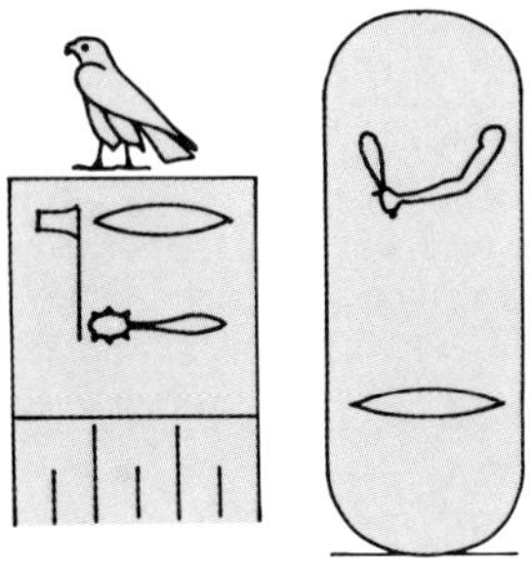

Djoser (3. Dynastie)

Cheops (4. Dynastie)

tionellen Chronologie, wodurch sich der Beginn der geschichtlichen Zeit von 3100–3000 auf 2850 v. Chr. verschiebt, ein Datum, das jedoch auch heute nicht von allen Gelehrten geteilt wird. Thinis, auf halber Strecke des Niltals gelegen, war die dynastische Stadt, und in Memphis, wo Delta und Nil zusammentreffen, entstand die neue Hauptstadt. Der König wurde als Fürst von göttlicher Gnade betrachtet, ja als ein Gott, der alle Totems oder Schutzgeister der Gaue des Nordens und Südens in seiner Person vereinte. Der Herrscher, dem der Titel Horus zustand, war auch „derjenige, der den Lebensmittelvorräten aller vorsteht“; ein Großteil der Ernte wurde dem Königspalast übergeben, dem „Großen Haus“ *pir-ô*, woraus der Begriff Pharao wurde und was sowohl auf die königliche Wohnstätte als auch auf den König selbst Anwendung fand. Erster Herrscher des geeinten Ägypten war, laut Herodot, Manetho und nach dem Papyrus von Turin war es Menes, der von manchen mit Narmer identifiziert wird, von anderen mit dem Horus Aha anderer Dokumente.

Die beiden ersten sogenannten thinitischen Dynastien haben uns in Sakkâra und Abydos eindrucksvolle archäologische Zeugnisse hinterlassen. Die königliche Bürokratie war in ständiger Weiterentwicklung; immer abhängiger vom König war auch die Priesterschaft, und man kann sagen, daß am Ende der thinitischen Periode über die Konsolidierung der Monarchie und einer zentralisierten Verwaltung es im Land ein hohes technisches, handwerkliches und künstlerisches Niveau gab.

Mit der 3. Dynastie (2686–2613) tritt man in das eigentliche Alte Reich ein: Von seinem ersten Herrscher Sanacht ist nichts bekannt; der zweite, vielleicht ein Bruder von Sanacht, Djoser, wahrscheinlich Sohn von Chasechemui, dem letzten König der 2. Dynastie, ist dagegen von herausragender Bedeutung. Ihm ist die Erbauung der Stufenpyramide von Sakkâra zu verdanken, deren Baumeister Imhotep war, eine Persönlichkeit von hohem Rang am Hofe von Djoser, die später zum Gott erhoben wurde. Unter Djoser und seinen Nachfolgern wurden die Grenzen befestigt, und ein Teil Nubiens wurde zu ägyptischem Protektorat. Es liegen auch Zeugnisse von Expeditionen kommerzieller Art in den Sinai vor, und es scheint, daß man als Wechselkurs wertvolle Metallstücke benutzte, die jedesmal mit der Waage gewogen wurden.

Die 4. Dynastie, die von vielen Gelehrten als die größte oder zumindest eine der größten der ägyptischen Kultur betrachtet wird, begann mit Snofru, dem „wohltätigen König“, dem man militärische Feldzüge nach Nubien und Libyen zuschreibt. Unter seiner Herrschaft trafen aus Byblos vierzig mit Zedernholz beladene Schiffe ein. An ihn erinnert ferner seine Bautätigkeit an der Pyramide von Medûm (die manche zwar Huni, dem letzten Herrscher der 3. Dynastie zuschreiben, die aber sicherlich von Snofru vollendet wurde) sowie die Pyramiden von Dahschûr: Aus den Mastabas, den Pyramiden der Gegend sind wunderbare Reliefs ans Licht gekommen, die dank der dargestellten Szenen beweisen, daß sich schon zu jener Zeit eine weitreichende Bürokratie instituiert hatte, die bis zur griechisch-römischen Zeit dauern sollte. Cheops, Chephrên und Mykerinos sind die Könige der berühmten gleichnamigen Pyramiden von Gîzeh, kühne und bewundernswerte Bauwerke, in denen Intelligenz und Technik von Jahrhunderten zusammenfließen und die eine sorgfältige Organisation der kollektiven Arbeit bezeugen. Herodot erzählt uns, an der Cheops-Pyramide, auch „Große Pyramide“ genannt, hätten 100 000 Menschen zwanzig Jahre lang in wechselnden Schichten zu jeweils drei Monaten gearbeitet. Nach jüngsten Studien betrug die Zahl der Arbeiter, die in jeder Bauphase tätig waren, zwischen 33 000 und 55 000. Diese Angaben geben auch einen Hinweis auf den enormen Aufwand, den die Pharaonen der 4. Dynastie nicht mehr für öffentliche Arbeiten trieben, sondern zu reinen Prunkzwekken und um ihre Erinnerung unversehrt die Jahrhunderte überdauern zu lassen.

Die großen Pyramiden sind daher Anzeichen eines völlig zentralisierten politischen, wirtschaftlichen und religiösen Systems und ein Symbol der großen Reichtümer des ersten ägyptischen Absolutismus. Der Niedergang dieses Absolutismus kommt auch in den Dimensionen der Pyramiden zum Ausdruck, die nach der des Cheops allmählich kleiner werden. Auf die 4. Dynastie folgt unmittelbar die 5. Dynastie – beginnend mit Userkaf –; sie bleibt etwa 150 Jahre an der Macht. Nach der Legende sollen die ersten drei Herrscher Söhne von Rê und der Braut eines Priesters von Heliopolis gewesen sein. Die Erzählung ist interessant, weil sie belegt, welche Bedeutung die Priesterschaft von Heliopolis neben der königlichen Autorität erlangt hatte. Der Titel „Sohn des Rê“ erscheint immer wieder in der Königstitulatur; zwei Tempel von Rê, einer von Userkaf und einer von Ne-user-Rê hat man aufgefunden, weitere vier Sonnentempel werden in Texten genannt. Insgesamt ist die Zahl der königlichen Monumente dieser Dynastie aber geringer als die der Baumeister der großen Pyramiden. Zu Bedeutung gelangten vielmehr Grabmäler oder Mastabas von Privatleuten, die mit Szenen aus dem Alltagsleben ausgeschmückt wurden. Aus solchen Funden und aus Berichten in Dokumenten kann man daher schließen, daß die absolute Herrschaft bereits die Grundlagen zu einem Feudalstaat zu legen begann und Ämter, die vorher durch königliche Ernennung vergeben wurden, später vom Vater auf den Sohn übergingen.

Die 6. Dynastie (ca. 2345–2181) begann mit Teti, dem man einen Feldzug nach Nubien zuschreibt und von dem uns ein Dekret überliefert ist, das den Eigentümern des Tempels von Abydos Steuerbefreiungen zu Lasten des Königsschatzes bewilligt. Nach der kurzlebigen Regierungszeit des Userkarê regierte fast fünfzig Jahre lang Pepi I., und seine Eheschließung mit zwei Töchtern eines Erbfürsten aus der Provinz, vielleicht aus Abydos, beweist die von den Feudalherren erlangte Macht. Unter der langen Herrschaft von Pepi II., der mit sechs Jahren den Thron bestieg und 100 Jahre alt wurde, vollendete sich der Niedergang des Alten Reichs durch ständige Dezentralisierung der Macht und Aufzehrung des königlichen Vermögens. Positiver Faktor der Dynastie blieb die Expansion in Nubien und auch in Asien, die sich nach Zeugnissen auch auf ferne Länder Afrikas (Punt) und vielleicht auf Kreta ausdehnt. Beim Tod Pepis II. kam es zum Ausbruch einer dynastischen Krise, die zentralisierte Verwaltung von Memphis brach zusammen, und das Unbehagen gipfelte in einer gesellschaftlichen Revolution, die bis in die Zeit der 7. und 8. Dynastie reichte und jene dunkle Periode von Wirren sowie politischen und gesellschaftlichen Umwälzungen ins Rollen brachte, die man allgemein als „Erste Zwischenzeit“ bezeichnet.

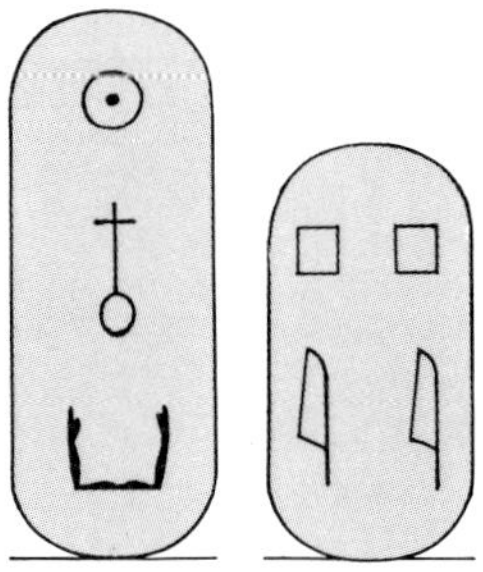

Pepi II. (6. Dynastie)

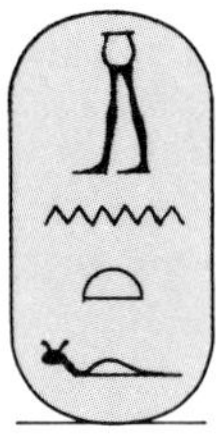

Antef (11. Dynastie)

I. Zwischenzeit (ca. 2181–2060)

Dies ist eine dunkle, historisch schwer zu rekonstruierende Zeit. Die Historiker sind sich noch uneins über den Ablauf der Fakten und über die Dauer der Dynastien. Die Verwirrung kommt schon bei Manetho zum Ausdruck: Er schreibt der 7. Dynastie siebzig Könige zu, die insgesamt siebzig Tage geherrscht hätten. In dieser Zeit kam es sicherlich zu gesellschaftlichen Unruhen, zu Unterwanderungen durch fremde Nomadenstämme asiatischer Herkunft im Gebiet des Deltas und zum Bruch wirtschaftlicher Beziehungen mit dem Ausland. Die Dokumente schildern immer wieder gesellschaftliche Umwälzungen, Anarchie, Raubüberfälle und Morde. Irgendwie gelang es der Pharaonenmacht, obwohl nahezu einflußlos geworden, zu überdauern: Von der 7. Dynastie ging man zur 8. über, sie hatte ihren Sitz noch immer in Memphis, während die Macht der Gaufürsten wuchs. Manchen Gelehrten zufolge soll sich diese Dynastie in Koptos niedergelassen haben, laut anderen soll die 8. Dynastie keine memphitische, sondern in Abydos beheimatet gewesen sein. Einigermaßen berechtigt ist die Annahme, daß Abydos, Elephantine und Koptos unabhängig waren, wenn sie auch die königliche Autorität anerkannten, und daß dem Pharao daher nur eine eingeschränkte Autorität über die memphitische Region blieb. Gegen 2190 war Ägypten in mindestens drei Gebiete aufgeteilt: das Delta, die Gegend von Memphis und im Niltal die 9. herakleopolitanische Dynastie. Diese Dynastie stellte mit Cheti I. die monarchische Einheit wieder her, ließ das Reich von Memphis zusammenbrechen und dehnte ihre Macht auch auf die Gaufürsten von Theben aus. Die Texte sprechen von Kriegen und Hungersnöten ab der Regierung von Neferkarê I. – einem der Königsnamen der Dynastie, der uns durch den Turiner Papyrus unversehrt überliefert wurde.

Über die 10. Dynastie haben wir etwas gesichertere Nachrichten; zumindest sind uns die Namen der Pharaonen erhalten. Es scheint, als hätten die thebanischen Gaufürsten zu Beginn dieser Dynastie noch die Autorität des Pharaos von Herakleopolis anerkannt, doch gegen 2130 schmückte sich einer von ihnen mit dem Königstitel. Es handelt sich um Antef I. aus der 11. Dynastie, die eine Zeitlang parallel zur 10. herrscht. Der Krieg zwischen beiden Dynastien endete ungefähr 2060 mit dem Sieg des Nebhepetrê Mentuhotep II. und mit der darauf folgenden Wiedervereinigung ganz Ägyptens unter thebanischer Vorherrschaft. Das glorreiche Reich Mentuhoteps II. bildet den Abschluß der I. Zwischenzeit und leitet das sogenannte Mittlere Reich ein.

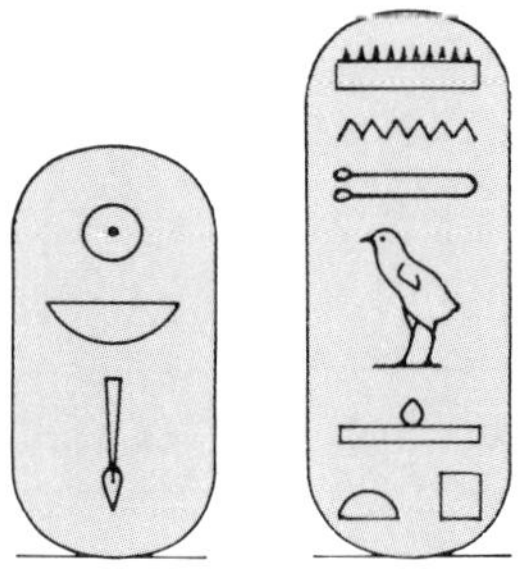

Mentuhotep II. (11. Dynastie)

Amenemhêt I. (12. Dynastie)

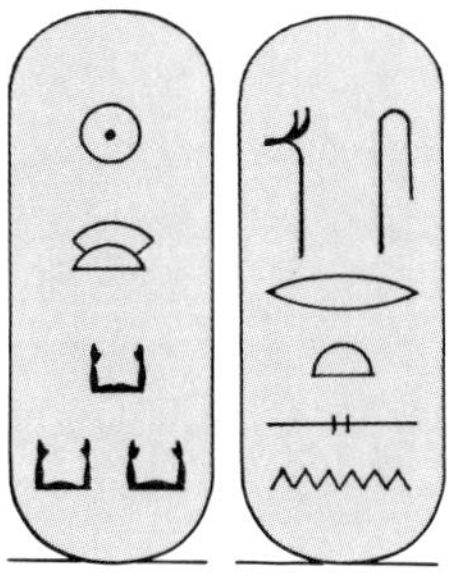

Sesostris III. (12. Dynastie)

Amenemhêt III. (12. Dynastie)

Gegenüberliegende Seite: Roter Granitknopf des Sesostris III., des großen Herrschers der 12. Dynastie, der die ägyptische Herrschaft in Nubien verstärkte und die neuen Südgrenzen befestigen ließ.
Bemerkenswert ist, daß der Herrscher im Mittleren Reich nicht mehr mit idealisiertem Gesicht dargestellt wird, sondern als menschliches Wesen mit seinen ihn individualisierenden Merkmalen. Bei dem Porträt Sesostris' III. sollen besonders die tiefen Falten zu beiden Seiten des Mundes und die schweren Augenlider ausdrücken, wie müde und sorgenvoll der Pharao angesichts der schweren Regierungsverantwortung ist. Jetzt kommt, nach Ansicht Curtos, beim Herrscher „das Bewußtsein [zum Tragen], daß seine Macht weniger auf göttlicher Einsetzung als vielmehr auf seiner persönlichen Fähigkeit zu befehligen beruht".

Mittleres Reich (2060–1786)

Auf Mentuhotep II., der zum Zeichen der erfolgten Befriedung auch den Namen Semataui, „der das doppelte Land vereint", annahm, und unter dessen Herrschaft man die Kontakte mit dem Ausland sowie die Bau- und Kunsttätigkeit wiederaufgenommen hatte, folgten nach alter Geschichtsschreibung weitere vier Mentuhotep, nach jüngsten Studien jedoch nur zwei. Unter der kurzen, nur siebenjährigen Herrschaft von Mentuhotep IV. bewährte sich Wesir Amenemhêt bei Expeditionen ins Land Punt und zum Wâdi Hammamât (letztere Expedition sollte einen Sandsteinblock für den königlichen Sarkophag in die Heimat bringen). Dieser Amenemhêt bestieg um 1991 unter ungeklärten Umständen, vielleicht in der Folge eines Komplotts und Unruhen, den Pharaonenthron und leitete damit die 12. Dynastie ein, eine der ruhmreichsten und wichtigsten der ägyptischen Geschichte.

Obwohl sie weiterhin Theben hochschätzten und es mit Monumenten ausstatteten, verlegten Amenemhêt I. und sein Sohn ihre Residenz nach Iztaui (Lischt, „welche die beiden Länder erobert") an der Grenze zwischen Ober- und Unterägypten. Die Herrscher der 12. Dynastie, vier Amenemhêt und drei Sesostris, bauten die administrativen Strukturen und Dienste wieder auf und stellten mittels der Steuerbehörden eine königliche Kontrolle über die Provinzen wieder her, wobei sie den Erbgouverneuren eine gewisse Autonomie beließen. Die bereits zu Zeiten der schlimmsten Unruhen erkannte Notwendigkeit, die Gesellschaftsklassen anzugleichen, wurde immer deutlicher. Vor allem zeichnete sich eine religiöse Gleichstellung ab: Alle Ägypter hatten das Recht auf ein überirdisches Weiterleben. Man kann aber zu Recht auch von einer größeren Gleichstellung der Klassen sprechen, da alle Untertanen des Pharaos zu den öffentlichen Ämtern der riesigen thebanischen Bürokratie zugelassen wurden.

Der theokratische Absolutismus war nicht mehr restauriert worden, und die geringere Einschüchterung vor Priesterschaft und Religion zeigte sich auch in der Literatur, die nicht mehr nur eine liturgische und den Pharaonen gegenüber hagiographische Funktion besaß. Die Wissenschaften und die mathematischen Studien entwickelten sich; die bildenden Künste befreiten sich von den alten Zwängen und Regeln. Auch die Außenpolitik war von neuer Energie gekennzeichnet. Nach Nubien und Palästina wurden erfolgreiche Feldzüge geführt. Aus Nubien strömten die wertvollen Produkte Zentralafrikas herein: Elfenbein, Gold, Häute und Straußenfedern, aus den Minen des Sinai Kupfer und Türkis. Besonders ruhmreich war die Herrschaft von Sesostris III. (1878–1843), der zu einer stark zentralisierten Verwaltung zurückkehrte, vier Feldzüge in den Süden unternahm und für die Befestigung der Grenzen zu Obernubien sorgte.

Sein Nachfolger, Amenemhêt III., hatte eine ruhige, der wirtschaftlichen Entwicklung des Landes gewidmete Regierungszeit und brachte die Urbarmachung und Bewässerung des heutigen Fayûm-Beckens, in alter Zeit Merimde-See genannt, zu Ende. Nach einer Zeit der Mitregentschaft mit seinem Vater regierte Amenemhêt IV. nur neun Jahre; unter seiner Herrschaft dehnte sich der ägyptische Einfluß in Asien noch weiter aus, wie es auch Gegenstände, die man in einem Grab von Byblos fand und die seinen Namen tragen, beweisen. Die 12. Dynastie endete mit der kurzen Herrschaft einer Frau: Sobek-nofru, der Tochter Amenemhêts III., deren Namen viele Monumente tragen. Vielleicht schon mit Amenemhêt IV. und Sobek-nofru begann jene jähe Krise, die Ägypten vom Glanz der 12. Dynastie zum Verlust seines Einflusses auf die umliegenden Gebiete sowie zum Zerfall seiner inneren Einheit führte und es dadurch den Gefahren einer ausländischen Invasion aussetzte.

II. Zwischenzeit
Invasion der Hyksos (1786–1551)

Die II. Zwischenzeit stellt sich dem Historiker noch dunkler und problematischer dar als die erste. Glücklicherweise besitzen wir eine genaue Chronologie der Zeit zwischen dem Tod Sobek-nofrus (1786) bis zur Machtergreifung durch Amose, den Begründer des Neuen Reiches (1551). Diese Datierung steht im krassen Gegensatz zu den von Manetho angegebenen fünfzehn Jahrhunderten. In diesen 200 Jahren regierten etwa 217 Pharaonen; daraus läßt sich eine politisch sehr unruhige Situation ableiten, eine

Ausschnitt aus dem bemalten Relief aus dem Totentempel der Königin Hatschepsut in Dêr el-Bahri mit der Darstellung der Expedition ins Land Punt (vielleicht das heutige Somalia), die von der Königin in ihrem 8. Regierungsjahr zu Handelszwecken entsandt wurde. Man sieht den von der Königin beauftragten Schatzmeister Nehesi an der Spitze seiner Truppen, wie er von der Königin von Punt empfangen wird. Das Land Punt lieferte den Ägyptern Ebenholz, Weihrauch, Elfenbein, Gold und exotische Tiere. Nach zweieinhalb Jahrhunderten Krieg stellt die Regierungszeit von Königin Hatschepsut ein zwanzigjähriges Intermezzo von Frieden und Wohlstand dar.

Gegenüberliegende Seite: Oben, Statue des Thutmosis III. beim Opfern. Dieser Herrscher ist der wahre Begründer des ägyptischen Reiches – unter ihm erstreckte es sich, nach 17 erfolgreichen Feldzügen, im Osten bis zum Euphrat und im Süden bis nach Napata (4. Katarakt). Unten, Ausschnitt einer Gruppenstatue des Amenophis III.; sie stellt den Pharao dar und befindet sich jetzt im Museum von Luxor. Er regierte etwa 40 Jahre in Frieden und widmete sich besonders den Künsten. Die Feldzüge der vorangegangenen Pharaonen nach Asien und Afrika brachten Ägypten ungeheure Reichtümer: Theben ist die größte Hauptstadt der damaligen Welt, es ist Niut, *die „Stadt" par excellence (das biblische No), und ihr wirklicher Name Wêset, „die Dominierende", war nie angemessener als damals.*

beinahe ständige Aufeinanderfolge von Umstürzen sowie auch die parallele Existenz mehrerer Dynastien und demzufolge die Zersplitterung des Landes in zahlreiche kleine Reiche. Etwa ein Jahrhundert lang übte das thebanische Königtum ständig, wenn auch formell, die Macht aus; die 13. Dynastie beginnt mit der Herrschaft Sebekhoteps I., der weiterhin die Herrschaft über Nubien ausübte, wie es die Felsen von Semne beweisen.

Die Herrschaft seines Nachfolgers Sechemkarê wird von Monumenten sowohl in Unter- wie in Oberägypten bezeugt. Nach diesen Pharaonen werden die Nachrichten über die tatsächliche politische Situation des Landes immer wirrer: Ein Londoner Papyrus gibt Auskunft, daß unter Sebekhotep III. viele Asiaten als Staatsdiener in Oberägypten tätig waren. Es handelt sich mit großer Wahrscheinlichkeit um Unterwanderungen durch asiatische Nomadenvölker, die sogenannten Hyksos (der Name kommt von der ägyptischen Bezeichnung für „Fürsten fremder Regionen"), Unterwanderungen, die sich später in wahre Wellen einfallender Völker verwandelten.

Die Hyksos, die mit der breiten Völkerwanderung in Verbindung standen, welche im 2. Jahrtausend v. Chr. den Mittleren Orient erschütterte, kamen also aus dem Osten und bildeten in gewissem Sinne die Avantgarde indoeuropäischer Völker, wie die Hethiter, oder solcher anderer Abstammung, wie die Hurriter und die Kassiter. Einfallend aus Anatolien und dem oberen Mesopotamien, trieben sie semitische Völker vor sich her, welche im Kern die Hyksos bildeten, die sich dann in Ägypten niederließen. Um die Mitte des 18. Jahrhunderts errichteten sie ihr Zentrum in Auaris, im östlichen Deltagebiet, beherrschten direkt Unterägypten und machten Oberägypten zu einem Vasallenstaat. Mehr oder weniger unabhängig blieben eine gewisse Zeit lang die westlichen Gebiete des Deltas, die von den Königen von Xois (Chaset) regiert wurden, welche nach Manetho die 14. Dynastie stellen. Als es den Hyksos gelang, sich Memphis' zu bemächtigen (etwa 46 Jahre nach der Besetzung von Auaris), betrachteten sie sich als legitime Herrscher Ägyptens und aus ihren Reihen ging erst die 15. und dann die 16. Dynastie hervor. Trotz der zahlreichen in Ägypten zurückgelassenen Bauwerke besitzen wir von den Hyksos-Herrschern keine Porträts, hingegen sehr viele Skarabäen und Siegelabdrücke. Eine Zeitlang waren die Beziehungen zu den thebanischen Fürsten, die um 1650 die 17. Dynastie gegründet hatten, von gegenseitiger Toleranz gekennzeichnet. Während bei der 15. Dynastie die Könige als die „großen Hyksos" bezeichnet werden, nennt man in der – wahrscheinlich parallelen – 16. Dynastie die ausländischen Könige die „kleinen Hyksos". Es handelte sich sicherlich um Fürsten mit auf kleine Gebiete begrenztem Machtbereich, deren Namen überwiegend unbekannt sind.

Die ägyptischen Autoren zeichnen übereinstimmend ein düsteres Bild der Hyksos-Zeit. Die Tatsachen dagegen bestätigen, daß die Hyksos die ägyptische Kultur respektierten sowie deren Sitten und Gebräuche annahmen; ihr Auftauchen in der ägyptischen Welt kann man eher mit einer langsamen Durchdringung als mit einer gewaltsamen Invasion vergleichen. Schwierigkeiten in den Beziehungen entstanden gegen Ende der 17. Dynastie, die zwar ein Vasall der Hyksos war, aber gewissermaßen die Gaue Oberägyptens um sich geschart hatte und sich auf die nationale Befreiung vorbereitete.

Eine große, 1954 in Karnak gefundene Stele überliefert detailliert die militärischen Maßnahmen, die der thebanische König Kamosé gegen den Hyksos-König Apophis ergriff. Man spricht von einem Sieg Kamosés und von seiner triumphalen Rückkehr in die Hauptstadt. Den vollständigen Sieg über die Invasoren trug jedoch sein Nachfolger Amose davon, der an der Spitze eines mit Streitwagen ausgerüsteten Heeres Auaris besetzte, es eroberte und die Feinde bis nach Palästina verfolgte.

Das Neue Reich (1551–1070)

Mit Amose begann die Epoche, die später als „Neues Reich" bezeichnet wurde und sich über drei Dynastien bis 1070 v. Chr. erstreckte. Ihre Hauptstadt ist Theben.

Dies war eine sehr glückliche und blühende Zeit in der Geschichte Ägyptens. Die Expansionspolitik führte zur Eroberung des syrisch-palästinensischen Gebietes noch unter Amose und seinen Nachfolgern Amenhotep oder Amenophis I. und Thutmosis I., der seine Armee nach Norden bis zum Euphrat vordringen ließ.

Eine Neuaufteilung des Landes zugunsten von Krone, Militär und Amun-Priesterschaft wurde vollzogen, man nahm die Ausbeutung der Kalksteinbrüche wieder auf, um Tempel in Memphis und Luxor zu errichten. Amenophis I. wurde später zusammen mit seiner Mutter, Ahmose Nefertari, als chthonische Gottheit verehrt.

Auf Amenophis I. folgte Thutmosis I., der in Karnak, am Ostufer Thebens auf den Überresten eines Bauwerks aus dem Mittleren Reich, mit dem Bau des großen Amun-Tempels begann und in dem Wâdi, das später unter dem Namen „Tal der Könige" bekannt wurde, ein Grabmal ausheben ließ. Sein Sohn Thutmosis II. hatte eine Regentschaft von kurzer Dauer, es folgte die bedeutsamere von Thutmosis III., dem Sohn einer Nebenfrau, der vom Amun-Orakel in seiner Thronfolge bestätigt wurde und anfangs die Macht mit der Königinmutter Hatschepsut teilte, die, gestützt auf hohe Staatsbeamte, viele Jahre lang die tatsächliche Regierungsgewalt inne hatte. An sie erinnern der Grabtempel von Dêr el-Bahri und berühmte Handelsexpeditionen. Thutmosis III. mußte Syrien zurückerobern und zwei Jahrzehnte erbitterter Kämpfe gegen die syrischen Fürstentümer führen, die sich gegen ihn verbündet hatten; gegen Ende seines Lebens erweiterte er den ägyptischen Herrschaftsbereich auch im Süden bis zum 4. Nil-Katarakt. Theben, Heimat der neuen, ruhmreichen Dynastie und Zentrum des Amun-Kults, stand auch durch das Hereinströmen von Tributen in ständiger Blüte, der ägyptische Lebensstandard wurde immer höher und luxuriöser. Amenophis II. und Thutmosis IV., die unmittelbaren Nachfolger von Thumosis III., konnten dieses ausgedehnte Herrschaftsgebiet erhalten, denn das rasche Aufsteigen der Hethiter veranlaßte das Mitanni-Reich, ein Bündnis mit den Pharaonen einzugehen, wie es die Ehe Thutmosis' IV. mit einer Mitanni-Prinzessin beweist. Hier handelte es sich allerdings nicht um ein „Imperium" in modernem Sinne, sondern vor allem um einen ausgedehnten Einflußbereich entlang der Hauptverkehrsader von Ägypten nach Syrien und in die syrischen Häfen. Die ägyptische Macht war vor allem eine Wirtschaftsmacht, die sich auf die Tribute gründete; „im Land meines Bruders ist Gold so gewöhnlich wie der Staub", besagt die Tafel eines unterworfenen Fürsten in Keilschrift. Aber die Hethiter übten Druck aus auf die Untertanen und stachelten sie gegen die Ägypter auf, und schon unter Amenophis III., dem Schöpfer des großen Theben, und unter Amenophis IV. schwächte sich die königliche Aufsicht über die Eintreibung der Tribute ab.

Unter Amenophis IV. kam eine religiöse Krise größeren Ausmaßes hinzu. Besorgt über die Macht, welche die thebanische Amun-Priesterschaft erreicht hatte, und vielleicht eine mystische Tendenz aufnehmend, die bereits verbreitet war, setzte der Herrscher eine Reform in monotheistischem Sinne in Gang; vor allem verehrte er den Sonnengott Aton und zog mit seiner Königin Nofretete von Theben in die neue Stadt Achet-Aton (das heutige Tell el-Amarna). Er änderte selbst seinen Namen in Echnaton (der Aton dient). Einige Jahre später gewannen Priester und Adel die Oberhand, und der Herrscher konnte keine Versöhnung erzielen.

Der Pharao berief als Mitregenten seinen Schwiegersohn Semenchkarê, Kommandeur der Truppen in Syrien, der anscheinend seinen Schwiegervater aber nur um wenige Monate überlebte; Königin Nofretete wurde in einen Flügel des Königspalastes verbannt oder zog sich selbst dorthin zurück. Im Jahre 1348 bestieg ein Knabe den Thron, Tut-ench-Aton, der seinen Namen in Tut-ench-Amun ändern mußte, was die Rückkehr zum alten Glauben andeuten sollte. Seine Regierungszeit war kurz. Die Entdeckung seines unversehrten Grabes wurde zu einem archäologischen Ereignis ersten Ranges.

Um seine Nachfolge entbrannte Streit, so daß seine Witwe schließlich dem Hethiter-König Suppiluliuma schrieb, er möge ihr einen seiner Söhne zum Bräutigam senden. Der Hethiter-Prinz wurde aber auf der Reise oder bei seiner Ankunft getötet, und die Herrschaft ging für vier Jahre auf Eje, einen hohen Beamten, über und anschließend auf Haremhab, einen Feldherrn, der die Unterstützung der Amun-Priesterschaft besaß. Letzterer widmete sich der vollständigen Rückkehr zur traditionellen Religion und der Neuordnung Ägyptens, wie es eine Stele von Karnak beschreibt, und war politisch auch außerhalb der Landesgrenzen tätig.

Nach Meinung mancher Historiker schließt Haremhab die 18. Dynastie ab, andere meinen, mit ihm begänne die 19. Auch sein Nachfolger, Ramses I., stammte nicht aus königlicher Familie, sondern kam aus dem Heer und war unter der Herrschaft Haremhabs eine herausragende Persönlichkeit gewesen. Auf ihn folgte schon bald sein Sohn Sethos I., der bereits wichtige militärische und religiöse Ämter bekleidet hatte und der es sich zur Aufgabe machte, Unruhen im Gebiet zwischen Ägypten und Palästina zu unterdrücken. Anschließend drang er in hethitisches Territorium vor, bis zum „Land von Kadesch und dem der Amorriter“, wie die Flachreliefs des großen Säulensaals von Karnak bezeugen, wenn auch am Ende seiner Herrschaft das unter hethitischer Macht stehende Gebiet unverändert war. Der Sohn und Nachfolger Sethos' I., Ramses II.,

Gefangene rebellischer Stämme von Südnubien während der Herrschaft von Tut-ench-Amun. Die Regierungszeit dieses Herrschers, der mit neun Jahren den Thron bestieg und noch vor dem 20. Lebensjahr starb, wäre unbemerkt geblieben, hätte man nicht 1922 sein Grab mit sämtlichen Grabbeigaben gefunden. Die moderne Geschichtsschreibung hat aus ihm einen Sklaven der Amun-Priesterschaft und der Macht der Militärs gemacht. Gesichert ist, daß er nach der Amarna-Häresie den Kult des thebanischen Gottes wiederherstellte und die Hauptstadt wieder nach Theben verlegte. Während seiner Regierung erläßt Hui, der Vizekönig von Nubien, wie an der Ausschmückung seines Grabes in Theben ersichtlich ist, ein Dokument über den Verlauf seiner Karriere. Ab Thutmosis II. war Nubien ein in zwei Gouvernements aufgeteiltes Vizekönigreich: im Norden Wawat, im Süden Kusch; ab Thutmosis IV. wechselt der Titel des Vizekönigs in „Königssohn von Kusch“.

Gegenüberliegende Seite: Büste der Königin Nofretete, Gemahlin des Echnaton, des Pharao der Amarna-Revolution; sie wird im Ägyptischen Museum, Berlin (West) aufbewahrt. Um sich der Übermacht des thebanischen Klerus zu entziehen, betrieb Echnaton, Sohn und Nachfolger von Amenophis III., eine religiöse Reform in monotheistischem Sinne und verlegte in seinem 7. Regierungsjahr die Hauptstadt von Theben ins jetzige Tell el-Amarna. Verheerend für Ägypten war jedoch seine Außenpolitik. Über Nofretete wurde viel berichtet, man weiß aber nur wenig von ihr. Ihre Herkunft ist unbekannt, ihr Name („die Schöne ist gekommen“) könnte aber auf die Herkunft aus einem fernen Land deuten.

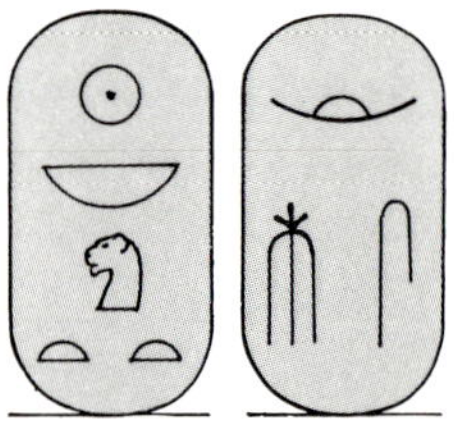

Amose (18. Dynastie)

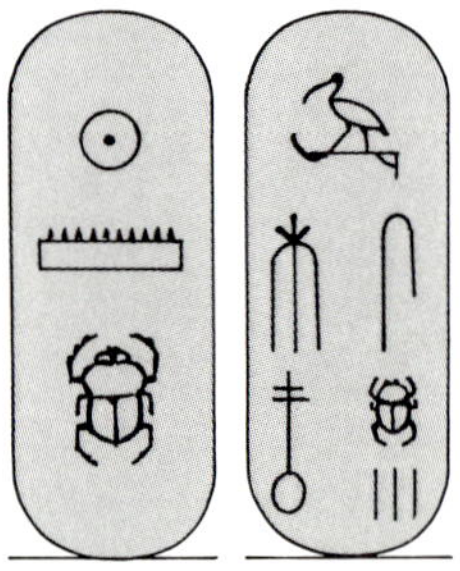

Thutmosis III. (18. Dynastie)

Flachrelief, das Ramses II. darstellt, wie er eine Gruppe Gefangener am Haarschopf packt. Ramses II. ist vorwiegend für seine Bautätigkeit in ganz Ägypten und Nubien sowie für die berühmte Schlacht bei Kadesch bekannt. In seinem 5. Regierungsjahr versuchte Ramses die Rückeroberung des nördlichen Ostens, der während der Herrschaft von Echnaton an die Hethiter verlorengegangen war, und stieß bei Kadesch am Orontes mit den Hethitern zusammen. Die Schlacht ist uns durch viele Darstellungen und durch ein episches Gedicht, Pentaur *genannt, bekannt. Der Zusammenstoß hatte weder Sieger noch Besiegte, und der Osten blieb zwischen beiden Mächten aufgeteilt. Es folgte ein Friedensvertrag, der Ägypten ein halbes Jahrhundert Frieden sicherte.*

Echnaton (18. Dynastie)

Ramses I. (19. Dynastie)

hatte eine sehr lange und bedeutende Regierungszeit. Herrliche Monumente sind mit seinem Namen verbunden: Der große Säulensaal von Karnak ist zum großen Teil sein Werk, und sein Totentempel, genannt Ramesseum, am Westufer des Nils gelegen, verleiht Theben noch einen Gutteil seiner ursprünglichen Größe, ebenso wie die ländlichen Tempel von Abu Simbel. Ramses II. aber war nicht nur ein Baumeister, er verfolgte auch einen Traum von Macht und Ansehen; sein Ziel war es, die ägyptische Macht in Asien wiederherzustellen. In die ersten Jahre seiner Regierung fällt die berühmte Schlacht bei Kadesch (1285) gegen die Hethiter, bei der sich beide Seiten zum Sieger erklärten. Ramses II. nutzte das Ereignis als großen persönlichen Sieg aus, tatsächlich mußte sich das ägyptische Heer aber unter schweren Verlusten zurückziehen. Die Auseinandersetzungen mit den Hethitern setzten sich bis ins 21. Jahr der Regierung Ramses' II. fort, als sie mit einem Friedensvertrag zwischen dem Pharao und dem Hethiter-König Hattussili III. ein Ende fanden. Man vereinbarte die Einstellung der Feindseligkeiten, ein Verteidigungsbündnis und die Auslieferung der Flüchtlinge.

Im 34. Jahr seiner Regierung heiratete Ramses II. eine Tochter von Hattussili, die zusammen mit herrlichen Brautgeschenken bei ihm eintraf. Eine Zeit des Friedens kennzeichnete die letzten Jahre der langen Regierung (66 Jahre) Ramses' II., und der Glanz der von ihm geschaffenen Werke bezeugt die für diesen Herrscher typische Politik der Größe. Sein Sohn und Nachfolger Merenptah mußte sich Invasoren entgegenstellen, die von den Mittelmeerküsten her eindrangen: den Libu, die später Libyen seinen Namen gaben, angeführt von ihrem König Maraye; ihnen schlossen sich die Lukka an (vielleicht die Lykier), die Schardana (vielleicht die Sardinier), die Akawascha (vielleicht die Achäer), die Turscha (vielleicht die Tyrsener, also die Etrusker), also die soge-

Ramses III., der letzte große Pharao Ägyptens, besiegte in seinem 8. Regierungsjahr die Seevölker bei einer Schlacht im Delta. Auf dem Relief (in Medînet Hâbu) sieht man Peleseth-Gefangene (eines der Seevölker) mit dem typischen Federkopfschmuck. Diese Volk ließ sich anschließend in Palästina nieder und gab ihm seinen Namen, später wird es unter dem Namen Philister bekannt. Der auch bei anderen Feldzügen siegreiche Ramses III. zeigte sich gegenüber dem Klerus schwächer, wie uns der Papyrus Harris überliefert. Er starb in seinem 32. Regierungsjahr infolge einer Palastverschwörung.

nannten „Seevölker". Im westlichen Deltagebiet blieben die Ägypter mit reicher Beute und Kriegsgefangenen Sieger. Eine große Granitstele, die 1869 im Grabtempel des Merenptah entdeckt wurde (die Stele feiert die Siege des Königs), spielt erstmals an auf „das öde Israel, das keinen Samen mehr hat". Hier wird auch erstmalig in ägyptischen Texten Israel erwähnt; wir haben aus diesen Texten aber keinerlei Hinweis auf den Aufenthalt der Israeliten in Ägypten und auf ihren Auszug. Nach Meinung mancher Gelehrter wäre Ramses II. der Pharao aus der Zeit des Sklaventums der Israeliten in Ägypten und Merenptah der Herrscher zur Zeit des Auszugs aus Ägypten, aber die oben erwähnte Stele scheint im Gegensatz zu diesen Annahmen zu stehen. Bei Merenptahs Tod bestieg Sethos II. den Thron, dann entbrannte erneut ein Streit um die Nachfolge (mit dem Usurpator Amenmessu, dann Ramses Siptah, der seinen Namen in Merenptah Siptah änderte, und zuletzt einem syrischen Usurpator), und erst die 20. Dynastie mit Sethnacht und seinem Sohn Ramses III. brachte wieder Ordnung ins Land. Von Ramses III. kennen wir die (natürlich hagiographischen) Berichte, die uns von Inschriften und Reliefs seines Totentempels in Medînet Hâbu überliefert sind. Der Herrscher mußte die sogenannten „Seevölker" bekämpfen, ein Name, mit dem man die aus Kleinasien und von den Inseln der Ägäis nach Syrien und Palästina vordringenden Völker bezeichnete, die auf ihrem Vormarsch das Hethiter-Reich überrannten. Ramses III. siegte zu Lande und zur See und vertrieb die Invasoren aus ägyptischem Territorium, aber die syrischen Besitzungen gingen verloren, und an den Küsten Palästinas ließen sich die Philister nieder (Peleseth oder Philistiner, von denen das Gebiet sei-

Ramses II. (19. Dynastie)

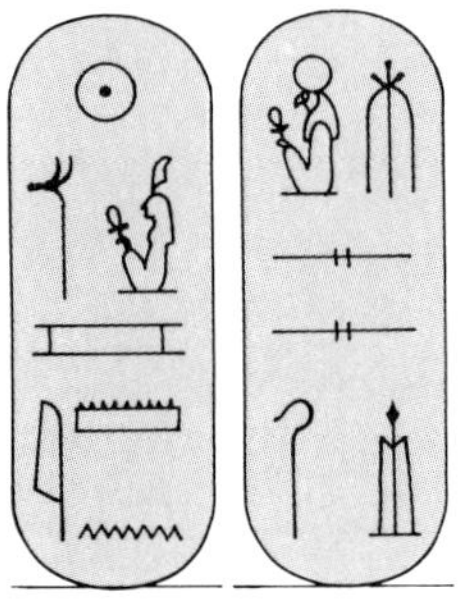

Ramses III. (20. Dynastie)

Psusennes I. (21. Dynastie)

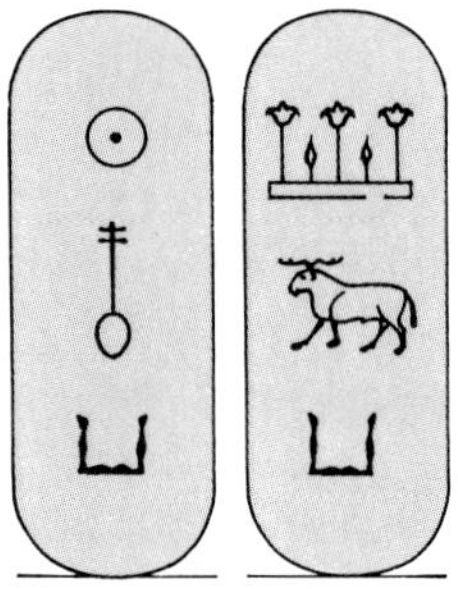

Schabaka (25. Dynastie)

nen Namen bekam). Von Ramses III. sind außerdem siegreiche Feldzüge gegen Libu- und Maschwesch-Stämme bezeugt.

Der Papyrus Harris aus dem British Museum berichtet über die dem König abverlangten Spenden zugunsten der Tempel von Memphis, Heliopolis, vor allem aber des Amun-Tempels in Theben und den daraus folgenden Einfluß des Hohenpriesters des Amun. In seinem 32. Regierungsjahr fiel der Pharao einer Palastverschwörung zum Opfer, deren Verantwortliche anschließend verhaftet und abgeurteilt wurden: Zeugnis dieser Verschwörung ist der „Gerichts-Papyrus" mit Akten des Prozesses, der im Ägyptischen Museum von Turin ausgestellt ist. Seine Nachfolge traten acht Herrscher gleichen Namens an (Ramses IV.–Ramses XI.), aber die Nachrichten über diese Zeit sind spärlich und man kann sie zusammenfassend als eine Zeit der Krisen und des Niedergangs bezeichnen. Die Einfälle der Libu-Stämme dauerten an, besonders unter Ramses IX. und Ramses X., bis sie sich südlich des Fayûm niederließen und die Stadt Hnes zu ihrem Zentrum hatten, die spätere Wiege der (libyschen) 22. Dynastie. Die Regierung Ramses' XI. wurde auch vom wachsenden Einfluß der Amun-Priesterschaft und des sehr geschickten Herihor erschüttert, des „ersten Propheten Amuns", der ganz Oberägypten in der Hand hatte. Über das Delta bildete sich indessen die Macht des Smendes heraus, und beim Tod Ramses' XI., der als letzter Pharao im Tal der Könige beigesetzt wurde, trat Smendes seine Nachfolge an und gründete die 21. Dynastie, die sogenannte tanitische Dynastie, benannt nach Tanis, der Stadt, in der er seinen größten Einfluß ausübte.

Wir stehen am Ende des Neuen Reiches und können abschließend feststellen, welche Veränderungen durch die politischen, wirtschaftlichen und gesellschaftlichen Wandlungen der ägyptischen Geschichte in der Figur des Herrschers eingetreten waren. Der göttliche Charakter des Königtums hatte sich sehr abgeschwächt: Die Macht des Pharaos war beschränkt durch die der hohen Staatsbeamten, der Priesterschaft und auch des Militärs, da die Armee während des Neuen Reichs große Bedeutung erlangt hatte. Was die Außenpolitik betrifft, waren im Mittelmeerraum neue Kräfte aufgetreten und hatten die vorherigen Gleichgewichte verlagert; zudem war der traditionelle Antagonismus zwischen Delta und Niltal wiedererwacht, und es wurde immer schwieriger, die Grenzen vor den expansionistischen Zielen der Nachbarländer zu verteidigen.

Spätzeit (1070–332)

Das ganze 11. Jahrhundert hindurch und in den der christlichen Zeit vorausgehenden Jahrhunderten trat der alte Dualismus Ägyptens zutage, wenn auch auf neue Weise und mit neuen Strukturen. Tanis im Norden, Sitz der 21. Dynastie, die mit Nesbenebded (Smendes) ihren Anfang genommen hatte, und Theben im Süden, Zentrum der Amun-Priesterschaft, waren in Wirklichkeit zwei Hauptstädte, obwohl der Herrscher von Tanis seine Macht nominell auf das ganze Land ausdehnte. Die Beziehungen zwischen Tanis und Theben waren unter den Nachfolgern von Herihor und Smendes ziemlich freundschaftlich, wenn auch die Informationen über diese Reiche recht spärlich und manchmal etwas widersprüchlich sind. In dieser Zeit ging man an die Restaurierung von Tempeln und Mumien von Pharaonen, die dann in einem Versteck in Dêr el-Bahri zusammengefaßt wurden, um sie den ständigen Entweihungen und Plünderungen zu entziehen; man trieb weiterhin Handel mit den Ländern des Orients, obwohl die Boten Ägyptens nun in der Fremde häufig verhöhnt wurden. Die Unterwanderung des Heeres durch Libyer war inzwischen gang und gäbe, und die Anführer solcher Söldner wurden immer mächtiger. Einer seit mehreren Generationen in Ägypten ansässigen libyschen Familie entstammte der Gründer der 22. Dynastie, Scheschonk I. (945–924 v. Chr.), der biblische Pharao Schischak, der unter Rehabeam, König von Judäa, Jerusalem einnahm und plünderte. Die 22. Dynastie hatte ihren Sitz in Theben oder – nach Manetho – in Bubastis, und es gelang ihr mehr oder minder, die nominelle Herrschaft über das Land zu behalten, während in Theben die Macht der häufig mit der Königsfamilie verwandten Amun-Priester andauerte. Während der Regierung Scheschonks III. bildete sich im Delta eine weitere, wahrscheinlich mit der legitimen Königsfamilie verwandte Dynastie. Von diesen Herrschern wissen wir recht wenig; es war eine Zeit der Wirren und der Aufsplitterung der politischen Macht.

Die 24. Dynastie nach Manethos Liste begann mit Tefnacht, der sich im Deltagebiet durchgesetzt und auch Mittelägypten angegriffen hatte, und ging mit dessen Sohn Bokchoris weiter. Inzwischen war Oberägypten von dem großen sudanesischen oder kuschitischen Krieger Pianchi erobert worden, der um 740 v. Chr. von Napata aus, dem Sitz seiner Familie, Theben eroberte, mit Tefnacht zusammenstieß und sich diesem und anderen Lokalfürsten gegenüber durchsetzte. Sein Erfolg war nur von kurzer Dauer. Tefnacht gewann im Delta die Oberhand, bis der Nachfolger und wahrscheinlich Bruder Pianchis, Schabaka (712–698 v. Chr.), auf den Plan trat und sich die Kontrolle über Ägypten und besonders das Gebiet von Theben sicherte, wo seine Schwester Amenerdâs „Gottesgemahlin" war, also eine hohe Priesterin des Amun. Schabaka unterhielt gute Beziehungen zum assyrischen König Sargon II., mit dem er Geschenke austauschte; er, dritter König der (äthiopischen) 25. Dynastie, betrachtete sich als legitimer Pharao, ebenso wie es seine Nachfolger Schabataka und Taharka taten, unter deren Regierung der Assyrer-König Assarhaddon mit Unterstützung durch Beduinen den Sinai durchquerte, ins Delta vordrang und Memphis eroberte, das Taharka nach der Heimkehr des assyrischen Königs wiedereroberte, bis er 667 v. Chr. von Assurbanipal erneut von dort vertrieben wurde.

Der Nachfolger Taharkas, Tanutamun, unternahm den Versuch einer Expedition nach Norden zur tatsächlichen Rückeroberung Ägyptens, wie die Inschrift auf der „Traumstele" berichtet. Die beschriebenen Fakten sind dieselben wie die des Zylinders von Rassam in Keilschrift, aber die Versionen widersprechen einander vollständig, da ein jeder der beiden Gegner den Sieg für sich in Anspruch nahm.

Tatsächlich drangen die Assyrer bis nach Theben vor, und die Stadt wurde geplündert. Über das Ende Taharkas wissen wir nichts weiter, als daß er nach Napata zurückkehrte und in Nuri begraben ist. In Napata hielten sich über lange Zeit seine Nachfolger, die jedoch immer weniger in die ägyptische Geschichte eingriffen, da sich das Interesse der Äthiopier nach Süden zu verlagern begann.

Am Ende von Assurbanipals ägyptischem Feldzug stand die assyrische Macht in vollem Glanze, aber schon bald bildete sich ein Bündnis gegen den mächtigen Herrscher, und 663 v. Chr. gewann Psammetich I., Sohn des Necho I., Fürst von Saïs und Gründer der 26. Dynastie, die Oberhand über die anderen ägyptischen Fürsten und setzte der assyrischen Beherrschung mit Unterstützung von Gyges, König von Lydien, der ihm karische und griechische Söldner schickte, ein Ende. Den Bericht dieser Ereignisse liefert uns Herodot in seinem zweiten Buch der *Historien*, allerdings mit romanhaften Elementen, ganz Herodots besonderer Einstellung zur Geschichte entsprechend.

Psammetich gelang es, die innere Einheit wiederherzustellen und die letzte Blütezeit der ägyptischen Geschichte ins Leben zu rufen, was eine Rückkehr zu den Traditionen, zur Literatur und zur Kunst der glanzvollen Vergangenheit bedeutete. Psammetichs Tochter, Nitokris, nahm den Titel einer „Gottesgemahlin des Amun" an und unterstützte damit die väterliche Autorität von Theben. Herodot berichtet uns auch von einer Expedition des Psammetich nach Palästina und von einer Belagerung der Stadt Azoto, die 29 Jahre gedauert haben soll. Sein Sohn Necho II. bestieg 610 v. Chr. den Thron (Assurbanipal war 627 v. Chr. gestorben, der Zusammenbruch der assyrischen Macht und der Aufstieg der Meder hatte begonnen), stellte sich auf die Seite der Assyrer und kämpfte gegen die Babylonier und zwar anfangs am Euphrat, wo er ihnen die Stirn bot; er wurde dann aber in der großen Schlacht von Karkemisch (605 v. Chr.) von Prinz Nebukadnezar II. deutlich geschlagen; letzterer kehrte ein oder zwei Monate später, aber überstürzt nach Babylon zurück, um die Nachfolge seines verstorbenen Vaters Nabupolassar anzutreten. Die Geschichte dieser Zeit wird uns vor allem von Herodot berichtet, von den Chroniken in Keilschrift, von Josephus Flavius, einem hebräischen Geschichtsschreiber, sowie vom Alten Testament. Die ägyptischen Quellen leisten hierzu nur einen spärlichen Beitrag.

Auf Necho II. folgte 595 v. Chr. sein Sohn Psammetich II., der sein Interesse auf Nubien richtete und unter Leitung von General Amasis einen Feldzug gegen dieses führen ließ, der siegreich bis zum 4. oder 5. Katarakt vordrang und dann nach Ägypten heimkehrte. Fragwürdig ist ein Feldzug Psammetichs II. nach Phönikien, der in einem spätdemotischen Papyrus erwähnt wird. Im Nordosten hatte sich inzwischen durch die Kämpfe zwischen Kyaxares, König der Meder, und Lydien die Situation immer mehr kompliziert; der Krieg wurde nach fünf Jahren durch eine diplomatische Eheschließung

Statue der Gottesgemahlin Amenerdâs I. aus der 25. Dynastie im Kairoer Museum. Ursprünglich war der Titel einer „Gottesgemahlin" der Ehefrau des Pharao vorbehalten und hatte eine religiöse Bedeutung. Ab der 21. Dynastie wird der Titel, dem noch der Beiname „Anbeterin" hinzugefügt wird, einer Tochter des Königs verliehen. Ab der äthiopischen 25. Dynastie wird der Titel zum politischen Instrument: Die Priesterin von königlichem Blut herrscht über Theben, das gegen Ende des Neuen Reiches, obwohl noch immer mit der ins Delta und nach Memphis verlegten Zentralverwaltung verbunden, ein autonomer Staat geworden ist.

Psammetich I. (26. Dynastie)

Nektanebôs II. (30. Dynastie)

Alexander der Große

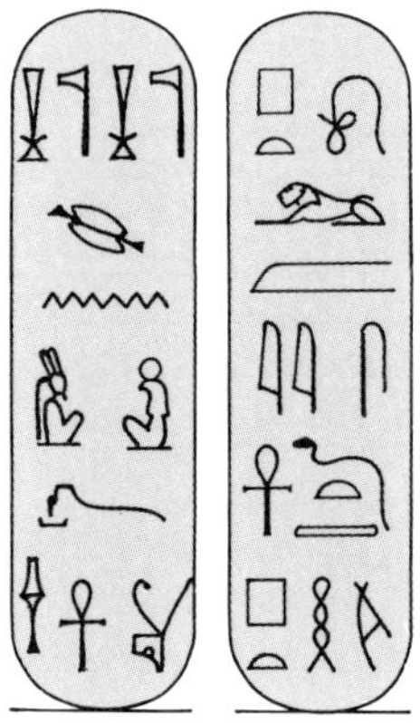

Ptolemaios III. Euergetes I.

beendet. Als Apries, Sohn von Psammetich II., den Thron bestieg, wurde die friedfertige und defensive Politik der Ägypter umgestürzt: Der Pharao intervenierte in Syrien und versuchte, das von Nebukadnezar belagerte Jerusalem zu unterstützen. Im Jahre 587 v. Chr. fiel die Stadt, und viele Hebräer, darunter der Prophet Jeremias, flüchteten nach Ägypten. Aufgefordert durch die Libyer, entsandte Apries 570 v. Chr. ein ägyptisches Heer gegen die griechischen Kolonisten von Kyrene, erlitt aber eine vernichtende Niederlage, die ihn den Thron kostete. Nach kurzem Bürgerkrieg nahm General Amasis die Krone an und erwies sich insgesamt als friedliebender Herrscher. Laut Herodot war Amasis ein scharfsinniger, lebenslustiger Mensch, diplomatisch und herzlich zugleich und konnte vielleicht gerade wegen dieser Tugenden das Reich 44 Jahre lang, bis zu seinem Tode ein Jahr vor Ägyptens Katastrophe bewahren. Inzwischen ging in Asien Kyros daran, das große persische Reich zu errichten und ein Gebiet Vorderasiens nach dem anderen zu unterjochen. Zur Konsolidierung des Reiches fehlte nur noch die Eroberung von Ägypten, und Kyros übertrug diese Aufgabe seinem Sohn Kambyses, der nach Amasis' Tod mit dessen Sohn Psammetich III. zusammenstieß; dieser stand jetzt – auch weil das verbündete Zypern abtrünnig wurde –, der persischen Macht ganz allein gegenüber. Der Zusammenstoß erfolgte 525 v. Chr. bei Pelusium, und die Schlacht wurde von den Ägyptern mit Heldenmut und Zähigkeit geschlagen; schließlich war Psammetich III. aber gezwungen, sich nach Memphis zurückzuziehen, das sich unter der Belagerung durch Kambyses nach tapferem Widerstand ergab. Psammetich III. tötete sich, und Kambyses vervollständigte die Besetzung Ägyptens durch Feldzüge bis nach Nubien und zu den libyschen Oasen.

Ägypten war jetzt eine persische Satrapie geworden und seine Geschichte verwischte sich zum Teil mit der des großen Erobererreichs; die 27. Dynastie nach Manetho wird denn auch bis 404 v. Chr. von den persischen Königen Kambyses, Darius I., Xerxes, Artaxerxes und Darius II. gestellt. Nach Berichten Herodots verhielt sich Kambyses feindlich gegenüber dem unterjochten Ägypten und seinen örtlichen Traditionen und habe die Güter der ägyptischen Heiligtümer bis auf wenige zugunsten des Staates beschlagnahmt. Die Verfügung wurde dann von Darius zurückgenommen, der sich gütiger zeigte und für eine Neuordnung der Religion sorgte sowie eine Zusammenstellung der ägyptischen Rechtsvorschriften veranlaßte. Schon am Ende der Regierung des Darius blieben Aufstände nicht aus, ebenso während der des Xerxes sowie ausgedehntere Unruhen zu Zeiten, als athenische Unterstützung gegen die Perser vorhanden war, bis es 449 v. Chr. zum Frieden zwischen Athen und Persien kam und damit diese Versuche scheiterten. Im Jahre 404 v. Chr. gelang es unter völlig im Dunkeln liegenden Umständen einem Amyrtaios von Saïs, der nach Manetho Begründer der 28. Dynastie war, den Thron zu besteigen, die Perser aus Ägypten zu vertreiben und seine Vorherrschaft ziemlich zu festigen. Von diesem Moment an bis zur Eroberung durch Alexander den Großen strebte Ägypten danach, seine Unabhängigkeit vor einem Reich zu verteidigen, das es noch immer als eine rebellische Satrapie betrachtete.

Beim Tod des Amyrtaios (399 v. Chr.) kam es zu einem Dynastienwechsel. Manethos 29. Dynastie erscheint uns als eine Liste recht unbedeutender Herrscher, ausgenommen vielleicht Achoris (393–380 v. Chr.), der erbittert gegen die von den Griechen als Söldner oder offizielle Verbündete unterstützten Perser kämpfte.

Während der Herrschaft Nektanebôs' I. (380–362 v. Chr.), des Begründers der 30. Dynastie, war der Kampf gegen die Perser äußerst erbittert, und der Satrap Karnabazo kam siegreich bis Memphis, wurde aber von der Nilschwemme wieder zurückgetrieben. Sein Sohn Teos warb mit großen Geldsummen griechische Söldner an und drang mit Eroberungsbestrebungen nach Asien vor, doch die drückende finanzielle Bürde rief in der Heimat großen Unmut hervor, und Teos wurde von seinem Bruder Nektanebôs II. der Herrschaft beraubt, der ebenfalls gegen Artaxerxes kämpfen mußte und zuerst das Deltagebiet und dann das ganze Land verlor. Die persische Wiedereroberung läutet für Ägypten den endgültigen Verlust der Unabhängigkeit ein. Spätere Chronographien fügten der Liste des Manetho eine 31. Dynastie aus drei persischen Königen an. Der letzte ist Darius III. Kodomannos, auch der letzte der Achämeniden, der dann 333 v. Chr. in der Schlacht von Issos von Alexander besiegt wird. Als Alexander 332 nach Ägypten kam und der persische Satrap sich widerstandslos ergab, wurde der makedonische Monarch wie ein Befreier empfangen und in Memphis zum Pharao erklärt und vom Orakel von Siwa als Sohn des Amun anerkannt.

Die Ptolemäer-Herrschaft (305–30 v. Chr.)

Nach dem Tode Alexanders des Großen, der großes Wohlwollen und Sympathie gegenüber den Institutionen und Sitten des Landes gezeigt hatte, und nachdem die Herrschaft zwischen den Diadochen (Alexanders Feldherren) aufgeteilt war, nahm die Monarchie der Lagiden ihren Anfang, so genannt nach Ptolemaios, Sohn des Lagos (Ptolemaios-Soter), der 305 v. Chr. den Königstitel annahm.

Diese Monarchie war durch Kontinuität und Stabilität gekennzeichnet, was vor allem mit der geographisch isolierten Lage Ägyptens in Verbindung zu bringen ist sowie mit der Aufrechterhaltung seitens der ptolemäischen Herrscher eines Groß-

Portal, das Ptolemaios III. Euergetes I. (246–221 v. Chr.) in Karnak errichten ließ. Diesem Herrscher, der wie die anderen ptolemäischen Könige einen Großteil der politischen, sozialen und religiösen Strukturen des pharaonischen Ägypten bewahrte, gelang die Annektierung der Cyrenaica, und er sicherte dem Land eine Zeit des Friedens und Wohlstands.

teils der politischen, sozialen und religiösen Strukturen des Ägyptens der Pharaonen. Machtausübung und Zeremoniell der Könige war denen der Pharaonen ähnlich, ebenso ihre religiöse Rolle. Zahlreich waren die Würdenträger am Hofe und komplex die Hierarchie in den administrativen Funktionen und im Heer. Natürlich ließ sich nie eine wirkliche Verschmelzung der hellenistischen Welt mit der ägyptischen herbeiführen, die beiden Kulturen lebten vielmehr nebeneinander, ohne einander zu durchdringen. Griechische Städte waren Alexandria, Naukratis und Ptolemais. Aus der von dem großen Makedonier gegründeten Stadt Alexandria wurde eine herrliche Metropole, die geistige Hauptstadt der hellenistischen Kultur. Konstitutionell war sie vielleicht den Ptolemäern in einer Form von Personalunion unterworfen; manche Historiker sind der Meinung, daß die Ptolemäer, Herrscher von Ägypten und Grundeigentümer des Landes, Tyrannen von Alexandria gewesen wären. In jedem Falle muß man vermerken, daß die Geschichte der Stadt zu derjenigen der hellenistischen Welt gehört. Wie schon die Pharaonen, kamen die Ptolemäer häufig in Konflikt mit Makedonien und Syrien und nährten die einheimischen Bestrebungen nach Unabhängigkeit in diesen Ländern, während sie schon sehr bald in freundschaftliche Beziehungen zu den Römern traten, mit denen Ptolemaios II. 273 v. Chr. ein Handelsabkommen schloß.

Auf Ptolemaios I. Soter, der 283 v. Chr. starb, folgte Ptolemaios II. genannt Philadelphos wegen seiner Heirat mit seiner Schwester Arsinoë. Er regierte bis 246 v. Chr. und kämpfte mit wechselndem Erfolg gegen Antiochos I., bis seine Tochter Berenike Antiochos II. ehelichte, was den syrisch-ägyptischen Konflikt vorläufig beendete. Intern stellte er ein strenges Verwaltungssystem auf, ließ griechische Kolonien im Fayûm errichten und stellte die Flußverbindungen zwischen dem Nil und dem Roten Meer wieder her. Während seiner Regierung schrieb Manetho die *Aigyptica*.

Ptolemaios III. Euergetes („Wohltäter"; 246–221 v. Chr.) bekämpfte Seleukos II. bis zu einem Frieden auf der Basis des Status quo, konnte Cyrenaica für Ägypten annektieren und sicherte dem Land eine gute Weile Frieden und Wohlstand.

Unter Ptolemaios IV. Philopator (221–205 v. Chr.) setzte bereits der Niedergang ein, und zwar trotz des Sieges von Raphia (217 v. Chr.) gegen die Syrer und die anschließende Eroberung Kalasyriens. Ein Aufstand der Einheimischen ereignete sich am Ende seiner Herrschaft und unter der seines Sohnes Ptolemaios V. Epiphanes (205–181 v. Chr.), von dem wir durch den berühmten „Stein von Rosette" Nachricht haben.

Im Jahre 203 v. Chr. verbündeten sich die Herrscher von Syrien und Makedonien gegen Ägypten und bedrohten damit auch die Interessen von Rhodos und Pergamon; daher baten Ptolemaios, Attalos und die Rhodier die Römer um Intervention.

Nach der Schlacht von Kynoskephaloi und der Niederlage Philipps V. durch die Römer gelang es Antiochos III., Kalasyrien wieder einzunehmen, für dessen Rückeroberung Ptolemaios VI. Philometor einen weiteren syrischen Krieg entfachte, der mit der Schlacht von Pelusium, gewonnen 168 v. Chr. von Antiochos IV., endete.

Im Jahre 163 v. Chr. entflammte ein schwerer Streit zwischen Philometor und seinem Bruder Ptolemaios Physkon, ein Streit, den die Römer zum Anlaß nahmen, um sich in die ägyptische Innenpolitik einzumischen und bei der Aufteilung Ägyptens unter die beiden Brüder zu vermitteln. Beim Tode Philometors fand Ägypten zurück zu seiner Einheit und einem gewissen Wohlstand; beide waren jedoch nur von kurzer Dauer.

Das 1. Jh. v. Chr. erlebte den Niedergang Ägyptens: Im Jahre 96 v. Chr. wurde Cyrenaica römisches Herrschaftsgebiet und 58 v. Chr. geschah das gleiche mit Zypern.

Im Jahre 85 v. Chr. war Theben, das sowohl geographisch wie historisch von der ptolemäischen Herrschaft, die ihren Sitz in Alexandrien hatte, am weitesten entfernte Zentrum, zerstört worden; Urheber war Ptolemaios IX. Soter (Lathyros), der so der großen thebanischen Priestertradition ein Ende setzte. Ein letzter Versuch, dem Nationalismus und zugleich dem Charme der Königin vor dem Cäsaren Antonius zur Geltung zu verhelfen, wurde unter Kleopatra unternommen, der ältesten Tochter von Ptolemaios XII. Neos Dionysos (Auletes), die von Cäsar gegen ihren Bruder unterstützt wurde.

Kleopatra, die einzige der Ptolemäer, die Ägyptisch sprach, endete mit Selbstmord nach der Schlacht von Actium 31 v. Chr., die der junge Octavian gegen Antonius, die Monarchie der Ptolemäer und die letzte historische Phase eines unabhängigen Ägypten gewonnen hatte. Die Legionen Octavians fielen in Ägypten ein, das damit zu einer römischen Provinz wurde, jedoch direkt der Autorität des Imperators unterstellt war; der Imperator wurde hier durch einen Präfekten repräsentiert.

Zeittafel

Vorgeschichte	
Steinkupferzeit	
(Tâsa Badâri, Nakâdâ I)	ca. 4500 v. Chr.
Nakâdâ II, Fayûm B	
und Ma'adi-Kulturen	ca. 3500 v. Chr.
Altes Reich	
(3100–2181)	
1. Dynastie	ca. 3100–2890
	Regierungsjahre:
Narmer	–
Aha	–
Djer	47
Djet	–
Den	55–60
Adjib	7
Semerchet	8
Ka'a	25
2. Dynastie	ca. 2890–2686
	Regierungsjahre:
Hetep-sechemui	–
Reneb (Nebra)	–
Nineter	45–47
Peribsen	–
Chasechem	21 (?)
Chasechemui	17
3. Dynastie	ca. 2686–2613
	Regierungsjahre:
Sanacht	19
Netjer-ir-chet Djoser	19
Sechem-chet	6
Chaba	6
Huni	24
4. Dynastie	ca. 2613–2498
	Regierungsjahre:
Snofru	24
Cheops	23
Re-djedef	8
Chephrên	25 (?)
Mykerinos	28 (?)
Schepseskaf	4
Ptahdjedef	2
5. Dynastie	ca. 2494–2345
	Regierungsjahre:
Userkaf	7
Sahurê	14
Neferirkarê Kakai	10
Schepseskarê Isis	7
Neferefrê	7 (?)
Ne-user-Rê	3 (?)
Menkauhor Akauhor	8
Djedkarê-Isesi	39
Unas	30
6. Dynastie	ca. 2345–2181
	Regierungsjahre:
Teti	12
Userkarê	1 (?)
Pepi I.	49
Merenrê I.	14

Pepi II.	94 (?)
Merenrê II.	1
Menkarê (?) Nitokris	2(?)

Erste Zwischenzeit
(2181–2060)

7. Dynastie	ca. 2181–2173
	Regierungsjahre:
Neferkarê (der Jüngere)	(?)
Neferkarê Neby	–
Djedkarê Schemai	–
Neferkarê Chendu	–
Meryenhor	–
Neferkamin	–
Nykarê	–
Neferkarê Tereru	–
Neferkahor	–
8. Dynastie	ca. 2173–2160
	Regierungsjahre:
Wadjkarê Pepysonbe	4
Neferkamin Anu	2
Kakarê Ibi	4
Neferkarê	2
Neferkauhor Kapuibi	1
Neferirkarê	–
9. Dynastie	ca. 2160–2130
	Regierungsjahre:
Merybrê Achthoes I. (Cheti I.)	(?)
...	
Neferkarê	–
Nebkaurê Achthoes II.	–
Setut	–
...	
User (?)	–
10. Dynastie	ca. 2130–2040
	Regierungsjahre:
Meryhathor	(?)
Neferkarê	–
Uahkarê Achthoes III.	–
Merykarê	–
11. Dynastie (1. Teil)	ca. 2133–1991
Mentuhotep I.	2133–2118
Antef I.	2117–2069
Antef II.	2068–2061
Antef III.	–

Mittleres Reich
(2060–1786)

11. Dynastie (2. Teil)	
Mentuhotep II.	ca. 2060–2010
Mentuhotep III.	2009–1998
Mentuhotep IV.	1997–1991
12. Dynastie	ca. 1991–1786
Amenemhêt I.	1991–1962
Sesostris I.	1971–1928
Amenemhêt II.	1929–1895
Sesostris II.	1897–1878
Sesostris III.	1878–1843
Amenemhêt III.	1842–1797
Amenemhêt IV.	1798–1790
Sobek-nofru	1789–1786

Zweite Zwischenzeit
(1786–1551)

13. Dynastie	1786–1650
14. Dynastie	1717–1650
15. Dynastie	1650–1551 (?)
16. Dynastie	–
17. Dynastie	1650–1551

Neues Reich
(1551–1070)

18. Dynastie	1551–1306 (1540–1295)
Amose	1551–1526 (1540–1515)
Amenophis I.	1526–1505 (1515–1494)
Thutmosis I.	1505–1493 (1494–1482)
Thutmosis II.	1493–1490 (1482–1479)
Hatschepsut	1490–1468 (1479–1457)
Thutmosis III.	1490–1436 (1479–1425)
Amenophis II.	1438–1412 (1427–1401)
Thutmosis IV.	1412–1402 (1401–1391)
Amenophis III.	1402–1364 (1391–1353)
Amenophis IV. – Echnaton	1364–1347 (1353–1336)
Semenchkarê	...
Tut-ench-Amun	1347–1338 (1336–1327)
Ay (Eje)	1337–1333 (1326–1322)
Haremhab	1333–1306 (1322–1295)
19. Dynastie	1306–1186 (1295–1188)
Ramses I.	1306–1304 (1295–1293)
Sethos I.	1304–1290 (1293–1279)
Ramses II.	1290–1224 (1279–1213)
Merenptah	1224–1204 (1213–1203)
Amenmessu	–
Sethos II.	1204–1194 (1203–1196)
Siptah	1194–1188 (1196–1190)
Tewosrê	1188–1186 (1190–1188)
20. Dynastie	1186–1070
Sethnacht	1186–1184
Ramses III.	1184–1153
Ramses IV.	1153–1146
Ramses V.	1146–1142
Ramses VI.	1142–1135
Ramses VII.	1135–1129
Ramses VIII.	1129–1127
Ramses IX.	1127–1109
Ramses X.	1109–1099
Ramses XI.	1099–1070

Spätzeit
(1070–332)

21. Dynastie	1070–945
Smendes	1070–1044
Psusennes I.	1044–990
Amenemope	993–984
Siamun	978–960
Psusennes II.	960–945
22. Dynastie (Bubastiden)	945–722
Scheschonk I.	945–924
Osorkon I.	924–887
Osorkon II.	862–833
Takelotis II.	839–814
Scheschonk III.	814–763
Pemu	763–758
Scheschonk V.	758–722
23. Dynastie	808–715
Petubastis	808–783
Osorkon III.	760–750
Takelotis III.	740
Amunrud	730
24. Dynastie	725–712
Tefnacht	725–718
Bokchoris	718–712
25. (äthiopische) Dynastie	712–664
Kaschta	
Pianchi	740–713
Schabaka	712–698
Schabataka	698–690
Taharka	690–664
Tanutamun	664–656
Assyrische Herrschaft	671–664
26. (saïtische) Dynastie	664–525
Necho I.	672–664
Psammetich I.	664–610
Necho II.	610–595
Psammetich II.	595–589
Apries	589–570
Amasis	570–526
Psammetich III.	526–525
27. Dynastie (Erste Persische Herrschaft)	525–404
28. Dynastie	
Amyrtaios	404–399
29. Dynastie	399–380
Nepheritis I.	399–393
Psammuthis	393
Achoris	393–380
Nepheritis II.	380
30. Dynastie	380–343
Nektanebôs I.	380–362
Teos	362–360
Nektanebôs II.	360–343
Zweite Persische Herrschaft	343–332
Makedonische Zeit	332–305
Ptolemäische Zeit	305–30

Hinweis. *Die Datierungen verstehen sich vor Christus. Da die historische Chronologie von den Gelehrten immer noch nicht endgültig festgelegt worden ist, haben wir unserer Zeittafel die in der* Cambridge Ancient History *enthaltene Abfolge sowie ab der Zweiten Zwischenzeit die von Erik Hornung (1976) zusammengestellte Datierung zugrunde gelegt.*

Die Religion des alten Ägypten

Links: Die Göttin Isis, Schwester und Gemahlin des Osiris und Mutter des Horus, dargestellt mit der Hieroglyphe ihres Namens auf dem Kopf. In ptolemäischer und römischer Zeit dehnte sich ihr Kult über den ganzen Mittelmeerraum aus, wo sie zum Abbild der universalen Göttin wurde.
Rechts: Die Göttin Hathor, hier dargestellt mit dem Symbol des Westens auf dem Kopf; üblicherweise trägt sie Kuhhörner und Sonnenscheibe. Als „Herrin des Westens" war sie zugleich Schutzgöttin der Verstorbenen. Das Kultzentrum war Dendera.

Die ägyptische Religion entzieht sich aus verschiedenen Gründen einer organischen und systematischen Darlegung: dazu zählen die geographische Aufteilung Ägyptens, der ständige Wandel der Ereignisse und Vorstellungen sowie schließlich der grundlegende religiöse Eklektizismus der Ägypter, die gerne scheinbar einander widersprechende Glaubensinhalte aufnahmen und andere, scheinbar überholte Anschauungen und Überzeugungen beibehielten.

Wir wissen wenig über die religiösen Glaubensinhalte mit Ausnahme derer, die mit Bestattungsriten in Verbindung stehen, und angesichts des Fehlens organischer Abhandlungen müssen wir uns an die Berichte der klassischen antiken Autoren halten (die hier aber nicht immer glaubwürdig sind) sowie an die einheimischen Quellen, die aus Texten und bildnerischen Monumenten bestehen.

Der größte Teil der ägyptischen Dokumente, die der modernen Welt überliefert sind, hat einen religiösen Hintergrund: Die meisten Zeugnisse, die überdauert haben, vermitteln vor allem Kenntnisse über die Gedankenwelt, wie sie vom Menschen in den verschiedenen Lokalgottheiten, ihren Mythen, Kosmogonien und rituellen Liturgien, die sich mit den Göttern oder dem Totenkult befassen, dargestellt werden.

Die Gottheiten

Die geographische Aufgliederung führte schon seit der Vorgeschichte zu einer ganzen Reihe von Lokalgottheiten, deren Bild zwischen Ende der Vorzeit und Beginn der geschichtlichen Zeit aus dem Kult der einzelnen Namen entsteht, aus deren Verschmelzung wiederum der ägyptische Staat entstand.

Das ursprüngliche Bild einer Gottheit änderte sich oft mit historischen Ereignissen: Zum Beispiel konnte der Gott einer besiegten Stadt durch den der siegreichen Stadt ersetzt werden, aber auch neben ihm bestehen bleiben, allerdings in untergeordneter Stellung; er konnte aber auch mit ihm identifiziert werden, so daß Gestalt und Attribute der beiden gegeneinander ausgetauscht wurden.

Eine Eigenheit der Religion des alten Ägypten ist die Gestalt mancher Gottheiten, in der sich menschliche und tierische Züge miteinander verbinden, vorwiegend ein menschlicher Körper und ein Tierkopf (Widder, Kuh, Löwin, Falke, Kaniden, Krokodil usw.), wahrscheinlich mehr als übermenschliches Qualitätsmerkmal oder um eine Metapher herauszustellen und weniger als Erinnerung an einen ursprünglich totemistischen Kult. Viele Tiere waren, vor allem in später Zeit, Gegenstand des Kults und wurden deshalb verehrt und nach dem Tode einbalsamiert und bestattet; so etwa der Apis-

Horus
Gott des Himmels
und dynastischer Gott

Seth
Gott, der das Böse
verkörpert

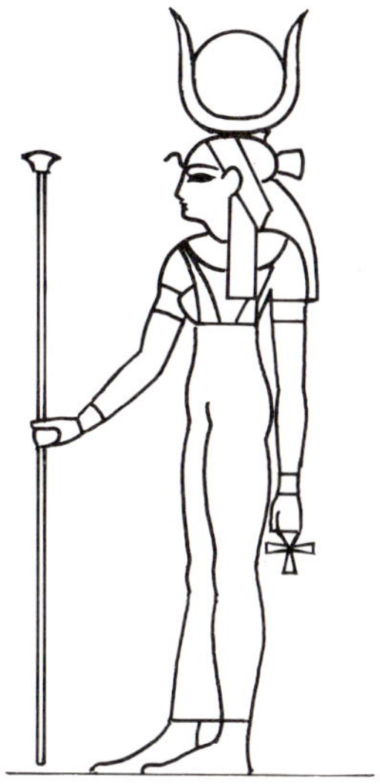

Hathor
Göttin der Freude,
der Musik und
des Tanzes

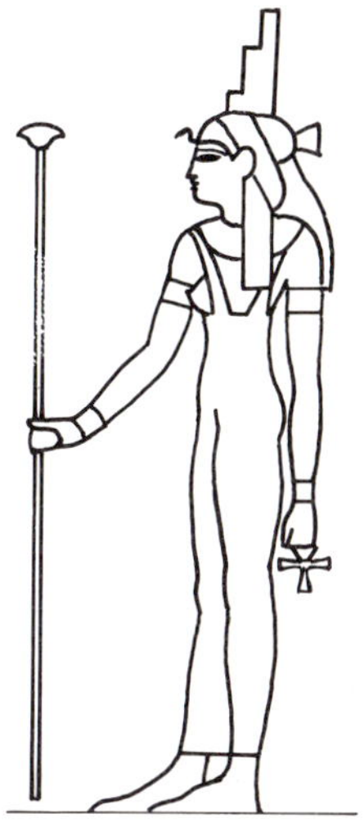

Isis
universale Göttin

Der Gott Horus, dargestellt mit der Doppelkrone von Ober- und Unterägypten. Vielfältig sind die Hypostasen des Falkengottes Horus in Ägypten und in Nubien, wo er mit verschiedenen Lokalgottheiten identifiziert wird. Als Sonnengottheit ist er Haroëris, Harachte, Harmachis und Horus von Behedet; als Sohn der Isis ist er Harpokrates (Horus, das Kind), Harsiësis (Horus, Sohn der Isis) und Harendotef (Horus, der Rächer des Vaters). Dieser uralte Himmelsgott ist vor allem der dynastische Gott, er ist der, „der auf dem Thron seines Vaters sitzt“ (Osiris) und mit dem sich jeder lebende Herrscher identifiziert, wie es der verstorbene Herrscher mit Osiris tut.

Auf diesem Relief des Amun-Tempels in Karnak weiht der Herrscher die Opfergaben der thebanischen Triade Amun, Mut und Chons sowie der Göttin Maat. Letztere wird in den Texten „Tochter von Rê" genannt. Sie verkörpert die Wahrheit und Gerechtigkeit. Ab der 5. Dynastie ist der Wesir, der Verwalter der Gerechtigkeit, gleichzeitig Priester der Göttin Maat. Aber der Begriff maat *hat noch eine tiefere Bedeutung: Er ist die universelle Ordnung, die am Beginn der Schöpfung vom Demiurgen-Gott aufgestellt wurde und vom Herrscher garantiert wird. Mit dieser Bedeutung bietet sie der Herrscher den Göttern dar, dargestellt in einer Statue auf seiner Hand.*

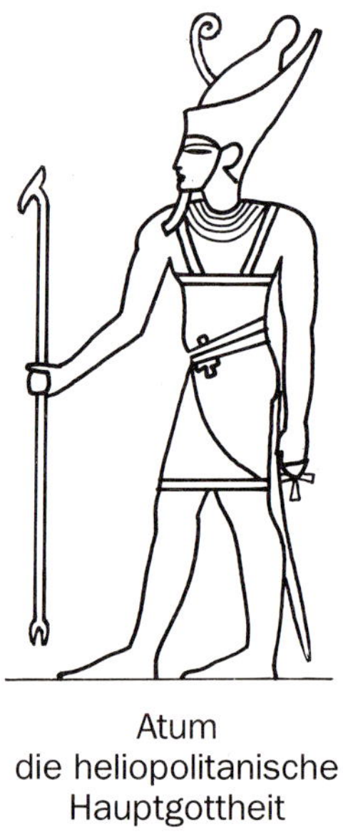

Atum
die heliopolitanische
Hauptgottheit

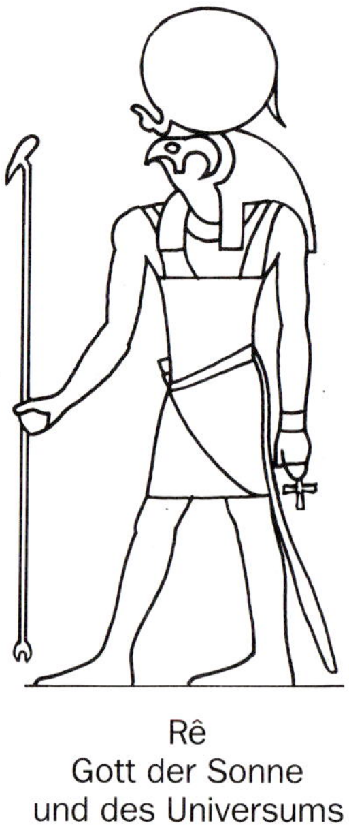

Rê
Gott der Sonne
und des Universums

Stier in Memphis, der Widder in Mendes und darüber hinaus Falke, Ibis, Krokodil, Katze, Pavian, Nilpferd, mehrere Schlangenarten usw.

Betrachten wir nun die Zusammensetzung des ägyptischen Pantheons und die Sitze der Hauptgottheiten, und zwar vom Süden des Landes nach Norden.

In Elephantine wurde der widderköpfige Gott *Chnum* verehrt, Hüter der Wasser des Nils und ausgestattet mit Schöpferkräften, neben ihm seine Gefährtinnen *Satis* und *Anukis*; in Edfu eine Form des Falkengottes *Horus*; in Elkâb die Geiergöttin *Nechbet*; in Hierakonpolis Magna eine weitere Form von *Horus*; in Armant ein weiterer Falkengott *Month*, in Theben derselbe Kriegsgott *Month*, später von *Amun* ersetzt. In Koptos bei der Karawanenstraße, die zum Roten Meer führte, und in Achmîn wurde der Gott *Min* verehrt, anthropomorph und ithyphallisch von Anbeginn an; in Dendera wurde eine mit Horus in Verbindung stehende kuhgestaltige Göttin verehrt, die Göttin *Hathor*.

Götter in Hundegestalt, die Beschützer der Toten, waren Gegenstand des Kults in Abydos (*Chontamenti*), das später die heilige Stadt von *Osiris* wird, sowie in Assiut (*Anubis* und *Upuaut*). In Hermopolis in Mittelägypten verehrte man *Thoth*, den Mondgott der Weisheit und der Schrift, der teils hundeköpfig, teils wie ein Ibis dargestellt wurde; im Fayûm, einem während der 12. Dynastie trockengelegten Seengebiet, hatte ein Krokodilsgott seinen Sitz, *Sobek*, der bis in späte Zeit verehrt wurde.

In Memphis wurde *Ptah* verehrt, Schöpfergott und Schutzheiliger der Handwerker, mit seiner löwenköpfigen Gemahlin *Sechmet* und ihrem Sohn *Nefertêm*, ursprünglich eine Lotosblüte; in Saïs die Göttin *Neith*, in Buto die Schlangengöttin *Uto*, in Busiris *Osiris*, in Mendes ein Widdergott, in Bubastis die Katzengöttin *Bastet* und weiter östlich der Falkengott *Sopdu*. In manchen Fällen wurden die Götter, nicht zuletzt auch aus politischen Gründen, in Familien-Triaden zusammengefaßt (üblicherweise Vater, Mutter und Kind) wie in Memphis, in Theben *(Amun, Mut* und *Chons)* und in Abydos in der volkstümlicheren Triade *Osiris, Isis* und *Horus*.

Andere Gottheiten und einige der schon erwähnten wurden zwar an manchen Stätten verehrt, stellten aber eine universelle Gestalt dar, so daß man sie nicht als lokal bezeichnen kann: so die kosmischen Gottheiten *Rê* (die Sonne), der Gott *Geb* (die Erde) und die Göttin *Nut* (der Himmel), die großen Totengötter, wie *Isis* und *Osiris*, die nationalen Götter, wie *Horus* und *Amun*.

Solche Geschöpfe der ägyptischen Vorstellungswelt gleichen sehr ihren Schöpfern, also den Menschen, die sie erdachten. Die Macht der Götter kommt nie so weit, daß sie kosmische Ereignisse verändert, sie kann höchstens in dieser Hinsicht nicht tätig werden oder nur das individuelle Leben beeinflussen. Außerdem sind die Götter nicht allwissend, mit Ausnahme von *Atum*, dem Demiurgen, der dem Wissen um das universelle Schicksal nahe ist, und laut dem *Totenbuch* sind sie nicht ewig, sondern zu einem Ende bestimmt, mit Ausnahme von Osiris, dem „Leben", dem „Lebenden", der ewig leben wird. Götter und Menschen sind damit beschäftigt, gemeinsam an der Erhaltung des Universums mitzuwirken.

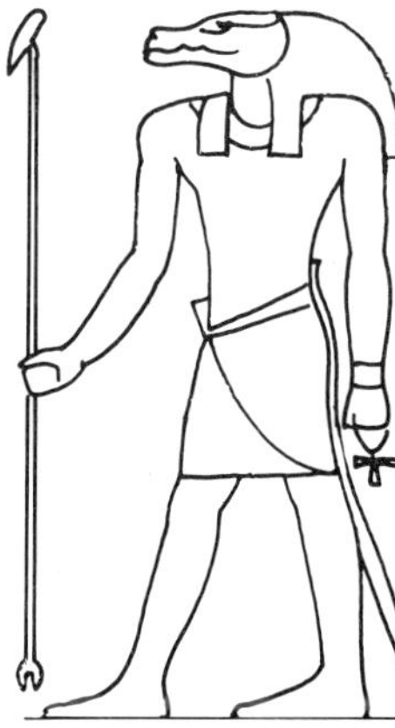

Sobek
Gott des Fayûm

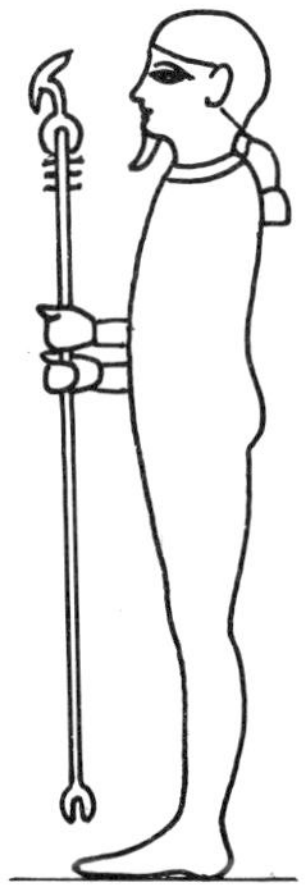

Ptah
memphitischer
Schöpfergott

Die höchsten theologischen Systeme

Einige der größten religiösen Stätten hatten ein eigenes theologisches System entwikkelt, das die Ursprünge und die formale Gestalt des Kosmos erklären sollte. In ganz alter Zeit war Heliopolis das Zentrum der Priesterelite, die die Riten für Rê zelebrierte; dieser wurde mit einem Falkenkopf, darüber die Sonnenscheibe und Menschenkörper dargestellt, Herr der Götter und der Welt, im Bündnis mit Gott *Atum*. Nach dem heliopolitanischen System war Atum die uralte Sonnengottheit, die, aus dem Chaos des Anfangs aufgetaucht, Vater der „Großen Neunheit" der Sonnenstadt ist (neun Gottheiten, zusammengefaßt in einer Reihe aufeinanderfolgender Generationen). Atum zeugt aus sich selbst *Schu* (den Luftgott) und *Tefnut* (die Feuchtigkeit), aus diesen werden *Geb* (der männliche Erdgott) und seine Gemahlin *Nut* (die weibliche Himmelsgöttin) geboren, die wiederum *Osiris* (den Horizont) zeugen, *Isis, Seth* und *Nephthys*, die weitere zwei Paare bilden.

In der Stadt Hermopolis bildeten ein langohriger Hase und vier Paviane mit Hundeköpfen die Gemeinschaft der „Großen Fünfheit": Diese Symbolik verwandelt sich später, ebenfalls dem hermopolitanischen System entsprechend, in die acht Gottheiten, die aus einem Wasserchaos geboren werden, einem Urozean. Dies waren vier Schlangenpaare (oder männliche Schlangen und weibliche Frösche): Sie verkörpern die ersten Götter, genannt Abgrund, Finsternis, Unsichtbares und Urwasser, welche der Sonne zum Leben verhalfen, die auf der Insel der Flammen einem geheimnisvollen Ei entstieg. Mit der Sonne nimmt das Leben auf der Erde seinen Anfang.

Aus spekulativer Sicht zweifellos auf höherem Niveau erscheint das in Memphis ausgearbeitete theologische System, nach dem der Anfang des Daseins aller Dinge das Wort Ptahs ist: Um sie zu erschaffen, braucht der Gott nur ihren Namen auszusprechen. Wegen ihres intellektuellen Charakters war diese Theologie nie sehr populär.

Anubis
Totengott

Amun
der Nationalgott

Die bekanntesten Mythen

Zahlreiche Mythen, die uns häufig durch späte Quellen überliefert wurden, welche ohne kritische Unterscheidung verschiedene Elemente wiedergeben, stellen sich neben die theologischen Systeme und legen, oft in menschlichen Dimensionen, legendäre Ereignisse dar, die den Gottheiten, ihrem Ursprung und ihren Beziehungen zugeschrieben werden. Der bekannteste ist der Osiris-Mythos. Dieser Gott, der puppenförmig geschnürt, mit einer tiaraförmigen Kopfbedeckung und zwei Straußenfedern dargestellt wird, war nach dem Mythos Sohn des Gottes Geb und der Göttin Nut. Während eines Kampfes mit seinem Bruder Seth, dem Gott des Chaos und der Wüste, der in der Stadt Tanis verehrt wurde und dem der wilde Esel heilig war, wurde er von diesem getötet und zerstückelt. Isis, die Gattin von Osiris, die als – vom Graphem ihres Namens her, „der Thron" bedeutet – wie mit einer Aureole geschmückt beschrieben wird, fand die verstreuten Glieder und setzte den Körper ihres Gatten wieder zusammen, vereinigte sich mit ihm und gebar einen Sohn, Horus, den Gott mit dem Falkenkopf, der Sonne und Mond als seine Augen hat. Horus rächte den Vater, indem er Seth tötete und den Platz seines Vaters im Leben einnahm, während Osiris König des Totenreichs wurde und als solcher von den Völkern Ägyptens weithin verehrt war.

Dann gibt es noch eine ganze Reihe von Mythen archaischer Färbung, welche die Kämpfe und Versöhnungen der beiden Rivalen Horus und Seth beschreiben.

Chnum
Gott der Nilquellen,
Menschenschöpfer

Min
Gott der
Fruchtbarkeit

Um die Sonne Rê herum entstand ein weiterer Zyklus: der von den Sonnenlegenden. In einer von ihnen wird erzählt, wie die Welt in ganz alter Zeit von Rê beherrscht wurde, gegen den sich, als er alt und schwach geworden war, die Menschen verschworen. Sechmet machte es sich zur Aufgabe, ihn zu rächen und begann mit dem Niedermetzeln der Menschen, ein Gemetzel, das nicht zu Ende geführt wurde, weil Rê eine berauschende Substanz auf die Erde sprühte und es damit zum Stillstand brachte.

Andere Sonnenlegenden betreffen das Sonnenauge, die ferne Göttin, die Uräusschlange, das Auge des Horus und Isis.

Der Entwicklungsprozeß

In den 3000 Jahren ägyptischer Geschichte wandelten sich mit der Entwicklung der historischen Situation auch die religiösen Vorstellungen und der Glaube. Die Geschichte der Evolution des Göttlichen kann mit dem Alten Reich beginnen, als die ägyptische Religion unter den thinitischen und memphitischen Dynastien die inzwischen konsolidierten Strukturen einer Theologie, einer Kosmologie, von Riten und liturgischen Praktiken aufweist. Die *Pyramidentexte* dokumentieren die Tendenz zu universellen Ideen und Gottheiten, wie sie Ägypten bis zur 5. Dynastie beeinflußt haben. Dem Herrscher war die Mittlerfunktion zwischen Göttern und Menschen vorbehalten, die an dieser besonderen Aufgabe des Königs keinerlei Zweifel hegten. Der Pharao, irdische Personifizierung Horus', wachte über das Wohlergehen seiner Untertanen und war allein verantwortlich dafür: Die großen Grabmonumente, die ihm zu Ehren erbaut wurden, schützten auch das Volk; die treuen Untertanen blieben auch nach dessen Tod unter dem Schutz des Herrschers. Die Jenseitsvorstellung weist zu dieser Zeit einige Widersprüche auf: Der Verstorbene kann, wenn er ein Privatmann ist, als Stern weiterleben oder in einer unterirdischen Welt herumreisen, in die sich die Sonne nach ihrem Untergang zurückzieht; wenn der Verstorbene ein Herrscher ist, steigt er in der Barke von Rê zum Himmel auf. Große Bedeutung maß man der Konservierung des Körpers des Toten bei, deshalb wurde die Mumifizierung gefördert, deren rituelle Technik sich mit dem Erfolg des Kults ausdehnt und dank des wissenschaftlichen Charakters der Religion selbst immer weiter perfektioniert wird. Mit einer realistischen Vorstellung vom Jenseits, das man sich ähnlich dem irdischen Leben ausmalte, war außerdem der Glaube verbunden, daß der Verstorbene arbeiten müsse: Um ihm diese Mühe zu ersparen, legte man seit dem Mittleren Reich Menschenfiguren *(Uschebtis)* mit ins Grab, die für ihn arbeiten sollten. Diese grundlegende und von gelassener Heiterkeit getragene Vorstellung erleidet am Ende des Alten Reiches eine schwere Erschütterung, als die königliche Autorität am Schwinden ist. Die Revolution, die den memphitischen Dynastien ein Ende bereitet, zerstört die Privilegien und dehnt die auch religiösen Vorteile der herrschenden Schichten auf ein weiteres Gebiet aus. Ein Gefühl von Unsicherheit löst die tröstliche Zuversicht ab, und schließlich entsteht ein Bedürfnis nach Gleichheit der Menschen, nach Gerechtigkeit *(maat)*, nach Moralregeln.

Auch die Toten werden nicht mehr unterschieden: Osiris ist seit der 6. Dynastie Motor eines Demokratisierungsprozesses im Jenseits. Die Würdenträger der Zeit begannen damit, sich in Abydos begraben zu lassen, um als Nacheiferer des Königs ebenfalls in den Genuß des Gottesfriedens zu kommen. Gerade in dieser Zeit fehlt es nicht an Beispielen für Mißtrauen in das Weiterleben nach dem Tode und an den entsprechenden Appellen, die irdischen Freuden auszukosten. Im Neuen Reich ist das Schicksal der Toten einem Gericht unterworfen (illustriert im Kapitel 125 des *Totenbuchs*): Der Verstorbene erscheint vor den Göttern des Gerichts von Osiris und muß seine Rechtschaffenheit im Leben beweisen; dabei steht er neben einer Waage, und auf deren einem Teller liegt sein Herz, auf dem anderen eine Straußenfeder, Symbol der Göttin Maat; hier erwartet ihn nun der Vergleich beider Gewichte, der von Anubis oder von Horus durchgeführt wird (Psychostasie, Seelenwägung). Nur den Gerechten wird das ewige Leben gewährt, die Schlechten sterben von neuem und endgültig, ohne daß sie eine Spur von sich zurücklassen.

Nach einer bewegten Zeit von fast 200 Jahren beginnt um 2060 v. Chr. das Mittlere Reich mit der zweiten Hälfte der 11. Dynastie und stellt Ordnung und Ruhe des Landes wieder her. Die thebanische Herkunft der Pharaonen führt in diesem Zeitraum zur gro-

Oben: Der Kult des Gottes Sobek mit Krokodilkopf war in ganz Ägypten verbreitet, vor allem im Fayûm, wo er im Mittleren Reich dem Rê gleichgestellt wurde und in dieser Gestalt als universaler Gott verehrt wurde. Links: Osiris, dargestellt in einem Götterschrein, gewickelt in das für ihn typische weiße Tuch, auf dem Kopf die Krone atef, *bestehend aus einem Bündel Schilfgräser, darüber die Sonnenscheibe mit zwei Federn an den Seiten. Gesicht und Hände sind grün gefärbt, was Vegetation bedeuten soll: Osiris ist nämlich ursprünglich ein bäuerlicher Gott und verkörpert Ägyptens Fruchtland und seine Vegetation, die periodisch von der jährlichen Überschwemmung durch den Nil wieder zum Leben erweckt wird.*

Ausschnitt aus dem Totenpapyrus des Heruben aus der 21. Dynastie, Teil eines Kapitels aus dem Totenbuch, *bei dem die Verstorbene den Gott Geb in Gestalt eines Krokodils anbetet. Das* Totenbuch *ist die moderne Bezeichnung für eine Sammlung von Totentexten, welche die Ägypter „Formeln, um ans Licht zurückzukehren" nannten. Diese Texte hatten die Aufgabe, den Verstorbenen auf seiner Reise ins Jenseits zu leiten und zu beschützen. Anfänglich schrieb man sie auf die Binden, welche die Mumie umhüllten, dann auf Papyri, die im Grabmal niedergelegt wurden. Das* Totenbuch *des Neuen Reiches ersetzt die älteren* Pyramidentexte *(sie waren den Königen vorbehalten) des Alten Reiches und die* Sarkophagtexte *des Mittleren Reiches.*

Geb
der Erdgott

Hapi
Gott der Überschwemmung

ßen Bedeutung des Kults des Lokalgottes Amun; er wird schon bald zum Nationalgott und manchmal in der Form Amun-Rê mit Rê gleichgesetzt.

Währenddessen dehnt der Pharao das königliche Privileg auf hohe Staatsbeamte und Würdenträger der Zeit aus, und aufgrund eines in Gang befindlichen Demokratisierungsprozesses werden ferner die „Geheimnisse des Pharao" zu Allgemeingut.

Nach der II. Zwischenzeit erlebt das aufkommende Neue Reich den Sieg der Ägypter durch Amose über die Hyksos (16. Jh. v. Chr.), errungen im ruhmreichen Namen des Gottes von Theben, der zu einem universellen Gott geworden ist und der unschwer auch mit dem Osiris-Kult verschmilzt. Mittlerweile dringen durch die Eroberungen fremder Länder und durch die Kontakte mit asiatischen Völkern neue Vorstellungen und Bedürfnisse ins Land ein, welche die Reinheit der ägyptischen Religion beeinträchtigen. Dem Gott Amun, der in Menschengestalt mit einer scheffelartigen Kopfbedekkung und darüber zwei geraden Federn dargestellt wird, weiht der Pharao prunkvolle Tempel und widmet ihm die Kriegsbeute, was dazu führt, daß die Tempel immer reicher werden und die Amun-Priesterschaft nach und nach eine außergewöhnliche Macht erlangt, die manchmal über die königliche Autorität hinaus geht und sich am Ende dieses Zeitraums definitiv durchsetzt.

All dies mündet gegen Ende der 18. Dynastie in eine religiöse Revolution, heraufbeschworen durch Amenophis IV., der, getragen von einer unorthodoxen Erziehung und von der heliopolitanischen Priesterschaft, den Amun-Kult abschafft, um ihn durch den monotheistischen Kult der Sonnenscheibe Aton zu ersetzen, dem einzigen Spender von Leben für die ganze Schöpfung. Die anderen Gottheiten sind auf zweitrangige Erscheinungen reduziert. Er ändert seinen Namen in Echnaton („der Aton Dienende"), und zu Ehren des neuen Gottes gründet er auch eine neue Hauptstadt: Achet-Aton.

Der Monotheismus Echnatons ist eine Erscheinung von kurzer Dauer, die seinen Urheber nicht überleben soll: der Polytheismus geht weiter, und der Amun-Kult wird in ganz Ägypten wiederhergestellt. Der Gott beschützt die militärischen Unternehmen der ramessidischen Herrscher, und in diesem neu eroberten Frieden blüht die individuelle Frömmigkeit auch in den Arbeiter- und Handwerkerschichten.

Um das 8. Jahrhundert v. Chr. kommt es zu einer Wiederaufnahme der Traditionen des Alten Reiches, und das religiöse Leben zersplittert sich in eine ganze Reihe kleiner Kulte von Lokalgottheiten, halbgöttlichen Wesen, Schutzgeistern und vergöttlichten Menschen. Das Volk befreit sich von der Vorherrschaft des Amun-Kults und anderer traditioneller Gottheiten, und Volksgottheiten aus der ersten Zeit kehren zurück, daneben Tiergottheiten wie der Ochse Apis, der als Abbild von Ptah noch aus der 2. Dynastie stammt, der Stier Mnevis als Abbild von Rê, der Ziegenbock von Mendes als Abbild von Osiris, der Widder Chnum, der die Menschenkörper bildet und in Elephantine angebetet wird, und das Krokodil Sobek, das man in Krokodilopolis anbetet.

Osiris dagegen kennt keinen Tod und überlebt, wie im Mythos, auch die Wandlungen der Geschichte und der Religion; immer mehr ist jeder Mensch, der stirbt, Osiris. Alexander der Große zeigt große Sympathie für den ägyptischen Kult und erklärt sich zum Sohn des Amun. Das ptolemäische Zeitalter lernt dann mit Ptolemaios Soter den Kult des Serapis kennen, ein Produkt des Synkretismus, der aus der Notwendigkeit der Verschmelzung griechischer und ägyptischer Kulte geboren wird, einer neuen Form von Osiris-Apis, die den Mythos von Dionysos mit dem von Osiris vereinbart und eindeutig mysterienartige Rituale enthält. Ptolemaios II. Philadelphos erhebt seine Schwestergemahlin Arsinoë zur Göttin und fixiert damit in der ptolemäischen Tradition den Kult des Königspaares, eine Weiterentwicklung des alten Kults vom Pharao als König und Gott. In dieser Zeit breitet sich diese zusammengesetzte (griechische und ägyptische) Religion aus und wird in das gesamte Mittelmeerbecken „exportiert“: mit der Übernahme der Macht durch den römischen Senat und das römische Volk werden zu Ehren der Isis in Rom auf dem Campo Marzio und an anderen Orten Tempel errichtet. Die Römer respektierten traditionell die Religion der besiegten Völker, von den Göttern des alten Ägypten aber waren sie zutiefst fasziniert. (Domitian ließ die Tempel von Horus und Hathor restaurieren.) Das ägyptische Christentum zeigte sich wenig tolerant gegenüber dem alten Glauben, vor allem ab dem 4. Jahrhundert, wenn auch bis zur Mitte des 6. Jahrhunderts in Philae der Kult der Isis in ihrem Tempel fortlebte. Erst Justinian entfernte alle Spuren der alten Kulte einer mehrtausendjährigen Religion.

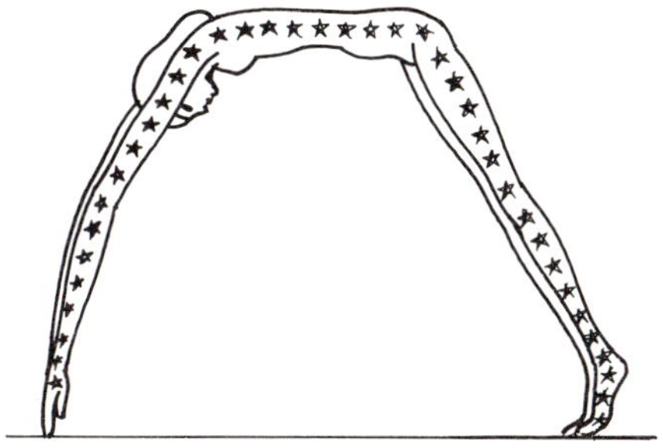

Nut
die Himmelsgöttin

Sechmet
Kriegsgöttin,
Schutzheilige
der Medizin

Thoth
Gott der
Wissenschaft

Pharao Ramses II. beräuchert die Barke des Gottes Amun, die von den als mythologische Wesen verkleideten Priestern in der Prozession getragen wird; aus einem Relief des Amun-Tempels in Karnak. Das Bildnis des Gottes wurde in einem Götterschrein auf der von Priestern getragenen heiligen Barke häufig aus dem Tempel entfernt und in einer Prozession durch die Dorfstraßen geführt. Der Zug hielt bei Stationen, an denen kleine Heiligtümer die Barke aufnahmen und wo die Priester die vorgeschriebenen Riten vor dem Götterschrein vollzogen. Zwischen einer Station und der nächsten fragte das jubelnde Volk den Gott um Rat. Manchmal stattete der Gott anderen entfernten Gottheiten einen Besuch ab; in diesem Falle wurde die kleine Barke auf eine größere gestellt, die einen Kanal oder den Nil befahren konnte.

Träger der Grabbeigaben im Grab des Wesirs Ramose, 18. Dynastie. Nach einem alten religiösen Glauben würde sich der Verstorbene im Jenseits eines neuen Lebens mit den gleichen Bedürfnissen, wie er sie zu Lebzeiten gehabt hatte, erfreuen. Die Darstellungen an den Grabwänden hatten außerdem die Aufgabe, Gegenstände und Momente des irdischen Lebens für die Ewigkeit zu beschwören.

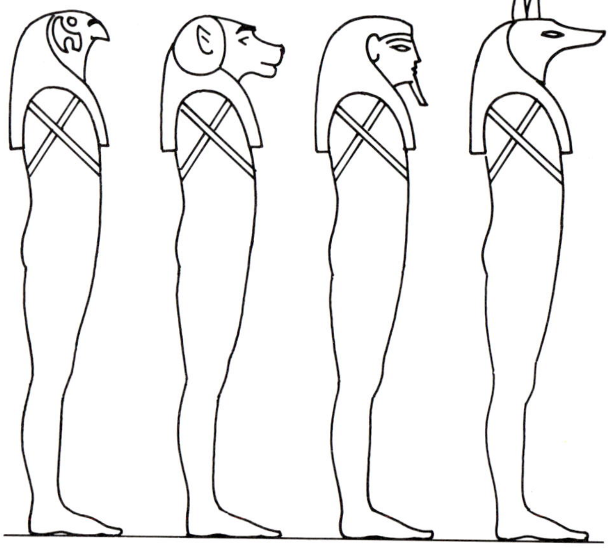

Die vier Horuskinder,
die Beschützer der Kanopen.

Der Tempelkult

Wir haben gesehen, daß für das alte Ägypten die Religion das eigentliche Leben war, und die Bedeutung des Kultes wird von den Mengen an überliefertem Material bezeugt, sowie von der Ikonographie, die das Ritual fortführte und seine Präsenz und Reglementierung garantierte: Wir können uns daher vorstellen, daß der dynamischste, der lebendigste Moment sich in den Tempeln mittels des Ritus ausdrücken mußte.

Der Tempel war nicht nur Wohnstätte der Gottheit, er beherbergte in seinen Mauern auch die Beamten und das Personal (Gärtner, Handwerker) für die Verwaltung und die Pflege des Tempels selbst: In den weniger bedeutenden Tempeln gab es eine begrenzte Zahl von Priestern, die sich bei der Praktizierung des Kultes abwechselten, während in den größten Tempeln Priesterschaft und Personal sehr zahlreich waren. Die Priester, die „Diener Gottes", die der Herrscher zumindest theoretisch dazu autorisierte, mit den Gottheiten zu kommunizieren, waren in geordnete Tempelhierarchien eingegliedert: Es gab vier große Priester, genannt „Propheten", die Jerj-hebte (Lesepriester), welche die heiligen Schriften und die Mysterien-Tradition kannten, die Uab („reine Priester"), welche die Opfergaben für den Gott prüften und die geringeren Dienste zelebrierten.

Im Amun-Tempel von Karnak war die Priesterschaft in vier Hierarchien unterteilt sowie in eine fünfte Abteilung, die einfache untergeordnete Bedienstete umfaßte. Frauen waren in der religiösen Schicht sowohl als Hohepriesterinnen der Frauenkulte als auch als Gemahlinnen und Konkubinen der männlichen Gottheiten zugelassen (Gottesgemahlinnen des Amun); außerdem nahmen Sängerinnen und Musikerinnen häufig am Ablauf der Zeremonien teil.

Das tägliche Ritual (Entzünden der Lampen, Abnehmen der Siegel, Öffnen der Cella, Darbietung der Getränke und Opfergaben, Weihrauch-Abbrennen, Rückgabe der aus dem Götterschrein, dem *Naos*, geholten Seele an die Statue des Gottes, dann Wiedereinkleidung, Schmücken und Zurückstellen in den *Naos*) und die Opferungen erfolgten in denjenigen Bereichen des Tempels, die nur der Elite der Zelebrierenden zugänglich waren; die Gläubigen kamen nur bis in die dem Allerheiligsten vorgelagerten Höfe und legten dort ihre Opfergaben ab. Prozessionen und Feste waren die einzigen Liturgien, bei denen es jedermann erlaubt war, am Leben des Gottes teilzuhaben.

Zu bestimmten Anlässen wurde die „lebende" Statue der Gottheit in einer Prozession auf das Terrassendach des Tempels getragen und für den Ritus der „Sonnenbestrahlung" der Sonne ausgesetzt. Darüber hinaus wurde die Statue des Gottes auf ein rituelles Schiff gesetzt und auf dem Strom einer Menschenmenge und dann auf dem Nil zum Tempel einer einzigen Gottheit gebracht: Amun zog von Karnak nach Luxor, Hathor von Dendera bis nach Edfu, und das gläubige Volk nahm lange Reisen auf sich und betrachtete die herrlichen Opfergaben, gerührt, an einem Gottesdienst direkt teilnehmen zu dürfen, der dann im Inneren des Tempels fortgesetzt wurde.

In den apotropäischen Riten, die also die Funktion hatten, das Böse fernzuhalten, opferte man Tiere (Nilpferd, Schildkröte, Krokodil), welche die gegenüber der Lebensführung von Göttern und Menschen feindseligen Kräfte verkörperten. Obwohl es Berichte über Menschenopfer in Nubien gibt, werden schon bald die echten Opfertiere durch Wachsformen, die den gleichen Wert wie das abgebildete Lebewesen haben, ersetzt. Die liturgische Handlung, die das Universum verteidigt, kann sich durch symbolische Handlungen, die eher an Zauberei erinnern, in ein Ritual wandeln: die Magie war tatsächlich eine der mächtigen Waffen des Pharaos und Ägyptens.

Die Bestattungsriten

Da für die alten Ägypter der unbeseelte Körper des Verstorbenen im Totenreich (im Westen) ein eigenes Leben mit identischen Daseinsformen wie die irdischen fortsetzen sollte, war seine Konservierung von ausschlaggebender Bedeutung.

In prädynastischer Zeit wurde der Verstorbene, in angehockter Stellung auf der Seite liegend, in eine einfache Grube in den Sand gelegt, und durch Sand und Wüstenklima ausgetrocknet, wurde die Konservierung seines Körpers begünstigt (bei den Armen setzte sich diese Gewohnheit, die Toten im Sand zu begraben, auch in geschichtlicher

Maat
Göttin der
Gerechtigkeit
und der Wahrheit

Osiris
Gott der
Verstorbenen

Ausschnitt aus einer Wand des Grabs von Tutench-Amun mit der Darstellung der Bestattungsfeierlichkeiten des Königs: Die Großen des Reiches ziehen den Katafalk, auf dem die Mumie liegt. Diese symbolische Gruppe – sie wird von den beiden Wesiren des Nordens und des Südens mit ihren kahlgeschorenen Köpfen begleitet – erinnerte an die „Freunde des Königs", die private Versammlung der alten Deltakönige. Die weiße Kopfbinde ist Zeichen der Trauer. Die Szene von der Bestattung des Herrschers ist sehr selten, im Königsgrab wird sie üblicherweise nicht abgebildet. In den Privatgräbern ist sie dagegen häufig vertreten.

Rechts: Papyrus mit einem Ausschnitt aus einer Illustration des Kapitels 125 des Totenbuchs. *Die Szene illustriert die „Seelenwägung" oder Psychostasie. Das Herz des Verstorbenen wird von Gott Anubis gewogen; auf der anderen Waagschale liegt die Straußenfeder, Symbol der Göttin Maat und damit der Wahrheit und Gerechtigkeit. Im Angesicht von Osiris und 42 Richtern spricht der Verstorbene das „Negative Glaubensbekenntnis", mit dem er versichert, er habe nichts Böses getan. Wenn er ehrlich war, wird er zum „Gerechtfertigten" erklärt und das Paradies von Osiris steht ihm zu, andernfalls wird er von einem Ungeheuer mit Krokodilsschlund, das immer beim Gericht zugegen ist, verschlungen.*
Unten: Einer der 410 Uschebtis, die man im Grab des Tut-ench-Amun im Tal der Könige fand. Die Uschebtis waren Statuetten, die man als Vertreter des Verstorbenen oder seiner Diener mit ins Grab legte.

Zeit fort). Später wurde der Körper in einen Holzsarg oder in einen Behälter aus Keramik gelegt, und daneben legte man die Opfergaben und Gebrauchsgegenstände, die für das neue Dasein nötig waren. Der Kult bestand in einer täglichen Opfergabe an Nahrungsmitteln für den Verstorbenen.

In geschichtlicher Zeit hatte das Grab eine solidere Bauweise, und der Totenkult, der für die Hinterbliebenen oft zu kostspielig geworden war, wurde ab der 4. Dynastie von den Erträgen eines speziellen Vermächtnisses zugunsten der Priester der Nekropole bestritten, so daß diese sich um die Pflege und Versorgung der Grabstätte kümmerten, sofern dies nicht direkt Obliegenheit der königlichen Behörde war.

Außerdem verwandelte die Magie die an den Grabwänden abgebildeten Figuren in ewig frische Opfergaben, um dem Toten, dessen Leichnam jetzt auch mumifiziert wurde, das Weiterleben zu gewährleisten; sie verwandelte auch die Statuetten der Bediensteten *(Uschebtis)* in echte Arbeiter, die ihm zu Diensten standen. Diese fein gearbeiteten Tonstatuetten (sie nahmen diese Bedeutung ab dem Neuen Reich an) erleichterten die Mühen eines zu erwartenden überirdischen Arbeitslebens. Durch Zauberei lebte die Welt wieder, heraufbeschworen von den farbigen Formen, den Darstellungen und den für das parallele Leben des Verstorbenen nötigen Opfergaben.

Zur Bewahrung von Grab und Sarkophag (der den Leichnam jetzt in liegender Stellung enthielt) ermahnten Inschriften auf Stelen, die dem Besucher den gehörigen Respekt vor dem Grabdenkmal einflößten. Jedes Grabmal war meist nur für einen einzigen Verstorbenen oder für ein Ehepaar vorgesehen, die in mehreren (ineinandergefügten) Särgen eingeschlossen waren; der äußere war der Sarkophag, daneben wurden in Viererreihen (wie die vier Kinder des Horus, dem Schutzpatron der Kanopen) die Kanopenkrüge gestellt, sie enthielten die bei der Einbalsamierung entnommenen Eingeweide. In einem kleinen Raum *(Serdâb)* waren Statuen des Verstorbenen aufgestellt, um dadurch dessen Weiterleben zu gewährleisten.

Die Wände, die Nische mit Scheintür und die Grabstelen trugen Darstellungen und Texte, die üblicherweise Szenen mit dem Verstorbenen wiedergaben: wie er die Opfergaben in Empfang nimmt, Szenen aus dem Leben, liturgische Texte und manchmal eine Liste der verdienstvollen Taten, die der Verstorbene zu Lebzeiten vollbracht hatte.

In die Kammer des Sarkophags wurde außerdem ein Papyrus mit einer Abschrift des *Totenbuchs* gelegt, eine Zusammenstellung von Grabesformeln, um „aus der Finsternis des Grabes zurückzukehren zum Genuß des Tageslichts".

Die ägyptische Kunst

Die uns überlieferten künstlerischen Zeugnisse des alten Ägypten betreffen einen Zeitraum von etwa 3000 Jahren, und es beeindruckt, daß es trotz der in den einzelnen Epochen geschaffenen Variationen nie an einer grundlegenden stilistischen Einheit fehlt, die sicherlich auf einem diesem Volke eigenen ausgeprägten Sinn für Tradition beruht. Außerordentlich sind die Menge und die Vielfalt des erhaltenen Materials; es ist dank der Inschriften, die jedwede Kategorie von Denkmälern begleiten, überwiegend gut datiert, jedoch zum Großteil anonym, vielleicht weil man die Künstler wie Handwerker oder Arbeiter einstufte. Hervorzuheben ist, daß man es immer mit Originalen zu tun hat, wenn es sich oft auch um kunsthandwerkliche Arbeiten handelt, die weithin bewährte Muster wiederholen. Daß die Künstlerwerkstätten fast immer mit der höfischen oder der Tempelwelt verbunden waren, hilft sowohl die ausgeprägte Kontinuität der Tradition als auch die außerordentliche Anpassungsfähigkeit zu erklären, die auch die künstlerischen Zeugnisse gegenüber den Veränderungen in der Politik der Pharaonen beweisen. Schon die aus Gräbern stammenden Arbeiten aus prädynastischer Zeit erreichen bemerkenswerte Feinheiten in der Keramik- und Steinbearbeitung: Man braucht nur an die Keramiktassen und -vasen mit schwarzem Rand aus der Badari-Kultur zu denken, die uns auch bemerkenswerte, für den Grabschmuck verwendete weibliche Statuetten aus Elfenbein und Terrakotta hinterlassen hat, oder an die Arbeiten mit geometrischen Verzierungen oder Tiermotiven aus den Kulturen Nakâdâ I und II.

Beginnend mit der geschichtlichen Zeit kann man die Entwicklung der altägyptischen Kunst getrennt nach drei Formen ihrer größten Zeugnisse untersuchen: Architektur, Bildhauerei sowie Relief und Malerei. Bei den letzten beiden Kunstformen ist zu berücksichtigen, daß das Gesetz der Frontalität vorherrscht und die Perspektive fehlt. Auffallend ist ferner die Tendenz, jeweils den am leichtesten zu erkennenden Aspekt von allen – sei es ein Gegenstand oder eine Person – darzustellen, also wie etwas ist, nicht wie es erscheint, besonders wenn es um die flache Darstellung menschlicher Körper geht. Hier werden die einzelnen Teile aufgegliedert und in ihrer offensichtlichsten Ansicht dargestellt: der Kopf im Profil, das Auge aber in Vorderansicht, der Rumpf in Vorderansicht, das Becken im Dreiviertelprofil, Arme und Beine in Seitenansicht.

Vase aus der Periode Nakâdâ II (4. Jahrtausend) aus Abydos. Die Verzierungen der Gefäße dieser Epoche inspirieren sich an Schiffahrt und Wüstenlandschaft: bei dieser Vase ist oben die Barke mit vielen Rudern, zwei Kabinen und einem Abzeichen und unten ein wohlgeordneter Aufmarsch von Straußen dargestellt.

Architektur

Mastabas und Felsengräber. Zu Beginn der geschichtlichen Zeit entsteht die Monumentalarchitektur; sie findet ihren Ausdruck vor allem in den Grabstätten der Könige und der hohen Beamten, den sogenannten Mastabas. Der Name stammt aus dem Arabischen und bezeichnet eine gemauerte Bank. Die Mastaba wurde bis zur 4. Dynastie aus Ziegelsteinen gebaut, dann bis zur 6. Dynastie in Stein. Dieser Grabtypus bestand aus einem unterirdischen Teil (Krypta) mit dem Sarkophag, in den der Leichnam und die Beigaben gelegt wurden, sowie einem überirdischen Teil, der aus einem großen rechteckigen Mauerkasten mit angeböschten Seitenwänden und gerader Abdeckung bestand (Mastaba). Unmittelbar anschließend lag das für den Kult bestimmte Areal mit einer „Opfertafel“, wo die täglich nötigen Lebensmittel für den Verstorbenen abgelegt wurden. Je nach dem Glauben wurde es mit verschiedenen Ausrichtungen gebaut: anfangs befand sich der Kultraum im Norden, dann im Osten, aber nach Westen

Die Mastaba el-Faraûn in Sakkâra-Süd aus der 4. Dynastie. Errichtet vom Beginn der geschichtlicher Zeit bis zur 6. Dynastie, ist die Mastaba eine der häufigsten Bauformen der Monumentalarchitektur dieser Zeit und wird durch Strenge der Anlage und Schlichtheit der geometrischen Linien gekennzeichnet.
Unten: Grundriß des typisch thebanischen Grabes in Form eines umgekehrten „T": 1 Eingang, 2 Hof, 3 Vorhalle (Vestibül), 4 Kapelle, 5 Nische; a Stelen, b Statue des Verstorbenen.

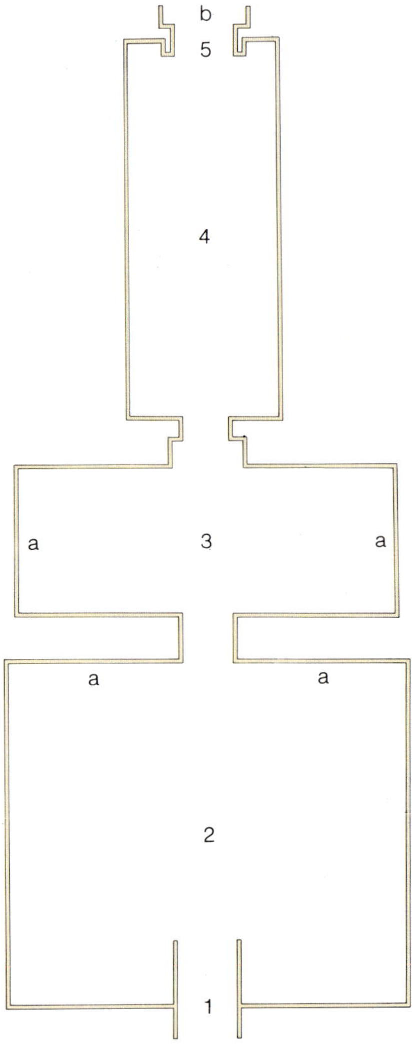

gewandt, später nach Osten. Der Kultraum wurde später in eine zunächst außen gelegene, dann in die Mastaba selbst einbezogene Kapelle verwandelt. In manchen Fällen wurden aus einer Kammer viele Räume eingerichtet, und oft waren sie mit Reliefs und Malereien ausgeschmückt, die Szenen aus dem irdischen Leben darstellten. Mittelpunkt des Kultes wurde während der 5. Dynastie die Nische mit „Scheintür", also eine Steinplatte (die in eine Wand der Mastaba eingelassen war), vor der sich eine Tafel befand, auf der die Speisen für den Geist des Verstorbenen angerichtet waren. Die größten Mastaba-Gräber fand man in Sakkâra und um die Großen Pyramiden von Gîzeh.

Die Felsengräber waren ab der 6. Dynastie bis zum Ende der ptolemäischen Zeit für Privatleute gedacht. Die innere Kultkapelle war aus dem Fels gehauen, und von ihr aus gelangte man durch einen Brunnen oder über eine Rampe in die darunter liegende Krypta, die aus einem einzigen Raum gebildet war. An der Rückwand der Kapelle befand sich die Opfertafel mit einem dahinter aufgestellten Grabstein.

Mit dem Neuen Reich regt Thutmosis I. einen neuen Typus des Königsgrabes an: Es besteht aus einem unterirdischen, in den thebanischen Fels getriebenen Teil und einem Tempel für den Totenkult in der Ebene der West-Nekropole; der Tempel soll die Erinnerung an den Pharao überdauern lassen und ist daher aus Stein erbaut. Eines der Meisterwerke ist der vom Architekten Senenmut erbaute Tempel der Königin Hatschepsut in Dêr el-Bahri. Die Königsgruften schmiegen sich mit einer Vielzahl von Korridoren, Schächten und Räumen in den Felsen ein, bis man zur Sargkammer gelangt, wo der Herrscher bestattet ist und sämtliche Grabbeigaben niedergelegt sind.

Die Pyramiden. Der Übergang von einer archaischen Anlage zu einer rationalen Struktur geht vom Grabkomplex Djosers aus und vervollkommnet sich nach einer Übergangsphase (den Pyramiden von Medûm und Dahschûr) mit der Cheops-Pyramide und ihren regelmäßigen Proportionen. Mit Djoser unterscheidet sich das Königsgrab erstmals von dem der hohen Beamten. Der ursprünglichen Mastaba paßte der Architekt Imhotep einen neuen Überbau an, der aus mehreren übereinander gelagerten Mastabas bestand. So entstand eine Stufenpyramide. Außenherum baute man verschiedene Gebäude, welche die älteren aus Schilf, Holz und Ziegeln, in denen früher die Kultzeremonien stattfanden, nun in Stein nachahmten. Unter der Pyramide wurde ein Netz aus Räumen und Korridoren mit der Grabkammer angelegt und der gesamte Komplex mit einer Schutzmauer umgeben. Erstmals baute man mit zahlenmäßig so massivem Einsatz von Arbeitskräften und Facharbeitern.

Das typische Baudenkmal memphitischer Zeit ist die Pyramide, und sie weist besondere Konzeptionen auf, obwohl sie typologisch von der Stufenpyramide abstammt. Hier (die Großen Pyramiden von Gîzeh) und bei den angeschlossenen Tempeln findet sich nämlich eine Architektur, der es auf die Erschaffung reiner geometrischer Formen ankommt und die sich nicht um die Innenräume kümmert, welche auf kleine, im Inneren und unterirdisch gelegene Räumlichkeiten reduziert werden. Dem Architekten Hemiunu gelang es, der Cheops-Pyramide ein vollkommen geometrisches Profil zu

geben. Auch die Bautechnik hatte sich gewandelt: Manche behaupten, man sei von der Schichtbauweise übergegangen zum Bau eines zentralen Turms von der für die Pyramide errechneten Höhe und habe von da aus diesen mit abfallenden Blöcken verkleidet, die durch Steinblöcke in dreieckigem Zuschnitt vervollständigt wurden.

Die Kultstätte, welche aus einem an die Pyramide anschließenden Totentempel, einem Hof mit Portiken, einem Säulensaal und einer bedeckten Rampe bestand, die zu einem weiteren Tempel in der Nähe eines Kanals hinunterführte (Taltempel) und zuerst im Norden stand, erbaute man beginnend mit der 4. Dynastie östlich der Pyramide (siehe den Totentempel unterhalb der Chephren-Pyramide). Diese Anordnung änderte sich mit den beiden folgenden Dynastien radikal; während dieser Dynastien nämlich wurde die Abfolge der verschiedenen Elemente axial, und der Taltempel wurde auf

Oben: Säulen- und Pfeilertypen des antiken Ägypten: 1 Papyrusbündelsäule mit offenem Kapitell, 2 protodorische Säule, 3 Kompositsäule, 4 Palmensäule, 5 Lotosbündelsäule, 6 Papyrusbündelsäule mit geschlossenem Kapitell, 7 Osiris-Pfeiler; 8 Hathor-Pfeiler. Unten: Rekonstruktion der Grabkomplexe des Chephrên (links) und Cheops (rechts) nach Holscher. Jeder Komplex umfaßte die Pyramide, einen Totentempel vor der Ostfassade, der durch einen Aufweg mit einem zweiten Tempel am Wüstenrand, genannt Taltempel, in Verbindung stand.

Der Tempel von Luxor. Der klassische architektonische Aufbau des Göttertempels mit Cella des Neuen Reiches bestand aus einer Sphinx-Allee vor dem Eingangsportal, das aus zwei nach oben verjüngten Türmen, dem sogenannten Pylon, gebildet wurde; zwei paarweise aufgestellte Obelisken und Statuen des widmenden Pharaos standen vor dem Eingang. Anschließend folgten ein Hof mit Säulengängen, ein Hypostylsaal, eine Vorhalle und das Allerheiligste.

einen elegant mit Portiken gesäumten Landungssteg reduziert. Dies ist auch die Periode, in der man in der Architektur die geometrische Abstraktheit allmählich zugunsten einer gelockerteren Gliederung der Strukturen aufgab.

Noch von den Pharonen des Mittleren Reiches angewandt, allerdings mit einer anderen Strukturierung und unter viel geringerem Mitteleinsatz, reduzierte sich die Pyramide während der thebanischen 17. Dynastie auf ein bescheidenes Bauwerk, das man dem Grab des Pharaos aufsetzte. Mit dem Neuen Reich verzichteten die Herrscher auf die Pyramide und zogen statt dessen die Gruft vor.

Die Göttertempel. Von den Göttertempeln, die größtenteils zerstört wurden, um jüngeren Bauwerken Platz zu machen, stammen die ältesten noch erhaltenen aus dem Mittleren Reich; der eine steht in Medînet Mâdi im Fayûm, der andere in Karnak (rekonstruiert aus Blöcken, die man in einem Pylon des Tempels wiederverwendet hatte). Beide zeigen einen sehr einfachen Grundriß: in Medînet Mâdi ein Allerheiligstes aus drei Cellae, davor ein Atrium mit Säulen; der Tempel für die heilige Barke in Karnak besitzt einen von einer Säulenreihe umstandenen Pavillon. Mit der Zeit werden diese Strukturen erweitert, man baut weitere Höfe, Säulensäle, die massiven Pylonen, man stellt Statuen der Herrscher, Obelisken und Sphingen auf.

Von den großen Tempeln des Ptah in Memphis und des Rê in Heliopolis ist nichts erhalten; überdauert haben nur die von Luxor und Karnak, große, dem Amun-Rê geweihte dynastische Tempel, die von den ersten Herrschern der 18. Dynastie begonnen und anschließend erweitert wurden. In ihnen sind Raum und Architektur keine undurchdringlichen geometrischen Formen mehr, sondern gegliederte Ganzheiten, in die man eintreten und in denen man sich bewegen kann, in denen Licht und Schatten das Innere wie das Äußere, die jetzt als eine Gesamtheit konzipiert sind, beleben. In ramessidischer Zeit entwickelt sich der Grundriß des Tempels, der dann zu einem Kanon wird: Pylon, Hof mit Säulengängen, Hypostylsaal, Vorhalle, Allerheiligstes. Das Äußere ist bloßes Mauerwerk, das an der Fassade vom Pylon aus zwei sich verjüngenden Türmen zu beiden Seiten des Eingangs belebt wird; das Innere weist immer mehr Heiligkeit der Räumlichkeiten auf, und je weiter man zum Allerheiligsten vordringt, desto kleiner werden die Räume und desto dunkler die Schatten. Ein Beispiel hierfür sind die beiden berühmten Tempel von Abu Simbel, bei denen der Pylon in der Felswand steht, während die Räume in den Berg getrieben sind. An die Typologie des ramessidischen Tempels schlossen die späteren heiligen Bauten der Ptolemäer an.

Nur geringe Unterschiede in Struktur und Ausschmückung zu den Göttertempeln wiesen die sogenannten Totentempel auf, wie die Tempel der Hatschepsut, Ramses' II. und Ramses' III. in Theben-West. In ptolemäischer Zeit verbreitete sich das „Mammisi" (Geburtshaus), also ein kleiner Tempel, der in der Nähe des Haupttempels steht und für den Kult der Mütterlichkeit der Isis bestimmt war. Besondere Erwähnung verdienen die Sonnentempel, deren besterhaltener der von Abu Gurôb aus der 5. Dynastie ist. Er bestand aus einem großen quadratischen Hof, in dessen Mitte ein Altar und ein kolossaler Obelisk stand, Symbol des Sonnengottes.

Plastik und Reliefkunst

Diese beiden Kunstformen setzten sich im alten Ägypten durch, wozu die Fülle an leicht erhältlichem Steinmaterial beigetragen haben mag (Granit, Porphyr, Basalt, Kalkstein und Sandstein) sowie die Kunstfertigkeit ihrer Bearbeiter, die auch auf Holz, Kupfer und später Bronze zurückgriffen. Letztere wurde mit dem Wachsgußverfahren modelliert oder in getriebenen Platten verarbeitet, die mit Nägeln auf einer Holzpuppe befestigt waren. In der Bildhauerei umfaßt die aufgestellte Typologie verschiedene Typen: die Sitzfigur, bei der der Herrscher oder Herr mit aufgerichtetem Oberkörper dargestellt wird, die Arme auf den Hüften, die Hände auf den Schenkeln und mit geschlossenen Beinen, die eins mit dem Sitz sind; die Standfigur, bei der die Person mit dem Oberkörper auf dem rechten Bein ruht, das linke etwas vorgestellt, den rechten Arm der Hüfte entlang ausgestreckt und den linken vorgestreckt mit einem langen Stab in der Hand; die Statue des Opferträgers, bei der die Person kniet, die Arme vor-

Statue des Ihi, Sohn der Hathor, jetzt im Ägyptischen Museum Kairo. Er verkörpert die Wiedergeburt Tut-ench-Amuns in der überirdischen Welt. Ein für die ptolemäische und römische Zeit typisches Bauwerk ist das Mammisi (Geburtshaus), ein kleiner, für den Kult der Mutterschaft der Isis bestimmter Tempel. Hier ist eine Seite des römischen Mammisi von Dendera abgebildet, das mit der Einbeziehung von Säulen-Zwischenwänden Baulösungen eines Tempels der 22. Dynastie aus Hibâ und von anderen Bauwerken aus saïtischer Zeit aufnimmt.

Im alten Ägypten erfüllte die Bildhauerkunst keinen dekorativen sondern einen funktionellen Zweck, „sie war nicht gemacht, um gesehen zu werden, sondern um zu sehen". Sowohl in den Gräbern als auch in den Tempeln, in denen sie aufgestellt war, trat sie nach religiösem Glauben an die Stelle der abgebildeten Person. Die Person ist immer statisch, alterslos und mit dem ins Unendliche gerichteten Blick dargestellt. Um die geometrische Fixiertheit des ursprünglichen Steinblocks zu bewahren, ließen die Bildhauer die Zwischenräume zwischen den Beinen und dem Sitz, zwischen den Armen und dem Körper und zwischen diesem und der Rückenlehne ausgefüllt.
Die Würfelstatue, entstanden im Mittleren Reich und eine Besonderheit Ägyptens, stellt niemals den König dar, und die Bedeutung der Haltung ist unbekannt. Die Verwendung ausgesuchter und schwer zu bearbeitender Materialien, die oft von weither stammten, beweist das hohe Niveau, das die Ägypter sowohl bei der Bearbeitung der Blöcke in den königlichen Werkstätten als auch bei ihrem Transport vom Herkunftsort erreicht hatten. Die von den Bildhauern verwendeten Werkzeuge waren Schlagwerkzeuge aus hartem Stein, Fäustel und Meißel, Sägen, Stichel, Bohrer und Polierwerkzeuge; zur Glättung des modellierten Teils wurde auch Wasser und Sand verwendet. Holz und die weichen Steinarten waren gewöhnlich der privaten Statuenkunst vorbehalten.
1 Granitstatue des Thutmosis IV. und seiner Mutter aus dem Neuen Reich; 2 Würfelstatue des Hetep aus grauem Granit aus dem Mittleren Reich; 3 Ausschnitt einer Triade des Mykerinos aus Schiefer aus dem Alten Reich (Kairoer Museum).

„Chekeru"-Schmuckfries, wie es in den Gräbern des Neuen Reiches häufig zu finden ist. Das Motiv erinnert an die frühesten Tempel. Diese bestanden aus Pflanzenfasern, die oben mit einem Knoten zusammengebunden waren und in einem hier nicht sichtbaren Büschel endeten.

gestreckt und die Opfergabe in der Hand haltend; die Statue eines Schreibers, bei der dieser mit überkreuzten Beinen auf dem Boden sitzt und auf dem kurzen, zwischen den Knien gespannten Rock einen aufgerollten Papyrus hält, in dem er liest oder auf dem er schreibt; die Würfelfigur, bei der die Person, mit einer Tunika bekleidet, am Boden hockt, die Beine gegen den Rumpf gekauert und die Arme auf den Knien. Außerdem gibt es die unausgeformten Statuen archaischer Götter, bei denen nur das Gesicht herausgearbeitet ist. Was das Relief betrifft, wandten die alten Ägypter, die hierin Meister waren, vier verschiedene Typen an: Furchenrelief (richtiggehende Felsgravuren), versenkte Reliefs (verwendet an den Außenwänden der Tempel), Flachreliefs (typisch für die Mastabas des Alten Reiches) und Hochreliefs (rundplastische Wiedergaben einer Figur gegen die Wand). Der Künstler zeichnete auf der entsprechend vorbereiteten Wand ein Quadratnetz, auf dem er die Figuren in Rot skizzierte und die Zeichnung in Schwarz vervollständigte; es folgte die Arbeit der Steinmetze und dann eventuell die der Maler. Dieselbe Strenge und stilistische Konzentration, die in der Architektur zu beobachten ist, beherrschten im Alten Reich auch die Rundplastik und das Relief. Die Statuen der Personen (Könige oder hohe Beamte) der 4. Dynastie bieten keinen Raum für deskriptive oder expressive Untersuchungen; die Individualität der dargestellten Person (auch bei Herrschern) wird fast nie (mit wenigen Ausnahmen) durch physiognomische Daten vermittelt, sondern durch andere Elemente wie etwa der geschriebene Name, die typologischen Charakteristiken des Gesichts, mit der Haltung oder der Kleidung. Ab der 5. Dynastie wächst das Streben nach Individualität, das einige bewundernswerte Meisterwerke wie den Schreiber des Louvre hervorbringt.

Nach der I. Zwischenzeit, die mit der geringer gewordenen königlichen Autorität und der Aufsplitterung des Bodens nach feudalem Muster die Tätigkeit der Künstlerwerkstätten in den einzelnen Provinzen, abgetrennt von der königlichen Schule, fördert, verfolgt die Plastik ab dem Mittleren Reich in der Absicht, königliches Format wiederzugewinnen, die Linie einer Wiedergewinnung der Tradition und wiederholt daher, zumindest anfangs, memphitische Muster. Anschließend wird die Formensprache wärmer und spontaner, und in ihren Statuen wirken die Könige, kontrastierend zum memphitischen Gottkönig, resigniert, ihrer Verantwortung bewußt.

Im Neuen Reich suchen Skulptur und Relief wieder die formale Eleganz, also Grazie und Haltung, eine Suche, die schroff unterbrochen wird durch Echnaton (14. Jh. v. Chr.), der provozierend die Rückkehr zu einem akzentuierten, von Mystizismen erfüllten Verismus anordnet. Von den Künstlern aus Amarna kommen, vor allem in der ersten Phase, fast karikaturenhafte Darstellungen (Statuen und Reliefs), weil sie sich so stark bemühen, in expressionistischem Sinne die Unzulänglichkeiten des Modells zu unterstreichen. In einer zweiten Phase werden die Porträts weicher, während die durch Naturalismus gekennzeichnete Produktion eine Formensprache verwendet, die sich um Lichtstudien dreht.

Die Zeit der Reaktion, die auf Echnatons Herrschaft folgte, führt zu einer Rückkehr zu traditionelleren Kunstformen, in denen die Arbeiten von Amarna jedoch unauslöschliche Spuren hinterlassen haben und eine starke Tendenz zum Kolossalen haben, wie es die Statuen Ramses' II. in Abu Simbel beweisen. Im Relief werden die großen Szenen normalerweise in Registern dargestellt, nur die eine oder andere Szene aus

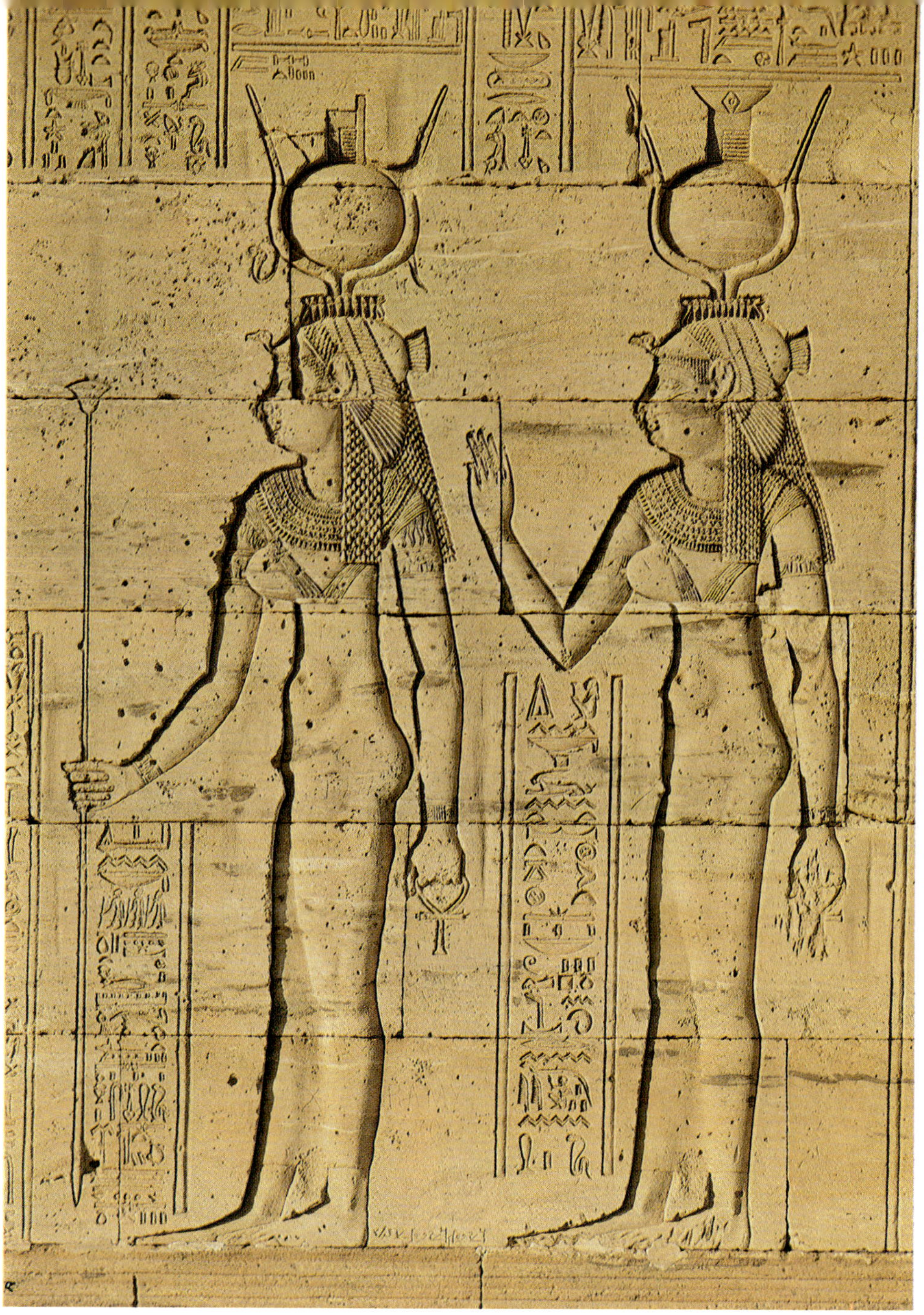

Vier Reliefbeispiele des alten Ägypten: Versenktes Relief und Hochrelief einer Seite des Throns von Ramses II. in Luxor aus dem Neuen Reich (oben); Flachrelief aus ptolemäischer Zeit an einer Wand des Isis-Tempels in Philae. In dieser Epoche macht man sehr häufig Gebrauch von Reliefs (vor allem mit Hieroglyphen-Texten): Die Figur nimmt runde Formen an, und das Ganze verliert an Eleganz (rechts); Flachrelief in der Mastaba des Ti in Sakkâra aus dem Alten Reich. Das bis dahin den Außenwänden vorbehaltene versenkte Relief kommt erst mit Ramses II. auch im Inneren der Gebäude zur Anwendung (unten).

ramessidischer Zeit weist eine andere Verteilung auf, die allerdings ohne Folgen blieb. Gegen Mitte der 20. Dynastie kommt es zu einer umfangreichen Produktion von Bronzestatuetten; mit der 25. Dynastie kehrt man zurück zur wahren ägyptischen Tradition, und die Produktion knüpft an Arbeiten der älteren Zeit an und zeigt einen etwas oberflächlichen Sinn für Kraft, die sich in runden Köpfen und schweren Körpern ausdrückt. Diese Tendenz wird fortgeführt von der (26.) saïtischen Dynastie, die sich schulmäßig an Muster der Vergangenheit hält und besonderen Wert auf technische Perfektion legt, die Abbildung der skulptierten Personen aber von der idealen Schönheit befreit und sie in ihrem wirklichen, mehr oder minder schönen und grazilen Erscheinungsbild darstellt. Diese Haltung dauert während der ganzen Spätzeit an: unter den Ptolemäern koexistieren zwei Kulturen, die hellenistische und die ägyptische, die nicht verschmelzen können. Nur oberflächlich ist auch der Kontakt zwischen ägyptischer Kultur und römischer Herrschaft, wenn auch bestimmte Monumentalgattungen (Porträts in Halbedelsteinen, Gipsmasken) Versuche der Verschmelzung der beiden Traditionen zeigen. Einen kurzen Exkurs verdient der Obelisk, das typische ägyptische Sonnenmonument, das üblicherweise aus einem monolithischen Pfeiler mit quadratischem Querschnitt besteht, sich nach oben hin verjüngt und in Form einer Pyramide gipfelt, die häufig goldüberzogen ist, um die Sonnenstrahlen zu reflektieren. Auf einem Sockel stehend, war er anfangs in den Sonnentempeln (5. Dynastie) zu finden, stand dann paarweise vor den Pylonen der Tempel. Der größte Teil der existierenden Obelisken stammt aus der 18. und 19. Dynastie. Meist in rosa Granit aus Assuan gearbeitet, wogen sie üblicherweise mehrere Hundert Tonnen. Der höchste ist der unvollendete Obelisk, der noch immer in den Steinbrüchen bei Assuan liegt (41,75 m), der zweitgrößte ist der Obelisk des Lateran (32,18 m) in Rom. In moderner Zeit wurden andere in Paris, London, New York und in weiteren Städten Europas und Amerikas aufgestellt.

Ausschnitt eines Steinblocks des Barkenheiligtums der Königin Hatschepsut, genannt „Rote Kapelle", jetzt im Museum von Luxor. In ihm wird die Königin dargestellt, wie sie dem Gott Amun die Obelisken darbietet, die sie im Tempel von Karnak errichten ließ. Die aus dem Fels geschlagenen Obelisken wurden vom Steinbruch zum Bestimmungsort auf dem Wasserweg transportiert, dann gezogen und vor Ort aufgerichtet. Über die Techniken des Aufrichtens und der Dekoration gibt es nur, oftmals zweifelhafte Hypothesen.

Malerei

Die Malerei ist seit dem Alten Reich weithin in den Gräbern und Tempeln vertreten, sowohl als für sich stehende Technik, als auch eingesetzt zum Schmuck von Reliefs und Statuen. Auch die malerische Darstellung, deren größte Entwicklung auf die thebanische 18. und 19. Dynastie zurückgeht, gehorchte der orthogonalen Konzeption.

Häufig war der Reliefschmuck der Mastabas des Alten Reiches bemalt und spiegelte die Beschäftigungen des Verstorbenen und seiner Diener (Szenen aus Jagd und Fisch-

Die wichtigsten Obelisken (Herkunftsort) und ihr heutiger Standort

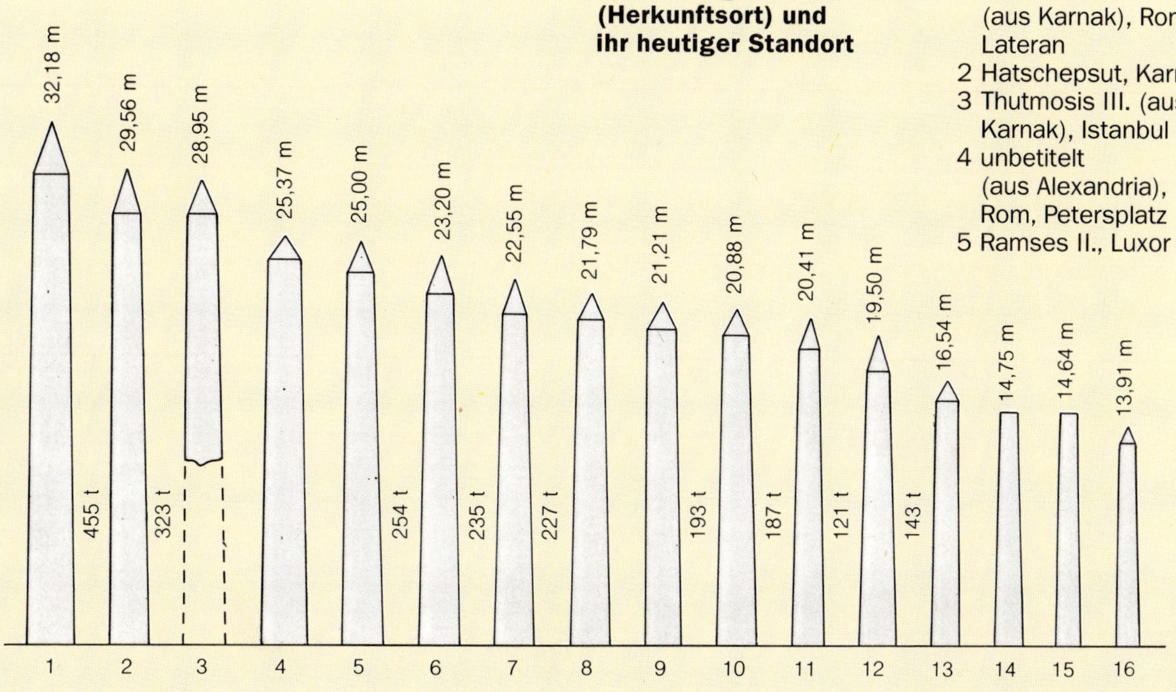

1 Thutmosis III. (aus Karnak), Rom, Lateran
2 Hatschepsut, Karnak
3 Thutmosis III. (aus Karnak), Istanbul
4 unbetitelt (aus Alexandria), Rom, Petersplatz
5 Ramses II., Luxor
6 Sethos I., Ramses II. (aus Heliopolis), Rom, Piazza del Popolo
7 Ramses II. (aus Luxor), Paris, Place de la Concorde
8 Psammetich II. (aus Heliopolis), Rom, Montecitorio
9 Thutmosis III. (aus Heliopolis), New York, Central Park
10 Thutmosis III. (aus Helipolis), London, Thames Embankment
11 Sesostris I., Heliopolis
12 Thutmosis I., Karnak
13 Domitian, Rom, Piazza Navona
14 unbetitelt, Rom, Esquilino
15 unbetitelt, Rom, Quirinal
16 unbetitelt, Rom, Trinità dei Monti

Beispiel einer Wandmalerei im thebanischen Grab des Nebuam und Ipuki aus der 18. Dynastie. War Kalkstein zu brüchig, um ein Relief zu tragen, ersetzte man dieses durch Malerei. Die Vorbereitung des Maueruntergrundes wurde auf drei unterschiedliche Arten durchgeführt: direkt auf den geglätteten und mit Kalk verputzten Felsen, wenn dieser es zuließ; durch Aufbringung von Mörtelstuck, der aus Schlamm und zerriebenem Stroh bestand und von einer dünnen Schicht Gips überzogen wurde; direkt auf die Mörtelschicht (ohne die Gipsschicht), die weiß oder gelb bemalt war (ab der 19. Dynastie die allgemein angewandte Technik). Nachdem man den Untergrund mit einer dieser drei Techniken vorbereitet hatte, zog man horizontale Linien, um die Wand in Register zu unterteilen. Mittels einer in Rot getauchten Schnur wurde dann der Rötelentwurf skizziert, in den nach einem traditionellen Kanon die verschiedenen Teile der Zeichnung eingetragen wurden.

fang, Viehzucht sowie häuslichem Leben). Mit den Herrschern der 12. Dynastie wächst die Verwendung von Farbe, und man bemerkt die Betonung von erzählerischen Elementen in der Darstellung besonderer Ereignisse im Gegensatz zu den allgemeineren des Alten Reichs. Die Maltechnik verfeinert sich während des Neuen Reichs, als man der Malerei die Aufgabe anvertraut, die Denkart der Menschen dieser Zeit auszudrücken: Klarheit und Feinheit der Farben manifestieren eine Atmosphäre der Fröhlichkeit und Lebensfreude, welche diese Epoche kennzeichnet. Zu den in der Vergangenheit verwendeten Farben kommen nun neue hinzu: Die Farben wurden aus lokalen und auch importierten Mineralien gewonnen wie etwa Malachit für das Grün und Azurit für das Blau, die man bald durch Kupferoxide, gemischt mit Kalk, Quarz und Soda, ersetzte. Die verwendete Farbpalette war Rot, Grün, Blau, Gelb, Weiß und Schwarz. Die Pinsel bestanden aus Binsen, die man an der Spitze ausgefranst hatte. Auch viele Statuen wurden bemalt: Man braucht nur an die Büste der Königin Nofretete erinnern, die in der Amarna-Periode bemalt wurde und heute im Ägyptischen Museum Berlin (West) bewundert werden kann.

In der Zeit der Reaktion gegenüber den Kanons von Amarna kommt die Malerei in den großen Erzählzyklen der Tempel und in den Ausschmückungen der Königsgräber zum Einsatz, wo vor allem die verschiedenen Etappen der Reise ins Jenseits dargestellt werden, sowie in den Privatgräbern, wo man Unternehmungen und zu Lebzeiten erhaltene Auszeichnungen des Verstorbenen abbildete. Diese enthalten nicht selten auch Szenen aus dem ägyptischen *Totenbuch* oder dem *Unterweltbuch*.

Allgemein wird hier polychrom gearbeitet, in manchen Fällen aber auch nach der Papyrus-Technik nur mit einer oder auch zwei Farben (das Grab des Thutmosis III. in Theben).

In der Kleinkunst, deren hauptsächliche Arbeiten Möbel, Toilettengegenstände, Schmuckstücke, Vasen, Stelen usw. waren, ist immer das Engagement des Künstlers zu spüren, einen Gegenstand zu bilden, in dem Heiliges und Profanes sich auf bewundernswerte Weise vereinen.

Beispiele für in Relief ausgeführte Hieroglyphen aus dem Grab des Sethos I. im Tal der Könige. Die Hieroglyphenschrift bestand anfangs aus Zeichen, die Pflanzen, Lebewesen und Gegenstände darstellten, schon bald aber zeichnete sich eine deutliche Entwicklung ab, und zwar von der reinen Bilderschrift zu einer aus Ideogrammen und Phonogrammen bestehenden Schrift mit phonetischen Merkmalen. Sie entwickelte sich jedoch nie zu einer reinen Buchstaben- oder Silbenschrift.

Sprache, Schrift und Literatur

Schon seit den Anfängen ist in Ägypten eine einzige Nationalsprache belegt: die Sprache der hamitisch-semitischen Familie, ein großer Kulturvermittler, da schon bald die geschriebene Sprache ein Hauptinstrument des nationalen Zusammenhalts wird. Natürlich erlebte diese Sprache im Lauf der Jahrhunderte Veränderungen in Struktur und Wortschatz, und besonders interessant ist der Übergang von einer synthetischen Phase zu einer um vieles analytischeren Phase. Vom Altägyptischen geht man um 2100 v. Chr. stufenweise zum mittleren oder klassischen Ägyptisch über, und dies ist die Sprache der größten Werke, die gelehrte und heilige Sprache Ägyptens. Das Neuägyptische, das um 1300 v. Chr. offizielle Würdigung findet, zeigt sehr analytische Charakteristiken und zahlreiche Fremdwörter. Diese Besonderheiten finden sich auch im Demotischen, das seit dem 7. Jahrhundert dokumentiert ist.

Was die ägyptische Schrift anbetrifft, handelt es sich ursprünglich um eine Erfindung vom Ende des 4. Jahrtausends. Darstellungen von Dingen und Lauten werden nach einem Kriterium der Vereinfachung und Ökonomie kombiniert. Die Symbole, die Hieroglyphen, inspirieren sich an der Welt des Niltals, gefiltert durch eine sensible Ästhetik ersten Ranges, eine Sensibilität, die auch mit den Jahrhunderten nichts verliert.

Neben den bildhaften Formen (Hieroglyphen) verwendete man im Alltag vereinfachte Formen, das Hieratische. Die administrativen Schriften, die praktischeren Gesichtspunkten folgen, lassen das Demotische entstehen.

Nachdem dank Champollion die ägyptischen Schriften zugänglich geworden sind, trat ein neues Bild des alten Ägyptens an die Stelle des traditionellen, das uns die Griechen überliefert hatten – sie sahen in den Ägyptern noch ein finsteres, an seine Welt aus Traditionen und Rechten gekettetes Volk. Die ägyptische Literatur enthüllt uns statt dessen eine lebendige, aktive Welt, mal heiter, mal nachdenklich, aber sicherlich sehr komplex und interessant. Es sind metaphysische Ansprüche vorhanden, wenn man auch nicht von einer systematischen philosophischen Suche sprechen kann; wie im

Hieroglyphenschrift aus griechisch-römischer Zeit aus dem Tempel von Kôm Ombo. In dieser Zeit wuchs die Zahl der verwendeten Hieroglyphen beachtlich an, andere wurden durch bereits existierende Zeichen oder durch neue ersetzt, so daß diese Schrift allmählich nur noch den Gebildeten zugänglich war. Im Alltag überwog der Gebrauch des Demotischen, eine abgekürzte, vereinfachte Form des Hieratischen, jener weniger bildhaften Schreibschrift, die ebenso alt wie die Hieroglyphen war.

Rechts: Der Hieroglyphentext stellt die Königin Nofretari beim senet-*Spiel (einem Vorläufer des Damespiels) vor: „Osiris (die Verstorbene), große Königsgemahlin, Herrscherin der beiden Länder, Nofretari, welche Mut liebt, gerechtfertigt vor Osiris, dem großen Gott". In diesem Falle ist von oben nach unten und von rechts nach links zu lesen. Die Szene gehört zum Wandschmuck des ersten Saals im Grab der Königin Nofretari im Tal der Königinnen (Theben-West).*
Unten: Decke des Sarkophagsaals im Grab des Ramses IX. im Tal der Könige mit Szenen aus dem Buch der Nacht.

gesamten semitischen Orient wird die magische und schöpferische Macht des Wortes stark erlebt, vor allem in den religiösen Texten, im Ritus, in den Formeln.

Die mit der Religion und dem Totenkult zusammenhängenden Texte sind die ältesten und gehen auf die Pyramiden der 5. und 6. Dynastie zurück; sie enthalten vor allem Formeln, die es dem verstorbenen Pharao ermöglichen sollten, durch eine Reise, die sich Tag für Tag erneuert, zum Vater Rê zu gelangen. Sie werden auch *Pyramidentexte* genannt. Zu Beginn des Mittleren Reichs setzt sich immer mehr der Kult des Osiris durch, dessen Leiden und Wiederauferstehung Schatten auf den Kreislauf der Natur werfen, und der Glaube an das Leben nach dem Tode dehnt sich auf die Gläubigen aus, nachdem dieses vorher nur den Herrschern zugeschrieben worden war (in dieser Zeit und schon in der I. Zwischenzeit erscheinen auf den privaten Sarkophagen die sogenannten *Sarkophagtexte*). Auch die Gräber der gewöhnlichen Menschen werden mit Papyri und Darstellungen voller Formeln, Gebete und Hymnen für die Begleitung des Toten ins Jenseits ausgestattet. Diese heiligen Texte, darunter das *Totenbuch*, das *Unterweltbuch*, das *Pfortenbuch*, das *Buch von der Öffnung des Mundes*, das *Höhlenbuch*, das *Buch der Himmlischen Kuh*, das *Buch des Tages* und das *Buch der Nacht*, enthüllen uns spirituellen Reichtum und, vor allem in den Hymnen, suggestive Lyrik.

Die didaktischen Texte beginnen in der 5. Dynastie mit der *Lehre des Ptahotep*, einem Moraltraktat, der praktische Ratschläge für das Leben sowie Regeln der Ethik und Spiritualität umfaßt. Von gleicher Art ist auch der als *Lehre des Anii* bekannte Text aus der 18. Dynastie. Im Jahr 2000 v. Chr., als die Monarchie schon ihre ersten Schwierigkeiten erlebte, richteten die Pharaonen an ihre Kinder Ratschläge und Instruktionen, die auch politische Direktiven sind, wie etwa *Die Lehre für König Merikarê* und *Die Lehren des Königs Amenemhêt für seinen Sohn*.

Die literarischen Texte blühen vor allem während des Mittleren Reichs, als sich die Sprache immer weiter verfeinert und der Gebrauch von Papyrus verbreitet. Es handelt sich um Erzählungen und Romane verschiedener Art: Manche sind reine rhetorische Übungen wie die *Reden der beredten Oasita*, während sich die *Erzählungen* des Papyrus Westcar oder die spätere *Erzählung des vorbestimmten Prinzen* aus der Wunderwelt der orientalischen Phantasien inspirieren. Historische und abenteuerliche Elemente verschmelzen mit großer stilistischer Strenge im *Schiffbrüchigen*, in den *Abenteuern des Sinuhe*, in der *Eroberung von Jaffa* und in der *Reise des Uni*. Die Liebeslyrik entwickelt sich besonders während des Neuen Reichs; ihre Liebesthemen kehren später in den Gesängen Salomons und bei den alexandrinischen Dichtern wieder.

Die historischen Texte werden von den Dokumenten der königlichen Archive gebildet, wie sie vom Stein von Palermo bezeugt werden, von den Tafeln von Karnak sowie von den Annalen des Thutmosis III., die im Inneren des Amun-Tempels in Karnak skulptiert sind. Obwohl hagiographisch, sind auch die Königshymnen des Mittleren und des Neuen Reiches von großem historischem Interesse, darunter die *Hymnen Sesostris' III.* und das *Gedicht des Pentaur*. Ferner fehlt es nicht an medizinischen, administrativen, juristischen und magischen Texten von großer Bedeutung, und vor allem während des Neuen Reiches gewinnt die Briefschreibkunst an Interesse.

Am Ende des Neuen Reiches bemerkt man eine allgemeine Dekadenz, wenn manche Texte sich auch an der ruhmreichen Vergangenheit inspirieren, wie die *Lehre des Amenope* und die *Weisheit des Petosiris*. Ab 500 v. Chr. können wir von einer demotischen Literatur sprechen, innerhalb der die Wahrheits- und erzählerischen Bücher bemerkenswert sind. In den *Erzählungen* des formal perfekten *Zyklus des Petubasti* und im *Mythos vom Sonnenauge* kann man schon den griechischen Einfluß erkennen.

Ritueller Tanz, Ausschnitt aus einem Relief im Grab des Khai (19. Dynastie) in Sakkâra, jetzt im Kairoer Museum. Die Tänzerinnen werden von Tamburinspielerinnen begleitet. Der Tanz war im alten Ägypten ein bei fast allen Toten- und Tempelriten wiederkehrendes Schauspiel und als profanes Vergnügen weit verbreitet. Die Choreographie wurde sehr gepflegt, und größtenteils handelte es sich um Berufstänzer und -tänzerinnen.

Musik und Tanz

Es sind keinerlei Spuren von Noten erhalten geblieben, daher kennt man das schon in prädynastischer Zeit ausgeprägte Musikleben der Ägypter nur aus der Darstellung ihrer Instrumente. Magischen und totemistischen Ursprungs (Schutzgott der Musik war der Gott Bes, auch Beschützer des Tanzes), wurde die liturgische Musik von Musiker-Priestern verwaltet und war bis zum Neuen Reich wahrscheinlich nur vokal (Gesang), als die Musikinstrumente in den Tempel Einzug hielten (Sistrum, Flöte, Harfe, doppeltes Klarinett, Lyra, Trommel, Laute, doppelte Oboe, Tamburin, Klapper

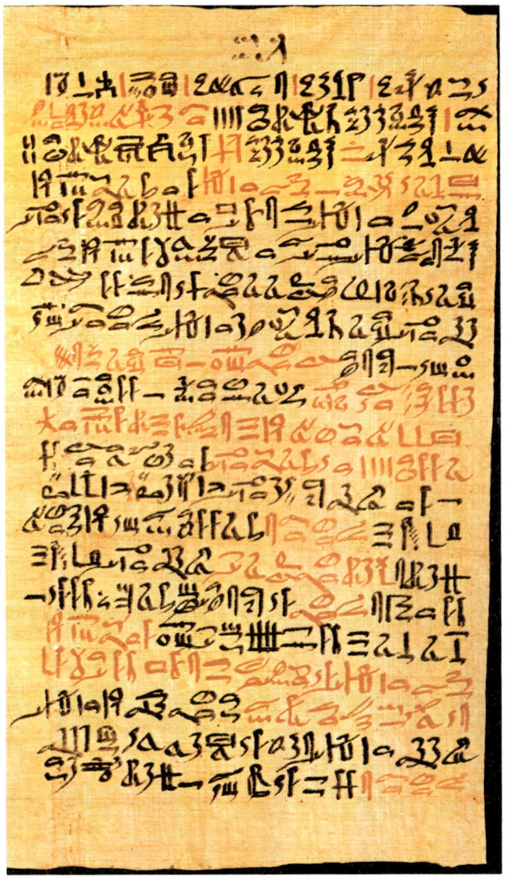

und Glöckchen), und an der Kultausübung nahmen auch Frauen als Musikerinnen teil. Auch die Musik bei Hofe war streng organisiert, und man weiß ferner, daß es eine profane Musik gab (Soldaten- und Liebeslieder, bukolische Lieder der Hirten und Drescher). Üblicherweise fand jede Tätigkeit des Menschen ihre entsprechende musikalische Umsetzung und ihre besonderen Instrumente.

Ebenso wie die Musik hatte auch der Tanz sowohl einen sakralen wie auch profanen Charakter. Zahlreiche Reliefs bezeugen seine rituelle Bedeutung und zeigen den Reichtum und die Vielfalt der ausgeübten Tänze: langsam und lebhaft, akrobatisch und erotisch, spärlich bekleidet oder in den verschiedenen Epochen geschmückt mit Schleiern, Geschmeide und Perücken. Überwiegend waren es Berufstänzer und -tänzerinnen, deren Dienste man für die wichtigen Anlässe in Anspruch nahm. Auch das Volk war bei Festen am Tanz beteiligt, je nach Anlaß an rituellen, bäuerlichen oder Kriegstänzen.

Die wissenschaftlichen Kenntnisse

Die Wissenschaft war im alten Ägypten ausschließlich den Priestern vorbehalten, die durch ihre Schreiber technisch-wissenschaftliche Kenntnisse verbreiten ließen, welche zur Lösung häufig wiederkehrender Probleme dienten, allen voran zur Nutzung der Nilschwemmen. Daher kommt es, daß die Wissenschaft im wesentlichen praktisch orientiert war und wenig Raum für theoretische Studien ließ.

In bezug auf die Astronomie schließt man aus den Darstellungen, daß die Ägypter die Sterne des Äquatorstreifens in 36 Gruppen unterteilten, von denen ein jeder – wenn er unmittelbar vor dem Morgengrauen vom Horizont aufstieg – einen Zeitraum von zehn Tagen bezeichnete. Schon etwa 3000 Jahre vor Christus wurde ein Sonnenjahr von 365 Tagen angewandt, das sich alle vier Jahre um einen Tag verlängerte: dieser Kalender wurde als „unsicher" bezeichnet, weil er es den Priestern nicht ermöglichte, den Jahreszeitenwechsel und damit die genaue Position der periodischen Nilschwemmen exakt zu bestimmen. Deshalb griffen die Priester auf einen festen Kalender zurück, dessen Anfang mit dem heliakischen Aufsteigen von Sothis oder Sirius verbunden war, dem Stern, der zusammen mit dem Beginn der Nilflut erscheint. Der Kalender hatte 12 Monate zu je 30 Tagen, zu denen fünf zusätzliche Tage hinzugefügt wurden, die den Festen der Hauptgottheiten entsprachen. Man weiß, die die Ägypter des Alten Reiches sich bereits anhand der sogenannten Kardinalpunkte zu orientieren verstanden: dies wird von der Ausrichtung (nach den Himmelsrichtungen) der Seiten der Cheops-Pyramide bestätigt (die Abweichung macht nur ein Zehntel Grad aus). Sie hielten den Süden für ausschlaggebend und orientierten sich nach ihm, so daß sie das rechte Ufer des Nils als das westliche und das linke als das östliche bezeichneten. Erinnert sei schließlich daran, daß die alten Ägypter Sonnenuhren kannten.

In bezug auf die Mathematik enthält der Papyrus Rhind aus dem 17. Jahrhundert v. Chr., der aber sehr viel ältere Kenntnisse wiedergibt, 84 Aufgaben, welche die von den Ägyptern verwendeten Rechenmethoden an Beispielen demonstrieren. Sie verwendeten ein dezimales Zahlensystem, aber der Stellenwert der Ziffern war unbekannt, sie wurden nach dem additiven System geschrieben (die Rechenoperationen beschränkten sich auf Addition und Subtraktion), und mit Ausnahme von 2/3 wurden nur Einerbrüche verwendet. Der praktische Charakter zeigt sich auch in der Geometrie, die sich auf empirisch ermittelte Regeln beschränkte, um Flächen, Volumen und Neigungswinkel zu berechnen. Bemerkenswert ist, daß für die Berechnung des Kreisumfangs ein Wert von 3,1604 angewendet wurde, also fast der des griechischen Pi (π).

Die Medizin, die vor allen Dingen dem Prinzip „primum non nocere" getreu handelte, erreichte ein bemerkenswertes Niveau, wenn sie auch gebunden war an die religiösen Vorstellungen und daher von magischen Praktiken begleitet wurde: Neben der priesterlichen Medizin blühte aber auch eine volkstümliche medizinische Praktik, die von Bürgerlichen ausgeübt wurde. Aus dem Papyrus Smith (1550 v. Chr., Kopie eines Textes von 2300 v. Chr.) kennen wir 48 anatomische und symptomatologische Beschreibungen sowie Verordnungen und Zusatzbemerkungen, während wir im Papyrus Ebers (1600 v. Chr.) die Beschreibung von 47 Krankheiten, ihren Symptomen, ihrer Diagnose und der verordneten Behandlung finden, die das gute Niveau der auf eingehender Kenntnis der Heilkräuter basierenden Arzneikunde beweisen. Traktate über Chirurgie geben genaue Anweisungen für Eingriffe am Knochenbau (das Skalpell wurde jedoch nur für Tumore verwendet). Viele Medikamente wurden nur zur Schmerzlinderung verordnet. Ein aufschlußreicher Text über die ärztliche Pflicht, der uns überliefert ist, legt die Form fest, mit der der Arzt bei Abschluß der Diagnose zu antworten hat: a) „Es ist eine Krankheit, die ich heilen kann", b) „Es ist eine Krankheit, mit der ich kämpfen kann", c) „Es ist eine Krankheit, die ich nicht heilen kann". Nach Herodot (*Historien* 2, 84) gab es in Ägypten „Ärzte für die Augen, solche für den Kopf, solche für die Zähne, den Bauch und schließlich für die Geheimkrankheiten", es war also schon eine Spezialisierung in Fachärzte vorhanden, und diese Ärzte waren auch in Kleinasien hochangesehene Personen.

Die Technik der Einbalsamierung

Es zeigte sich, daß sich die Technik der Einbalsamierung nicht wesentlich von Herodots Beschreibung unterschied. Er erwähnt drei verschiedene Preisklassen und beschreibt die teuerste Technik: „Zuerst zieht man mit einem hakenförmigen Eisen das Gehirn durch die Nasenlöcher heraus. Genauer gesagt zieht man einen Teil davon heraus, den anderen verflüssigt man mittels gewisser Drogen. Dann setzt man mit einem spitzen äthiopischen Stein einen Schnitt entlang des Unterleibs und entnimmt sämtliche Eingeweide. Anschließend reinigt man die Bauchhöhle ... Schließlich füllt man den Bauch ... mit jeder Art Aromen ... und näht ihn wieder zu. Wenn das geschehen ist, tränkt man den Leichnam in alkalischem Salz und läßt ihn 70 Tage lang darin eingetaucht ... Danach wäscht man ihn und wickelt ihn ganz in Binden, die aus feinem Leinentuch geschnitten sind ... So nehmen ihn die Verwandten entgegen ..."

Gegenüberliegende Seite: Harfenspieler vor dem Verstorbenen und dessen Frau; Darstellung im Grab des Anherkha bei Dêr el-Medina. Die Erforschung der ägyptischen Musik bleibt lückenhaft, da die Ägypter keine Musiknoten (eine spätere Erfindung der Griechen) kannten, so daß sich unsere Kenntnis auf die thematischen Darstellungen von Musikinstrumenten beschränken muß (oben); Detail aus dem Ebers-Papyrus (1600 v. Chr.), der Fragen der Medizin behandelt (unten).
Unten: Ausschnitt aus der Decke des Grabs von Sethos I. im Tal der Könige mit der Darstellung einiger Sternbilder (in der Figur des Stiers ist der Große Bär erkennbar). Die astronomischen Kenntnisse der alten Ägypter waren bemerkenswert und werden von den „Himmelskarten" an den Innenwänden der Sarkophage des Mittleren Reiches und von den Dekken in Tempeln und Königsgräbern des Neuen Reiches dokumentiert.

Leben und Arbeit

Alltagsszenen, wie sie an den Wänden von Gräbern und Mastabas dargestellt sind, vermitteln uns Kenntnisse, wie die alten Ägypter lebten und arbeiteten; die Tempel und die großen Grabmonumente dagegen zeigen uns, wie schöpferisch sie waren und über welche technischen und organisatorischen Fähigkeiten sie verfügten.

Nach Diodor (1. Jh. v. Chr.) betrug bei einer Volkszählung zur Zeit der Ptolemäer die Bevölkerung Ägyptens sieben Millionen Einwohner: Wenn man die Zuwachsrate dieser Jahrtausende berücksichtigt, die vom amerikanischen Gelehrten Ansley J. Coale auf 0,36% geschätzt wird, würde das bedeuten, daß die Einwohnerzahl während des Alten Reiches um die drei Millionen betrug. Die erwerbstätige Bevölkerung zur damaligen Zeit wurde auf etwa eine Million berechnet.

Jagd und Fischfang. Zunächst als wirtschaftliche Tätigkeit ausgeübt, nahm die Jagd mit der Zeit immer mehr sportlichen Charakter an sowie den der Zurschaustellung königlicher Macht oder einer einflußreichen Stellung. Jagdgebiete waren die Wüsten-

Ramses III. auf seinem Wagen bei der Jagd auf wilde Esel und Stiere in der Wüste; Darstellung aus den Reliefs der Südfassade am ersten Pylon des Totentempels von Medînet Hâbu. Die königlichen Jagdpartien hatten auch rituelle Bedeutung: sie waren ein Beweis für die Fähigkeit und Stärke des Pharaos und ein Zeugnis seiner Jugendlichkeit und Kraft.

gegenden an den Rändern des Fruchtlands sowie die Sumpfgegenden des Deltas. In ersteren fanden regelrechte Treibjagden statt, vor allem um Tiere einzufangen, die zur Viehzucht oder Haustierhaltung dienen sollten: Der ausgewählte Ort, zu dem die Jäger – fast immer in Begleitung von Hunden – das Wild trieben, wurde eingezäunt und das Tier auf diese Weise gefangen. In ältester Zeit wohnte der Herr der Treibjagd nur bei, ohne aktiv daran teilzunehmen; ab dem späten Alten Reich nahm er dagegen an der Jagd teil, die man nun mit Pfeil und Bogen durchführte; mit der 18. Dynastie wird die Jagd in der Wüste zu einem nur ihm vorbehaltenen Recht: hoch auf dem Wagen und mit dem Bogen bewehrt wie ein Feldherr in der Schlacht, verfolgt und trifft er das Wild.

Die Jagd im Delta erfolgte dagegen mit Papyrusbooten, in denen der Jäger und manchmal Mitglieder seiner Familie Platz nahmen. In Darstellungen, die von der 5. bis zur 19. Dynastie in der Thematik nur wenig variieren, sieht man, wie der Jäger mit der einen Hand den Wurfstock auf die Vögel schleudert und mit der anderen die Beute hochhält. Der Vogelfang mit Fallen und Netzen wurde in den Sumpfgebieten mit ihrer artenreichen Vogelwelt praktiziert, wo auch, vom Boot aus und mit Harpunen, Jagd auf Nilpferde gemacht wurde. Der Fischfang wurde mit verschiedenen Methoden praktiziert: Neben der Harpune (die man bei größeren Fischen einsetzte) war die Angelschnur in Gebrauch (seit der 19. Dynastie versehen mit einer Angelrute), der aus Binsen geflochtene Korb, in dem der Fisch aufbewahrt wurde, ein kleines, zum raschen Einholen mit Stangen versehenes Schleppnetz, die Reuse und das Netz. Fisch war ein wichtiges Nahrungsmittel der alten Ägypter, und man aß ihn auch getrocknet.

Feldarbeit und Viehzucht. Als Haupttätigkeit der alten Ägypter wurde zu jeder Zeit die Landwirtschaft betrieben – mit nur geringfügigen technischen Neuerungen, aber mit strenger Ordnung. Von ihren Erzeugnissen sowie von denen der Viehzucht und des Fischfangs bestritt Ägypten seinen Lebensunterhalt, der, wie man aus den Grabdarstellungen entnehmen kann, recht vielseitig war. Das Kulturland waren die vom Schlamm nach der Nilflut gedüngten Landstreifen, und aus der Höhe der Nilflut bestimmte sich

Ausschnitt aus der Wanddekoration des Grabs von Nefer und Kahai in Sakkâra: Im oberen Register wird eine Papyrusernte dargestellt, im unteren das Durchschreiten einer Furt durch eine Viehherde. Die Papyrusstaude, das Symbol Unterägyptens, wurde in vielen Bereichen eingesetzt: als Baumaterial für leichte Boote in den Sumpfgebieten, als Nahrungsmittel und Arznei, zur Herstellung von Körben, Matten, Seilen, Lampendochten und Sandalen und ganz besonders als Papier und Schreibmaterial, das man aus dem Stengel der Pflanze gewann, die schließlich auch zu dekorativen Zwecken Verwendung fand. Weitverbreitet war im alten Ägypten die Viehzucht und zwar die extensive Zucht von Vieh, das vorwiegend als Nahrung diente. Der Viehbestand wurde, vor allem zum Zwecke der Besteuerung, regelmäßig ermittelt.

1 ▲ ▼ 2 3 ▲ 4 ▼

1 Szene aus den Reliefs im Grab des Menena in Kurna (Theben); ein Beamter überprüft mengenmäßig die Getreideernte, um den geschuldeten Tribut festzustellen.
2 Ausschnitt der Szenen von Brot- und Bierherstellung aus den Reliefs im Grab des Ti in Sakkâra. Brot war ein wesentlicher Bestandteil der ägyptischen Volksernährung, und offensichtlich wurden zahlreiche Arten mit verschiedenen Zutaten hergestellt. Bier war das Nationalgetränk: man braute es aus Gerste und Getreide und setzte Datteln zu, um es leicht zu süßen. Der Hopfen war unbekannt.
3 Ausschnitt aus den Szenen mit Tischlern bei der Arbeit; aus dem Grab des Nebuam und des Ipuki in Theben-West. Man sieht einen Handwerker einen Ebenholzast absägen und einen anderen einen tit-Knoten (Symbol der Isis) in einen Holzuntergrund schnitzen. Die Werkzeuge der Tischler bestanden aus Säge, Axt, Meißel und Bohrer.
4 Der Haarschnitt wurde im alten Ägypten von tüchtigen Friseuren besorgt, die ihr Handwerk auch im Freien ausübten, wie man an diesem Wandgemälde im Grab des Userhet in Kurna (Theben) sieht. Einige Kunden warten hier, auf Schemeln sitzend, bis sie an der Reihe sind, andere sind beim Warten eingenickt.
5 Mit der Herstellung von Keramikgegenständen waren mehrere Tausend Handwerker beschäftigt, die das Land mit Tassen, Tellern, Bechern, Krügen, Amphoren, kleinen Perlen usw. versorgten, die für den Haushalt und für die persönliche Toilette sowie als Kultgegenstände Verwendung fanden. Hier sind Gefäße und Amphoren aus dem Grab von Ramses III. im Tal der Könige dargestellt.
6 Im alten Ägypten war die Bearbeitung von Gold weitverbreitet, denn goldhaltiges Erz

5 ▲

6 ▼

wurde in Nubien und in der Arabischen Wüste in großer Menge gefördert. In ringförmigen Barren wurde das Gold erst gewogen, wie man im oberen Teil der Illustration sieht, dann wurde es in einem Tiegel geschmolzen: diesen erhitzte man auf die richtige Temperatur durch ein Feuer, dem mittels Glasbläserpfeifen mit Tondüse an ihrem Ende Sauerstoff zugeführt wurde. Anschließend goß man es in Formen oder auf eine ebene Fläche und schlug es zu Blättchen aus. Dann begann die Arbeit des Goldschmieds. Szene aus dem Grab des Nebuam und des Ipuki in Theben-West.

Zimmerleute bei der Reparatur eines Wasserfahrzeugs; Szene aus der Mastaba des Ipui in Sakkâra. In Ägypten, dessen langer schmaler fruchtbarer Landstreifen vom Nil durchzogen wird, waren Boote die einzigen Kommunikations- und Transportmittel. Auf Wasserfahrzeugen verschiedener Art und Größe wurden – oftmals über weite Strecken – Lebensmittel, Vieh, Holz, Steinblöcke, große Granitplatten, Obelisken usw. befördert. Außer den Nil und die Kanäle befuhren Schiffe des Pharaos bereits lange vor den Phöniziern auch das „Große Grün" (das Meer). Aus den Werften des Pharaos kamen Transportschiffe, Vergnügungsfahrzeuge, Lastkähne und die großen (bis 60 m langen) Schiffe für Handelsexpeditionen oder Feldzüge über das Meer.

die Fläche des Fruchtlandes: Weizen (für Brot), Gerste (für Bier), Gemüse und Hülsenfrüchte waren die meistangebauten Nahrungsmittel, daneben Flachs wegen seiner Fasern und Samen. Nachdem sich die Wasser zurückgezogen hatten, brachte man zum geeigneten Zeitpunkt die Saat direkt auf den Boden aus, dann wurden Hammel oder Ziegen darüber geführt, um den Samen in die Erde zu treten. Für härtere Böden verwendete man die von Ochsen gezogene Pflugschar. Wie man auf den Szenen zahlreicher Gräber des Alten und Neuen Reiches verfolgen kann, wurde bei der Mahd die Ähre mit einer Sichel mit kurzem hölzernem Griff und einer Klinge aus Feuerstein (später aus Bronze) etwa auf Dreiviertelhöhe abgeschnitten. Die Ähren wurden dann gebündelt und in Netzen auf dem Eselsrücken bis zur Tenne transportiert, wo sie, zu Kreisen ausgelegt, von Vierbeinern gedroschen wurden und anschließend Frauen die Spreu vom Weizen trennten. Der Weizen wurde dann mit dem Scheffel gemessen und unter dem wachsamen Auge der Schreiber in den Kornspeichern untergebracht. Im Neuen Reich waren die Frauen für die Ernte zuständig.

Neben den Gemüsepflanzen baute man verschiedene Obstbäume an, darunter häufig Feigenbaum, Dattelpalme und Granatapfelbaum. Zur Wasserversorgung benutzte man entlang der Kanäle (wie übrigens auch heute noch) den *shaduf*, einen auf der Hebelwirkung beruhenden Mechanismus, der aus einem etwas biegsamen Pfahl bestand, der in der Mitte auf einem Pfeiler ruhte und am einen Ende einen Stein als Gegengewicht, am anderen Ende einen Behälter aus Tuch oder Ton mit einer Schnur aufgehängt hatte: wenn man an der Schnur zog, erhielt man das Wasser.

Häufige Darstellungen sind auch dem Weinbau, und zwar sowohl den Szenen aus Weinlese als auch der Weinherstellung gewidmet. Die Rebstöcke waren laubenförmig angeordnet, und die in Körben gesammelten Reben wurden zum Keltern in einen Bottich geschüttet und dann von den Männern, die sich an einem oben darüber führenden Balken festhielten, mit den Füßen zerstampft. Aus kleinen Öffnungen am Boden des Bottichs kam der Most heraus, mit dem man die Krüge füllte. Die im Bottich verbliebenen Trester wurden in einen Sack mit Stangen an beiden Enden gefüllt, der Sack daran dann von zwei Männern zu jeder Seite gegeneinander gedreht, was ein urtümliches System des Kelterns darstellte. Unter den wild wachsenden Pflanzen, die Verwendung fanden, seien der Papyrus, der Lotos und die Binse erwähnt.

Die Viehzucht war weit verbreitet: Während des Alten Reiches wurden Gazellen, Antilopen, Damhirsche, Hyänen, Rinder, Schafe, Esel, Schweine und Ziegen gezüchtet. Mit der Zeit erschöpften sich die Wüstengattungen, und im Neuen Reich herrschten dann Rinder vor. Der Wandschmuck in Gräbern ist reich an Szenen, die mit der Viehzucht zu tun haben (Decken, Werfen, Säugen, Nahrungsaufnahme, Furt, Markierung). Die Herden wurden im Auftrag des Eigentümers von Schreibern und Beamten in Anwesenheit der Hirten inspiziert und abgezählt und letztere bei Beanstandungen mit

Stockschlägen bestraft. Verbreitet war auch die Geflügelzucht (besonders Enten, Kraniche und Gänse): die Tiere wurden üblicherweise der Mast unterzogen.

Das Handwerk. Die Schiffahrt auf dem Nil und den angrenzenden Meeren schaffte Arbeit für Schiffsbauer, Ruderer und Steuerleute. Anfangs baute man große kiellose Barken aus eng zusammengebundenen Papyrus-Bündeln (etwa die für Jagd und Fischfang im Delta benutzten Barken), und die Schiffe hatten eine charakteristische Sichelform; später, als man mit dem Libanon Handel betrieb, wurden sie aus Holz gebaut. Anfänglich wurde die Schiffshaut mit Tauen, die um das Boot befestigt waren, und mit einem gedrehten Tau längsseits umschlungen: in der Mitte des Bootes gab eine Tafel, die größer war als die anderen, der Konstruktion etwas Festigkeit. Die Schiffe konnten bis zu 28–30 m lang und fast 4 m breit sein. Angetrieben mit Rudern (die Ruderer saßen in zwei Reihen und ein jeder bediente nur ein Ruder), hatten sie in der Regel einen Holzmast und ein hohes, schmales Segel; zum Manövrieren verfügten sie über seitliche Ruder am Heck. Ab dem Neuen Reich zeigen die ägyptischen Schiffe ein verfeinertes Profil, da die äußerliche Umwicklung des Schiffes mit Tauen fehlte; außerdem bestand der Mast aus einem Stück und trug ein breites und nicht sehr hohes Segel, das zwischen zwei leicht gebogenen Rahen gespannt war; das Steuerruder bestand aus einem einzigen Ruder in der Mitte. Die Schiffstypen variierten je nach ihrem Einsatzgebiet: die schwereren waren für den Transport von Steinblöcken und Obelisken bestimmt.

Verbreitet war die Steinbearbeitung zur Herstellung von Vasen (man kannte einen Handbohrer), Statuen, Säulen, Sarkophagen usw.; auch der Feuerstein wurde bearbeitet, so auch für Gebrauchsgegenstände in der Landwirtschaft und für Messer. Beachtlich war die handwerkliche Herstellung von Gebrauchsgegenständen aus Ton, gedreht an der mit dem Fuß angetriebenen Töpferscheibe und in gemauerten Öfen gebrannt: es handelt sich überwiegend um Vasen, Schüsseln und Amphoren für den häuslichen Gebrauch. Eng in Verbindung mit der Herstellung von Terrakotten stand die seit dem Mittleren Reich abgebildete Herstellung der ungebrannten Ziegel (luftgetrocknete Nilschlammziegel) als Baustoffe.

Die Bearbeitung der Metalle, insbesondere Kupfer und Gold, erfolgte mit primitiven Arbeitsgeräten und einfachen Techniken, von denen viele noch heute in Gebrauch sind. Bei den Goldschmieden beispielsweise, deren Handwerk vom Vater auf den Sohn überliefert wurde, wurde das Gold nach dem Schmelzen in Fäden, durch Gravierung und in Treibarbeit bearbeitet, manchmal durch Schmelzen mit der Wachsgußtechnik. Die raffinierteste Goldschmiedetechnik war das Cloisonné, von dem wir zahlreiche Exemplare besitzen. Die gefragtesten Edelsteine waren Karneol, Türkis und Lapislazuli.

Zum Abschluß dieser kleinen Gesamtschau über die Produktionstätigkeit der alten Ägypter müssen noch die Lederverarbeitung, der Bereich der Nahrungsmittelherstellung – insbesondere die Herstellung von Brot aus Getreide und von Bier aus Gerste – sowie die Spinnerei und Weberei Erwähnung finden. Letztere war seit dem Neolithikum bekannt, und der Flachs war schon damals ein wesentlicher Rohstoff, wenn auch noch andere Fasern Verwendung fanden. Die älteste Abbildung eines Webstuhls stammt von der Malerei eines Terrakotta-Tellers, der auf die Mitte des 5. Jahrtausends v. Chr. zurückgeht. Es handelt sich um ein horizontales, auf dem Boden stehendes Gestell, das wir in den Gräbern des Mittleren Reiches in der Benützung durch Frauen erneut dargestellt finden (keine Auskunft in dieser Hinsicht geben die Gräber des Alten Reiches). Im Neuen Reich tritt das vertikale Gestell in Erscheinung, das vor allem von den Männern bedient wird. Gleichzeitig mit dem vertikalen Gestell treten die wunderschönen Stoffe in Gobelinarbeit auf. Vorher kennen wir keinerlei Stoff mit bunten Mustern, ausgenommen ein Exemplar aus der 5. Dynastie mit zweifarbigen Streifen. Die Farbe wird in Nachahmung der Asiaten, die dies weitverbreitet in Gebrauch hatten, in die Stoffe eingebracht, aber der Ägypter bevorzugt nach wie vor den einfachen Stoff aus weißem Leinen, das mit verschiedenen Webtechniken hergestellt wird. Beim Stoff reicht die Palette vom groben rustikalen Sackstoff bis zum feinsten „Königsleinen", das die Griechen *byssus* nannten, ein Produkt, das viel exportiert wurde.

Ein Konstruktionsbeispiel: die Cheops-Pyramide. Eine kürzliche Studie von L. und B. Pedrini und M. Actis Dato (erschienen in Heft 136 von „Le Scienze"), die sich eine von Jean-Philippe Lauer beschriebene Hypothese zu eigen macht und weiterent-

Der Schreiber

„Es gibt keinen Beruf, in dem nicht einer Befehle erteilte, ausgenommen den des Schreibers, denn da erteilt er selbst die Befehle." So werden Beruf und Machtstellung des Schreibers in einem Text des Mittleren Reiches umschrieben, der junge Männer für die administrative Laufbahn anwerben sollte. Während des Alten Reiches war der Beruf des Schreibers ein Vorrecht der Mitglieder der königlichen Familie, die bei Hofe ausgebildet wurden. Später stand diese begehrte Karriere jedermann offen, und die Schulen, welche die Staatsbeamten auszubilden hatten, waren Tempeln oder den Verwaltungsbildungsstätten angeschlossen.
Die Ausbildung begann um das fünfte Lebensjahr und dauerte etwa 12 Jahre, wenn man der Erzählung des Hohepriesters Bakenchons Glauben schenken darf, der zur Zeit von Ramses II. lebte und uns seinen Lebensbericht hinterlassen hat. Die Ausbildung umfaßte nicht nur das Erlernen der Schriften und der Grammatik sowie das Studieren der klassischen Texte, sondern auch Zeichnen, Gesetzeskunde, Geschichte, Geographie und die technischen Bereiche. Vom einfachen Kopisten von Texten bis zum gebildeten Literaten gehörte der Berufsstand insgesamt einer einzigen Gilde an und stand unter dem Schutz des Gottes Thoth, des „göttlichen Schreibers". Diese Gilde der „Bürokraten" bildete mehr als 3.000 Jahre lang die Stütze des Staates, ihr gebührte die verdienstvolle Aufgabe, die ägyptische Vorstellungswelt zu gestalten und ihre Werte zu überliefern. (Foto: Amenophis, Sohn des Hapu, als Schreiber, Museum von Luxor.)

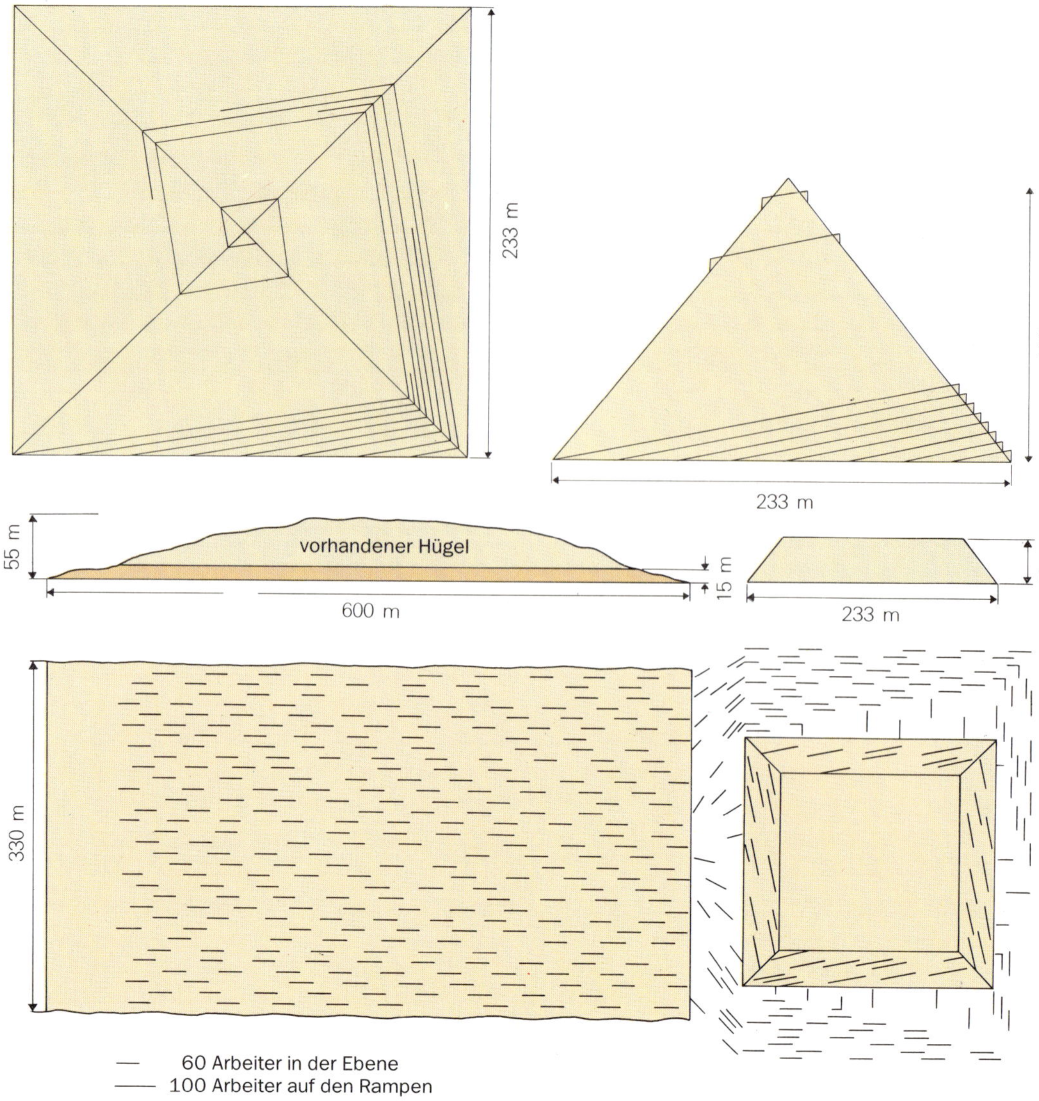

Schematische Darstellung der Hypothese, die in bezug auf die Fortbewegung der Kalksteinblöcke während des Baus der Cheops-Pyramide vom System der spiralförmigen Rampen ausgeht, die parallel zu den Seiten angebracht waren und ein Gefälle von 20 % hatten. Eingetragen sind nur die Rampen, die von einer Seite her beginnen. Die Zahl der Rampen ist an der Basis am höchsten, sie verringert sich natürlich bei zunehmender Höhe des Bauwerks, um den vorgesehenen Abstand zwischen den Rampen einzuhalten, und einige von diesen müssen nach und nach abgetragen werden: so verringert sich die Zahl von den anfänglich 32 Rampen auf 16, 8 und 4. Aus dem in der Nähe der Pyramide befindlichen Kalksteinhügel, der sich ursprünglich vielleicht etwa 55 m über dem heutigen Plateau erhob, wurden, beginnend an dem der Pyramide nächstgelegenen Punkt und in Schichten von oben nach unten, die Steinblöcke entnommen. Damit Tausende von Trägern ihre Arbeit durchführen konnten, wurden 32 Linien vorgesehen, also ebenso viele angenommene Rampen. Als das Bauwerk eine Höhe von 40 m erreichte (wie hier schematisch dargestellt), konnten sich auf jeder Linie 15 bis 20 Gruppen von Schlepparbeitern zu je 60 Mann in der Ebene (kurz gestrichelt) *und zu 100 auf den Rampen* (lang gestrichelt) *aufhalten, die jeweils einen Abstand von 50 m hatten.*

Graphische Darstellung der Studie, die in zwei Hypothesen die beim Bau der Cheops-Pyramide eingesetzte Zahl der direkt beschäftigten Arbeiter berechnet. Die erste Hypothese nimmt an, daß zu jeder Zeit beim jeweils gegebenen Raum die maximal mögliche Anzahl Arbeiter tätig war. So wurde die relative Dauer der einzelnen Bauphasen bestimmt Anhand der zweiten Hypothese, die auf den von jedem einzelnen Arbeiter erfüllten Stunden und auf seiner erbrachten Leistung basiert, hat man die mittlere Verteilung der Arbeiter ermittelt. Die Darstellung zeigt, daß die mit der Verkleidung befaßten Arbeiter erst am Schluß des ersten Bauabschnitts in wachsender Zahl eingesetzt werden.

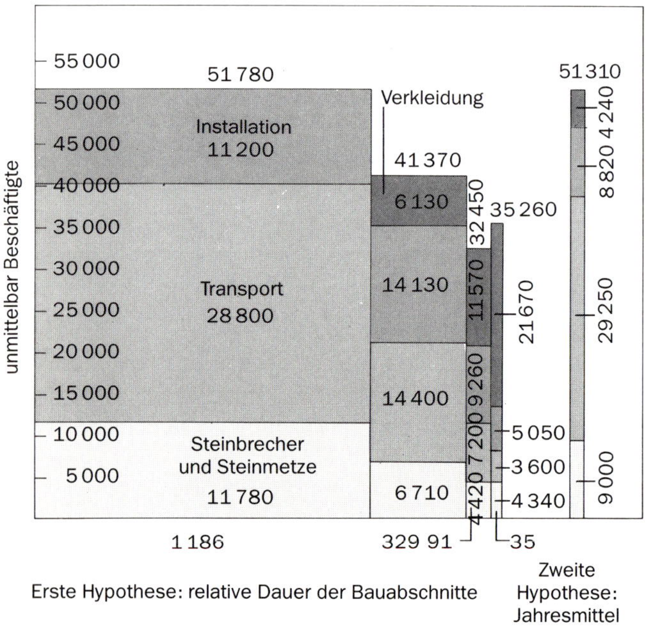

wickelt, gibt uns Einblick in das technische Wissen und das Organisationsniveau, das für den Bau eines der imposantesten Kulturdenkmäler der Welt, errichtet während der 4. Dynastie vor fast 5000 Jahren, nötig war. Herodot berichtet, daß an der Großen Pyramide 100 000 Menschen über einen Zeitraum von 20 Jahren hinweg gearbeitet haben, die alle drei Monate ausgewechselt wurden: Die genannte Studie sucht diese Aussage zu verifizieren und herauszufinden, welche technischen, wirtschaftlichen und gesellschaftlichen Entwicklungen die Verwirklichung von Werken wie die Pyramiden ermöglicht haben, wenn sich das technische Wissen der Ägypter auf Hebelwirkung und schiefe Ebene beschränkte.

Ausgehend von der Hypothese, daß die Kalksteinblöcke auf spiralförmigen Rampen aus ungebrannten Ziegeln bewegt wurden, die mit einem Neigungswinkel von 20% parallel zu den Seiten der Pyramide angebracht waren, analysieren die Autoren der Studie die einzelnen Bauphasen. Diese etwa 4 m breiten Rampen, die den Transport der Baustoffe und die Bewegung der Arbeiter ermöglichen sollten und einen Höhenunterschied von 5 m zwischeneinander aufwiesen, sind an der Basis der Pyramide am zahlreichsten; je weiter die Pyramide wächst, desto mehr verringert sich der verfügbare Platz, so daß manche Rampen unterbrochen werden müssen, um den bezeichneten Abstand einzuhalten: Von den anfänglich 32 Rampen geht man in den anschließenden Bauphasen auf 16, 8 und 4 über. Die Kalksteinblöcke kommen aus einem Steinbruch vor Ort, daher wurde ein mittlerer Transportweg von 700–800 m errechnet, während der Reibungskoeffizient mit 0,5 bestimmt worden ist, was den Einsatz von 60 Personen zum Transport eines 2500 kg schweren Blocks in der Ebene und von 100 auf den Rampen bedingt. Die Entfernung zwischen zwei aufeinanderfolgenden Blöcken auf den Rampen (die im übrigen in jeder Bauphase voller Menschen waren) beträgt 50 m, und wenn die Rampe wegen Platzmangels unterbrochen wird, reißt man sie sofort ab und verkleidet das frei gewordene Stück Fassade. Für den Zuschnitt und die Endbearbeitung der Blöcke durch Steinbrecher und Steinmetze wurde eine Geschwindigkeit von 0,025 m^2 pro Stunde errechnet. Diese Hypothesen erlauben die Berechnung der relativen Dauer eines jeden Bauabschnitts und der Anzahl der in jedem dieser Bauabschnitte anwesenden Arbeiter, die zwischen 33 000 und 52 000 schwankt (siehe Graphik).

Unter Zugrundelegung einer zweiten Hypothese, die den Transport der Felsblöcke mit einer Geschwindigkeit von 500 m pro Tag und die Bauzeit auf 23 Jahre ansetzt (290 Arbeitstage pro Arbeiter jährlich, wenn man auch eine Ausfallrate wegen Fehlens von 10% berücksichtigt), erhalten die Autoren Resultate, welche die maximale Zahl der „direkt“ beteiligten Arbeiter bestätigt, nämlich mehr als 51 000. Ebenso muß man noch die „indirekten“ Arbeiter dazuzählen (sie waren mit der Wartung der Rampen und Arbeitsgeräte sowie mit der Planung und Kontrolle der Arbeit befaßt), die nach späteren Quellen im Verhältnis 2 zu 10 „direkten“ angegeben wurden, also vermutlich 10 000, ferner die mit der Verpflegung und den hygienischen Einrichtungen befaßten (allein für den Transport des Wassers geben manche Quellen einen Helfer pro 7 Arbeiter an), so daß man weitere 10 000 Personen hinzuzählen kann. Berücksichtigt man schließlich die mit dem Bau und dem späteren Abriß der Rampen beschäftigten Arbeiter und die Handwerker, Kaufleute und Beamten, die hier rings um den Baukomplex tätig waren, kann man schließen, daß an der Cheops-Pyramide 23 Jahre lang mehr als 90 000 Menschen gearbeitet haben, was in diesem Fall Herodots Bericht bestätigt.

Unter den Handwerkern von Dêr el-Medina. Im 16. Jahrhundert v. Chr. war Pharao Thutmosis I. aus der 18. Dynastie wahrscheinlich der Gründer des Ortes Dêr el-Medina, der die Wohnstätten und die Ausgangsbasis für die Arbeiter und Handwerker, die mit dem Bau und der Ausschmückung der thebanischen Gräber befaßt waren, aufnehmen sollte.

Diese Arbeiter, größtenteils aus unteren Schichten und von heterogener Herkunft, gehörten den Grabinschriften zufolge zu einer Zunft von Steinarbeitern, die hierarchisch gegliedert war: ihr gehörten Künstler, Handwerker, Hilfsarbeiter, Wächter und Bedienstete für die Verpflegung der Bevölkerung an. Der Ort gehörte zur Weststadt, und Polizeiposten an den beiden Ausgängen des Wohngebiets hielten die Ordnung aufrecht und bewachten die Angehörigen der Arbeiter, die auf die Baustelle gingen. Letztere arbeiteten neun Tage hintereinander, und an ihrem Ruhetag widmeten sie sich der Gestaltung ihrer eigenen Grabstätte. An Festtagen herrschte in den Straßen des Ortes wegen der großen Zahl an Menschen und Tieren, die unterwegs waren, ein großes Durcheinander.

Zur Ausführung der Arbeit bildeten die Arbeiter eine Mannschaft, die aus zwei Teilen bestand (einem rechten und einem linken); ein jeder wurde von einem Vorarbeiter geleitet, dem wiederum ein Assistent zur Seite stand. Die Mannschaft bestand üblicherweise aus 60 Personen, und die Arbeiter der beiden Teile waren zahlenmäßig nicht immer gleich. Ein Schreiber kontrollierte den Fortschritt der Arbeiten und notierte auch die kleinsten Details wie etwa die Namen der Fehlenden und den Grund ihrer Abwesenheit (Krankheit, Bierherstellung, Feste, Familienstreitigkeiten) und berichtete regelmäßig dem Büro des Wesirs. Der Arbeitstag dauerte acht Stunden mit einer kurzen Mittagspause für eine Mahlzeit; die Arbeitsgeräte waren Eigentum der Verwaltung. Die Entlohnung erfolgte in natura und zu festen Daten, indem man den Vorratskammern und Kornspeichern des Tempels (der von den Herrschern mit unveräußerlichen Erträgen ausgestattet war) eine Reihe von Lebensmitteln entnahm (Weizen, Gerste, Gemüse, Fisch sowie Brennholz), die nach einer exakten Buchführung verteilt wurden, je nach Tagen der Anwesenheit. Vier Sack Weizen und eineinhalb Sack Gerste war die normale Ration für einen Arbeiter, ein Vorarbeiter erhielt eineinhalb Sack Weizen und einen halben Sack Gerste mehr. Das Mahlen des Getreides besorgten Frauen, die direkt von der königlichen Verwaltung entlohnt wurden. Regelmäßig erhielten die Arbeiter auch Salz, Fleisch und Wein. Die Wasserversorgung erfolgte täglich und zwar in Schläuchen, die auf Esel geladen wurden; bis zur Quelle waren es etwa zwei Kilometer.

In Dêr el-Medina gab es für kleinere Vergehen ein Gericht der Handwerkerzunft, in dem die Handwerker selbst Richter waren: die Strafen bestanden in körperlicher Züchtigung. Größere Vergehen wurden vom großen Gerichtshof der Stadt abgeurteilt. Außerdem gab es eine Schule, in der Grammatik und Rechtschreibung gelehrt wurden.

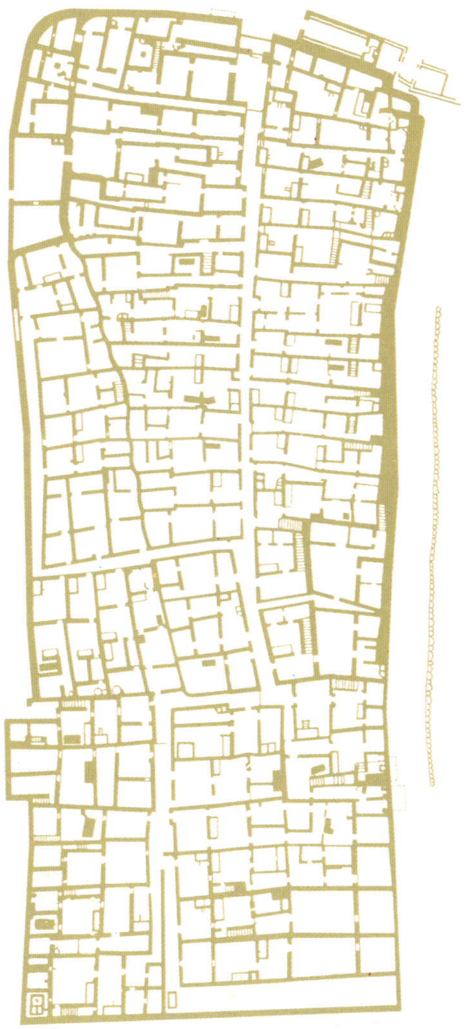

Grundriß der Wohnsiedlung Dêr el-Medina (Theben-West).

Jean-François Champollion.

François-Auguste Mariette.

Daten zur Ägyptologie

Die Veröffentlichung von *Voyage en Syrie et en Égypte* 1787 durch den Grafen Volney – Reisen waren schon früher, 1710 vom Jesuiten Claude Sicard und dem Engländer Richard Pokocke im Jahr 1737, unternommen worden – brachte Napoleon auf den Gedanken, dem blutigen Marsch seiner Soldaten in ein Ägypten, das von der seit 1517 präsenten türkischen Verwaltung inzwischen ausgezehrt war, eine regelrechte wissenschaftliche Struktur als Begleitung anzugliedern. Unter dem Schutz der Bajonette der Veteranen hatte die wissenschaftliche Strenge des französischen Illuminismus Gelegenheit, zwischen 1798 und 1801 eine riesige Zahl von Funden zu machen und zu beschreiben. Das Ergebnis der von Napoleon ins Leben gerufenen „Commission de Sciences et Arts" wurde zwischen 1809 und 1828 in Frankreich unter dem Titel *Description de l'Égypte* in 9 Textbänden und 14 Bänden mit illustrierenden Tafeln veröffentlicht. Der enzyklopädische Geist, der diese Publikation kennzeichnet, macht sie zum ersten wissenschaftlichen Text, den die Ägyptologie überhaupt kennt, ein auch heute noch wertvolles Werk. Der Künstler und Diplomat Vivant Denon, der Guillotine der Revolution entkommen, ist die kulturelle Seele der napoleonischen Expedition. Erst sucht er in den Nekropolen von Gîzeh und Sakkâra, dann kommt er im Gefolge des Militärtrupps entlang des Nils bis nach Assuan zum 1. Katarakt. Er notiert und zeichnet alles auf, was ihn interessiert: 1802, vor der offiziellen Veröffentlichung der *Description de l'Égypte*, publiziert er seine *Voyage dans la Basse et Haute Égypte*.

Der jedenfalls wichtigste Fund dieser Expedition ist sicherlich die von einem Soldaten bei Rosette im Deltagebiet gefundene Stele. Es handelt sich um einen Stein, der die gleichen Inschriften in Griechisch, Demotisch und in Hieroglyphen trägt, und es war wiederum ein Franzose, Jean-François Champollion, dem als erster deren Entzifferung gelang. Als ein von tiefer und außergewöhnlicher Anziehung für das alte Ägypten angetriebener Mann schreibt der 1790 geborene Champollion schon mit 17 Jahren einen Traktat über das koptische Ägypten. Mit 21 ist er einer der großen Experten auf diesem Gebiet und Professor an der Universität von Grenoble. Nach Jahren der Studien und der Arbeit veröffentlicht der junge Franzose am 27. September 1822 sein System für das Lesen der Hieroglyphen: Die Welt der Pharaonen beginnt von neuem zu sprechen. Die Stele von Rosette wird heute im British Museum in London aufbewahrt, nachdem sie durch den Kapitulations-Traktat von 1801 an die Engländer übergegangen war. In Fortsetzung seiner Arbeit schreibt Champollion die *Grammaire Égyptienne et la Grammaire Hiéroglyphique*, obwohl er von den rivalisierenden europäischen Lehrstühlen und der Mißgunst der Gelehrten mit einer Neigung zum Handel mit Altertümern angegriffen wird. 1832, 42 Jahre alt, stirbt der Gelehrte in Paris an einem Schlaganfall, nachdem er die Turin-Sammlungen und die von Salt untersuchte, die er selbst am Louvre ankaufen ließ; 1828–1830 reiste er auch nach Ägypten, wo er von seinem Schüler Ippolito Rosellini, Professor für orientalische Sprachen an der Universität Padua, unterstützt wird. Die Synthese ihrer Arbeit wird in *Monuments de l'Égypte et de la Nubie* veröffentlicht. Champollion war darüber hinaus der erste, der versuchte, den Handel mit archäologischen Funden zu unterbinden und statt dessen vorschlug, die Kulturdenkmäler dem Schutz der ägyptischen Regierung zu unterstellen; man schenkte ihm aber kein Gehör. Die Faszination der französischen Veröffentlichungen von 1802 und 1809 hatte sich sofort in Europa verbreitet, und für die antiken Schätze empfängliche Männer machten sich auf die Reise nach Ägypten. Abenteurer wie der Genueser T. B. Caviglia und G. B. Belzoni erforschten Ägypten. Diesem unternehmungslustigen Italiener verdankt man die Entdeckung der Grabkammer der Chephrên-Pyramide, von fünf Gräbern im Tal der Könige, darunter das von Sethos I., sowie die Säuberung des Haupttempels von Abu Simbel, der damals völlig von Sand bedeckt war. Die Funde Belzonis wurden 1820 in London und anschließend in Paris gezeigt: Das alte Ägypten war zu einer Mode geworden, ein Phänomen des Zeitgeistes und der Kultur, von dem nicht nur Belzoni profitierte, dessen Verdienst es jedoch ist, als erster die archäologische Ausgrabung als respektvolle Suche und Wiedergewinnung des Monuments und seiner originalen Lage verstanden zu haben. Bernardino Drovetti, der, wie die anderen Forscher, etwa Salt und Anastasi, von der Politik Mohammed Alis begünstigt wurde, verkaufte 1824 seine Sammlung an den König von Sardinien; sie befindet sich heute im Ägyptischen Museum von Turin.

Die von Mohammed Ali eingeschlagene Politik der Öffnung gegenüber den europäischen Mächten schlägt sich auf die Steuern der weniger Wohlhabenden nieder, eröffnet die Entwicklung der Landwirtschaft am Nil unter dem Kommando europäischer Techniker und bildet eine regelrechte Unterstützung des Handels mit Funden. Noch 1831 wird dem König von Frankreich der Obelisk Ramses' II. geschenkt, der heute auf der Place de la Concorde zu sehen ist. Nach dem Tod des jungen Champollion tritt der Deutsche Karl R. Lepsius (1810–1884) dessen Nachfolge in der Ägyptenforschung an. Nachdem er zusammen mit Ippolito Rosellini studiert hatte, erforschte er, finanziert vom Preußenkönig Friedrich Wilhelm IV., zwischen 1842 und 1846 das Niltal und sammelte Material für die Berliner Museen. Seine Bände unter dem Titel *Denkmäler aus Ägypten und Äthiopien*, die zwischen 1849 und 1859 erschienen, folgen der Synthese seiner Reise und dokumentieren eine neue Struktur für die wissenschaftliche Analyse des alten Ägypten. Einem anderen Franzosen verdanken wir es allerdings, daß die von Champollion gesäte Botschaft in die Tat umgesetzt wurde: François-Auguste Mariette (1821–1881) gründet 1858 zusammen mit Saîd Pascha das erste Institut zur Regelung der Ausgrabungen, den „Services des Antiquités de l'Égypte". Bei seinem Tod im Jahr 1881 war er Direktor dieses Instituts. Seine Arbeit führt ihn 1853 zur Gründung des Ägyptischen Museums in Bulâk, einem Vorort der Hauptstadt, und zur Organisation der Ausgrabungen von Tanis, Theben, Memphis und Abydos. Mariette ist es auch, der Kaiserin Eugénie den Verkauf der von ihm selbst entdeckten und auf der Pariser Ausstellung von 1867 gezeigten Funde verweigert: die Kontrolle der Ausgrabungen und die Reglementierung des Exports der Schätze ist endlich konkrete Wirklichkeit. Gaston Maspéro (1846–1916) ist der neue Direktor der „Services des Antiquités", und es gelingt ihm, die neuesten Entdeckungen des verstorbenen Mariette zu vermehren, indem er dessen Werk fortführt und neue Ausgrabungen beginnt. Mit Maspéro nimmt die wissenschaftliche Kontrolle der Ausgrabungen eine definitive Form an; unter ihm werden die Königsmumien von Dêr el-Bahri gerettet, und neue Funde gelangen nach Kairo, um dort studiert zu werden. Jetzt treten wissenschaftliche Organisationen und spezialisierte Forschungen an die Stelle der Abenteurer der Wüste und der alten Ausgrabungsmethoden. Das Monopol der Arbeiten in Ägypten wird von der Regierung auf andere europäische Studiengesellschaften ausgedehnt, wie etwa die 1882 von den Engländern gegründete „Egypt Exploration Found". William Flinders Petrie (1853–1942) wendet bei den Forschungsarbeiten der britischen Organisation seine neuen Ausgrabungsmethoden an, und man wendet sich nun mit verstärktem Interesse auch den kleineren Gegenständen zu. An Petrie und seine exakten Forschungsmethoden schließen die Arbeiten des Deutschen L. Borchardt, des Franzosen J. P. Lauer und des Ägypters A. Fakhry an. Daneben sind andere Organisationen an den alten und neuen Ausgrabungen des vom Sand bedeckten Ägypten tätig: die Deutsche Orient Gesellschaft, das Institut d'Archéologie Orientale, die British School of Archaeology in Egypt, das Oriental Institute of Chicago und das New Yorker Metropolitan Museum of Art mit H. Winlock und Lansing. Amerika verdankt man auch die Wiederauffindung der Triade von Mykerinos unter G. A. Reisner, während der Ägypter Kamal el-Malakh das Sonnenschiff der Cheops-Pyramide wieder ans Licht bringt. Ein anderer Ägypter, Zakaria Goneim, entdeckt 1954 die Pyramide des Sechemchet. Zu den bedeutendsten Entdeckungen unseres Jahrhunderts muß neben den von Legrain in Karnak gefundenen 900 Statuen das Grab von Tut-ench-Amun genannt werden, dessen Funde sich jetzt im ersten Stock des Ägyptischen Museums von Kairo befinden. Die Ausgrabungen im Tal der Könige waren von Victor Loret begonnen worden, einem Franzosen, der die Grabmäler Thutmosis' III. und Amenophis' II. entdeckte. H. Carter setzte mit der Hilfe und Genehmigung von Maspéro diese Arbeiten fort. Als die Finanzierung der Arbeiten von dem Amerikaner Davis auf Lord Carnarvon überging, entdeckte Carter 1922 das intakte Grab des jungen Pharao. Heute sind in Ägypten Organisationen tätig, die aus Polen kommen (Arbeit am Tempel der Königin Hatschepsut) und vom Brooklyn Museum (Ausgrabungen bei Karnak). Ferner arbeitet im Tal der Königinnen eine französische Expedition, das deutsche Institut dagegen gräbt in der thebanischen Nekropole. Tätig sind auch das Französisch-Ägyptische Zentrum von Karnak, die Egypt Exploration Society in Sakkâra und Tell el-Amarna sowie eine österreichische Expedition im Delta; letztere hat vor kurzem den ursprünglichen Standort von Auaris, der Hauptstadt der Hyksos, ans Licht gebracht.

William M. Flinders Petrie.

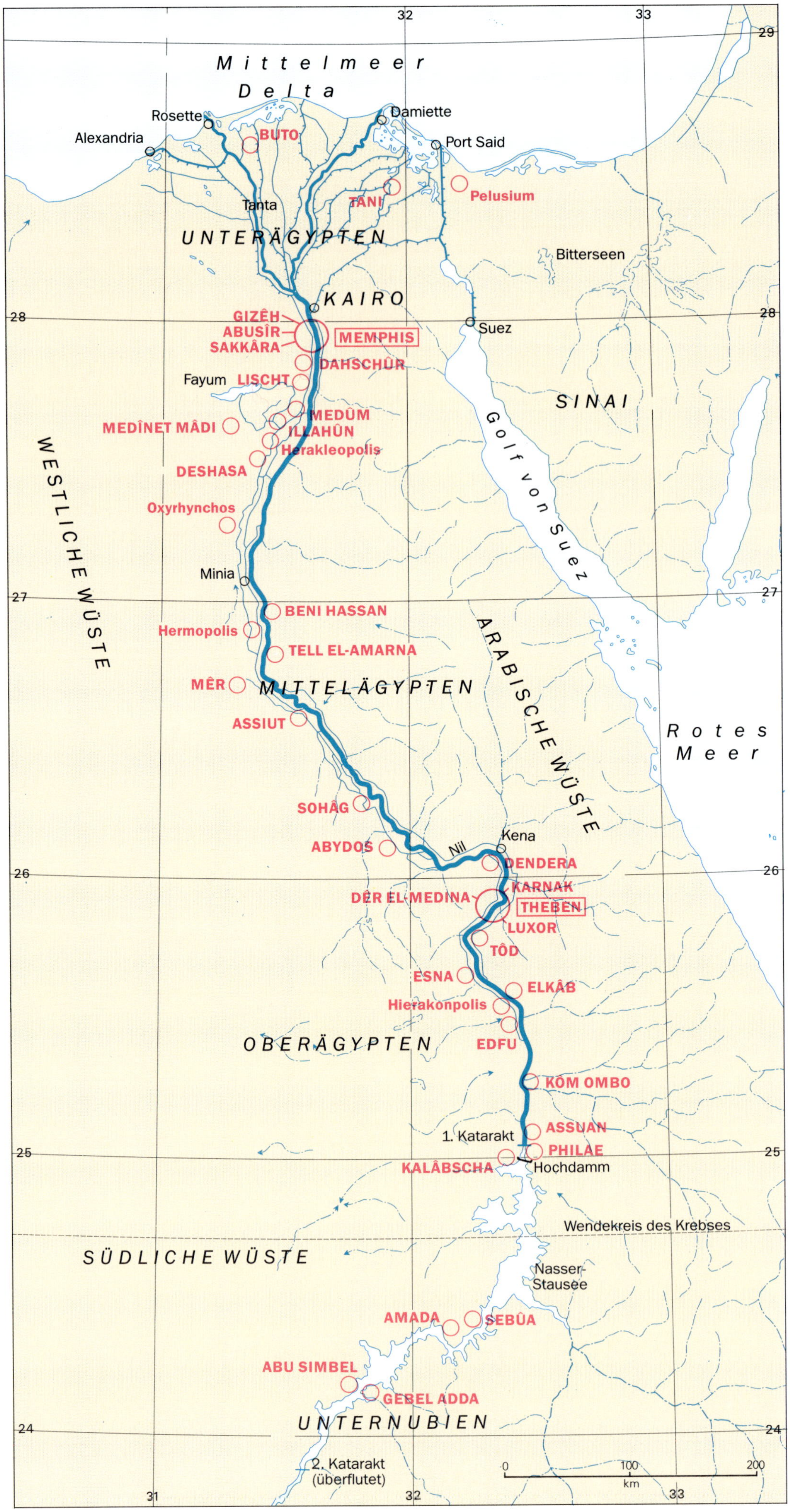

Karte der wichtigsten Ausgrabungsstätten des alten Ägypten.

Kairo

Die Hauptstadt von Ägypten liegt in der Ebene zwischen dem Nil und der ersten schroffen Stufe des Gebel el Muqattam (den Mokattam-Bergen), unmittelbar oberhalb der Stelle, wo sich der Fluß in die beiden Läufe von Rosette und Damiette teilt und das Deltagebiet beginnt. Der arabische Name El-Kâhir bedeutet „die Siegreiche".

Heute ist Kairo eine riesige Stadt mit mehr als zehn Millionen Einwohnern: Die moderne Entwicklung geht auf das vergangene Jahrhundert zurück, als sich in der Folge des napoleonischen Feldzugs (1798–1801) Europas Interesse auf Kairo richtete. Die anschließende britische Beherrschung gab den Anstoß zur Entwicklung und Bevölkerung des Gebiets (die 300 000 Einwohner des Jahres 1800 wachsen 1926 auf über eine Million an), und neben dem alten arabischen Stadtkern bildet sich die neue moderne Stadt heran. Heute dehnt sich die Stadt hauptsächlich auf dem rechten Nilufer aus; der Strom wird von sechs Brücken überquert, sowie auf den Flußinseln (Gezira und Geziret al Rôda) und erreicht im Nordosten die Trabantenstadt Heliopolis.

Die Altstadt bewahrt am besten die unverwechselbaren Aspekte des arabischen Stadtwesens mit seinen Moscheen, den niedrigen Häusern, den engen und belebten

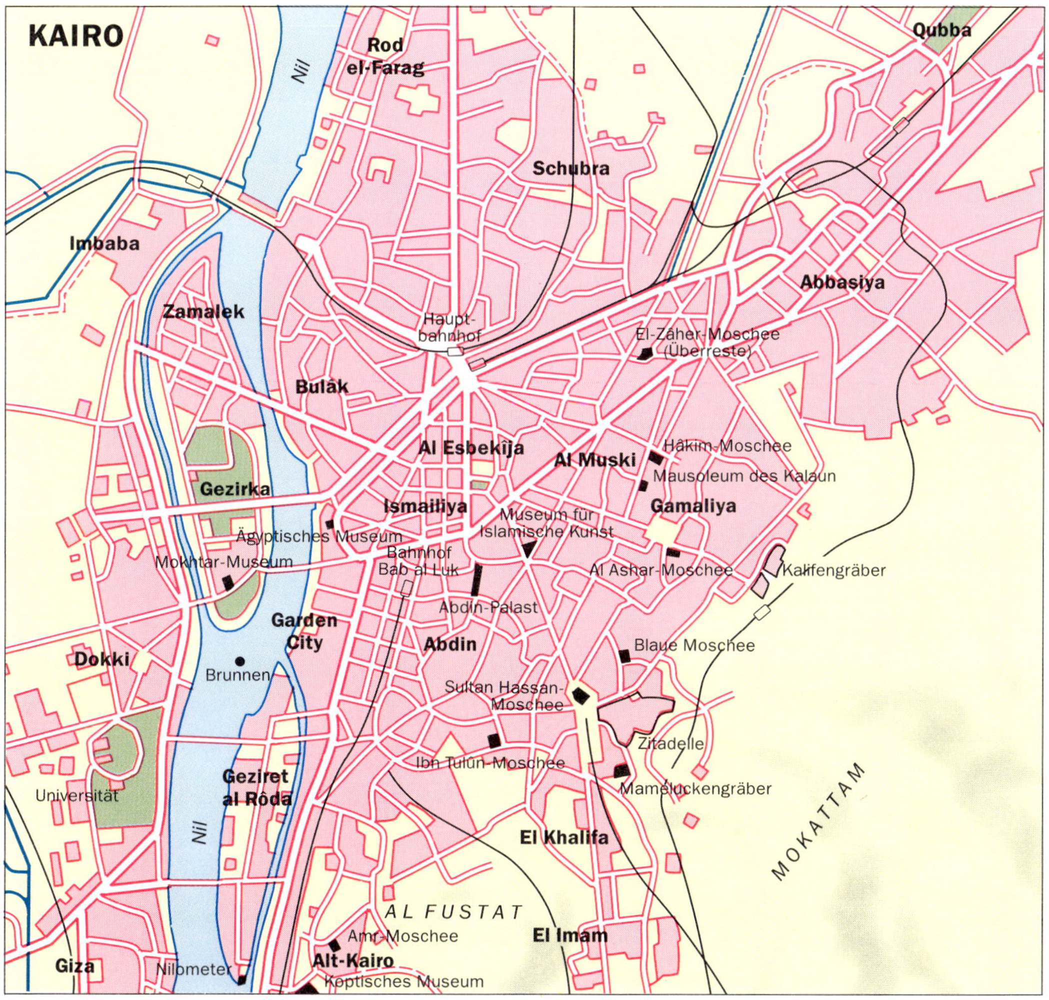

Folgende Doppelseite: Blick auf Kairo, Hauptstadt des modernen Ägypten. Diese große, sich rasch ausbreitende Stadt ist, aus der Vogelperspektive betrachtet, übersät mit Minaretten, Kuppeln, Moscheen und großen modernen Gebäuden. Ihre Bevölkerung beträgt mehr als zehn Millionen Menschen, und die Einwohnerzahl nimmt zu.

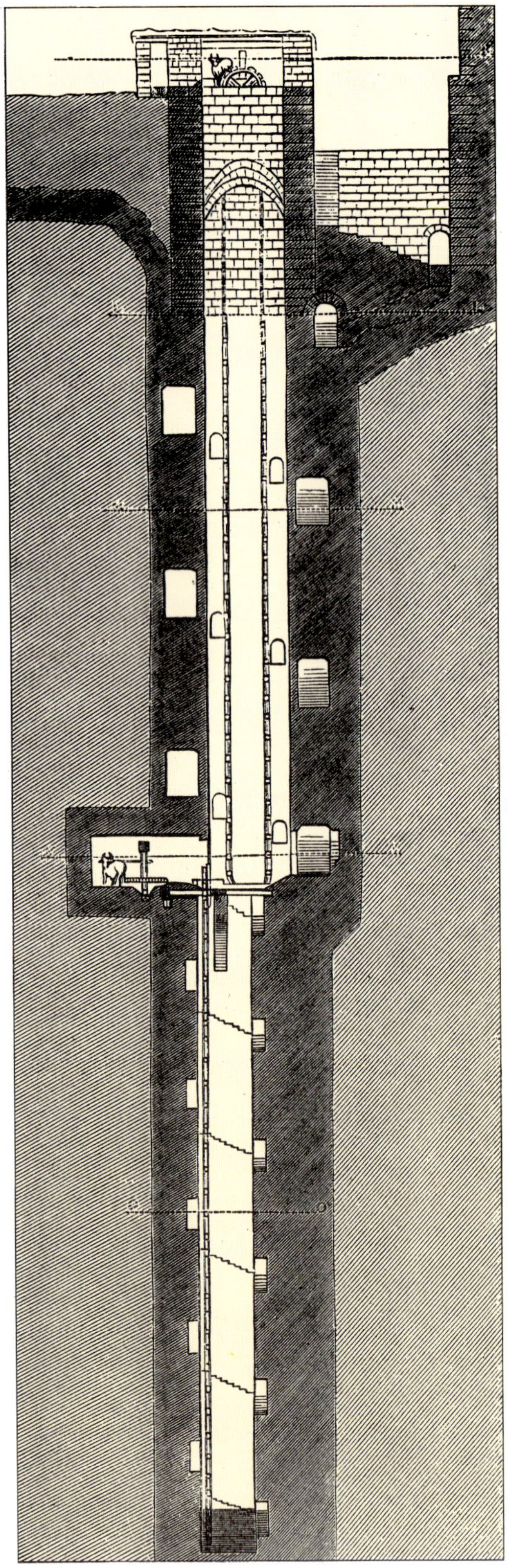

Alte Schemazeichnung des Josephs-Brunnens auf der Zitadelle. Der Brunnen trägt den Namen dessen, der ihn einst im Inneren der Saladin-Befestigungen in den Fels graben ließ (Jûsuf Salah ed-Din), damit man für den Fall einer Belagerung Wasser speichern konnte: seine Tiefe beträgt 88 m; das spiralförmig in die Tiefe gehende Bauwerk ist in zwei Stufen gegliedert.

Gassen. Schaut man sich das Panorama vom Turm der Insel Gezira aus an, an dessen Spitze (186 m) sich ein Café Restaurant befindet, kann man einen ersten Eindruck dieser polypenartigen Stadt gewinnen, die übersät ist mit Minaretten, Kuppeln, Moscheen und großen modernen Gebäuden, und auch von den Problemen, die ein solch rasches Wachstum, vor allem in den letzten Jahren, aufgeworfen hat.

Die älteste Ansiedlung der Stadt geht auf eine römische Festung, genannt Babylon, aus der Zeit Trajans zurück, deren Überreste noch bei der Insel Rôda zu sehen sind. Innerhalb ihrer Mauern entstand in frühchristlicher Zeit die koptische Stadt, von der noch die Hauptkirchen stehen.

Die arabische Ansiedlung El-Fustât (gegründet von Amr Ibn el-As, General des Kalifen Omar) geht auf die Mitte des 7. Jahrhunderts zurück und liegt heute im Südwestteil der Stadt, der den Namen Alt-Kairo (Misr al Kadima) trägt. Mit den Omaijaden aus Damaskus und den Abbasiden aus Bagdad entwickelten sich Fustât und Rôda mit einer Tendenz zur Ausbreitung in Richtung Norden, wo der Stadtteil Alaksar zur Residenz der Abbasiden-Gouverneure wurde. Die Bedeutung der Stadt wuchs schrittweise, und sie entwickelte sich unter dem Gouvernement der Tulûniden nach Osten. Letztere waren ehemalige türkische Sklaven der abbasidischen Kalifen und hatten zwischen 868 und 905 n. Chr. eine kurze von Bagdad unabhängige Dynastie ins Leben gerufen. Die wirkliche Gründung des heutigen Kairo geht jedoch auf das Jahr 969 n. Chr. zurück, als ein General der moslemischen Fatimiden-Dynastie, Djauhar, nach erfolgter Eroberung Ägyptens beschloß, eine neue Hauptstadt des Landes erbauen zu lassen, die er El-Kâhir taufte. Ab 973 verlegten die Fatimiden ihre Residenz hierher, nachdem sie die Al Ashar-Moschee errichten hatten lassen, ernannten die Stadt zur Hauptstadt Ägyptens und statteten sie mit zahllosen religiösen, profanen und militärischen Monumenten aus. El-Kâhir und Fustât wurden ab der zweiten Hälfte des 12. Jahrhunderts von Saladin zu einer einzigen Stadt zusammengelegt; er ließ die Stadt von einer neuen Stadtmauer umgeben und eine Zitadelle errichten, die später Residenz seiner Nachfolger wurde. Auch die Dynastie der Mamelucken (1250–1517) stattete die Stadt mit einer Reihe eindrucksvoller Monumente aus, darunter der Komplex von Sultân Hassan (14. Jahrhundert), eines der größten und schönsten Gebäude der Stadt, obwohl diese Zeit von einem Erdbeben heimgesucht wurde (1303) und von schweren Pestepidemien. Mit der türkischen Eroberung wurde Ägypten bis 1798 eine Provinz des osmanischen Reiches, und das Aussehen der Stadt blieb unverändert – mit Ausnahme der Errichtung einiger Repliken der Moscheen von Konstantinopel. In der zweiten Hälfte des 19. Jahrhunderts kam es zu einer westlich orientierten Stadterneuerung. Der Plan von P. Grand Bey (1865) tendierte dahin, aus Europa abgeleitete Stadtmuster auf die Struktur der arabischen Stadt zu übertragen. Mit der Bedeckung des Khaling (1900) entwickelte sich Kairo auch nach Westen, erreichte und überschritt schon bald den Nil: die beiden Inseln bevölkerten sich mit Häusern, und es entstanden die Wohnquartiere Giza und Dokki jenseits des Flusses. Zentrum der Stadt und Kairos touristisches Herz ist heute der Platz der Befreiung (Midan et-Tahrir) rechts vom Nil, an dem verschiedene Hotels stehen, das Rathaus und der Sitz des Ägyptischen Museums.

Die große Zahl der Monumente Kairos zwingt uns, uns nur den größten zuzuwenden. Schwierig ist es auch, Rundgänge festzulegen; daher haben wir es vorgezogen, die Monumente nach den Stadtgebieten, in denen sie liegen, jeweils kurz zu beschreiben. Wir werden daher über Alt-Kairo, über die Zitadelle und die darunter liegenden Stadtteile und über die in der östlichen Stadtmitte gelegenen Stadtteile sprechen sowie kurz eingehen auf die Monumente und die größten Museen.

Alt-Kairo

Fast fünf Kilometer südlich des Platzes der Befreiung beginnt dieser Stadtteil, der auf das 7. Jahrhundert zurückgeht und uns daher in die Zeit vor der arabischen Eroberung zurückführt und zu dem Ort, wo die alte Festung Babylon stand, deren Mauern das Gebäude des Koptischen Museums sowie die alten koptischen Kirchen Abu Sarga (St. Sergius), El-Moallaka, Sitt Barbara (St. Barbara), El-Adra, Mâri Girgis (St. Georg) und eine Synagoge umschließen. Typisch für diese Kirchen, die kein Transept aufweisen, ist der rechteckige Chorraum mit drei darin eingegliederten Apsiden. Im Westen

bezeichnen zwei hohe römische Türme den Eingang zu diesem Stadtviertel, das eines der wichtigsten koptischen Stadtviertel der alten Stadt ist: auf dem nördlichen Turm wurde eine griechisch-orthodoxe Rundkirche errichtet; der Südturm ist zur Hälfte zerstört. Südlich von Alt-Kairo befindet sich die Kirche der Hl. Jungfrau (Bi Babilun el-Darak), die von einer 10 m hohen Ziegelmauer geschützt wird und zwei Baptisterien und schöne Ornamentalarbeiten im Inneren enthält, sowie das Kloster von St. Theodor dem Orientalen (Deir Tadrus) mit zwei Kirchen, eine davon mit sechs Kuppeln.

Ansicht des Innenhofs der Ibn Tulûn-Moschee, in der Mitte das Brunnenhaus. Inmitten von dichtbesiedelten Stadtteilen gelegen, wirkt der aus der zweiten Hälfte des 9. Jahrhunderts stammende Hof dieser Moschee wie eine Oase frommer Stille, Gelegenheit zu einer erholsamen Rast. Der große viereckige Hof ist umstanden von vier Arkadengängen, von denen der östliche am meisten durchgestaltet ist. Der Mihrab weist den Gläubigen die Richtung nach Mekka.

Die Kirche St. Sergius. Gegründet am Ende des 4. oder zu Beginn des 5. Jahrhunderts, im 10. Jahrhundert verfallen, wurde sie zu Beginn des 11. Jahrhunderts unter den Fatimiden neu erbaut. Man betritt sie durch eine schmale Tür auf der Nordseite. Sie weist einen Basilika-Grundriß mit drei Schiffen auf (27 × 17 m, 15 m hoch), dessen mittleres (den Männern vorbehalten) einen von zehn Säulen getragenen Ambon aus Marmor enthält (der originale Ambon befindet sich im Koptischen Museum). Vom Schiff abgeteilt werden die seitlichen Kapellen durch eine Ikonostase aus Holz aus dem 12. Jahrhundert mit geometrischen Skulpturen und Inkrustationen aus Elfenbein. Ferner gibt es weitere interessante Tafeln aus geschnitztem Ebenholz, die auf das 11. und 12. Jahrhundert zurückgehen. In der ebenfalls dreischiffigen Krypta (4. Jahrhundert) soll nach der Überlieferung die Heilige Familie auf der Flucht nach Ägypten Unterschlupf gefunden haben.

Die Kirche St. Barbara. Auch diese Kirche weist einen Basilika-Grundriß auf und war im 10. Jahrhundert verfallen. Sie enthält die vorherige Kirche, die den Heiligen Cyrus und Johannes geweiht war, von denen Reliquien und Ikonen erhalten sind. St. Barbara ist von den alten Kirchen eine der größten (26 × 14,5 m, 15 m hoch) und hat in ihrem Mittelschiff einen Ambon aus Marmor, getragen von zehn Säulen, sowie eine Ikonostase aus dem 13. Jahrhundert zwischen den drei Apsiden.

Die Synagoge. Sie war anfangs eine Kirche der Melchiten und bis zum 12. Jahrhundert dem hl. Michael geweiht; sie steht möglicherweise an der Stelle einer früheren, von den Römern zerstörten Synagoge und inmitten eines schattigen Gartens. In ihrem Inneren finden sich interessante Zeugnisse der jüdischen Gemeinde, deren Präsenz an diesem Ort bis auf die Zeit von Moses zurückreichen soll (eine Thora auf Gazellenhaut,

Ansicht von Kairo: im Vordergrund Kuppel und Minarett der Ibn Tulûn-Moschee. Diese herrliche Moschee vom Arkadentypus wurde zur gleichen Zeit errichtet wie der von Gouverneur Ibn Tulûn begründete Stadtteil und bewahrt in seiner Architektur und Ausschmükkung viele byzantinische Elemente. Wesentliches Charakteristikum dieser Moschee bilden ihre Arkaden aus spitzen Hufeisenbogen. Das sie überragende Minarett ist eines von fast 500, die in den Himmel über Kairo ragen.

Zeichnungen und Manuskripte). Hervorzuheben ist die Decke aus dem 12. Jahrhundert.

Die Kirche El-Moallaka. Bekannt auch als „Metropolitenkirche der Jungfrau Maria". Ihre beiden Ost- und Westseiten ruhen auf den Bollwerken des Südosttors der römischen Stadtmauer (*moallaka* heißt hängend). Ursprünglich aus dem 7. Jahrhundert stammend, im 9. Jahrhundert abgerissen, wurde sie dann mehrmals wieder aufgebaut; der letzte Umbau stammt aus dem Jahr 1775. Im Inneren besitzt sie vier ungleiche Schiffe: der prächtige Ambon stammt aus dem Jahre 1100. Eine Ikonostase aus dem 12.–13. Jahrhundert aus Ebenholz mit Inkrustationen aus Elfenbein trennt das Schiff vom zentralen Sanktuarium, das Jesus Christus geweiht ist.

Die El-Adra-Kirche. Der Heiligen Jungfrau geweiht, geht sie auf das 9. Jahrhundert zurück und wurde im 18. Jahrhundert wieder erbaut. Unter Kalif El-Hakim kam sie für eine gewisse Zeit unter griechisch-orthodoxen Ritus. Sie weist einen Basilika-Grundriß

Ansicht der Sultan Hassan-Moschee und der Er-Rifâi-Moschee mit ihren jeweiligen Minaretten, zwischen ihnen die El-Kalaa-Straße. Die von 1356 bis 1363 erbaute Moschee des Sultans Hassan wird als eines der Meisterwerke arabischer Architektur in Kairo betrachtet. Ihre Minarette sind die elegantesten und höchsten der Stadt. Die Er-Rifâi-Moschee dagegen stammt aus jüngerer Zeit (1912): Sie birgt die Gräber der Könige Fuad (1868–1936) und Faruk (1920–1965).

auf: drei durch Säulen getrennte Schiffe, die mit einem Architrav aus Holz miteinander verbunden sind; ein Ambon befindet sich in einem Seitenschiff. Das zentrale Sanktuarium hat einen Altar, darüber einen Baldachin mit vollständig bemalter Kuppel. Die Wände der Kirche tragen zahlreiche Ikonen.

Die Kirche St. Georg. Von dieser Kirche, vielleicht aus dem 7. Jahrhundert stammend und im vergangenen Jahrhundert bei einem Brand zerstört, ist nur der Hochzeitssaal erhalten (15 × 12 m), der auf das 14. Jahrhundert zurückgeht. Von dem anschließenden alten Klosterbau (10. Jh.) sind nur ein großer Raum und einige Zellen erhalten.

Die Zitadelle und die benachbarten Stadtviertel

Von Saladin an den Hängen der Mokattam-Berge erbaut, beherrscht die Zitadelle von Südosten her Fustât und Kairo. Ihre Architektur inspiriert sich an derjenigen der Kreuzfahrer-Festungen in Syrien. Das erste Bauwerk wurde von 1176 bis 1207 errichtet und bestand aus der Burg und dem Palast, der Residenz. Nachdem sie eine Zeitlang leer stand, wurde sie unter den bahritischen Mamelucken wieder Residenz des Sultans und um neue Gebäude bereichert. Später, als Kanonen zum Einsatz kamen, wurde sie von den osmanischen Türken um- und ausgebaut; schließlich ließ in der ersten Hälfte des 19. Jahrhunderts Mohammed Ali auf dem Platz älterer Paläste eine Moschee errichten und sorgte für die Restaurierung der Ringmauer. Mauern und Türme umgeben die drei angrenzenden Teile, aus denen sie besteht; deren höchster ist die eigentliche Zitadelle (El-Kalaa), die außer den militärischen Bauten die genannte Moschee sowie diejenige von Mohammed en-Nasir und zwei Brunnen enthält, von denen einer (der Josephs-Brunnen) bis zu einer Tiefe von 88 m spiralförmig in den Fels führt. In den unmittelbar

Teilansicht des Innenhofs der Sultân Hassan-Moschee mit dem Brunnen und seiner Kuppel, die einen Durchmesser von acht Metern hat. Diese Moschee weist vier kreuzförmig um den Hof angeordnete Liwane auf; die Bogen dieser Säulensäle sind auffallend schlank und unterstreichen damit auf elegante Weise die Höhe des Bauwerks.

darunter liegenden Vierteln, die teils zeitgenössisch zur Stadtgründung sind, gibt es interessante Monumente wie etwa die sehr alte Moschee des Sultans Hassan, weitere Mausoleen, Klöster und kleinere Moscheen sowie verschiedene schöne Häuser, darunter das von Ibrahim Katchota es-Sennari aus dem späten 16. Jahrhundert. Im östlichen Teil der Zitadelle hat das Militärmuseum seinen Sitz.

Die Moscheen der Zitadelle. Die Moschee von Mohammed en-Nasir Ibn Kalaûn stammt aus dem Jahr 1318, wurde aber vom Herrscher 17 Jahre später neu erbaut und dann, nachdem sie eine Weile leer gestanden hatte, teilweise restauriert. Im Inneren sind Marmorsäulen mit antiken Kapitellen zu sehen; eines der beiden Minarette steht in der Mitte der Fassade.

Die Moschee von Mohammed Ali, die an der Rückseite eines Hofes mit Brunnen steht, zeigt eine Aufhängung von Lösungen und Elementen verschiedener Moscheen aus Kontantinopel; das Bauwerk erhält seinen Charakter aus der ausgiebigen Verwendung von Alabaster (daher ist sie auch als „Alabaster-Moschee" bekannt). Das weitläufige Innere mit seinen Dekorationen, über deren Geschmack man streiten kann, birgt das Grab des 1849 gestorbenen Gründers. In der Nordwest-Mauer gibt es einen Turm mit einer Uhr, die Louis Philippe von Frankreich dem Verstorbenen geschenkt hatte. Von der einen Seite des Hofes genießt man ein schönes Panorama über die Stadt.

Die Ibn Tulûn-Moschee. Völlig restauriert, ist sie eine der weitläufigsten und nach der Amr-Moschee die älteste Moschee Kairos (9. Jh.). Aus Ziegeln gebaut, hat sie Holzdecken und an den Wänden elegant verzierten Stuck: die aus Stein gemauerten Teile befinden sich hinten. Von einer quadratischen Mauer umschlossen (die Seiten sind ca. 160 m lang), ist sie dank ihres spiralförmigen Minaretts schon von weitem zu erkennen; die Moschee liegt zu einem Hof mit spitzbögigen Arkaden und rechteckigen Pfeilern, an den Seiten von Säulen umrahmt; in der Mitte des Hofs erhebt sich ein Brunnen aus dem 15. Jahrhundert. Die südöstliche Seite des Hofs mit den fünf Pfeilerreihen ist der Gebetsort: die Gebetsnische *(mihrab)* ist mit Marmor und Glasmosaiken verkleidet, über ihr eine hölzerne Halbkugelkuppel. Die Kanzel *(minbar)*, die auf das Ende des 13. Jahrhunderts zurückgeht, hat nicht mehr die biegsamen Intarsientafeln, die sie schmückten, sie wurden ins Ausland verkauft (einige befinden sich im Victoria and Albert Museum in London). Auf einem Pfeiler der dritten Reihe findet sich die Widmungstafel der Moschee, geschrieben in kufischer Schrift. Hölzerne Friese mit skulptierten Texten aus dem Koran schmücken die Wände in ihrem oberen Teil.

Fast zu Füßen des Minaretts (nordöstliche Seite des Baukomplexes) befindet sich die Schulmoschee von Sarghatmach, die auf die Mitte des 14. Jahrhunderts zurückgeht; sie birgt einen Sarkophag aus weißem Marmor.

Das Mausoleum der Emire Sangar und Silar. Es stammt aus dem Jahr 1304 und zeigt ein schönes Minarett und zwei Zwillingskuppeln, die sich über den Gräbern dieser beiden Freunde erheben, die unter den Regierungen des Mohammed en-Nasir und Baibar II. Gouverneure von Kairo waren. Teilweise restauriert, bewahrt das Mausoleum jedoch wenige Spuren seines ursprünglichen Glanzes. Die Fenster der beiden Grabkapellen stammen aus damaliger Zeit.

Die Sultân Hassan-Moschee. Diese Moschee ist einer der großartigsten Monumentalkomplexe der arabischen Kunst in Ägypten. Erbaut von 1356 bis 1363, bildet sie ein weitläufiges Rechteck, das an seinem nördlichen Ende, beim Haupteingang, leicht abgewinkelt ist. Letzterer wurde seiner schönen bronzeverkleideten Originaltür beraubt, die El-Muaijad in seine Moschee transportieren ließ. Vom Eingang, vor dem eine Doppeltreppe liegt, gelangt man durch eine hohe Tür mit Stalaktitengewölbe und seitlichen Intarsienfeldern in die Vorhalle. Von der Vorhalle mit ihrem Kreuzgrundriß gelangt man in eine weitere Vorhalle und einen Flur, der zu einem 32 × 36 m großen Innenhof *(sahn)* führt, an dem die vier Liwane (Säle) und vier Madrasen (Theologieschulen) liegen; darüber erhebt sich das südöstliche Minarett mit seinen drei Galerien, es ist das höchste Kairos (86 m). In der Mitte des *sahn* steht ein schöner Brunnen mit kugelförmiger Holzkuppel und seitlich einem weiteren kleinen Brunnen, von den Türken für Waschungen aufgestellt. Der nach Südosten ausgerichtete Hauptliwan (oder Sanktuar) ist der interessanteste: er enthält eine große *dikka* (Plattform) aus Marmor, die von eleganten Säulen getragen wird, Verkleidungen aus Marmor, einen Koranfries in kufischer Schrift, den *minbar* (Kanzel) aus weißem Marmor und andere Zeichen vergangenen Glanzes wie etwa die 70 Ketten, die ebenso viele Glaslüster trugen, die heute verschwunden sind (einige davon sind im Museum für Islamische Kunst ausgestellt). An der Rückwand dieses Betsaals befinden sich zwei Türen, eine in Bronze mit Gold- und Silberinkrustationen (sie ist geschlossen) und eine weitere aus Eisen, die zu Hassans Grab führt, über dem sich eine große Kuppel (21 m im Durchmesser, 28 m hoch) aus türkischer Zeit wölbt. Der hölzerne Katafalk ist einfach gehalten und wird von einer ebenfalls hölzernen Balustrade gesäumt. Je zwei Türen an der Nord- und Südseite führen zu vier Theologieschulen für die Lehre der vier Doktrinen des Islam, während sich in den oberen Geschossen die Wohnungen befanden.

Gebet in der um das Jahr 1000 erbauten Al-Hâkim-Moschee. Diese Moschee vom Arkadentypus und mit zwei Minaretten befindet sich in einer langsam fortschreitenden Restaurierung; ein Teil ihres Areals wird noch von Profanbauten eingenommen. Vor der Moschee erhebt sich ein kleines Mausoleum aus dem Jahr 1511.

Die östlichen Teile des Stadtzentrums

Dieses Gebiet umfaßt das Stadtviertel der Fatimiden, einst von einer Stadtmauer umschlossen, von der hier und dort noch Spuren sichtbar sind; charakteristisch sind die monumentalen, nach Norden weisenden Stadttore, die verschiedenen Grabmonumente und Kulturdenkmäler und das typisch orientalische Menschengedränge. Hier liegt auch ein Kaufleuteviertel mit dem alten Markt für handwerkliche Gegenstände, dem Khân Khalili, einem der größten Basare des Orients. Leider ist er heute durch den Touristenstrom weniger pittoresk und authentisch als früher; angeboten werden die verschiedensten Güter, darunter Leder- und Kupferwaren, Ketten, Schmuckgegenstände, Teppiche, Parfums usw. In den umliegenden Gassen finden sich viele Läden, die ihre Originalität bewahrt haben.

Neben den bereits eingehender beschriebenen Kulturdenkmälern müssen auch zahlreiche andere interessante Gebäude dieser Stadtteile genannt werden. Bei den Palästen möchten wir den Komplex des Bêt es-Sihaimi nennen: er besteht aus zwei Häusern, die auf das Ende des 18. Jahrhunderts zurückgehen (schöner Garten und kostbarer Brunnen); den Palast von Al Musafirkhana (1788) im Stil der Mamelucken-Periode, das Haus von Gamal ed-Din ed Dahabi aus dem 17. Jahrhundert, das *Okell* (eine Art Karawanserei) des Kaït Bey (1481) und das von El-Ghûri aus der Mamelucken-Zeit, das heute restauriert ist. Bei den Mausoleen sind neben denen von Kalaûn das Mausoleum des Mohammed en-Nasir zu erwähnen, das um 1300 erbaut wurde, ferner das von Karasunkor (1301), El-Ghûri (1505) und Kheir Bak (1502). Eine Vielzahl von Gebäuden beherbergt Theologieschulen (Madrasen), darunter die Madrasa von El-Ghûri (zeitgenössisch mit dem gleichnamigen Mausoleum und gegenüber von diesem gelegen), die Barkukîja (1386) und die älteste (1369) von Shaaban. Unter den religiösen

Das „Tor der Eroberungen", Bâb el-Futûh, am Südrand der Fatimiden-Stadt wurde im 11. Jahrhundert in die Stadtmauer eingefügt. Erbaut wurde es von drei syrischen Brüdern, die ein Wesir des Kalifen El-Mostansir nach Ägypten rief. Die hier abgebildete Zeichnung stammt aus der zweiten Hälfte des vorigen Jahrhunderts.

Bauten verdienen das Kloster Baibars' II. aus dem frühen 14. Jahrhundert und die folgenden Moscheen Erwähnung: die von El-Akmar (12. Jh.) mit einer schönen Steinfassade und interessantem Portal, die von Salih Talai (12. Jh., 1930 restauriert), die von Kidimas el-Ishaki (15. Jh.), die von El-Mardâni (1340) mit kostbarem Portal, Gebetsnische und einer ungewöhnlichen durchbrochenen Holzwand, die den östlichen Saal vom Hof trennt, ferner die von Aitmic el-Bagasi (1363). Schließlich seien die großen Stadttore erwähnt (Bâb el-Futûh, Bâb en-Nasr, Bâb Zuwêla, Bâb el-Uarzi) sowie der Turm von Ez-Zefer und die Überreste des Palastes von Bestak aus dem 14. Jahrhundert.

Das Kalaûn-Mausoleum. Es entstand Ende des 13. Jahrhunderts für Sultân Kalaûn. Der Komplex bestand aus einer Schulmoschee, einem Grabmal und einem Krankenhaus *(moristan)*; letzteres ist heute teils zerstört, teils umgewandelt. Die Fassade des Mausoleums weist zahlreiche spitzbögige Biforien nach normannischer Art und einen hohen Zinnenkranz auf. Man betritt den Komplex durch ein dreigeschossiges Portal, das in eine Nische gebaut und mit schwarzem und weißem Marmor verziert ist. Vom Portal gelangt man in einen mit Blendbögen verzierten Korridor: links befindet sich die Theologieschule (interessant die Gebetsnische), rechts das Mausoleum, wo wie durch einen Zauber Stille und Ruhe herrscht. Nachdem man einen kleinen Hof überquert hat, betritt man einen großen quadratischen Saal, überwölbt von einer Kuppel, die von vier monolithischen Säulen aus rosa Marmor und vier Pfeilern getragen wird; hier steht der Katafalk des Sultans, umgeben von einem Gitter aus gedrechseltem Holz, das ebenso aufwendig gestaltet ist wie im übrigen auch die Nische. Wände und Seiten der Pfeiler sind verziert mit herrlichen Mosaiken, eingerahmt von kleinen Marmorbögen. Das hochaufragende mehrstöckige Minarett mit quadratischem Sockel gipfelt in einem gemeißelten zylindrischen Tambour über einer Haubenkuppel, welche die verschwundene originale Spitze ersetzt.

Die Al-Hâkim-Moschee. Seit 1980 in Restaurierung, ist diese in den Jahren um 1000 vom dritten Fatimiden-Kalifen erbaute Moschee eine der wenigen, deren Originalgrundriß erhalten geblieben ist und der Ibn Tulûn-Moschee ähnlich. Aus der Westmauer erheben sich zwei Minarette mit rundem Querschnitt; sie gipfeln in verlängerten Kuppeln, die ein wenig Weihrauchfässern gleichen *(mabkhara)* und Baibars II. (14. Jahrhundert) zu verdanken sind. Die Minarette wurden wenige Jahre nach ihrer Erbauung in zwei Pylonen in Form einer abgeschnittenen Pyramide eingefaßt. Der östliche Saal ist fünfschiffig. Im Hof finden sich die Überreste zweier Brunnen für Waschungen.

Die Al Ashar-Moschee. Der Komplex dieser 970 gegründeten Moschee hat eine überbaute Fläche von über 8000 m², auf der um das ursprüngliche, mit Portiken versehene Gebäude herum weitere Bauwerke aus verschiedenen Epochen stehen. Ein religiöses Zentrum der Fatimiden, wurde es unter den Mamelucken Sitz einer Schule für Theologie und arabische Philologie, das sich mit der Zeit zu einer der berühmtesten Universitäten Ägyptens und der ganzen islamischen Welt entwickelt hat (derzeit hat sie neun Fakultäten und zählt 20 000 Studenten verschiedener Nationalität). Der Komplex hat fünf Minarette und sechs Tore, die Arkaden ruhen auf 300 Marmorsäulen, und die eigentliche Moschee ist von Wohngebäuden und (im Norden) von einem Hof umgeben. In die Moschee gelangt man durch ein Tor aus dem Jahr 1469, eingerahmt durch ein davor liegendes Portal mit Doppelbogen (18. Jahrhundert), genannt „Tor der Barbiere". An den Seiten des kleinen Eingangshofs befinden sich Bauten aus dem 14. Jahrhundert, in einem davon ist die Bibliothek untergebracht (70 000 Bände, davon 15 000 Manuskripte). Geht man durch ein Tor aus dem 15. Jahrhundert, über dem ein (zeitgenössisches) Minarett erbaut wurde, gelangt man in den eleganten zentralen Hof *(sahn)*, 48 × 34 m, in dem die persischen Bögen der Arkaden ihren fatimidischen Ursprung verraten. Reihen von Säulen und Pfeilern wechseln einander im Norden und Süden ab, im Osten dagegen steht ein Betsaal mit acht Säulenordnungen, welche am Aufliegepunkt der (spitzen) Bögen zu zweien oder dreien gruppiert sind. Ebenfalls im Betsaal befinden sich Nischen *(mihrab)*, davon eine reich verzierte Hauptnische an ihrem ursprünglichen Platz und eine Kanzel (Kibla Minbar). In dem zur Zeit von Abd er-Rahman angefügten Teil (im Norden) befindet sich die Internatsschule des Gohâr aus dem 15. Jahrhundert. Das Grabmal Abd er-Rahmans liegt auf der Südseite des Saals.

Ansicht der Al Ashar-Moschee, der „blühenden Moschee". Erbaut 970–972 vom ersten Fatimiden-Kalifen, wurde sie Ende des 10. Jahrhunderts mit einem theologischen Kolleg für schiitische Studenten ausgestattet, und bereits 1005 wurde das Angebot an Lehrfächern um Philosophie, Chemie und Astronomie erweitert. Nachdem die Universität unter den (sunnitischen) Aijubiden geschlossen worden war, wurde sie im 13. Jahrhundert von den Mamelucken wieder geöffnet. Seit damals gelangte sie zu Ruhm und hat heute mehr als 20.000 eingeschriebene Studenten. Die Moschee nimmt eine Fläche von 8.200 m² ein, zählt mehrere Minarette, sechs Portale und 300 Marmorsäulen.

Die El-Muaijad-Moschee. Die 1415 gegründete und 1420 vollendete Moschee ist eine der letzten des Arkaden-Typus und bekannt für die Eleganz ihrer Kuppel, das hohe Portal und die beiden Minarette (50 m hoch), die über die massigen Türme des Zuwêla-Tors gebaut wurden (11. Jahrhundert). Sie wurde in vielen Teilen wieder aufgebaut und restauriert; am Eingang besitzt sie ein schönes, mit Bronze verkleidetes Holzportal, das sich früher in der Hassan-Moschee befand; nach dem Portal, zur Linken, befindet sich das Mausoleum mit einer kleinen Vorhalle: es handelt sich um eine quadratische Kapelle mit dem aus weißem Marmor gefertigten und überkuppelten Doppelsarkophag des Sultans. Von hier gelangt man in den Hof der Moschee, von dem nur der östliche Arkadenteil zu Beginn unseres Jahrhunderts wiedererbaut und verziert wurde. Im südlichen Teil des Sanktuars befindet sich ein weiteres Grabmal, wo die Angehörigen des Sultans bestattet sind. Der Betsaal wird vom Hof durch eine Säulenreihe hinter einem Eisengitter getrennt. Kostbar sind auch die zentrale Nische (es gibt ihrer sieben), die Dekorationen aus Marmor und die Holzkanzel, die teilweise restauriert ist.

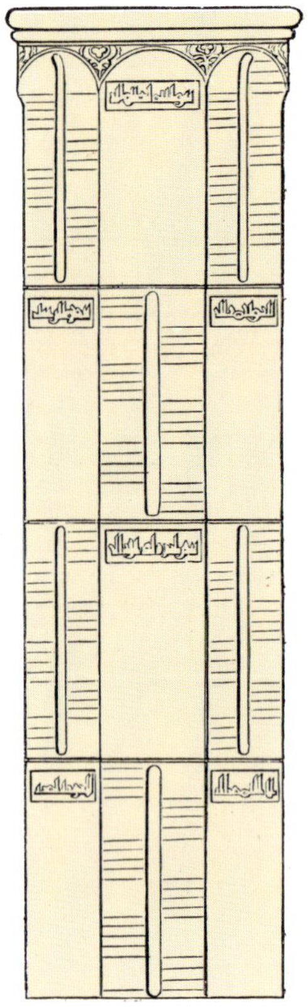

Oben: Meßsäule eines Nilometers, eines Schachts, den man früher dazu benützte, die Höhe der Nilhochwasserstände zu messen: eine unterteilte Säule reichte bis ins Flußbett hinunter. In Ägypten gab es mehrere derartige Nilometer: Das aus dem 8. Jahrhundert n. Chr. stammende Nilometer auf der Insel Rôda wurde in den dreißiger Jahren wiederaufgebaut. Die Meßeinteilung ist in königlichen Ellen angegeben (eine Elle = 0,540 m). In Theben wurde der höchste vom Nil erreichte Stand im sechsten Regierungsjahr Taharkas registriert, als die Wasser des Flusses eine Höhe von 9,90 m über dem heutigen Fußboden des Hypostylsaals von Karnak erreichten.
Rechts: Reihung mittelalterlicher Gräber in der „Totenstadt" der Kalifen. Dieses Areal, in dem die Kalifen der letzten Mamelucken-Dynastie (1382) begraben sind, befindet sich unmittelbar östlich der alten Fatimidenstadt. In dieser Nekropole befinden sich neun Moscheen und zahlreiche Gräber von Würdenträgern; diese Denkmäler sind überwiegend dem Verfall preisgegeben.

Die Blaue Moschee. Aus dem 14. Jahrhundert stammend, wurde sie 1651 restauriert, und zu dieser Zeit wurde auch die berühmte Innendekoration ausgeführt, die ihr diesen Namen eingebracht hat. Ihr Gründer war der Emir Ak Sûnkor, der Restaurator war ein osmanischer Offizier. Sie ist eine Moschee des Arkaden-Typus: die Arkaden werden diesmal von Pfeilern getragen; außer dem Grab von Ak Sûnkor enthält sie zwei weitere Gräber. Die Dekoration der Hauptarkaden und der Wand besteht aus Fayencekacheln mit grünen und blauen Blumen auf weißem Grund.

Die Kidimas el-Ishaki-Moschee. Erbaut Ende des 15. Jahrhunderts in tscherkessischer Zeit und Ende des 19. Jahrhunderts geschickt restauriert, ist sie ein kleiner, aber harmonischer Komplex mit prächtigem Inneren. Der Hauptinnenhof *(sahn)* ist von einem achteckigen Oberlicht bedeckt: Im Osten befindet sich das rechteckige, reich verzierte Sanktuar mit Nische und kostbarer Kanzel, während im Westen der Saal quadratisch ist; die Liwane der anderen beiden Seiten sind auf Nischen reduziert. Kostbare

Decken und Glasfenster lassen das Ganze besonders elegant wirken. Vom Sanktuar führt eine Tür zum Mausoleum, in dem allerdings die Überreste des Scheichs Huriba aufbewahrt sind statt die des Kidimas el-Ishaki, der auf syrischem Boden bestattet wurde, wo er 1485 im Kampf starb.

Andere Monumente der Stadt

Zu Füßen der Zitadelle liegt östlich die „Totenstadt", ein Viertel, wo Kairos Ärmste leben – rings um Grabmoscheen aus der Mamelucken-Zeit und zwischen den Ruinen anderer mittelalterlichen Bauwerke. Die Friedhofslandschaft ist sehr weitläufig und enthält neben zahlreichen Gräbern gewöhnlicher Menschen auch die Grabmale von Kalifen und Imams. Die beiden interessantesten Monumente – sie liegen im nördlichen Friedhof – sind die Moschee von Sultân Barkûk und das Mausoleum des Kaît Bey.

Etwas nördlich von Alt-Kairo steht die Moschee von Amr, die als die älteste der Stadt und ganz Ägyptens gilt. In ihrer Nähe liegt, umgeben von einer hohen Mauer, der Deîr Abbu Sefein (Kloster St. Merkur), der drei koptische Kirchen aus dem 11.–14. Jahrhundert enthält. An der Südspitze der Insel Rôda befindet sich ein Nilometer, das 716 erbaut und mehrfach restauriert wurde: Es besteht aus einem Schacht in der Mitte, in dem eine Säule mit Skaleneinteilung den Wasserstand anzeigt.

Auf dem Ramses-Platz (früher Bahnhofsplatz) steht seit 1955 eine zehn Meter hohe Statue von Ramses II., die aus Memphis stammt.

Mausoleum und Kloster des Sultân Barkûk. Dieser Komplex, eines der wichtigsten „Kalifengräber", wurde in den ersten Jahren des 15. Jahrhunderts erbaut und in späterer Zeit sorgfältig restauriert. Der Grundriß ist quadratisch, an der Westfassade erheben sich zwei dreistufige Minarette: quadratischer Sockel, dann runder Korpus, schließlich der Glockenturm und darüber eine Zwiebelkuppel. In der Vergangenheit betrat man sie von Norden, heute dagegen durch ein Portal der Südwestecke, das in eine Vorhalle führt. Von hier gelangt man durch einen Korridor in den harmonischen quadratischen Hof *(sahn)* mit Arkaden und einem in der Mitte gelegenen (jetzt beschädigten) Brunnen für die Waschungen. Die seitlichen Säle liegen, jeweils einschiffig, im Norden und Süden, zweischiffig im Westen, sowie der letzte dreischiffig und werden von Pfeilern getragen. Im östlichen Saal mit seinen drei schlichten Nischen befindet sich eine kostbare Kanzel *(minbar)* aus skulptiertem Stein, die dem Kloster in der zweiten Hälfte des 15. Jahrhunderts geschenkt wurde. Nördlich davon liegt das Grab des Sultans und zweier seiner Söhne, im Süden das der Tochter, darüber jeweils eine elegante Steinkuppel, wobei an der im Norden noch Spuren von gemalten Dekorationen sichtbar sind. Zwischen den beiden Kuppeln befindet sich eine dritte kleinere mit Längsprofilen.

Das Mausoleum des Kaît Bey. Dieses herrliche Beispiel der Mamelucken-Kunst wurde in der ersten Hälfte des 15. Jahrhunderts errichtet und 1898 restauriert. Den elegant proportionierten Komplex mit Kreuzgrundriß beherrscht das rund 40 Meter hohe Minarett mit quadratischer Basis, das in der Höhe erst eine achteckige, dann in der dritten Stufe eine zylindrische Form annimmt; die leicht spitz zulaufende Kuppel der Moschee zeichnet sich durch steinerne Verzierungen mit Arabesken und Flechtmustern aus, die sie wunderschön in ihrer Gänze überziehen und die sich auch auf Fenstern und Türen wiederfinden. Der Eingang liegt an der Nordseite, davor eine Treppe; links befindet sich der Brunnen im Schutze einer anmutigen Loggia, rechts führt ein Korridor zum *sahn*, dem quadratischen Saal; an ihn schließen sich im Süden und Norden Räume an, die kaum größer als eine Nische sind.

Im östlich gelegenen Saal gibt es eine Nische und die verzierte und gut erhaltene Kanzel; die Glasfenster der Säle stammen aus moderner Zeit. Das Grabmal befindet sich in der Südecke und wird von der traditionellen Kuppel überspannt, die nüchtern verziert und sehr hoch ist: an der Nische steht der Katafalk des Sultans, daneben ein Granitfragment, das der Sultan aus Mekka mitgebracht hatte und auf dem nach der Überlieferung ein Fußabdruck des Propheten zu sehen ist. Das kleine Grabmal an der Nordwestecke ist das der Schwester des Sultans, während sich die Gräber der vier Ehefrauen des Sultans außerhalb, wenn auch in unmittelbarer Nähe des Komplexes befinden.

Minarett des Mausoleums von Kaît Bey in einer Zeichnung des vergangenen Jahrhunderts, vor seiner Renovierung. Der Monumentalkomplex ist ein glänzendes Beispiel der Mameluckenkunst aus der ersten Hälfte des 15. Jahrhunderts. Das 40 Meter hohe Minarett hat eine quadratische Grundfläche, ist auf der mittleren Stufe achteckig und oben zylindrisch.

Innenhof der Amr-Moschee in einer Zeichnung des vorigen Jahrhunderts. Diese im 7. Jahrhundert gegründete Moschee – daher vielleicht Ägyptens älteste – wurde vom 15. bis 18. Jahrhundert stark umgebaut; aus dieser Zeit stammt der Großteil des heutigen Bauwerks.

Die Amr-Moschee. Die ursprüngliche, von Amr Ibn al-As, einem General des Kalifen Omar, Mitte des 7. Jahrhunderts gegründete Moschee ist unter den „Restaurierungen" des 15. Jahrhunderts und den anschließenden Umbauten praktisch verschwunden. Es handelte sich um ein bescheidenes Gebäude (60 × 36 Meter) aus ungebrannten Ziegeln, und man hält es für die älteste Moschee Ägyptens. Heute nimmt sie eine Fläche von 120 × 110 Meter ein, und man betritt sie durch drei Türen an der Westfassade; vom Arkaden-Typus mit (unterschiedlich hohen) wiederverwendeten Säulen, zeigt sie typische Lösungen der türkischen Architektur mit Ausnahme des östlichen Saals am Südende, wo sich die ältesten Bauteile befinden. Aufgrund ihres Alters ist die Moschee ein vielbesuchter Kultort, und nicht zuletzt auch wegen mancher Motive des Volksglaubens, die sich mit ihr verbinden (eine auf wundersame Weise vom Propheten geschickte Säule, eine Äderung in einer Marmorplatte, die man für den Abdruck eines Peitschenschlags Mohammeds hält, ein Zwischenraum zwischen zwei Säulen, durch den nur ein rechtschaffener Mann hindurchgehen kann usw.).

Innenhof des Antikenmuseums von Bulâk, dem ersten Sitz des Ägyptischen Museums von Kairo, in einer Zeichnung des vorigen Jahrhunderts. Von Auguste Mariette angeregt, wurde der Kairoer Museumskomplex 1902 in seinem heutigen Standort eingerichtet und seither auf bewundernswerte Weise bereichert. Heute ist das Museum für die Sammlungen des alten Ägypten das bedeutendste der Welt. Links: Ausschnitt einer Holztafel aus dem Grab des Hesirê (in Sakkâra), eines hohen Beamten der 3. Dynastie.

Das Ägyptische Museum

Das Museum, in einem großen, schlichten Gebäude aus dem vergangenen Jahrhundert untergebracht, das am Tharir-Platz im Zentrum steht, ist das weltweit bedeutendste für ägyptische Sammlungen. Es wurde am 18. Oktober 1863 vom Khediven Ismail eingeweiht und kam auf Initiative von Auguste Mariette zustande, dem damaligen Direktor der Ausgrabungen, um Ägypten die Überreste seiner alten Kultur zu erhalten, die bis dahin zur Bereicherung der größten ausländischen Museen gedient hatten. Sein ursprünglicher Sitz war in Bulâk, von dort verlegte man es für kurze Zeit nach Gîzeh und dann 1902 in das heutige, vom Architekten Marcel Dourgnon entworfene Gebäude. Wegen der Fülle hinzugekommener Funde hat sich das Gebäude als unzulänglich erwiesen, auch das neue Material aufzunehmen. In den letzten Jahren hat die ägyptische Regierung seinen Um- und Ausbau genehmigt und einen ersten, auf fünf Jahre geplanten Bauabschnitt beschlossen. Während dieser Zeit bleibt das Museum geöffnet, mit Ausnahme der Säle, in denen Bauarbeiten im Gange sind.

Die folgende Beschreibung führt die Sammlungen des Museums so vor, wie sie bisher angeordnet waren. Sie können jeweils von 9 Uhr morgens bis 16 Uhr nachmittags besucht werden, ausgenommen am Freitag, an dem das Museum von 11 bis 13 Uhr geschlossen bleibt. Zur besseren Orientierung sei gesagt, daß die Sammlungen auf zwei Stockwerken verteilt sind: Im Erdgeschoß sind die großen Steindenkmäler untergebracht (Statuen, Stelen, Sarkophage, jeweils in chronologischer Ordnung), im ersten Stock dagegen sind die verschiedensten Arten von Gegenständen von der Vorzeit bis in die römische Zeit zu besichtigen. Auf diesem Stockwerk ist in den Galerien rechts und an der Rückseite das aus dem Grabmal Tut-ench-Amuns im Tal der Könige stammende Material zu sehen, das Howard Carter 1922 nahezu unversehrt gefunden hatte.

Wenn man, und sei es auch nur flüchtig, den Großteil der Säle besuchen möchte, tut man gut daran, bei der Besichtigung chronologisch vorzugehen, beginnend bei den

Ägyptisches Museum: Grundriß des Erdgeschosses.

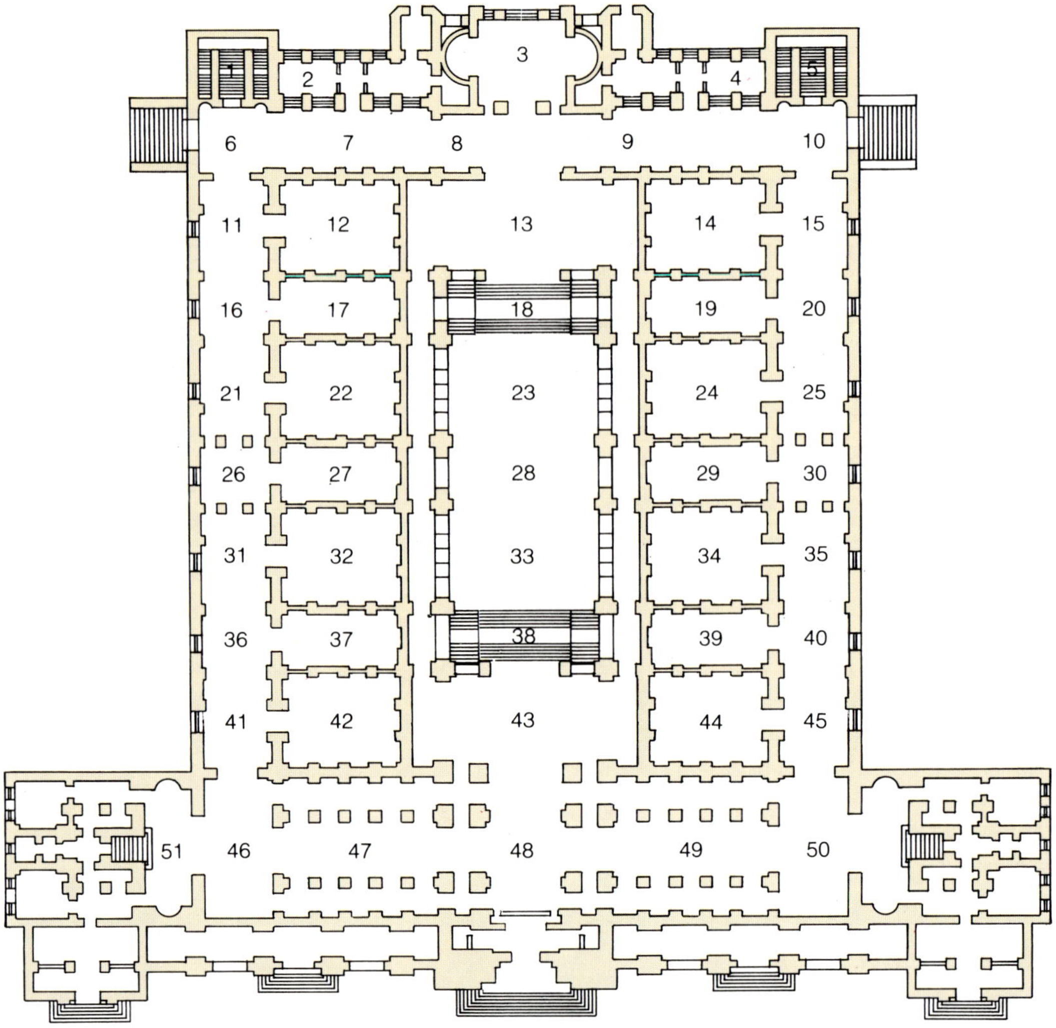

ältesten Zeugnissen. Zu diesem Zweck wendet man sich am Eingang des Museums nach links und beginnt die Runde des Erdgeschosses im Uhrzeigersinn, bis man wiederum zum Haupteingang zurückkehrt. Dann empfiehlt sich der Besuch des zentralen Innenhofs, anschließend kehrt man zum Eingang zurück, um über die Südwesttreppe in den ersten Stock zu gelangen. Die Besichtigungsrunde der Funde im ersten Stock sollte auf die gleiche Weise durchgeführt werden.

Die Meisterwerke im Erdgeschoß. In der Eingangsvorhalle heißen die kolossalen Statuen von Ramses II. (14. Dynastie) sowie die des Architekten Amenhotep (aus saïtischer Zeit) den Besucher willkommen. Geht man nach links, so steht man in der Hauptgalerie West, wo in Zweierreihen Sarkophage aus der 4. und 5. Dynastie aufgestellt sind, drei Triaden des Königs Mykerinos, begleitet von Hathor und einem Schutzgeist, der einen Gau verkörpert (aus schwarzem Schiefer), eine Stele der 5. und eine der 4. Dynastie sowie ein Relief der Königin Meresanch aus der 4. Dynastie. In Saal 46 befinden sich zwei Fragmente einer Mastaba aus Medûm (4. Dynastie) und ein Löwenkopf aus rosa Marmor aus Abusîr (5. Dynastie); in Saal 41 Szenen aus dem Alltagsleben aus einem Grabmal der 5. Dynastie in Sakkâra und zwei Alabasteraltäre (vielleicht für die Trankopfer an den Verstorbenen) aus der 3. Dynastie. In Saal 42, einem der wichtigsten des Museums, kann man die aus bemaltem Kalkstein angefertigte Statue von Djoser bewundern (eines der ältesten Pharaonenbildnisse), die in seinem Grabkomplex in Sakkâra gefunden wurde (3. Dynastie); eine Dioritstatue des Chephrên, beschützt von Gott Horus in Falkengestalt (4. Dynastie, aus Gîzeh; eine Holzstatue, genannt Schêch el-Beled, aus Sakkâra (4.–5. Dynastie); die Statue des kauernden Schreibers (4. Dynastie), aus Sakkâra; die Sitzfigur von Mykerinos (4. Dynastie), aus Gîzeh; die Triade von Rê-ur (5. Dynastie), aus Gîzeh; daneben Palmbündelsäulen aus Granit (5. Dynastie), aus Abusîr; einen Alabasteraltar für Opfergaben, der auf die 3. Dynastie zurückgeht; eine verzierte Kalksteintafel aus der Djoser-Pyramide in Sakkâra; die Stele des Königs Cheops, gefunden in einem Dioritsteinbruch in Unternubien sowie Kupferscheren (sie wiegen 1 kg), die ebenfalls in einem Dioritsteinbruch gefunden wurden. Die Galerie 36 kann man rasch durchschreiten, sie enthält Funde von geringerer Bedeutung (Köpfe, Statuenfragmente, Funde der 5. Dynastie), nicht so die Galerie 31, wo die aus der Mastaba von Hesirê (3. Dynastie) in Sakkâra stammenden und als Wandverkleidungen dienenden sechs Holztafeln aufbewahrt sind, und wo man in einem Schaukasten die älteste Totenmaske sehen kann (Maske des Königs Teti), die auf das Gesicht eines soeben gestorbenen Menschen aufmodelliert wurde, auch sie aus der Nekropole von Sakkâra.

Der Saal 32 enthält berühmte Meisterwerke wie das Gemälde auf Gips, bekannt unter dem Namen „Gänse von Medûm“ (3.–4. Dynastie) aus dem Grabmal des Itet; die bemalten Kalksteinstatuen des Prinzen Rahotep und der Prinzessin Nofret (Anfang der 4. Dynastie) aus Medûm; die Familiengruppe des Zwerges Seneb, seiner Frau und ihrer beiden kleinen Kinder aus seiner Mastaba in Gîzeh, woher auch die Nische stammt, die unweit dieser Gruppe aufgestellt ist. Ferner befinden sich hier zwei Kupferstatuen des Königs Pepi I. und seines Sohnes (2350 v. Chr.), eine Reliefplatte von Nenkhefekta mit festlichen Szenen mit Musikanten, Sängern und Tänzern (5. Dynastie) aus Sakkâra; eine bemalte Reliefplatte aus einem Grabmal, die eine Seeschlacht darstellt (6. Dynastie) aus Sakkâra; die große Stele von Iteti (6. Dynastie) aus Sakkâra und die Holzstatue des Königs Horus (12. Dynastie) aus Dahschûr.

Mit der Galerie 26 beginnt die Schau der Funde aus dem Mittleren Reich. Hier befinden sich die aus Dêr el-Bahri stammende Sandsteinstatue des Königs Mentuhotep als Zelebrant während des Festes aus Anlaß seines Regierungsjubiläums (11. Dynastie); die Kalksteinstatue des Prinzen Hotep (12. Dynastie), ein Inbegriff des Würfelhockers; der Kalksteinsarkophag des Deti mit reichen Innenmalereien von Gegenständen für das Weiterleben des Verstorbenen (11. Dynastie) aus der Nekropole von Theben; zwei schwarze Granitstatuen der Königin Nefert (12. Dynastie), aus Tanis; Säulen und ein Architrav aus Sandstein von einem Tempel der 13. Dynastie aus Medamud bei Luxor; Fragmente der Ringmauer der Pyramide Sesostris' I. in Lischt. In der Galerie 21 zeigt ein Schaukasten zahlreiche Votivstelen von Privatleuten aus Abydos, während sich zu beiden Seiten des Eingangs zwei Statuen Sesostris' III. befinden: eine aus Dêr el-Bahri (6149) und die andere (Sitzfigur des Königs) aus Medamud. Der bedeutendste Fund ist der aus Karnak stammende Pfeiler des Sesostris I. mit fein gearbeiteten Reliefs. Ferner sind hier zwei Statuen von Amenemhêt III. (12. Dynastie) zu sehen. Der Saal 22 birgt die Grabkammer des Harhotep (11. Dynastie) aus Dêr el-Bahri; zehn aus Lischt stammende Kalksteinfiguren (ca. 1,90 Meter hoch), die Sesostris I. sitzend darstellen (12. Dynastie), sind rund um die Totenkammer aufgestellt; kubusförmige Steintruhen, welche die vier Kanopen enthielten (12. Dynastie), aus Dahschûr; einen Würfelhocker des Hotep aus grauem Granit (12. Dynastie), aus Sakkâra; den Kalksteinkopf eines Königs vom Ende des Mittleren Reiches, aus Medamud; eine Statuette eines kauernden Mannes (12. Dynastie). In den Schaukästen sind zu sehen: ein *Naos* (Tempelschrein) der 12. Dynastie; der obere Teil einer Kalksteinstatue einer Königin (12. Dynastie); die Holzstatuette Sesostris' I. (12. Dynastie); der Kopf eines Königs (vielleicht Sesostris III.) aus grauem Granit (12. Dynastie) aus Medamud sowie die Stele des Fürsten Antef (11. Dynastie) mit seinen Hunden (und eines jeden Namen). In der Galerie 16 aufgestellt sind: die schwarze Granitbüste eines unbekannten Königs (vielleicht Amenemhêt III.), aus dem Fayûm; vier Sphingen mit Löwenkörper und Menschenkopf (12. Dynastie) aus Tanis; eine zeitgenössische Sphinx aus grauem Granit, aus Bubastis; die Doppelstatue aus schwarzem Granit der Opferträger am Nil, aus Tanis. Mit der Galerie 11 beginnt die Besichtigung der Funde aus dem Neuen Reich. Hier sind ausgestellt: eine bemalte Kalksteinsphinx der Königin Hatschepsut (18. Dynastie), aus Dêr el-Bahri; kniende Statuen, die das Hathor-Symbol repräsentieren (die zweite stammt vom Architekten Senenmut, aus Karnak); die Statue Thutmosis' III. aus grauem Schiefer (18. Dynastie), aus Karnak; der Kopf der Königin Teje (18. Dynastie); ein Flachrelief mit der Darstellung Pferde lenkender Männer.

Der Saal 12 ist einer der wichtigsten des Museumskomplexes; er birgt folgende Exponate: die Stele des Amenophis III., wie er Amun Opfer darbringt und wie er auf dem Kriegswagen fährt (18. Dynastie), aus Theben; vier Statuen des Amenophis, Sohn des Hapu (18. Dynastie); die Statue des Amenophis II. in Gestalt des Gottes Tanen (18. Dynastie); zwei Würfelhocker aus Granit des Architekten Senenmut (18. Dyna-

Ägyptisches Museum Kairo: Statuengruppe aus bemaltem Kalkstein des Prinzen Rahotep und seiner Frau Nofret (Beginn der 4. Dynastie); aus Medûm stammend.

Ägyptisches Museum Kairo: Statuengruppe aus Schiefer des Königs Mykerinos (4. Dynastie) zwischen der Göttin Hathor und der Personifizierung eines Gaues; aus Gîzeh.

Ägyptisches Museum Kairo: Holzstatue, bekannt als „Dorfschulze". Sie zeigt den Verantwortlichen für die Einhaltung des Rituals Ka-âper in reifem Alter (4. oder 5. Dynastie); aus Sakkâra.

stie), aus Karnak; eine Stele aus schwarzem Granit, welche die Siege Thutmosis' III. feiert (18. Dynastie), aus Karnak; eine schwarze Granitstatue der Mutter Thutmosis' III., aus Karnak; eine aus einem Block von versteinertem Holz skulptierte Statue, vielleicht Amenophis III. (18. Dynastie) darstellend; eine weiße Marmorstatuette des knienden Thutmosis III., aus Dêr el-Medina; eine bemalte Sandsteinstatue der Mutter Thutmosis' II., aus Theben; eine Sandsteinkapelle mit der Darstellung der Göttin Hathor in Kuhgestalt als Beschützerin von Amenophis II. (18. Dynastie), aus Dêr el-Bahri; eine Reliefplatte aus dem Tempel der Königin Hatschepsut mit der berühmten Darstellung der Königin, welche die Expedition ins Land Punt entsandte (18. Dynastie), aus Dêr el-Bahri; den Kopf der Göttin Mut (18. Dynastie); eine Statue des Gottes Chons (18. Dynastie), aus Karnak; eine schwarze Granitstatue von Amenophis II., vor einer Kobra stehend (18. Dynastie), aus Theben; eine Gruppe aus schwarzem Granit, die den Gouverneur von Theben, Sennefer, und seine Frau darstellt (18. Dynastie), aus Karnak; eine Sitzfigurengruppe des Thutmosis IV. und seiner Mutter (18. Dynastie), aus Karnak; zwei rote Granitstatuen der Königin Hatschepsut, aus Dêr el-Bahri; ein Kopf aus grünem vulkanischem Felsgestein eines Königs vom Anfang der 18. Dynastie, vom Pylon Amenophis' III. in Karnak; die Kolossalfigur in rosa Granit der Königin Hatschepsut, aus Dêr el-Bahri; die Statue des Schreibers Penanhuret (18. Dynastie), aus Abydos; eine weibliche Statuette aus bemaltem Holz, umrahmt von einer Nische (18. Dynastie); eine aus den Steinbrüchen von Masara stammende Reliefplatte, die den Transport eines Steinblocks mittels Ochsen darstellt; eine Statuette aus Ebenholz des Anführers der königlichen Thay-Kavallerie (18. Dynastie), aus Sakkâra; den Kopf und einen Fuß einer schönen Obsidianfigur eines Königs der 18. Dynastie.

In der Galerie 6 fallen zwei große Stelen aus rosa Quarzit auf: eine von Tut-ench-Amun, die andere von Amenophis II.; ein Löwenkopf aus schwarzem Granit und eine Sitzstatue der Löwengöttin Sechmet; im Saal 7 die Sphingen und Statuen der Hatschepsut sowie das bemalte Sandsteinhaupt einer Sphinx der Königin; in der Galerie 8 die Rekonstruktion eines Hauses in Tell el-Amarna (18. Dynastie) und verschiedene Reliefplatten, darunter die aus dem Grab von Har-Min in Theben.

Im Saal 3 sind Funde aus der Gegend von Tell el-Amarna und Arbeiten aus der Zeit der Revolution Amenophis' IV.-Echnaton ausgestellt. Aus dem umfangreichen Material, das hier zusammengestellt ist, empfiehlt sich vor allem die Besichtigung folgender Exponate: die Stele Echnatons, wie er die Sonnenscheibe anbetet; ein unvollendeter Quarzitkopf der Nofretete; die Osiris-Kolosse des Königs aus Karnak; ein feiner Kalksteinkopf aus einer Gruppe mit Echnaton und seiner Gattin Nofretete; ein Hausaltar mit der Darstellung der Königsfamilie bei der Anbetung der Sonnenscheibe; der reich inkrustierte Deckel des Sarges von König Semenchkarê, dem Mitregenten von Echnaton; eine Stele mit der Darstellung des Königs im Kreis seiner Familie; die bemalte Kalksteinstatue des opfernden Echnaton; mehrere kleine Tontafeln aus Tell el-Amarna mit Keilschrifttexten; sonderbares Spielzeug aus bemaltem Kalkstein, auf dem Paviane in einem von Hunden gezogenen Karren dargestellt sind; ein Skarabäus, der an das Niedermetzeln von 102 Löwen durch Amenophis III. erinnert (18. Dynastie); eine Gruppe mit Echnaton, der seine kleine Tochter im Arm hält sowie eine Reihe von Königsporträts, Skizzen und Fragmente von geblümten Fußbodenfliesen.

Im Saal 4 befinden sich Sammlungen von Münzen aus griechisch-römischer, byzantinischer und islamischer Zeit; in der Galerie 10 sind von Bedeutung eine Gruppe mit dem Gott Horus in Falkengestalt als Beschützer des Ramses II. (19. Dynastie), aus Tanis; die Kalksteinbüste eines Königs, vielleicht Tut-ench-Amun oder Haremhab (18. Dynastie) aus Memphis und ein Koloß aus rosa Granit von Ramses II. mit Perücke, aus Armant. In der Galerie 15 sind sehenswert: zwei Kalksteinstatuen des Fächerträgers Nachtim und seiner Gemahlin (18. Dynastie), aus Theben; zwei Kolossalköpfe Ramses' II. mit der Krone Oberägyptens (19. Dynastie), aus Memphis; die bemalte Kalksteinbüste, die einer Tochter Ramses' II. zugeschrieben wird (19. Dynastie), aus Theben; eine Schieferstatuette des knienden Ramses II., aus Karnak; eine Dioritstatue des Amun-Rê; die Statue Ramses' II. als Opfer bringende Sphinx; der Sarkophag der Henutmirê, einer Ehefrau Ramses' II. (19. Dynastie) aus Medînet Hâbu und der Deckel des Sarkophags der Königin Bent-Anta, einer weiteren Ehefrau von Ramses II. Der ebenfalls dem Neuen Reich gewidmete Saal 14 enthält unter anderem: das Sonnenheiligtum Ramses' II. von Abu Simbel; die Schieferstatuette des jungen Ramses II.

Ägyptisches Museum, Kairo: Wandrelief aus Gêbelen mit der Darstellung des Königs Mentuhotep, der mit der Keule einen libyschen Feind trifft (11. Dynastie).

(19. Dynastie), aus Karnak; die Gruppe des Ramses III., der von Horus und Seth (fehlend) gekrönt wird, aus Medînet Hâbu; die Alabasterstatue Sethos' I. (19. Dynastie), aus Karnak; die Granitbüste des Merenptah, aus Kurna; die Gruppe des Ramses IV., der einen libyschen Gefangenen beim Schopf hält (20. Dynastie), aus Sakkâra; die Gruppe von Djai und Naja mit den typischen Trachten aus der Zeit Ramses', aus Sakkâra mit der Statuette des Gottes Anubis im Hintergrund; die Statue des ersten „Propheten" des Amun-Ramses, Nacht, in der kauernden Stellung der Schreiber, daneben der dem Thoth heilige Pavian (20. Dynastie), aus Karnak; ferner eine Gruppe zweier Statuen Ramses', die einander ansehen.

In der Galerie 20 (Äthiopische Epoche) sind besonders hevorzuheben: das Fragment einer Sandsteintür mit Verzierungen, die teilweise wieder an ihren Platz eingelegt wurden (20. Dynastie), aus Medînet Hâbu, woher auch die beiden Gitterfenster des Palastes von Ramses III. stammen; der Arm einer Kolossalstatue Ramses' III. aus dem Tempel von Luxor; die schwarze Granitstatuette eines übergewichtigen Mannes, vielleicht eines Äthiopiers oder Nubiers, aus Karnak; ferner eine teilweise bemalte Kalksteinstatue Osorkons III. (23. Dynastie), der die Barke des Totengottes Sokaris schiebt.

In Galerie 25 sind hauptsächlich Funde aus saïtischer und persischer Zeit ausgestellt: bemerkenswert ist eine Gruppe aus schwarzem Granit des Gaufürsten Isui mit Frau und Kindern (persische Zeit), aus Karnak; ferner Priesterstatuen aus Karnak; eine Schieferstatuette einer Gottesgemahlin Amuns (26. Dynastie), aus Karnak; die Statue des Psammetich, Vorsteher der königlichen Gold- und Silberschmieden (26. Dynastie), aus Memphis; zwei Statuen des Harua (25. Dynastie); ein Sarkophagdeckel aus rosa Granit eines Herrschers der 22. Dynastie (mit Falkengesicht), aus Medînet Hâbu.

Im Saal 24, welcher den saïtischen, äthiopischen und persischen Perioden gewidmet ist, sind zu sehen: ein schwarzer Granitkopf des äthiopischen Königs Taharka sowie einer aus rosa Granit des Schabataka (25. Dynastie), aus Luxor; die Statue der Nilpferdgöttin Toëris, aus Karnak; Stele der Adoption der Königin Nitokris; ferner drei Meisterwerke der Spätzeit, nämlich eine Sitzfigur des Osiris (26. Dynastie), aus Sakkâra, eine

Ägyptisches Museum, Kairo: Kalksteinstatue des Herrschers Amenemhêt III. (12. Dynastie); aus Hauwâra.

Statue der Isis mit Kuhhörnern und Sonnenscheibe (aus Sakkâra) sowie die Hathor-Kuh, die ihren Kopf beschützend über einen gewissen Psammetich ausstreckt (30. Dynastie). Die Galerien 30 und 35 besitzen auch drei große äthiopische Stelen: eine des Königs Pianchi, die von den Kämpfen gegen die Ägypter erzählt (25. Dynastie, aus Gebel Barkal, Sudan); eine graue des Königs Tanutamun, ebenfalls mit historischer Thematik, sowie eine gleicher Herkunft des Königs Harsiotef, die von seinen Siegen über die sudanesischen Stämme erzählt (6. Jh. v. Chr.).

Im Saal 34 (Griechisch-römische Epoche) kann man einen Abguß des berühmten „Steines von Rosette“ sehen; zwei Exemplare eines priesterlichen Dekrets über die Ehrbezeigungen für Ptolemaios III. Euergetes I. in der Stadt Canopus, jeweils in Hieroglyphenschrift, Demotisch und Griechisch; ferner einen schönen Kopf eines Gefangenen aus dem 3. Jahrhundert v. Chr. Die Galerien 40 und 45 sowie der Saal 44 enthalten nubische Werke (Flachreliefs, Plastiken, Keramiken, Grabgegenstände, Gebrauchsgegenstände usw.), während die Galerien 50 und 49 der Spätzeit gewidmet sind. In letzteren sollte man nicht versäumen, den aus ptolemäischer Zeit stammenden Sarkophag des (auf dem Deckel nackt abgebildeten) Zwerges Taho zu betrachten, aus Sakkâra; ferner den mumienförmigen Sarg des Petosiris, der aus dessen Grab in Tuna stammt.

Die Besichtigung des Erdgeschosses endet im zentralen Innenhof, wo man unter den vielen bedeutenden Funden zwei Holzbarken aus dem Mittleren Reich bewundern kann, die aus Dahschûr stammen; ferner ein rosa granitenes Standbild einer heiligen Barke aus Ramses' Zeiten; den Sarkophag des Pinodjem; ein Bett aus schwarzem Granit; den Quarzitsarkophag der Königin Hatschepsut (18. Dynastie), aus dem Tal der Könige in Theben; den Quarzitsarkophag Thutmosis' I. (18. Dynastie), aus Theben; die Kolossalgruppe (7 m hoch, 4 m breit) aus Hartkalkstein des Amenophis III., der Königin Teje und dreier ihrer Töchter, aus Medînet Hâbu. Von Interesse sind ferner der Sarkophag der Nitokris aus rosa Granit (26. Dynastie), aus Dêr el-Medina; die Überreste des Sarkophags aus rosa Granit des Königs Eje (18. Dynastie); verschiedene Pyramidenspitzen; zwei heilige Barken aus Stein (19. Dynastie), aus Memphis; der Koloß Thutmosis' IV. und die Kalksteinkapelle des Mentuhotep I.

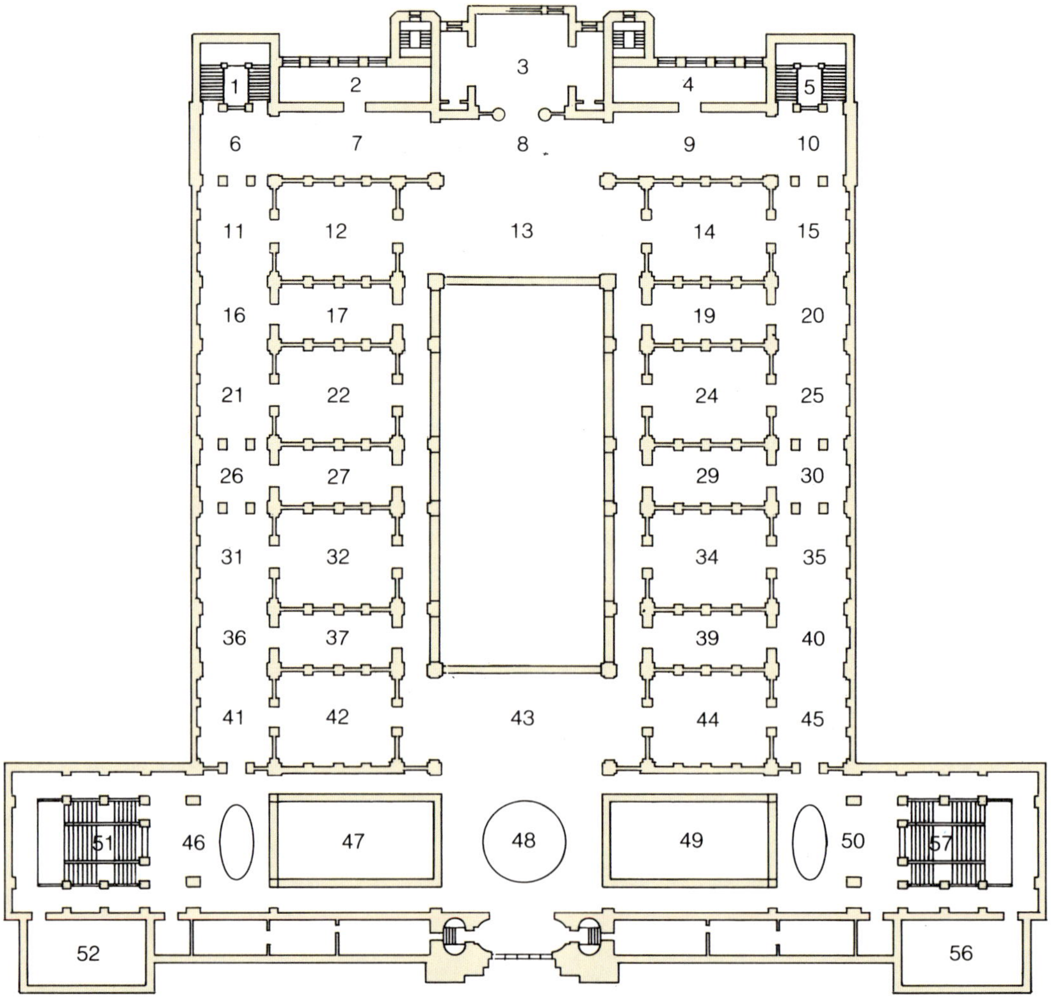

Ägyptisches Museum: Grundriß des ersten Stockwerks.

Ägyptisches Museum, Kairo: Detail einer Statue des Tut-ench-Amun (18. Dynastie). Es handelt sich um eine der beiden Statuen in Lebensgröße, welche die zugemauerte Tür seiner Grabkammer im Tal der Könige flankierten. Die Statue besteht aus Holz, das mit schwarzem Harz und zum Teil mit Gold überzogen ist.

Die Meisterwerke im ersten Stock. Wenn man die Runde des ersten Stocks in gleicher Richtung wieder aufnimmt wie im Erdgeschoß, beginnt die Besichtigung mit dem südlichen Saal 43, wo in elf Schaukästen Funde aus dem Grab des Hemaka aus Sakkâra sowie weitere aus einem Grab in der Nähe ausgestellt sind: Es handelt sich um Scheiben aus verschiedenem Material, Schatullen, Messer, Spitzen und Schabwerkzeuge aus Feuerstein; Waffen, Pfeile, Bögen, Ostraka (Schreibscherben); Spielsteine, kleine Sicheln, Schnüre, gekrümmte Äxte und Geschirr aus Stein und Terrakotta. Es folgen der Korridor mit einem renovierten Mauerstück von Djosers Stufenpyramide und den Vitrinen mit Goldringen, einer schönen Muschel aus Gold und anschließend der Saal 42, welcher der thinitischen Periode gewidmet ist. Hier fallen auf die berühmte Schminktafel des Königs Narmer (1. Dynastie, aus Hierakonpolis) sowie die schönen Steinvasen. Der Saal 37, welcher der I. Zwischenzeit und dem Mittleren Reich gewidmet ist, birgt Grabmobiliar und die bekannten Soldatengruppen aus dem Grab des Generals Mesah (eine Gruppe von 40 ägyptischen Soldaten und eine weitere aus 40 sudanesischen Kriegern) aus Assiut (10. Dynastie) sowie die Totenbarke eines Generals.

Im Korridor 32, welcher dem Mittleren Reich gewidmet ist, sind verschiedene Funde aus dem Grab des Königs Horus zu sehen (Ende 12. Dynastie), darunter eine hölzerne Doppelstatue des königlichen Paares in seinem *Naos*; im Saal 32 (zum Teil auch dem Alten Reich gewidmet) finden sich kleine Modelle von Schiffen und Werkstätten, Statuetten (darunter eine aus Alabaster des Königs Pepi II. als Knabe) und verschiedene

Ägyptisches Museum, Kairo: Kanopenschrein aus dem Grab Tut-ench-Amuns, der den Kasten mit den Kanopenkrügen enthält.

Alabastergegenstände. Im Korridor 27 befinden sich Gegenstände, die aus dem Grab des Neferuptah stammen (Keramiken, Perlen, Säcke, Sandalen, Lederbekleidung, verzierte Tierknochen), der in der II. Zwischenzeit gestorben ist, aus einem Ort des Bezirks Assiut. Der Saal 27 enthält Funde des Mittleren Reiches, darunter eine bemalte Holzstatuette einer Frauenfigur als Opferträgerin sowie Gruppen, die im Grab von Meketrê aus der 11. Dynastie gefunden wurden. Der Saal 22 enthält Gegenstände und Grabmobiliar aus dem Neuen Reich, darunter eine Kollektion von bunten Stelen, zwei Holzstatuen der Isis aus Dêr el-Bahri, weibliche Statuetten, die sich einst in Gräbern junger Mädchen befanden, kleine Sarkophage usw. Im Saal 17 (Neues Reich) sind Möbel und Dekorationsgegenstände aus den Felsengräbern des Maherprê und Senodjem aus der 18. und 19. Dynastie zusammengefaßt; im Saal 12, der ebenfalls dem Neuen Reich gewidmet ist, finden sich Gegenstände aus den Königsgräbern der 18. Dynastie (Grabstatuetten, Schatullen, Perücken etc.), ebenso wie die Mumie einer Gazelle samt Sarg (vielleicht aus der 21. Dynastie) und der Karren des Thutmosis IV.

Der Korridor und der Saal 13 enthalten Möbel aus dem unversehrten Grab von Yuja und Tuyu, den Eltern der Königin Teje, Gattin von Amenophis III., aus dem Tal der Könige: das Holzbett mit der Darstellung des die Auferstehung verkörpernden Osiris, die Grabstatuetten, Sitzmöbel, Schatullen, Krüge, Kanopenvasen usw.

Saal 14 enthält Funde aus griechisch-römischer Zeit (von Bedeutung sind einige Porträts aus dem Fayûm, die um das 2. Jahrhundert n. Chr. von griechischen Künstlern gemalt wurden), während der Korridor und der Saal 19 den verschiedenen Gottheiten des ägyptischen Pantheon gewidmet ist. Im Saal 24 sind Modelle und Entwürfe für Plastiken zu sehen. Saal 29 ist der Zeichnung und der Schrift gewidmet, während die Korridore 34 und 38 Wäschestücke enthalten, der Saal 34 Funde aus allen Lebensbereichen zeigt: persönliche Toilettegegenstände, Musikinstrumente und landwirtschaftliche Geräte sowie Einzelstücke von Eichmaßen (Gewichten und Maßen), Spiele, Stöcke,

Lanzen usw. Im Saal 39 befinden sich Terrakotten, Keramiken, Bronzen und Glasgegenstände aus griechisch-römischer Zeit; Keramiken verschiedener Epochen sind im Korridor 44 zu finden. In Saal 44 kann man Fragmente von Funden sehen (Fayence-Verzierungen), die auf Ramses III. zurückgehen, und Architekturmodelle (aus ptolemäischer Zeit).

In der Lünette 48 befinden sich Stücke von bemerkenswertem Interesse wie die Kalksteinsarkophage des Prinzen Aschait (11. Dynastie), aus Dêr el-Bahri; der Sarkophag aus Kalkstein mit plastischen Verzierungen der Königin Kauit (11. Dynastie), aus Dêr el-Bahri; die Elfenbeinstatue des Königs Cheops, die einzige dieses Pharaos (4. Dynastie), aus Abydos; eine Elfenbeingruppe aus Zwergen- oder Pygmäentänzern (12. Dynastie); zwei Nilpferde aus blauer Majolika des Mittleren Reichs, aus Theben; die Statuette des Ptah aus grünem Stein, einst mit Gold überzogen; der Kopf der Königin Teje aus Steatit (18. Dynastie), vom Sinai; Frauenkopf aus Holz (12. Dynastie), aus Lischt; bunte Majolika-Grabstatuetten des Adligen Ptahmose (18. und 19. Dynastie).

Auf den Treppenabsätzen 49 und 50 befinden sich Möbel oder Teile von Möbeln aus Privatwohnungen, während die Säle 54 und 53 der Vorgeschichte bzw. der Naturgeschichte (Tiermumien) gewidmet sind. Auf den Treppenabsätzen 46–47 sind Pharaonensarkophage aufgestellt (des Thutmosis I., Thutmosis II., Thutmosis IV. – letzterer wurde 1898 gefunden –, Amose, Amenophis I. und Kamosé), Särge von Königinnen (Ahotep, Ahmose Nefertari, Merit-Amun) und die der Priester (Sarkophage des Pinodjem und seiner Gemahlin) aus der Epoche des Neuen Reiches.

Saal 52, in dem die Mumien des Museums ausgestellt waren, wurde 1981 für das Publikum geschlossen.

In der Westgalerie (41–11) sind Sargdeckel und Totenbetten aus verschiedenen Perioden chronologisch geordnet; auf dem Treppenabsatz 6 kann man eine bedeutende Skarabäensammlung sowie Amulette und Halsbänder bewundern. In Saal 2 sind Gegenstände zusammengestellt, die man im Grab von Königin Hetepheres gefunden hat; ein Nebenraum enthält Schmuck, der zum größten Teil aus Silber angefertigt ist und aus den Königsgräbern der 21. und 22. Dynastie stammt.

Saal 3 ist der Ausstellung von Schmuckstücken vorbehalten, die von der 1. Dynastie bis zur byzantinischen Zeit chronologisch geordnet sind. Besondere Beachtung verdienen: Halsketten mit Anhänger (1. Dynastie), Falkenkopf aus Gold (6. Dynastie), der aus Dahschûr stammende Schmuck der Prinzessinnen Merit, Chnemet und It (12. Dynastie) sowie der von Prinzessin Sit-Hathor-Iunet aus der Pyramide des Sesostris II. in Illahûn; Geschmeide der Königin Ahotep, der Mutter von Amose, sowie anderer Königinnen des Neuen Reichs; in Lischt gefundene Armbänder (12. Dynastie); die Schätze von Tanis (9. Jh. v. Chr.); der Vogel *Ba* und Amulette aus dem Fayûm; die in Sakkâra gefundene Goldmaske; der in der Nähe des Tod-Tempels gefundene asiatische Schatz.

Der Grabschatz des Tut-ench-Amun. Der sogenannte „Schatz des Tut-ench-Amun", des jungen Pharao, der von 1347 bis 1338 v. Chr. regierte, besteht aus 1700 Stücken, die in seinem Grab 1922 von dem Engländer Howard Carter unversehrt entdeckt worden sind. Alle gefundenen Gegenstände, die anschaulich in großen Zügen die Metaphysik der Pharaonen wiedergaben, wurden katalogisiert, manche davon in langwieriger Arbeit restauriert und sind hier zusammen ausgestellt, da sich die ägyptische Regierung dankenswerterweise dieses Exklusivrecht vorbehalten hat. Man kann die Funde in den Nordgalerien (7, 8, 9) und Ostgalerien (15, 20, 25, 30, 35, 40, 45) des Museums besichtigen. Lediglich zwei Stücke dieser einzigartigen Sammlung fehlen hier: die Mumie des Herrschers (sie war mit 143 Schmuckstücken bedeckt) und der größte (aus Sandstein angefertigte) der Mumiensärge, die man in situ im Grab im Tal der Könige belassen hat. In den Galerien 7 und 8 befinden sich die vier großen Holzschreine, welche die ursprünglichen Heiligtümer nachbilden; sie sind alle vergoldet, haben einen goldüberzogenen Holzbaldachin und drei Kriegswagen (man fand sie zerlegt) mit Darstellungen von Triumphszenen an den Seiten.

Die Galerie 9 zeigt einen herrlichen Kanopenschrein aus Alabaster mit vier skulptierten Schutzgöttinnen an den Seiten; einen *Naos* aus goldüberzogenem Holz (mehr als 2 m hoch, er enthielt den Schrein), der von einem Baldachin überdeckt und von den Totengottheiten Isis, Nephtys, Neith und Selkis beschützt wurde; eine bemalte Holzbüste, vielleicht von Anchesen-pa-Aton, der Gemahlin des Pharao; drei große Prunk-

Ägyptisches Museum, Kairo: Ausschnitte eines Deckels der vier Kanopenkrüge aus Alabaster von Tut-ench-Amun; er stellt den Herrscher dar.

Ägyptisches Museum, Kairo: Ausschnitt des Kanopenschreins, der den Kasten mit den Kanopen Tut-ench-Amuns enthielt; die Göttin Isis breitet schützend ihre Arme aus.

betten aus goldüberzogenem Holz in Form heiliger Tiere (Kuh, Löwe, Nilpferd); Stoffe, Lederarbeiten, Kopfstützen, Tunikas, Sandalen usw., sowie ein Vegetations-Osiris.

In Saal 10 sind die großen Bündel aus Persea-Zweigen beachtenswert, während im Saal 4, der die kostbarsten im Grab gefundenen Gegenstände enthält, die Juwelen zu bewundern sind: Stirnbänder, Halsbänder, Brustschilder, Armreifen und Armbänder, goldene Etuis, Ohrgehänge und verschiedene Amuletts, die Totenmaske aus massivem Gold, welche die Mumie bedeckte (man hält sie für die schönste bisher gefundene Maske) und mit den Köpfen der Uräusschlange und des Geiers geschmückt ist. Hier befinden sich ferner zwei der drei Mumiensärge, die man im Tal der Könige gefunden hat, einer aus goldüberzogenem Holz mit Intarsien aus bunter Glaspaste, der andere aus massivem Gold, 110 kg schwer.

Die Galerie 15 birgt fünf Holzbetten, eines davon mit Blattgold überzogen; verschiedene Kopfstützen aus blauer Glaspaste, Majolika und Elfenbein; herrliche Truhen und Schatullen, davon eine aus fein gearbeitetem Elfenbein mit der Königstitulatur und einigen Teilen aus Gold; ferner den bekannten Knabenkopf (vielleicht eines Königs im Kindesalter), der aus einer Lotosblüte emporsteigt, aus stucküberzogenem Holz.

Die Galerie 20 enthält gewöhnlichere Gegenstände wie Vasen, Schüsseln, Becher, verzierte Holzschatullen, Angeln, Fächergriffe, zwei kleine Trompeten, Wedel, Spiegelhalter, Zepter, Krummstäbe, Rohrstöcke, Grabstatuetten, Lampen usw.

In der Galerie 25 sind verschieden gearbeitete Sitzgelegenheiten und Hocker zu sehen, Fußstützen, der berühmte Thronsessel, ein Prunksitz aus geschnitztem, goldüberzogenem Holz mit Dekorationen aus Glaspaste und Email, die Armlehnen in Schlangenform und die Beine wie Katzenpfoten gearbeitet, auf der Rücklehne die schöne Szene der Königin vor dem sitzenden König, dem sie im Schutze der Sonnenscheibe in einem Kelch etwas zu trinken anbietet; ferner die Schatulle mit Szenen aus der Wüstenjagd. Die Galerie 30 umfaßt eine Sammlung von Kriegs- und Jagdbogen, ferner Sitzmöbel, Schatullen und Insignien. In Galerie 35 befinden sich eine Sammlung von Grabstatuetten (postume Bedienstete oder *Uschebtis*) und 32 Statuetten aus goldüberzogenem Holz, welche den triumphierenden Herrscher zeigen.

Die Galerie 40 zeigt Barkenmodelle und eine kostbare Schatulle aus goldüberzogenem Holz in Form eines *Naos* mit der Darstellung des Totengottes Anubis; Galerie 45 zeigt einen Miniatursarg, der eine mit Henna rotgefärbte Haarlocke der Königin Teje enthielt; einen Reliquiar-Sarkophag; Amulette, Schachteln und Schatullen.

Die Besichtigung endet auf dem Treppenabsatz 50, wo der Besucher von den beiden lebensgroßen Statuen des Pharao Tut-ench-Amun beeindruckt wird, der zu gehen scheint und in der einen Hand einen Stab und in der anderen einen Stock hält. Man hat sie im Vorraum der Grabkammer gefunden: Sie sind aus schwarz lackiertem, mit Blattgold überzogenem Holz, die Uräusschlange und die Sandalen dagegen aus vergoldeter Bronze.

Ägyptisches Museum, Kairo: Ohrgehänge Tut-ench-Amuns aus Gold und Halbedelsteinen, eines der zahlreichen Schmuckstücke, die man 1922 in seinem Grab fand.

Das Koptische Museum

In der Altstadt befindet sich das Koptische Museum, das 1910 eröffnet und 1947 erweitert wurde, als die Sammlung koptischer Kunstwerke Maspéros hierher gebracht wurde, die sich zuvor im Ägyptischen Museum befand. Die ausgestellten Werke stammen aus verschiedenen Orten im Tal der Könige, und abgesehen davon, daß sie Zeugnisse der künstlerischen Entwicklung dieser Periode zwischen der pharaonischen und griechisch-römischen Kultur und der islamischen Kultur sind, vermitteln sie uns einen Einblick ins religiöse und profane Leben der koptischen Bevölkerung jener Zeit. Das Museum ist täglich von 9 bis 13 Uhr geöffnet, am Sonntag öffnet es eine Stunde später.

Die Exponate sind in die folgenden Bereiche unterteilt: Architekturfragmente (Kapitelle, Pfeiler, Basen, Nischen, Friese, Archivolten, Giebel usw.) und Grabstelen; Manuskripte; Stoffe; Malereien, Ikonen und Elfenbeinarbeiten; Arbeiten aus Holz (Türen, Altäre, Schnitzereien); Arbeiten aus Metall (Öllampen, Kandelaber, Vasen, Schalen, Tafelservice, Schmuck usw. in Gold, Silber, Bronze, Kupfer und Eisen); Majoliken und Glasgegenstände. Es gibt ferner eine Abteilung, die sich mit jüngeren Funden und mit der äthiopischen koptischen Kunst befaßt. Selbst bei einem eiligen Besuch sollte man die großen Fresken von Adam und Eva vor und nach dem Sündenfall nicht außer acht

Links: Ägyptisches Museum, Kairo, Mittelteil der Rückenlehne von Tut-ench-Amuns Prunksessel mit Intarsienarbeit aus Fritten und Halbedelsteinen; dargestellt sind der sitzende Pharao und seine Frau Anchesen-pa-Aton.

Koptisches Museum, Kairo: Stele aus dem 6. Jahrhundert aus Sakkâra mit der Darstellung eines Betenden.

Museum für Islamische Kunst, Kairo: „Das Duell", kolorierte Zeichnung aus fatimidischer Zeit, aus Fustât.

lassen, die aus den Oasen des Fayûm stammen (Saal 9); ferner die Muster mancher Stoffe (Säle 10, 11, 12), die Ikonen des hl. Georg, der Heiligen Jungfrau mit dem Kinde und Christi auf dem Thron (Saal 13); einige Kultgegenstände und verschiedene Krüge mit der dazugehörigen Schüssel (Säle 15 und 16); einige koptische und arabische Papyri und Manuskripte mit Miniaturmalerei (Saal 17); die aus den Kirchen El Moallaka und St. Barbara stammenden Türen sowie, hinten im Garten, die hölzerne Ikonostase aus der St.-Barbara-Kirche, eine herrliche Arbeit aus 45 geschnitzten Tafeln mit verschiedenen Themen und deutlichem persischem Einfluß. Das Museum besitzt auch eine reichhaltige Bibliothek mit Papyri, Pergamentrollen und Werken auf Koptisch und Arabisch.

Das Museum für Islamische Kunst

Am Ahmed Maher-Platz gelegen, im Herzen der fatimidischen Stadt, hat dieses 1880 gegründete Museum im Jahr 1903 seinen heutigen Sitz bezogen. Es ist eine der weltweit bedeutendsten Sammlungen islamischer Altertümer und umfaßt 23 Säle. Vier Säle (2–5) zeigen verschiedene Gegenstände aus den großen Kunstepochen in chronologischer Abfolge, in den anderen Sälen sind die Werke nach ihrem Material oder ihrer Kategorie zusammengefaßt. Das Museum ist täglich, außer Freitag nachmittags, von 9 bis 13 Uhr (Sommer) bzw. von 9 bis 16 Uhr (Winter) geöffnet.

Die Säle 2, 3, 4 und 5 sind jeweils den Perioden der Omaijaden, Abbassiden und Tuluniden, Fatimiden und Aijubiden sowie Mamelucken gewidmet. Nicht auslassen sollte man den Besuch des Saals 4 wegen seiner geschnitzten Holzfriese mit Szenen aus Jagd, Tanz, Musik usw., also sehr seltenen Szenen, da die Abbildung menschlicher Figuren im Islam verboten war. Die Säle 6 und 7 sind den ausschließlich aus Holz gearbeiteten Werken vorbehalten (schöne Nische – *mihrab* – aus der Moschee von Sayyeda Ruqeiya aus dem 12. Jahrhundert, weitere kostbare *mihrab*, die Flügel einer Tür aus der Moschee El-Ashraf, Sitzmöbel, Tafeln); Saal 8 enthält Arbeiten in Holz und Elfenbein; Saal 9 Arbeiten in Holz und Metall. Saal 10 birgt die Rekonstruktion eines arabischen Patio mit Brunnen und Mosaikboden; Saal 11 enthält verschiedene Bronzegegenstände, eine Sammlung von Teppichen des 19. Jahrhunderts und eine Sammlung von Leuchtern (darunter einen achteckigen mit 110 Lampen in Bronzeguß aus dem 14. Jahrhundert). Im Saal 12 sind Hieb- und Stichwaffen sowie Feuerwaffen ausgestellt; in den Sälen 13 und 14 arabische Keramiken aus sämtlichen Stilepochen zwischen dem 10. und 14. Jahrhundert. Die Säle 15 und 16 sind den Terrakotten gewidmet (man beachte in Saal 16 die fein verzierten Filter für Wassertöpfe); Saal 17 enthält eine reiche Textiliensammlung mit Beispielen vom 5. bis 17. Jahrhundert sowie Utensilien für das Färben und Polstern. Steinmetzfragmente sind in Saal 18 zusammengefaßt, Manuskripte und Bucheinbände in Saal 19, Majoliken verschiedener Herkunft im Saal 20. Von Interesse ist die Sammlung von Leuchtern für Moscheen (die reichhaltigste ihrer Art auf der Welt: sie kann sich rühmen, mehr als ein Drittel der existierenden 200 zu besitzen) aus dem 13. und 14. Jahrhundert, die im Saal 21 untergebracht ist, wo sich außerdem auch eine Sammlung ägyptischer Glasware (6.–14. Jh.) befindet. Die persische Kunst ist in Saal 22 vertreten; Saal 23 wird für aktuelle Wechselausstellungen benützt.

Weitere Museen in Kairo

Von den übrigen Kairoer Museen müssen genannt werden: das Gayer-Anderson-Museum (islamische Kultur), das Mokhtar-Museum (Werke des ägyptischen Bildhauers), das Museum für Moderne Kunst und das Gezîra-Museum (Glas, Keramik, Teppiche). Ferner gibt es die folgenden Museen: das Landwirtschaftsmuseum, das Museum der Ägyptischen Kultur, das Völkerkundemuseum, das Geologische Museum, das Eisenbahnmuseum und das Militärmuseum auf der Zitadelle. Zu nennen sind auch das Haus der Nation (Bêt el-Umma), einst Wohnstätte des Führers einer nationalen Bewegung, Saad Zaghlul, und das Haus El Kretliya. Es ist wegen seiner Einrichtung und den Dekorationen aus dem 18. Jahrhundert interessant, sowie wegen einiger Sammlungen seltener Gegenstände, die vom Prunk des Orients zeugen.

Die Umgebung von Kairo

Von der unmittelbaren Umgebung im Süden Kairos hat schon die ganze Welt erzählen hören: von den Pyramiden, der großen Sphinx, den Grabmastabas und den Tempeln geht ein starker und geheimnisvoller Zauber aus, der seine Wurzeln vor allem in der uralten Geschichte dieser großartigen Kulturdenkmäler hat.

Im Nordosten der Stadt, auf der Straße, die vom Zentrum zum Flughafen führt, liegt El-Matariya: bekannt wurde der Ort durch die Legende von der Sykomore und einer Palme (beide heute nicht mehr vorhanden) in einem von koptischen Priestern gehüteten Garten; in deren Schatten soll die Heilige Familie auf der Flucht haltgemacht haben, bevor sie in dem späteren Alt-Kairo Unterschlupf fand. Der Ort steht an der Stelle des antiken Heliopolis, der in der *Genesis* genannten Stadt On. In der „Sonnenstadt", einem großen geistigen Zentrum Ägyptens, verfaßte Manetho eine erste Niederschrift der Geschichte seines Landes. Die einzige erhaltene Spur ist ein etwa 20 Meter hoher Obelisk aus Granit (bekannt als Obelisk von Matariya) des Sesostris I. In hellenistischer Zeit fiel die Stadt Raubzügen zum Opfer, in deren Folge die Kulturdenkmäler in alle Winde zerstreut wurden. Das neue Heliopolis, ein Wohnviertel von Kairo, geht auf das Jahr 1905 zurück.

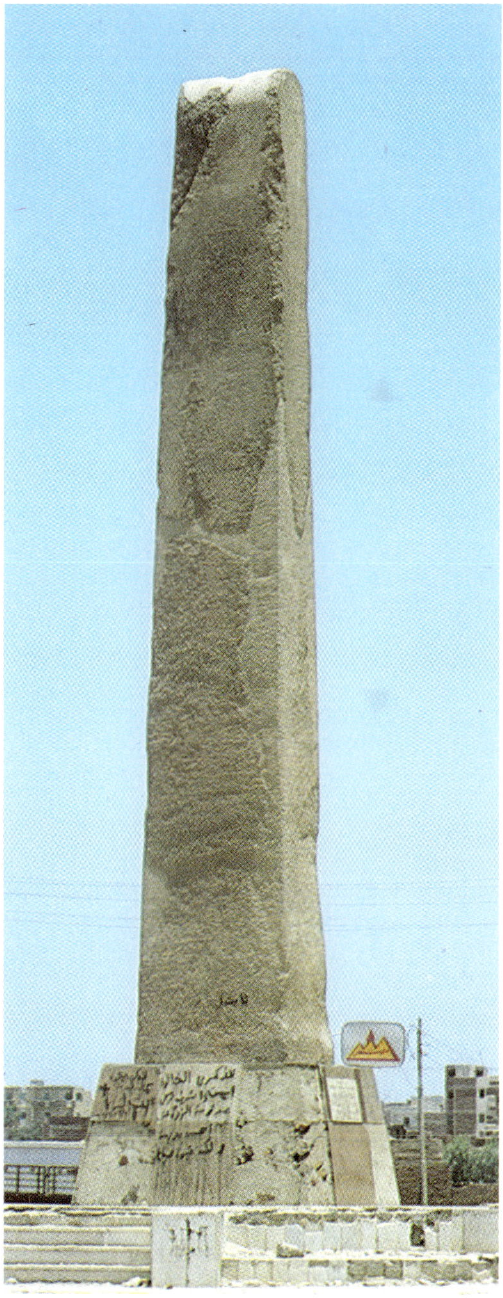

Vom alten Heliopolis, Hauptstadt eines Gaus und religiöses Zentrum, dessen Monumente in hellenistischer Zeit zerfielen, sind uns nur einer der beiden Obelisken des Sesostris I. und einige Gräber im Bezirk El-Matariya erhalten. Die Obelisken standen einst vor einem dem Sonnengott Rê geweihten Tempel.

Das Pyramidenfeld von Gîzeh

Stromabwärts links vom Nil, 11 km südwestlich der Hauptstadt, stehen in der Libyschen Wüste auf einem Plateau die drei Pyramiden von Gîzeh, auch bekannt als die „Großen Pyramiden". Sie stellen die klassischen Vorbilder für diesen Bauwerkstypus und das optimale Schema im Hinblick auf Monumentalität dar, dem man dann ab Cheops bis zum Ende des Alten Reiches folgt. Die „Straße der Pyramiden", die den Hauptplatz von Gîzeh mit dem Ausgrabungsbezirk verbindet, wurde 1869 anläßlich des Besuchs von Kaiserin Eugénie eingeweiht und 1932 für den Besuch Viktor Emanuels III. von Savoyen ausgebaut. Die berühmte Anlage umfaßt drei große Pyramiden – sie waren Königsgräber der 4. Dynastie – sowie sechs kleine, bestimmt für die Königinnen aus derselben Zeit. Von Nord nach Süd sind der Größe nach die drei Hauptpyramiden der Könige Cheops, Chephrên und Mykerinos angeordnet.

Die Cheops-Pyramide. Erbaut vom Architekten Hemiunu, hatte die Cheops-Pyramide ursprünglich an der Basis eine Seitenlänge von 230,50 m und erreichte bei einem Neigungswinkel von 50° 50′ der Seiten eine Höhe von 146,60 m: Heute liegt ihre Spitze auf einer Höhe von 137,18 m, und die Pyramide nimmt eine Fläche von 53 000 m^2 ein; das Volumen des Innenraums beträgt mehr als 2 600 000 m^3. Ihre vier Seiten sind fast perfekt zu den vier Himmelsrichtungen ausgerichtet. Sie wurde im 26. Jahrhundert v. Chr. im Auftrag des gleichnamigen Pharaos aus der 4. Dynastie erbaut. Die Bauarbeiten dauerten offenbar um die 20 Jahre und etwa 100 000 Arbeitskräfte müssen dafür eingesetzt worden sein. Wenn man berücksichtigt, daß fast sieben Millionen Tonnen Stein nötig waren (ca. 2,5 Millionen Steinblöcke, ein jeder mehr als zwei Tonnen schwer; sie wurden vor Ort ausgebrochen – mit Ausnahme der Tafeln für die Verkleidung, die aus den Steinbrüchen von Tura stammen), wirkt der für solche Bauwerke nötige Arbeitsaufwand noch gigantischer.

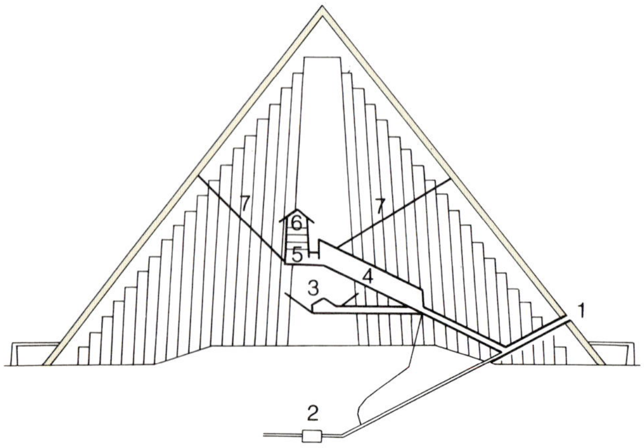

Man baute die Pyramide nach drei aufeinanderfolgenden Entwürfen, die jedesmal Änderungen mit sich brachten. Gemäß dem ersten Plan liegt die Grabkammer (8 × 14 m) unterirdisch in ca. 31 Meter Tiefe im Felsen und man erreicht sie über einen Gang mit einer Neigung von 26,5°; dieser Plan wurde aufgegeben, wie der unvollendete Zustand dieser Sarkophagkammer zeigt. Zum zweiten Entwurf gehört der Bau der Grabkammer für den König, genannt „Königinnenkammer", im Inneren der Pyramide, etwa 20 m hoch über dem Boden; auch sie ist unvollendet und durch einen erst ansteigenden, dann waagrechten und breiteren, etwa 80 m langen Gang mit dem Eingang verbunden. Der dritten Entwurfsphase zuzuschreiben sind die „Große Halle", die Grabkammer und die sogenannten Entlastungskammern. Normalerweise kann der Tourist die Kammern und die Gänge der zweiten und dritten Entwurfsphase besichtigen, da die unterirdische Kammer nur sehr schwer zu erreichen ist; in Begleitung eines Führers kann man außerdem das Monument von der Nordostecke der Pyramide her besteigen. In einer Viertelstunde gelangt man auf die Plattform (10 × 10 m) an der

Links: Blick von Südosten auf die Pyramiden Cheops, Chephrên und Mykerinos und die drei kleinen Pyramiden für die Ehefrauen des Mykerinos. Oben: die Cheops-Pyramide; links unten ihr Querschnitt: 1 Eingang; 2 Grabkammer des ersten Bauabschnitts; 3 Grabkammer des zweiten Bauabschnitts, genannt „Königinnenzimmer"; 4 Große Galerie; 5 Grabkammer des dritten Bauabschnitts mit dem Sarkophag; 6 Entlastungskammern; 7 Luftschächte.
Rechts: Karte der archäologichen Stätten, an denen sich die wichtigsten zwischen der 3. und 12. Dynastie erbauten Pyramiden befinden. Angegeben sind neben den Grabbezirken das Sonnenheiligtum des Ne-user-Rê, der Ort, an dem das Sonnenheiligtum des Userkaf in Abu Gurôb stand, sowie das Serapeum in Sakkâra. Rechts vom Nil sind die Kalksteinbrüche Tura und Massara eingezeichnet.

Standort der wichtigsten Pyramiden

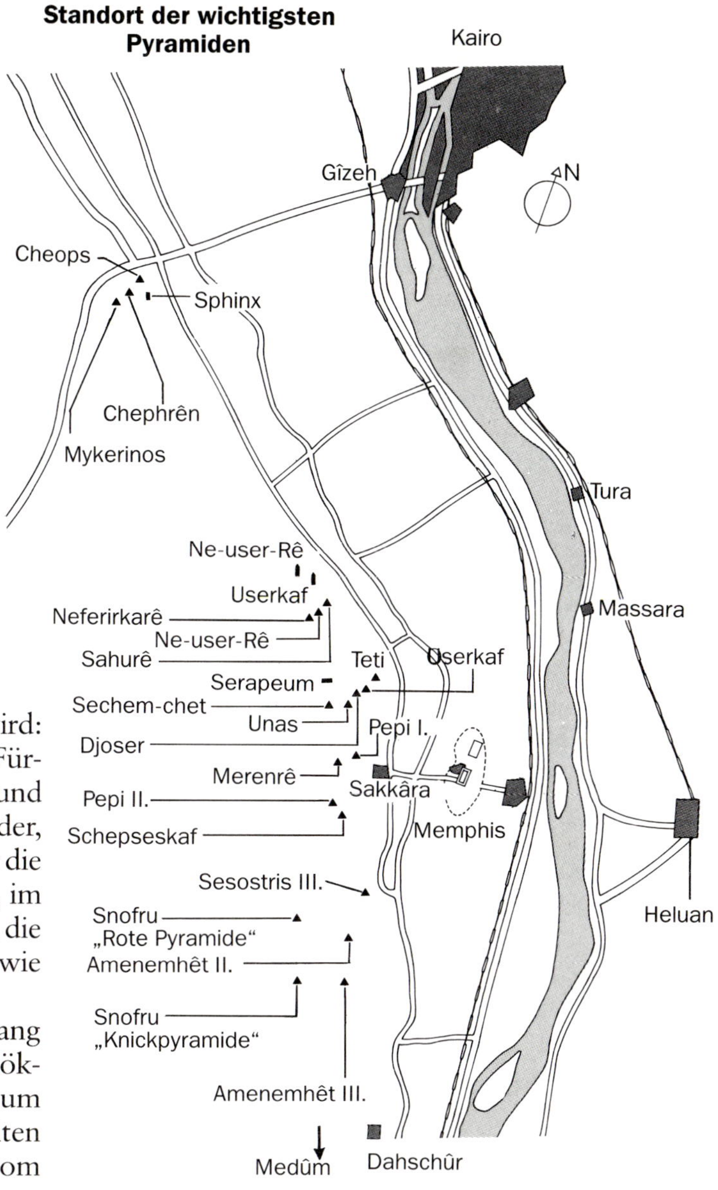

Spitze, wo die Mühe des Aufstiegs durch ein unvergeßliches Panorama entlohnt wird: Man blickt über die großen Königsgrabkomplexe, die zahlreichen Mastabas von Fürsten, königlichen Beamten und Würdenträgern, nördlich in der Ferne über den Nil und den Südteil seines Deltas, im Nordosten und Osten über die üppig gedeihenden Felder, über die Palmenwipfel und die Städte Gîzeh und Dokki, dann jenseits des Nils über die Hochhäuser und Minarette von Kairo, die Zitadelle und das Mokattam-Gebirge, im Süden über die verschiedenen Palmenhaine von Memphis und noch weiter, bis in die Wüste, über die Baukomplexe von Abusîr, Sakkâra, Dahschûr und Medûm sowie schließlich im Westen über die riesige Weite der Libyschen Wüste.

Ins Innere der Pyramide gelangt man über den an der Nordseite gelegenen Eingang aus jüngerer Zeit (der erste wurde im 9. Jahrhundert geöffnet und später mit Steinblöken wieder verschlossen) und steigt dann einen niedrigen Gang nach oben bis zum Beginn der „Großen Halle", wo ein waagrechter Gang zur Grabkammer des zweiten Bauentwurfs führt (sie ist 5,20 × 5,70 m groß). Man nimmt die Besichtigung vom

1878: Besteigung der Cheops-Pyramide

„Wir sind gegenüber der Nordseite der Cheops-Pyramide aus unserem Wagen gestiegen. In ihrem dreieckigen Schatten mit seinen scharfen Umrissen kauern Frauen, die Orangen und verschiedene Eßwaren anbieten, junge Buschen warten bei ihren Eseln, Reisende ruhen sich nach der Besteigung aus. Auch uns erwartet diese Unternehmung, und wollten wir uns ihr entziehen, würde man uns unweigerlich wegen unserer Trägheit verspotten, denn kaum sind wir aus dem Wagen gestiegen und haben einen Fuß auf die Erde gesetzt, waren wir umringt und wurden verfolgt von dunklen, hageren und zerlumpten Gestalten, die uns eindringlich ihre Dienste anboten… Man schlägt den Aufstieg auf Stufen ein, wo wegen herabgefallener Verkleidungssteine das Bauwerk großenteils entblößt ist, und bis zum Gipfel geht man auf einer Treppe aus bearbeiteten, stufenförmigen Steinen, wobei die Stufen unterschiedliche Höhe aufweisen, die oft recht beachtlich ist und mancherorts halbe Manneshöhe erreichen. Zwei oder drei junge Burschen sind unsere Führer. Einer hüpft barfuß vor dir her, hält dich bei der Hand und zieht dich zu sich, ein anderer stützt dir den Rücken und schiebt dich hinauf, ein dritter greift dir unter die Arme und hebt dich hoch. Auf diese Weise gelangst du hinauf, teils aus eigener Kraft, teils lassen sie dich hinaufsteigen … Unser Ziel ist endlich erreicht … Fruchtbarkeit und Unfruchtbarkeit, Leben und Tod berühren uns nirgends näher als hier…“
(Aus Das antike und moderne Ägypten *von G. Ebers, 1879)*

Beginn der „Großen Halle“ (8,50 m hoch) wieder auf, die von ihrer Konzeption und von der Präzision der Ausführung her bemerkenswert ist, und durchschreitet sie in ihrer vollen Länge von 47 m, um dann in dem kurzen waagrechten Gang weiter zu gehen (ab hier besteht die Verkleidung aus Granit) bis zur Grabkammer des Königs (5,20 × 10,40 m, 5,85 m hoch) aus Assuan-Granit mit einem leeren Sarkophag ohne Deckel. Die Decke der Kammer ist aus neun Granitblöcken gebildet, die ca. 400 t wiegen; sie wird geschützt durch eine Vorrichtung aus fünf Hohlräumen (Entlastungskammern), die übereinander angeordnet und mittels flacher Granitblöcke voneinander getrennt sind, wobei ihr letzter mit Kalksteinblöcken bedeckt ist, die „kontrastierend“ angeordnet sind, um die Druckkräfte der Masse aufzuteilen. Die Lüftung der Kammer wird von zwei Luftschächten gewährleistet.

Zu den wichtigsten Entdeckungen bei der Cheops-Pyramide gehört die Wiederauffindung (zu Beginn der fünfziger Jahre) zweier Holzbarken, die in zwei in den Fels geschnittenen Aushöhlungen entlang der Südseite der Pyramide versenkt waren; eine der beiden Barken wurde wieder aufgebaut und wird in einem Museum am Fundort aufbewahrt. Diese „Sonnenbarke“, vielleicht zusammen mit anderen für den Transport der Mumie des Königs und des Leichenzugs benützt, vielleicht für den Pharao bestimmt, um die Sonne auf ihrer Reise ins Jenseits zu begleiten, war aus Zedernholz aus dem Libanon und lokalem Sykomorenholz gebaut: 43,40 m lang und 5,90 m hoch, hatte sie eine Tragkraft von 40 Tonnen. Ein weiterer wichtiger Fund war das – vielleicht zweite – Grab der Königin Hetepheres (Ehefrau des Snofru und Mutter des Cheops), das einzige Königsgrab des Alten Reiches, das unversehrt gefunden wurde und zwar 1925, 100 m von der Ostseite der Pyramide entfernt: Man fand hier einen reichen Bestand an Beigaben, die sich heute im Kairoer Museum befinden.

Die Chephrên-Pyramide. Diese Pyramide (26. Jh. v. Chr.) hat die Besonderheit, daß um ihren Gipfel herum (er ist spitzer als der an der Cheops-Pyramide) noch ein Großteil der ursprünglichen Verkleidung vorhanden ist; sie steht an der höchsten Stelle der

Hochebene und nur kurz hinter der Großen Pyramide. Sie ist 136,40 m hoch, hat an der Basis eine Seitenlänge von 210,50 m und weist einen Neigungswinkel der Seiten von 53° 8′ auf; ihr Volumen wird auf etwa zwei Millionen m^3 geschätzt. Das Innere ist weniger interessant als das der Cheops-Pyramide und ist das Ergebnis zweier verschiedener aufeinanderfolgender Bauentwürfe. Sie hat zwei Eingänge, beide auf der Nordseite, einer 15 m hoch über dem Boden, der andere zu ebener Erde. Letzterer führt zu einem ersten, aus dem Fels gehauenen Grabsaal (10,42 × 3,14 m) und zur Kreuzung mit einem oberen Gang, der aus 11,53 m Höhe über der Basis 32 m lang mit einem Gefälle von 25° 5′ bis ca. 3 m unter das Niveau der Basis und dann waagrecht zum Grabsaal führt (14,10 × 4,95 m, 6,85 m hoch), der sich exakt in der Mitte der Pyramide befindet. In den Fels gehauen, hat er nur an seinem Gewölbe Verkleidungen und birgt einen nichtverzierten Königssarkophag aus rosa Granit, den 1918 Giovanni Belzoni leer vorgefunden hatte, als er in moderner Zeit als erster ins Innere der Pyramide vordrang (sie war 1200 n. Chr. aufgebrochen worden).

Was die Chephrên-Pyramide historisch außergewöhnlich macht, ist, daß die Konzeption, nach der sie gebaut ist, ausreichend belegt ist, um eine stichhaltige Dokumentation über das Ägypten der damaligen Zeit abzugeben: sie ist das erste Beispiel eines Grabkomplexes, in dem jedes vom „Kanon" vorgesehene Element vorhanden ist.

Im Jahr 1910 wurden zu Füßen der Pyramide an der Ostseite die Überreste eines weitläufigen Totentempels ans Licht gebracht, an dem die wesentlichen Strukturen erkennbar sind: Er ist aufgeteilt in einen Bereich, der den Gläubigen zugänglich war, und in einen weiteren, der nur für den Kult bestimmt war. Er ist rechteckig, ca. 110 × 45 m groß und seine Achse ist zum Zentrum der Pyramide ausgerichtet.

Die Prozessionsrampe verbindet diesen Tempel mit dem Taltempel des Chephrên, dem besterhaltenen Beispiel der Monumentalarchitektur des alten Ägypten. Er wurde 1852 von Mariette entdeckt, der während dieser Ausgrabungen auch die bekannte Chephrên-Statue aus Diorit ans Licht brachte, die sich heute im Kairoer Museum befindet. Die Ausgrabungen wurden 1910 von der Expedition von Sieglin vollendet. Bei

Ansicht der Pyramiden von Chephrên (in der Mitte) und Cheops (rechts) während einer der jährlichen Nilschwemmen, wie sie vor dem in jüngerer Zeit erfolgten Bau der Anlagen zur Flußregulierung eintraten. Die Aufnahme von Bonfils Félix stammt aus der zweiten Hälfte des vorigen Jahrhunderts.

Gegenüberliegende Seite unten: die wiederaufgebaute Sonnenbarke des Cheops, die bei der Pyramide des Pharaos aufbewahrt wird.

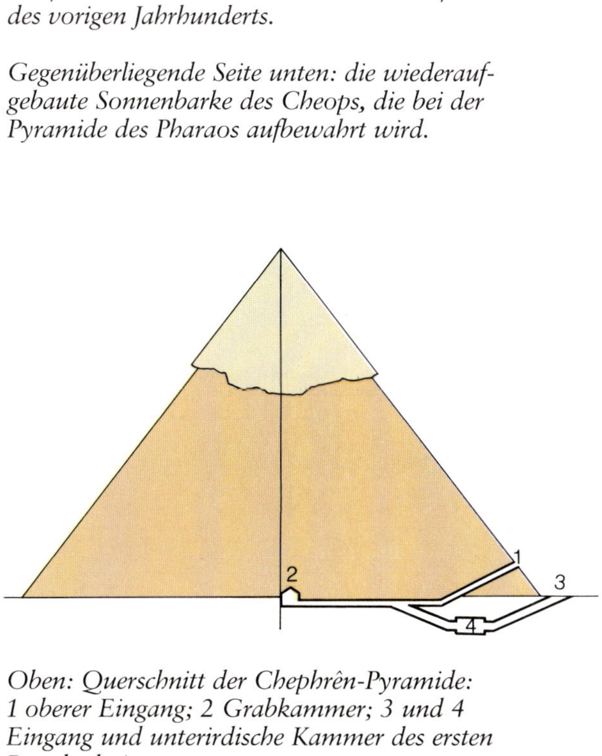

Oben: Querschnitt der Chephrên-Pyramide: 1 oberer Eingang; 2 Grabkammer; 3 und 4 Eingang und unterirdische Kammer des ersten Bauabschnitts.

Gegenüberliegende Seite: Ansicht der Chephrên-Pyramide, im Vordergrund eine Gruppe von Mastaba-Gräbern. An dieser Pyramide sind ausnahmsweise im oberen Teil die ursprüngliche Verkleidung aus Kalksteinplatten und an der Basis einige Blöcke aus rosa Granit erhalten. Die Verkleidung der Pyramiden wurde in der Vergangenheit häufig entfernt und als Baumaterial benutzt.

Rechts: Säulensaal des 1852 von Mariette entdeckten Taltempels von Chephrên, dem besterhaltenen Beispiel der Monumentalarchitektur des Alten Reiches. Dieser Saal hat 16 monolithische Pfeiler aus rosa Granit und einen Fußboden aus alabasterweißem Kalkstein; die Bedeckung bestand aus langen Granitblöcken, die auf den Pfeilern ruhten.

Unten: Grundriß der Chephrên-Tempel: A Totentempel, 1 Pfeilersaal, 2 zweiter Pfeilersaal, 3 Hof, 4 Kapellen; B Taltempel, 1 Eingänge, 2 Vorhalle, 3 Hypostylsaal in Form eines umgekehrten „T", 4 Gang zum Totentempel.

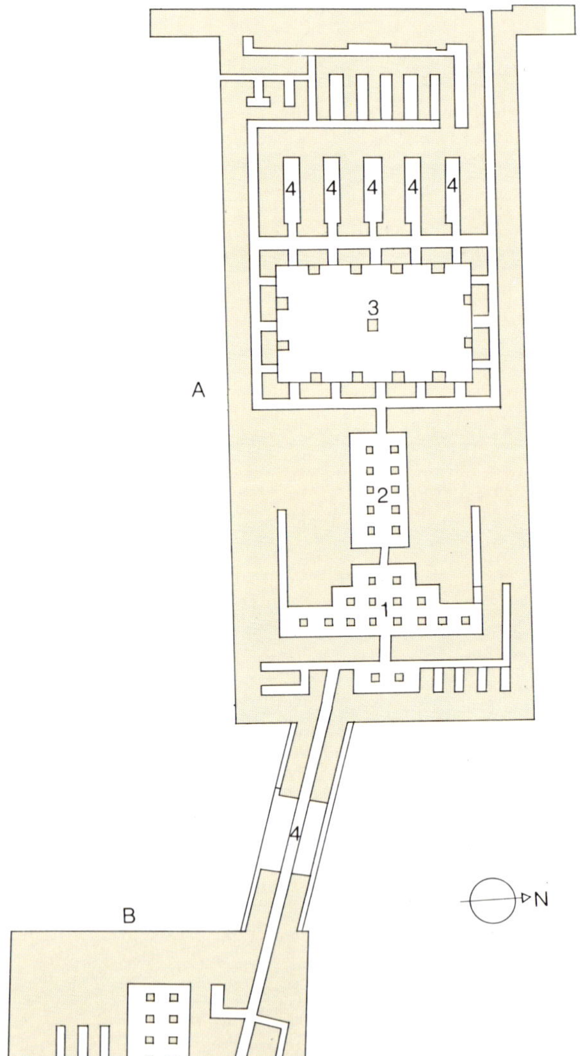

einem quadratischen Grundriß (ca. 45 m pro Seite) wies er zwei Eingänge auf, die zu einer Vorhalle und einem weitläufigen Hypostylsaal führten, welcher aus einem Querraum und einem Längsraum bestand, die ein umgekehrtes „T" bildeten (die 16 monolithischen Granitpfeiler, die Architraven, der alabasterweiße Kalksteinboden und die Wände sind erhalten); entlang der Wände standen wahrscheinlich 23 Statuen des Herrschers. Der Tempel war für die Reinigungs- und Mumifizierungszeremonien des Leichnams bestimmt.

Die Mykerinos-Pyramide. Mit dem Ende der 4. Dynastie zeichnet sich eine andere Sozialorganisation ab: die Macht des Pharaos nimmt angesichts einer anderen Verteilung von Reichtum und Autorität immer mehr ab. Die Pyramide des Mykerinos, dem Sohn Chephrêns, spiegelt diese Tendenz in ihren bescheidenen Abmessungen im Vergleich zu den vorhergehenden Königsgräbern wider, in der geringen konstruktiven Sorgfalt und der geringeren Einhaltung der Bauzeiten. Die Seiten messen an der Basis ca. 108 m, die Höhe beträgt 65,60 m, und die Verkleidung aus rosa Assuan-Granit ging über etwa ein Drittel dieser Höhe; der obere Teil war dagegen mit weißem Kalkstein aus Tura verkleidet. Ihre Erbauung geht auf das 26. Jahrhundert v. Chr. zurück. Das Innere, zu dem der Eingang auf der Nordseite (in 4 m Höhe von der Basis) 1837 wiederentdeckt worden war, weist einen Gang auf, der nach einem ersten Entwurf fast ganz in den Fels gegraben wurde und heute abgeriegelt ist; er mündet im oberen Teil einer ersten in den Fels gehauenen Kammer. Zum zweiten Bauentwurf gehört der derzeit benutzte Gang, der nach 31 m Gefälle waagrecht wird, in eine Vorkammer mündet

Ansicht der Pyramide des Mykerinos, einem der letzten Herrscher der 4. Dynastie, mit ihren drei kleinen Nebenpyramiden. Dieses Grabmonument, das bescheidenere Abmessungen als die beiden anderen großen Pyramiden von Gîzeh aufweist, wird im Arabischen „bemalte Pyramide" genannt, weil sie ursprünglich offenbar von einer Schicht aus Stuck und Mörtel bedeckt war. An der Nordseite schlugen die Mamelucken eine große Öffnung, als sie versuchten, den Eingang zu finden, der dann erst 1837 entdeckt wurde.

Rechts oben: Detail der reichen Verkleidung aus Blöcken von rotem Assuan-Granit, der die Basis der Pyramide auf einer Höhe von etwa 16 Lagen verkleidete. Der obere Teil dagegen war mit weißem Tura-Kalkstein ummantelt. Die Granitblöcke wurden aus den Steinbrüchen in Assuan auf dem Nil herbeitransportiert; die entsprechenden Schiffe legten unterhalb des Libyschen Hochplateaus an, das über einen Kanal mit dem Fluß verbunden war.

(3,65 × 6 m) und, nur wenig unterhalb des ersten Gangs, in einer geräumigen unterirdischen Kammer endet (10,57 × 3,85 m, 4 m hoch); diese wird durch eine kleinere ergänzt, in der man noch gut die Stelle sehen kann, wo der Sarkophag stand; er wurde später in den endgültigen Grabsaal transportiert, der 4,50 m tiefer im Fels liegt und mit Granit ausgekleidet ist. Der hier gefundene Basaltsarkophag ging verloren, als das Schiff, das ihn nach London bringen sollte, in Seenot geriet und sank.

Entlang der Nordostseite der Pyramide stehen die Überreste des Totentempels des Mykerinos, der nach dem frühen Tod des Königs von dessen Sohn Schepseskaf nicht mehr in Stein, sondern mit einer Verkleidung aus ungebrannten verputzten Ziegelsteinen vollendet wurde. Beim Grundriß dieses Tempels ist die Einteilung in zwei Bereiche mit unterschiedlichen Funktionen deutlich: Ein zugänglicher Teil für die täglichen Dienste am verstorbenen König und ein geheimer, direkt mit der Pyramide in Verbindung stehender Abschnitt.

Unweit südlich des Tempels stehen drei kleine Pyramiden mit den Überresten ihrer entsprechenden Tempel. Die größte war das Grabmal der Königin Chamerernebty.

Die Sphinx. Die Sphinx von Gîzeh ist die größte der ägyptischen Sphingen und eine der ältesten. Zum Bau der 57 m langen und 20 m hohen Kolossalfigur wurde ein vor Ort vorhandener Felsbrocken verwendet; er wurde mit Löwenkörper und Menschenkopf mit den Gesichtszügen Chephrêns modelliert und mit den königlichen Attributen versehen. Zwischen den Vorderpranken sind ein Altar und die „Traumstele" des Thut-

mosis IV. (18. Dynastie) angebracht: Sie erinnert an eine erste Befreiung vom Sand und Restaurierung, die dem Pharao bei einem Traum im Schatten der Sphinx eingegeben worden war; Gott Harmachis war ihm da erschienen, also die Sphinx selbst, und beklagte sich über den vernachlässigten Zustand seines Monuments.

Die heute am Kopf sichtbaren Schäden sind nicht allein auf Witterungseinflüsse zurückzuführen, sondern wurden von den Mamelucken verursacht, als sie sich des Standbilds als Zielscheibe bedienten.

Ein schönes Beispiel der schlichten und linearen Architektur des alten Ägypten liefern die Überreste des Tempels der Sphinx. Er hat an der Fassade zwei Eingänge, die zu einem von Pfeilern begrenzten Hof führen, wo man auf einem monumentalen Tisch die Opfergaben für den Gott ablegte.

Die Grabmastabas des Gîzeh-Komplexes. An den Seiten der Cheops-Pyramide, mit Ausnahme der Nordseite, finden sich neben den kleinen Königinnen-Pyramiden zahlreiche Grabmastabas, bestimmt für Mitglieder der Königsfamilie, hohe Staatsdiener und die Würdenträger des Kults. Sie gehören zur 4., 5. und 6. Dynastie. Die Mastaba besteht aus einem in den Fels gegrabenen Schacht, der sich in der Tiefe schließlich zu einer Kammer erweitert, in der die Leiche des Toten abgelegt wurde; oberirdisch war sie mit einem gemauerten Überbau versehen, der als Ort für den Kult des Verstorbenen diente. Der quaderförmige Überbau mit abgeböschten Wänden war zunächst kompakt, veränderte sich aber dann in vielen Varianten, bis er zu einer Gesamtheit aus meh-

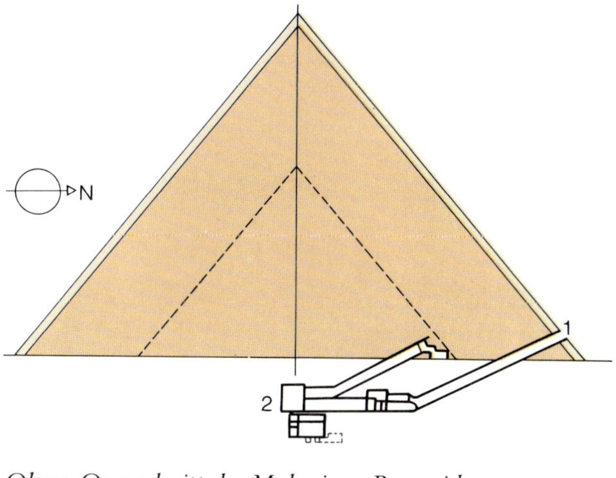

Oben: Querschnitt der Mykerinos-Pyramide: 1 heutiger Eingang; 2 Grabkammer.

reren Räumen wurde. Diese schließen eine Kapelle mit ein, die Kultort und Stätte für die täglichen Opfer waren; sie war anfangs außen an der Ostwand des Grabmals angebracht. Die Wände der Räume waren mit Szenen aus dem Amtsleben des Grabherrn geschmückt, daher der große historische Wert dieser Abbildungen, die es uns ermöglicht haben, Institutionen und Leben der alten Ägypter kennenzulernen. Dies gilt besonders für die gut erhaltenen Mastabas der 5. und 6. Dynastie in Sakkâra, auf die wir noch zurückkommen. Zwei Mastabas von ungewöhnlicher Art sind die des Kar und Idu, die sich ganz im Norden der großen östlichen Nekropole der Cheops-Pyramide befinden, denn der (heute fast verschwundene) Überbau scheint aus einem eingefriedeten Areal bestanden zu haben und hatte eine Felskapelle, zu der man über eine Treppe gelangte. Bei der ersten weist die mit Pfeilern umsäumte Kammer, die vor dem Ort für die Opfergaben liegt, an ihrer Südwand eine Reihe von Statuen mit Hochrelief auf, die in einer einzigen Nische angeordnet sind und die eine beschützende und den Grabherrn ersetzende Wirkung ausüben sollten, um dessen Fortleben zu sichern. Auch die Mastaba des Idu zeigt die gleiche üppige plastische Ausschmückung: In der aus dem Fels gehauenen Opferkammer stehen sechs Statuen in einzelnen Nischen mit Architra-

Links: Die große Sphinx von Gîzeh mit Löwenkörper und Menschenkopf weist die Züge des Pharaos Chephrên auf. Zwischen den Vorderpranken befindet sich die „Traumstele“ des Thutmosis IV., des Herrschers der 18. Dynastie, der für eine erste Freilegung vom Sand und für eine Restaurierung des Monuments sorgte, das seit mehr als 4000 Jahren stummer Wächter dieser Nekropole ist. Oben: Die Überreste des vor der Sphinx gelegenen Tempels; er war aus riesigen, wahrscheinlich einst mit Granit verkleideten Kalksteinblöcken gebaut, hatte einen zentralen Innenhof mit Pfeilern und seitliche Säle. Er war für den Götterkult oder vielleicht auch für die Krönungszeremonien bestimmt.

Ausschnitt der Reliefs der Grabädikula der Mastaba des Idu, die am Nordrand der großen östlichen Nekropole der Cheops-Pyramide liegt. Der Verstorbene war „Schreiber der königlichen Briefe" und „Vorsteher der Schreiber der Bediensteten", die mit der Verwaltung der Tempelvermögen betraut waren; man sieht den Grabherrn vor der Opfertafel auf einem Sessel sitzen, darunter ist die kleine Darstellung seiner Gattin Merit-ites zu erkennen.

ven und Pfosten, auf denen Inschriften mit Namen und Titel des Grabherrn zu sehen sind, und die Grabädikula, deren unterer Teil zur Nische ausgearbeitet ist, birgt eine ungewöhnliche Abbildung des Grabherren in Halbbüste, wie er die Hände zum Opfertisch vor ihm ausstreckt.

Von Gîzeh nach Memphis und Sakkâra

Bei dieser Tour, die man im Auto oder auf einem Ritt durch die Wüste hinter sich bringen kann – ein solcher Ritt ist eine ungewöhnliche Erfahrung und ermöglicht eine vollständigere Besichtigung von Tempeln und Pyramiden, die anders nicht zu erreichen sind – kann man neben der wichtigen Nekropole des alten Memphis auch den Hügel aus Abfällen und Resten zweier Pyramiden aus der 4. und 3. Dynastie, den Sonnentempel von Abu Gurôb und die Pyramiden von Abusîr kennenlernen. Interessant ist die

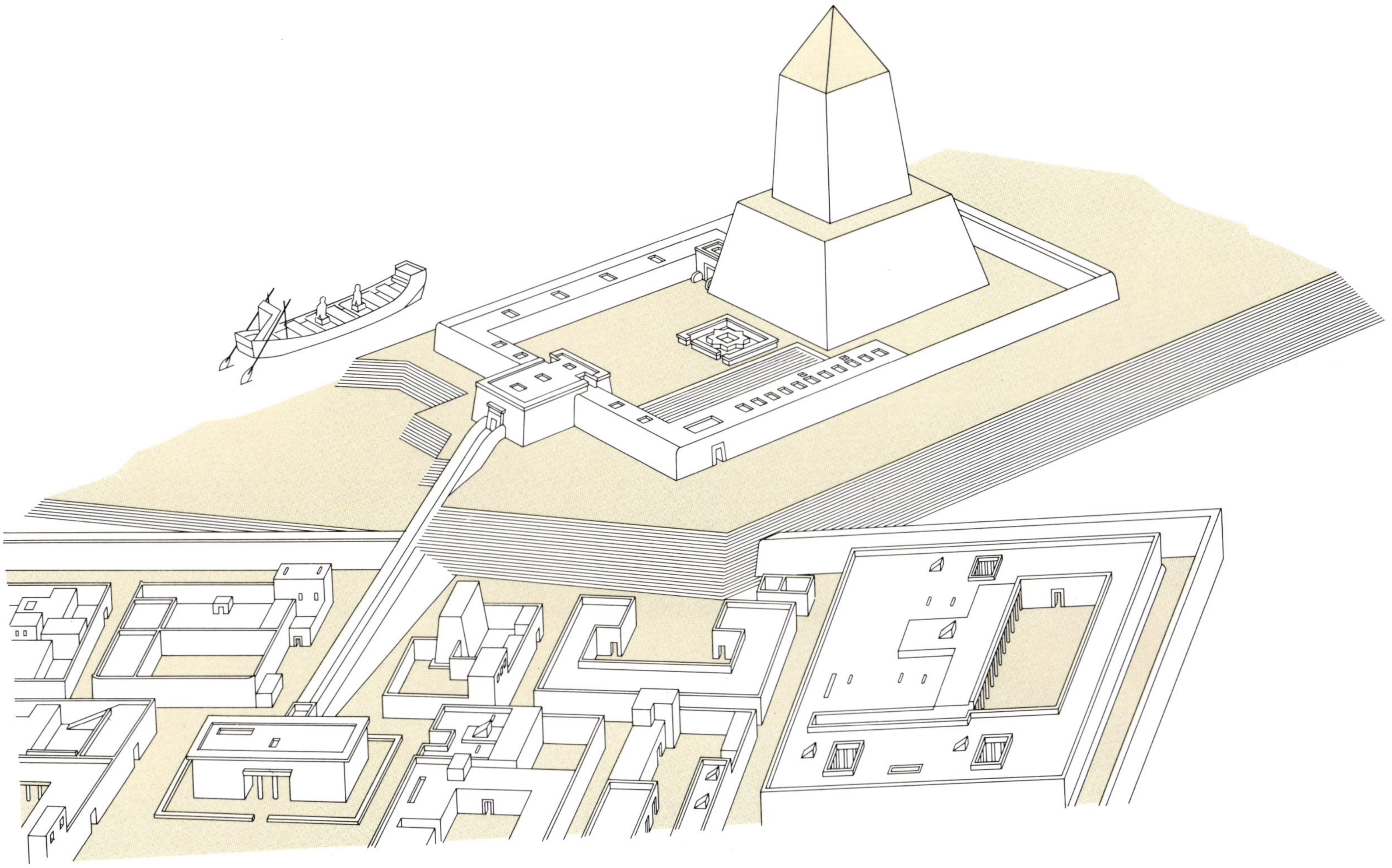

Route auch, weil sie durch die letzten fruchtbaren Landstreifen führt, die von Kanälen durchzogen werden; an ihren Rändern liegen typische Dörfer und die Wüste. Wer sich für den Ritt entscheidet, muß sich gegen Übermüdung vorsehen, dies gilt besonders für den Ritt auf dem Dromedar mit seiner ganz speziellen Gangart.

Rekonstruktion des Tempels von Abu Gurôb, den Ne-user-Rê, Herrscher der 5. Dynastie, erbauen ließ und der dem Sonnengott Rê geweiht war. Charakteristisch für diese Dynastie ist, daß der Sonnentempel die Identität des Sonnenkönigs mit dem Gestirn symbolisierte, von dem er abstammte. Die Pharaonen betrachteten sich ab dieser Zeit als Söhne des Rê, und daher erscheint in ihrem Namen auch der Zusatz „Rê".

Der Tempel von Abu Gurôb und die Pyramiden von Abusîr. Der auf einem abgeflachten Hügel liegende Tempel von Abu Gurôb wurde während der 5. Dynastie erbaut und von König Ne-user-Rê dem Sonnengott Rê geweiht, als dessen Söhne sich die Herrscher seit dieser Dynastie betrachten. Um 1900 wieder ans Licht gebracht, besitzt er in der Mitte des großen Hofes (100 × 75 m) noch den Sockel, auf dem der verlorengegangene große Sonnenobelisk stand. Erhalten sind ferner neun der zehn Alabasterbecken, die für die Opfertiere vorgesehen waren, sowie der aus fünf großen Alabasterblöcken gebildete große Altar (5,50 × 6 m) für den Kult im Freien. An der Südseite des Tempels ist schließlich das weitläufige schiffsförmige Becken aus ungebrannten Ziegeln zu sehen, das einst die Sonnenbarke enthielt.

Etwas südlich stehen die drei Pyramiden von Abusîr, die von einer deutschen Expedition zwischen 1902 und 1908 wieder ans Licht gebracht wurden. Von Norden nach Süden gehend trifft man zuerst auf die ziemlich verfallene Pyramide des Königs Sahurê (5. Dynastie): ihre heutige Höhe beträgt 36 m (ursprünglich 50 m) und jede Seite mißt an der Basis 65 m (ursprünglich 78 m). Die Innenräume, die man durch einen Eingang im Norden betritt, sind halb zerstört, und auch die Außenwände sind in Mitleidenschaft gezogen und teils mit Sand bedeckt.

Im gleichen Zustand befindet sich auch die Pyramide des Königs Ne-user-Rê, deren Seiten auf ca. 70 m geschätzt werden und die ursprünglich 50 m hoch war, sowie die des Königs Neferirkarê, die ebenfalls keine Verkleidung mehr hat – sie war bis zu einer gewissen Höhe aus Granit – und heute etwa 50 m hoch ist (ursprünglich 68 m).

In der Nähe der Überreste des Totentempels von Ne-user-Rê liegt die Mastaba von Ptahschepses, einem Oberaufseher über die Bauarbeiten der Sahurê-Pyramide, die 1893 entdeckt wurde und vom Tschechoslowakischen Institut für Archäologie 1962 vom Sand freigelegt wurde, wobei einige Räume mit dem einen oder anderen Flach-

Ansicht der Pyramide des Herrschers Sahurê (5. Dynastie) und der Überreste des dazugehörigen Taltempels, ein Komplex, der Anfang des 20. Jahrhunderts in Abusîr ausgegraben wurde. Zusammen mit den anderen Pyramiden dieser Gegend des Ne-user-Rê, Neferirkarê und Neferefrê veranschaulicht sie die Tendenz, daß die Königsgräber an Monumentalität verlieren, hingegen ihren Tempeln und den angeschlossenen Nebengebäuden mehr Aufmerksamkeit geschenkt wird. Leider sind diese Pyramiden stark verfallen.

Unten: Plan des Ausgrabungsbezirkes von Sakkâra: 1 Grabkomplex des Djoser; 2 Grabkomplex des Sechem-chet; 3 Pyramide des Unas; 4 Rampe (Gang) zur Pyramide des Unas; 5 Mastaba der Idût; 6 Jeremiaskloster; 7 Pyramide des Userkaf; 8 Pyramide des Teti; 9 Mastaba des Mereruka; 10 Mastaba des Kagemni; 11 Grab des Hesirê; 12 Mastaba des Ti; 13 Serapeum; 14 Mastaba des Ptahhotep; 15 Königsnekropole der 1. Dynastie.

relief von gewisser Bedeutung ans Licht kamen, Lotosbündelsäulen (die ältesten bekannten dieses Typus) und Kapitelle (heute teils vor Ort zu sehen, teils im Kairoer Museum). Von einer vierten Pyramide, der von Neferefrê, ist fast nichts übrig.

In Abusîr verlieren die Pyramiden an Monumentalität, dafür artikulieren sich die Tempel und die ihnen angeschlossenen Bauten in größerer Komplexität. Vorherrschend sind Formen, die sich an der natürlichen Welt inspirieren, Darstellungen, die auf die Sonnengottheit anspielen, Wanddekorationen der Innenräume, die eine kosmische Interpretation suggerieren. Aus Abusîr stammen verschiedene Papyri, die grundlegend für unser Wissen über den königlichen Totenkult sind.

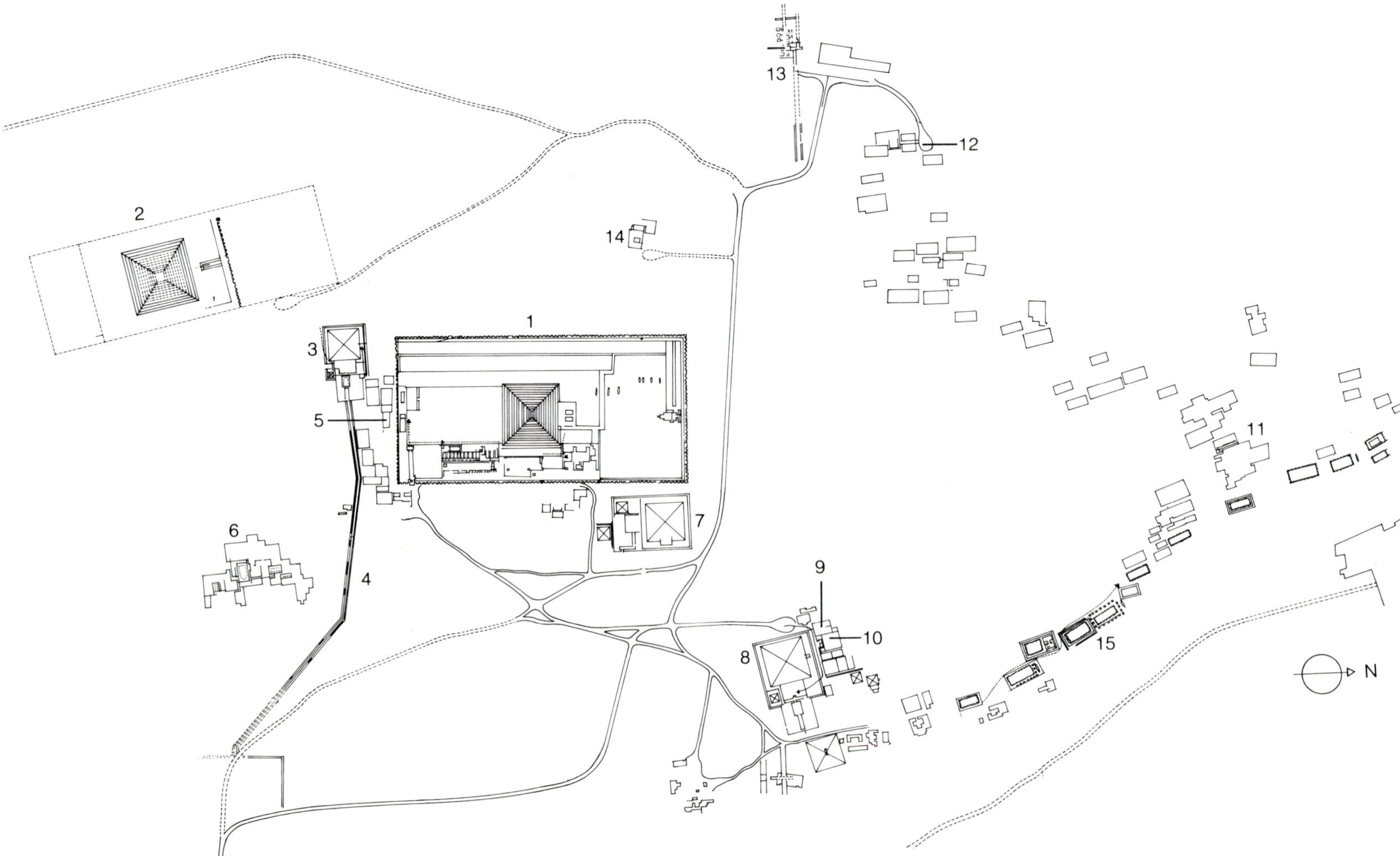

Memphis und Sakkâra

Das Areal von Memphis

Wenig südlich von Abusîr, in der fruchtbaren Ebene, die sich links vom Nil bis zu der bisher verfolgten Fahrstraße ausdehnt, stand Memphis, die Hauptstadt desjenigen Ägyptens, das seine Glanzzeit während des Alten Reiches erlebte.

Memphis, nach Herodot eine Gründung des Menes, der hier eine „weiße Mauern“ genannte Festung anlegte, war die Hauptstadt des Alten Reiches, und selbst als die Königsresidenz an einen neuen Ort verlagert wurde, behielt sie in der Folgezeit dank ihrer günstigen geographischen Lage und ihrer hoch in Verehrung stehenden Tempel immer ihre Rolle als alte Hauptstadt bei. Im Jahr 350 n. Chr. ließ Kaiser Theodosius ihre antiken Tempel zerstören.

Von der Stadt, die eine riesige Ausdehnung gehabt haben muß, ist recht wenig übriggeblieben, weil man die Monumente zum großen Teil zerstörte, um dann ihre Materialien zum Bau des nahen Kairo zu verwenden. Heute erkennt man zwischen den Palmen Spuren des Ptah-Tempels neben dem Ort Mit Rahimed und weiter südlich, an der Fahr-

Links: Die Alabastersphinx (15. Jh. v. Chr.) in Memphis, eine der wenigen verbliebenen Spuren der ersten großen Hauptstadt Ägyptens, die im Alten Reich ihre Blütezeit erlebte. Die Sphinx ist ein symbolträchtiges Monument: schon seit alter Zeit wurde der Herrscher als Löwe dargestellt, der seine Feinde zerstampft. Donadoni meint dazu: „Um zu zeigen, daß dieser Löwe in Wirklichkeit nur eine Metapher ist, die den König darstellen soll, trägt das Tier einen Menschenkopf mit den Zügen dessen, der mit einem Löwen verglichen wird.“
Rechts: Die Kolossalstatue Ramses' II., ursprünglich 13 m hoch, ist in einem neuzeitlichen Gebäude untergebracht, wo man sie auch von oben betrachten kann.

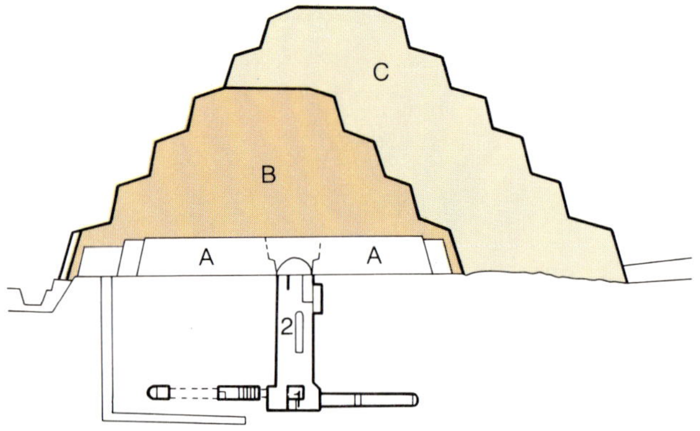

Querschnitt der Pyramide des Djoser nach ihren Hauptbauphasen: A Mastaba; B erste Pyramide mit vier Stufen; C endgültige Pyramide mit sechs Stufen; 1 Grabkammer in 28 m Tiefe; 2 Zugangsschacht zur Grabkammer.

straße, die vom Nil nach Sakkâra führt, stehen die Alabastersphinx, die aus dem Neuen Reich stammt und 1912 von F. Petrie entdeckt wurde (sie wiegt 80 t, ist 8 m lang und 4,25 m breit) sowie die Überreste einer Kolossalstatue von Ramses II. aus Kalkstein. Von den ursprünglich zwei Statuen steht eine jetzt auf dem Platz vor dem Kairoer Bahnhof. Der Koloß von Memphis wurde 1820 entdeckt: ursprünglich war er mehr als 13 m hoch; auf seiner rechten Schulter, auf der Brust und am Gürtel steht sein Name. Beine und Krone fehlen.

Aus den Quellen weiß man von Tempeln, die der Isis, Hathor und einigen anderen syrischen Gottheiten geweiht waren, die man während des Neuen Reiches in Ägypten einführte. Die Stadt war in relativ autonome Stadtteile gegliedert, die man häufig mit den Namen der dort lebenden ausländischen Volksgruppen bezeichnete, was ihren kosmopolitischen Charakter unterstreicht. Es gab hier Werkstätten für Kriegsmaterial, und der Handelsverkehr auf dem Nil floß in diesem Hafen zusammen. Daß von den altägyptischen Städten fast nichts geblieben ist, liegt hauptsächlich daran, daß sie im landwirtschaftlich genutzten Teil des Niltals standen, welcher der jährlichen Nilflut unterzogen war, und daß die Wohngebäude aus ungebrannten Ziegeln gebaut waren, also aus leicht verrottbarem Material. Zur Stadt gehörte Sakkâra, eine riesige Nekropole im Westen, am Beginn der Wüstenhochebene, die überwiegend aus dem Alten Reich datiert.

Die Nekropole von Sakkâra

Das Ausgrabungsgebiet von Sakkâra erstreckt sich nach Süden etwa 8 km weit und umfaßt verschiedene Nekropolen und Grabmonumente. Das bedeutendste davon ist das des Djoser, des zweiten Königs der 3. Dynastie, der älteste bis heute erhaltene Komplex dieser Art. Der älteste Teil des Gebiets von Sakkâra, im nördlichen Sektor, umfaßt Königsgräber der 1. Dynastie (wahrscheinlich Kenotaphe) mit einem Überbau aus ungebrannten Ziegeln sowie verschiedene Grabstätten der 2. Dynastie. Die Bedeutung, die das Gebiet als Königsnekropole während der 3. Dynastie erhält, nimmt in der Folgezeit ab, als Gîzeh eine Stellung ersten Ranges erwirbt. Mit König Userkaf (5. Dynastie) wird vor Ort der Bau von Königspyramiden wieder aufgenommen, doch sind bis zur Zeit des Neuen Reiches keine besonderen Hinzufügungen zu erkennen. Mit der 18. Dynastie wird Sakkâra wieder um die Grabmäler hochstehender Persönlichkeiten des Staates bereichert, wie dem des Feldherrn Haremhab (1974 entdeckt) mit herrlichem Flachrelief-Wandschmuck.

Die Fortdauer der Bedeutung Sakkâras wird von den Restaurierungs- und Wiederaufbauarbeiten an den antiken Monumenten bezeugt, die man während der 19. Dynastie durchführte; in der darauffolgenden Periode schwindet dagegen das Interesse an der Erhaltung der Königsnekropole, und man verwendet das Baumaterial einiger Tempel an anderer Stelle wieder. Man vergrößert jetzt den Friedhof der heiligen Apis-Stiere (er hat seinen Ursprung in der 18. Dynastie), bekannt unter dem griechischen Namen Serapeum; diese Stätte verwandelt sich sowohl während der 30. Dynastie als auch später unter den Ptolemäern zu einer großen Monumentalanlage. Zu den Zeugnissen aus hellenistischer Zeit zählen auch jene der koptischen Epoche, die mit dem vom 5. bis 10. Jahrhundert blühenden Jeremiaskloster die Geschichte dieses Ortes beschließen.

Der Grabkomplex des Djoser. Die Pyramide des Djoser (27. Jh. v. Chr.) ist das erste bekannte ganz in Stein konzipierte Monument; sie wird aus sechs „Stufen“ gebildet, die jeweils 2 m zurückspringen, ist aus tonhaltigem Kalkstein gebaut und 59,60 m hoch. Der Architekt, der das Ganze geplant hat, war Imhotep, der Kanzler Djosers und eine Persönlichkeit, die man später im Gedenken an ihre Weisheit zum Gott erhob; er hat den Charakter der ursprünglichen Bauten aus ungebrannten Ziegeln, Holz und Papyrusruten, also leicht verrottbarer Materialien, in Stein übertragen. Ihre Stufenform erhielt die Pyramide durch verschiedene Entwurfsstadien: Die ursprüngliche Mastaba wurde zuerst erweitert und erhöht, dann wurde sie zur Basis für die weiteren, dem Himmel zustrebenden Überbauten – erst vier, dann sechs große Stufen.

Der von der Pyramide beherrschte Komplex ist in eine mächtige Umwallungsmauer eingeschlossen, die sich in Vorsprünge und Einbuchtungen gliedert (ursprünglich hatte

Die Pyramide des Djoser, Pharao der 3. Dynastie, vom Hof des Jubiläums (Heb-sed) aus gesehen. Zeitlich gesehen ist dies das erste vollständig aus Stein konzipierte und gebaute Monument, das wir kennen: Dem Architekten Imhotep ist es zu verdanken, daß die Charakteristiken der ursprünglichen Grabbauten aus ungebrannten Ziegeln und anderen leicht verrottbaren Materialien, die bis dahin eingesetzt wurden, adäquat in Stein übertragen werden konnten. Diese grandiose, immer höher in den Himmel strebende Treppe entstand wahrscheinlich nach bestimmten theologischen Kanons.

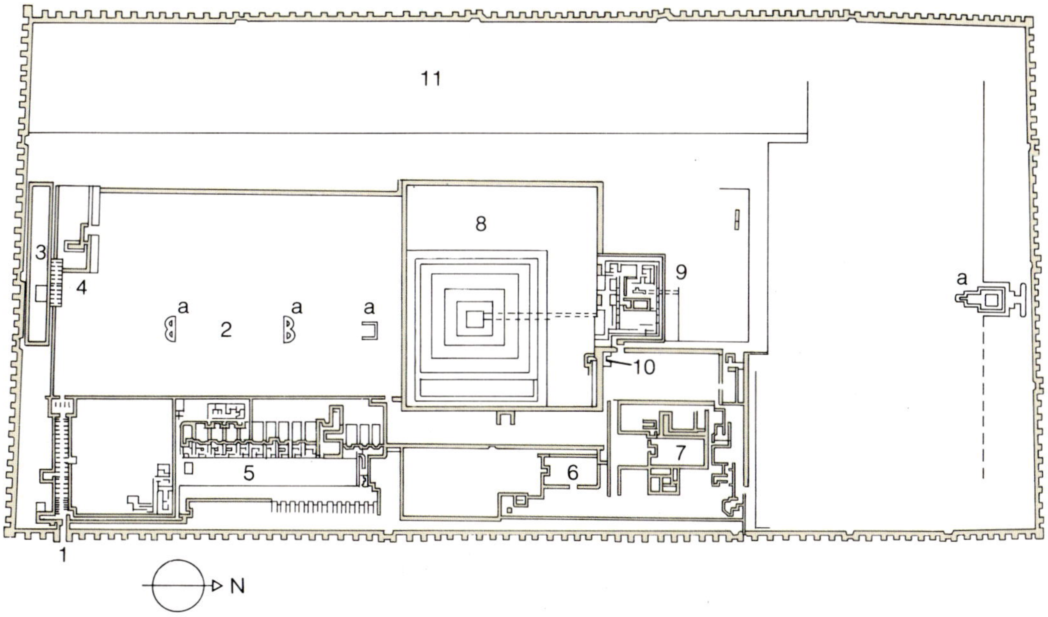

Links: Plan des Grabkomplexes des Djoser in Sakkâra: 1 Eingang und Kolonnade; 2 südlicher Hof; 3 Südgrab; 4 Mauer der Kobras; 5 Hof des Jubiläums, auf einer Seite die Kapellen; 6 Palast des Südens; 7 Palast des Nordens; 8 Stufenpyramide; 9 Totentempel; 10 Serdâb; 11 Lagerräume; a Altäre.

Oben: Abschnitt der Umfassungsmauer des Djoser-Komplexes, die ursprünglich etwa 10 m hoch war: mit ihrer Gliederung in Vorsprünge und Einbuchtungen ahmt sie eine Festungsmauer nach. Ins Innere gelangt man durch einen einzigen Zugang im Südteil der Ostseite der Umfassungsmauer.
Unten: Ausschnitt der gekehlten Mauer mit Uräen-Fries (Kobras), welche die Ostfassade des Heiligtums des Südgrabs in der Djoser-Anlage bildete. Die Uräen sollten Uto, die Schlangengöttin von Buto und Schutzgöttin des Königtums des Nordens, beschwören.

sie einen rechteckigen Umfang von 1600 m); gut erhalten ist sie an der Südseite, wo sie noch eine Höhe von 4,70 m erreicht (ursprünglich waren es 10 m). Ein einziger Zugang von der Ostseite (in den Einbuchtungen der Mauer sind in Abständen 14 Scheintore gebaut) führt zu einem Gang mit 40 Bündelsäulen; dieser öffnet sich zu einem weitläufigen Hof, der für den rituellen Ritt des Königs während des Jubiläumsfestes bestimmt war; den Jubiläumsriten gewidmet war auch ein kleinerer seitlicher Hof, der umrahmt wurde von Kapellen für die Götter Ober- und Unterägyptens. Auf der Südseite des großen Hofs befindet sich das Südgrab, das als zweite der beiden Königsgrabstätten interpretiert wird; die unterirdischen Kammern sind mit blauen Fayencekacheln ausgekleidet, und in einer davon finden sich drei Flachreliefs mit der Darstellung des Königs, während er die Riten vollzieht. Die Ostseite des Allerheiligsten des Südgrabs wird von einer sich verjüngenden Wand mit Friesen von Uräusschlangen (Kobras) gebildet; über eine Treppe kann man zu einer Panoramaterrasse hochsteigen. Im Osten und Nordosten der Pyramide liegen jeweils die Überreste des „Palastes" des Südens und dem des Nordens sowie weitere Höfe, während sich im Norden der *Serdâb* befindet, ein kleiner, von jeder Seite her geschlossener Raum, der die berühmte Djoser-Statue enthielt, die sich heute im Kairoer Museum befindet; heute birgt er eine Kopie der Statue des Pharaos, die man durch zwei zylindrische Gucklöcher betrachten kann – sie wurden anfangs in der Fassade angebracht, um es der Statue des Grabherrn zu ermöglichen, nach hinaus zu „blicken"; ebenfalls im Norden liegt der sehr stark in Mitleidenschaft gezogene Verehrungstempel, wo sich der (für den Besucher nicht offene) Zugang zu den unterirdischen Räumen der Pyramide befindet.

Zu dem oberirdischen Teil des Komplexes kommt noch der sehr ausgedehnte unterirdische hinzu: Das sind Schächte, Gänge und Wohnräume, die auf verschiedenen Ebenen gegraben wurden und einen großartigen Grabbeigabenbestand an Vasen aus Halbedelstein und Alabaster zutage gebracht haben, Zeugnisse der Kunstfertigkeit, welche diese Handwerker erreichten.

Unweit östlich vom Nordteil des Djoser-Komplexes befinden sich die Überreste der Pyramide des Userkaf, des Begründers der 5. Dynastie; sie sind leider aber in sehr

schlechtem Zustand. Verblieben sind Spuren des Bodenbelags aus Basalt und einer kleinen Kapelle. In der Nähe stehen die Überreste einer kleinen Pyramide, die man für die von Userkafs Königin hält.

Das Grabmal der Prinzessin Idût. Während der Ausgrabungen entlang der südlichen Außenmauer des Mauerrings von Djoser wurde 1927 die Mastaba der Prinzessin Idût zutage gebracht, wahrscheinlich eine Tochter des Unas, die zwischen dem Ende der 5. und dem Anfang der 6. Dynastie gelebt hat. Das Grabmal war für Wesir Ihy (einen Zeitgenossen des Unas) erbaut worden, wie der Schmuck der Ostwand des zweiten Saals beweist, und wurde durch die Prinzessin usurpiert. Die Mastaba umfaßt zehn Räume (fünf davon mit Wandschmuck, die anderen Lagerräume), in die man von der Südseite her gelangt, sowie eine Kapelle. Letztere befindet sich, zusammen mit ihrer Grabädikula, im innersten Punkt des Überbaus; auf dem Weg dorthin durchquert man einige Räume, deren Wände mit feinsten Reliefs geschmückt sind; dargestellt werden Szenen vom Fischfang, der Nilpferdjagd und der Bestattung (der Transport der Statue und der Mumie in die Grabstätte). Die beiden letzten Kammern, die Kapelle und der Raum davor sind der Vorbereitung und der Darbietung der Opfergaben geweiht, was durch die Bilder an den Wänden zum Ausdruck kommt (in langer Reihe Opferträger und Szenen vom Schlachten der Opfertiere). Bildlegenden begleiten die Reliefs.

Von Interesse, aber dem Besucher nicht immer zugänglich, sind die in der Nähe gelegenen Mastabas des Richters und Wesirs Mechu (wenig östlich des Grabmals der Idût), der Königin Nebet (im Süden) und der Königin Chennut (stark beschädigt). In der ersten, die 1940 freigelegt wurde, sind die Farben der Wanddekorationen besonders gut erhalten.

Die Pyramide des Unas. Das Grabmonument des Unas (24. Jh. v. Chr.), des letzten Königs der 5. Dynastie, liegt unweit südsüdwestlich vom Djoser-Komplex. Im Inneren führt ein Gang zu einer Vorkammer und zur Grabkammer mit dem Königssarkophag aus schwarzem Basalt, den man leer vorgefunden hat. Die Bedeutung dieser Pyramide

Oben: Ausschnitt aus den Reliefs, welche die Kapelle und den davor liegenden Raum der Mastaba der Prinzessin Idût schmücken (Ende der 5. und Beginn der 6. Dynastie), die an der südlichen Außenmauer der Djoser-Anlage liegt. Die Szene stellt das Abschneiden des rechten Vorderlaufs (Sitz der Körperkraft) des geopferten Ochsen dar.
Unten: Plan des Inneren der Unas-Pyramide: 1 Eingang; 2 Korridor; 3 Vorhalle; 4 Vorraum; 5 Grabkammer; s Fallsteine.

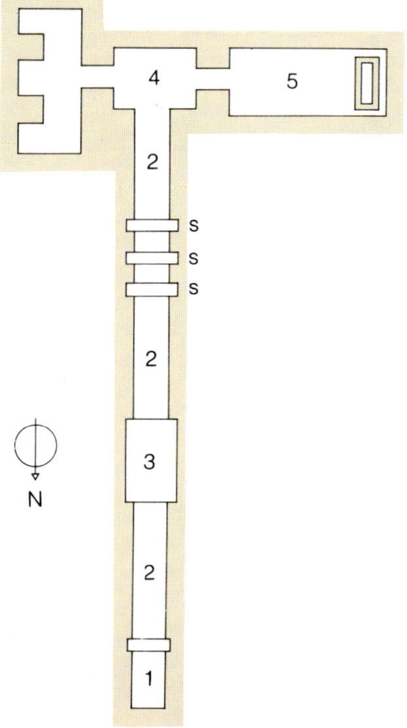

rührt von ihrem Wandschmuck her. Erstmals wurden hier die sogenannten „Pyramidentexte" aufgeschrieben, die der Archäologe Maspéro 1881 entdeckte. Die *Pyramidentexte* dokumentieren, zusammen mit der Entwicklung der Grabmalarchitektur, die Vorstellungen über das Leben im Jenseits und das daraus folgende Ritual.

An der Westseite der Pyramide sind noch beträchtliche Überreste der Verkleidung erhalten geblieben, während man an der Südseite die Überreste einer Hieroglypheninschrift sehen kann, die der Sohn Ramses' II., Chamweset, anbringen ließ, um sein Anliegen zur Restaurierung der antiken Monumente zu bekunden.

Auf der Ostseite stehen Überreste des Verehrungstempels, einer kleinen Nebenpyramide sowie die eindrucksvollen Reste der Prozessionsrampe, die vom Taltempel zum Verehrungstempel führte. Mehr als 700 m lang und 2,60 m breit, bildete sie eine Art Tunnel, gepflastert mit Kalkstein und seitlich von zwei Mauern aus Tura-Kalkstein begrenzt – von denen ein großer Teil noch erhalten ist –, überwölbt von einer mit Sternen geschmückten Bedeckung, die aus schmalen Öffnungen Licht eindringen ließ. Im Inneren waren die Wände ursprünglich mit Flachreliefs geschmückt, die wenigen erhaltenen haben großen künstlerischen Wert und beweisen eine beeindruckende erzählerische Kraft (wie z. B. in den Marktszenen) sowie einen ungewöhnlich krassen Realismus (Darstellung einer Hungersnot). Unmittelbar südlich der Rampe wurden zwei große, etwas mehr als 40 m lange schiffsförmige Gräben in den Fels gehauen, deren Wände mit einer Verkleidung aus feinem Kalkstein eingefaßt sind.

Entlang der Südmauer der Rampe trifft man auf das Grab von Neferher-Ptah, einem Palastverwalter eines unbekannten Pharaos der 5. Dynastie (auch bekannt als „Grab der Vögel" wegen der bemerkenswerten Ausschmückungen einiger Innenwände), und das von Iruka-Ptah, wichtig wegen seines Wandschmucks (sehr realistische Schlachter-Szenen), das auf die späte 5. Dynastie datiert wird. Außerdem haben jüngere Ausgrabungen (1965) zur Entdeckung einer Reihe von Felsgräbern geführt, von denen wegen ihrer Dekorationen das Grab der beiden Rê-Priester Nianchchnum und Chnumhotep interessant ist (sein Eingang war durch den Bau der Rampe versperrt worden) sowie das Gemeinschaftsgrab für mehrere Familienangehörige des Würdenträgers Nefer

Einer der beiden großen schiffsförmigen Gräben, die unmittelbar südlich der Prozessionsrampe in den Fels gehauen wurden; traditionsgemäß setzte man für den Pharao neben das Grabmal Barken oder ihre Abbilder, welche die Sonne bei ihrer Reise in den Himmel und ins Jenseits begleiten sollten.

Gegenüberliegende Seite: Ansicht der Pyramide des Unas, des letzten Königs der 5. Dynastie, die unweit südlich des Djoser-Komplexes steht. Das Bauwerk ist äußerlich verfallen, bedeutend ist aber sein Wandschmuck im Inneren, wo erstmals die Pyramidentexte *skulptiert sind (unten). Die eindrucksvollen Reste der Prozessionsrampe, die auf 700 m Länge den Totentempel mit dem Taltempel verband. Sie bildete eine Art gepflasterten Tunnel, der von Mauern aus Tura-Kalkstein flankiert wurde und ein Dach mit Sternenschmuck trug: in seinem Inneren schmückten nur teilweise erhaltene Flachreliefs die Wände (oben).*

Ausschnitt aus einem skulptierten Relief im Inneren der Mastaba des Ptahhotep und seines Vaters Achethotep, die während der 5. Dynastie lebten. Dieses Detail gehört zu großflächigen Szenen mit der Darstellung von Tieren, die für Opferungen bestimmt waren und die nach ihrer Art und Zahl abgebildet sind.

(daher der Name Nefer und Gemahlin). Hier fand man an der linken Wand einen unberührten Sarg, in dem eine Mumie in seitlicher Schlafstellung ruht, sowie zahlreiche Wanddekorationen mit verschiedenen, in allen Einzelheiten ausgeführten Themen. Südlich der Rampe befinden sich die Überreste des Jeremiasklosters, das im 5. Jahrhundert gegründet wurde.

Das Grab des Haremhab. Mariette hatte 1870 das Grab entdeckt und zwei Pfosten sowie zwei Säulentrommeln beschrieben (die beiden Säulentrommeln befinden sich im Kairoer Museum, die Pfosten sind unauffindbar). Die Ausgrabungsarbeiten wurden nicht zu Ende geführt, und der Sand deckte das Grab von neuem zu. Ende des Jahrhunderts fanden es Diebe und schleppten Flachreliefs von den Wänden und andere Fragmente weg, die heute in den verschiedenen Museen auf der Welt verstreut sind. Fünf Kalksteinwandplatten mit Flachreliefs befinden sich im Städtischen Museum von Bologna. Im Jahr 1974 findet G. T. Martin vom University College London das Grabmal wieder. Die Ausgrabungsergebnisse wurden noch nicht veröffentlicht.

Es handelt sich um ein großes Grabmal mit einem Überbau von 60 × 20 m. Zunächst tritt man in einen Hof, dann durch einen Pylon in einen zweiten Hof mit Peristyl und einen Saal genannt „Statuensaal", der in der Mitte nach oben offen ist, schließlich in einen dritten Hof mit Peristyl, an dem drei Kapellen liegen. Zwei Schächte führen zu zwei unterirdischen Grabwohnungen.

Die Entdeckung dieses Grabes ist von großer historischer und künstlerischer Bedeutung. Die Technik, mit der die Flachreliefs ausgeführt sind, zeigt einen Kompromiß zwischen der verfeinerten Kunst der Epoche von Amenophis III. und dem Realismus der Amarna-Kunst.

Der Grabkomplex des Sechem-chet. Umgeben von einer Umfassungsmauer, die mit Ausnahme eines Stücks an der Nordseite ihre Verkleidung verloren hat, und unweit südöstlich der Unas-Pyramide, stehen die Überreste dieser aus der 3. Dynastie stammenden unvollendeten Pyramide, die man 1951 entdeckte. Der Zugang zum Inneren, der allerdings gefährlich und daher normalerweise nicht erlaubt ist, liegt an der Nordseite, und ein abfallender Gang führt auf 28 m unterhalb des Niveaus der Basis zu einer Grabkammer; sie enthält noch einen schönen Alabastersarkophag, der leer vorgefunden wurde. Man fand jedoch Stein- und Alabastervasen sowie Krüge aus Terrakotta mit Tondeckeln und dem Siegel von Sechem-chet sowie einen kleinen Goldschatz.

Die Mastaba des Ptahhotep. Fast auf halber Strecke zwischen dem Djoser-Komplex und dem Serapeum liegt die Doppelmastaba des Achethotep und des Ptahhotep, Inspektoren der Priester der Abusîr-Pyramiden während dreier Könige der 5. Dynastie. Der Teil des Ptahhotep-Grabmals ist bescheidener als derjenige seines Vaters, kann aber

Bemaltes Relief in der Kapelle des Ptahhotep mit der Darstellung des Verstorbenen, der im priesterlichen Pantherfell vor dem Opfertisch sitzt und die Hand zur Tafel ausstreckt, um die ihm durch königliches Privileg gewährte Opfergabe zu nehmen; mit der Linken führt er ein Glas zum Munde. Die Opfergaben werden in Reihen über dem Tisch dargestellt, und zwar in der rechtwinkligen Projektion, wie sie für die Perspektive der Ägypter typisch ist.

durchaus mit ihm konkurrieren, was die Ausschmückung seiner Räume betrifft; es wird gezeigt, wie Opfergaben dargebracht werden, wie die Tiere dargeboten werden, ferner Szenen aus der Ernteeinbringung, der Jagd mit dem Netz, vom Bau von Papyrusschiffen und Szenen aus dem Leben des Grabherrn. In der Kapelle des Ptahhotep kann man Reliefs bewundern, die von seinem Leben in der vornehmen häuslichen Umgebung erzählen (bei der Toilette, als Zuhörer bei einem Konzert), bei Banketten oder Opferungen, auf der Jagd. Man sieht, wie er vor dem Opfertisch sitzt und die Hand zur Tafel ausstreckt, um die ihm durch königliches Privileg gewährte Opfergabe zu nehmen und mit der Linken führt er ein Glas zum Munde. Die Opfergaben werden in Reihen über dem Tisch dargestellt und zwar in der rechtwinkligen Projektion, wie sie für die Perspektive der Ägypter typisch ist. Die Reliefs dieser Mastaba gehören zu den schönsten, die aus dem Alten Reich in Sakkâra erhalten sind. In einer Ecke der Ostwand der Kapelle erscheinen erstmalig in der ägyptischen Ikonographie Figur und Bild des Künstlers, der wahrscheinlich die Ausschmückungsarbeiten geleitet hat.

Das Serapeum. Von Mariette 1851 entdeckt, ist dieser für den Totenkult der heiligen Apis-Stiere bestimmte Komplex nur in seinem unterirdischen Teil erhalten (von den beiden oberirdischen Tempeln ging alles verloren). Er besteht aus einer Anlage von Gewölbegängen (3 m breit und 5,50 m hoch), die unter der Wüste gegraben wurden,

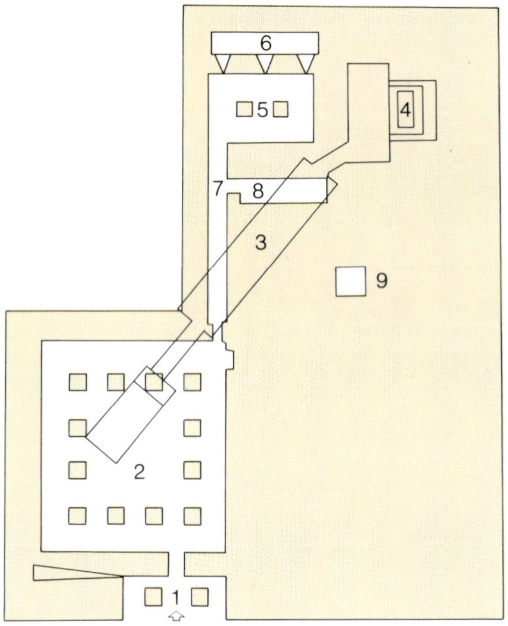

Oben: Plan der Mastaba des Ti: 1 Eingang; 2 Pfeilerhof; 3 Korridor; 4 Krypta; 5 Hauptkapelle; 6 Serdâb; 7 Vorhalle; 8 Opferraum; 9 Schacht.
Rechts: Ausschnitt aus den Wandmalereien der Mastaba des Ti: eine Szene von Opferträgerinnen mit Feldfrüchten, Geflügel und anderen Tieren aus den dem Ti anvertrauten Gütern. Der Grabherr lebte in der ersten Hälfte der 5. Dynastie und war Inspektor der Pyramiden und der Sonnentempel des Neferirkarê und Ne-user-Rê in Abusîr.

sowie einer Hauptgalerie, die sich über 350 m erstreckt. Rechts und links davon liegen Kammern mit gewölbter Decke (8 m hoch), die 24 große leere Sarkophage enthalten, die aus Monolithblöcken gearbeitet sind, überwiegend aus Granit, aber auch aus Basalt und Kalkstein. Diese sind im Durchschnitt 4 m lang, 2 m breit und 3 m hoch und mit einem Gewicht von 60 bis 70 Tonnen. Es ist nicht bekannt, in welcher Zeit man damit begann, die dem Ptah heiligen Stiere zu bestatten: die ältesten in Sakkâra gefundenen Apis-Gräber gehen auf Amenophis III. zurück und waren Einzelgräber. Die Zusammenfassung mehrerer Gräber scheint auf Ramses II. zurückzugehen, der die erste Galerie erbauen ließ; der Komplex wurde dann unter Psammetich I. aus der 26. Dynastie erweitert und von den Ptolemäern vollendet. In einem kleineren unterirdischen, tiefer gelegenen Gewölbe wurden 28 Holzsarkophage mit den Mumien der Apis-Stiere sowie der Körper von Chamweset, Sohn von Ramses II. und Hohepriester von Ptah, gefunden. Vor dem Serapeum lag ein mit Sphingen geschmückter und aus ptolemäischer Zeit stammender Platz, ein (heute zerstörter) Tempel der 30. Dynastie und ein Halbkreis, in dem 11 stark verstümmelte Statuen griechischer Dichter und Philosophen gefunden wurden.

Plan des Serapeums, eines für den Totenkult der Apis-Stiere bestimmten Komplexes in Sakkâra: Der Eingang befand sich im Osten. In der Frühzeit war der Apis-Stier ein Symbol der Fruchtbarkeit, später wurde er zur Verkörperung des Gottes Ptah. Zu Lebzeiten empfing er die Huldigung der Gläubigen und nach seinem Tod wurde er mumifiziert und in einem riesigen Sarkophag bestattet.

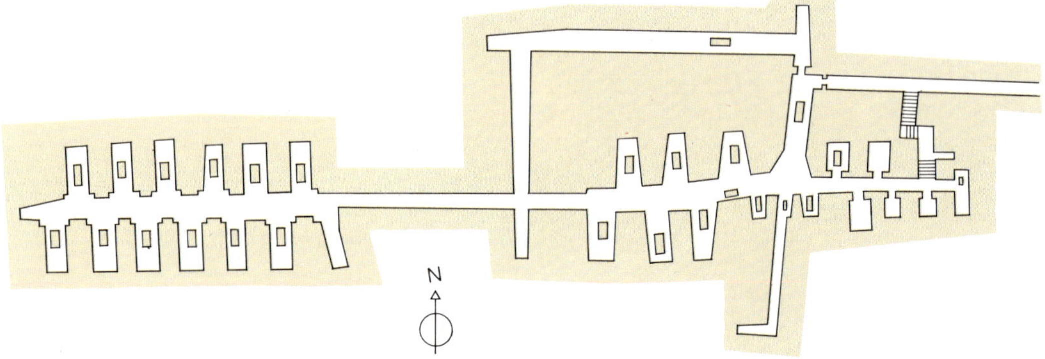

Ausschnitt aus den Wanddarstellungen des Opferraums im Grab des Ti: Schreiber notieren die soeben vorbereiteten Nahrungsmittellieferungen. Das Grabmal des Ti ist eine der größten und am reichsten ausgeschmückten Mastabas im Bezirk von Sakkâra.

Die Mastaba des Ti. Sie liegt nordöstlich des Serapeums und ist wegen ihrer Wandreliefs eines der interessantesten Privatgräber; die Reliefs zählen dank der Feinheit der Ausführung und Originalität der Kompositionen zu den bemerkenswertesten Zeugnissen ihrer Gattung. Die Mastaba wurde 1865 von Mariette entdeckt. Ihre Haupträume sind ein weitläufiger Hof mit 12 Pfeilern, wo ein langer Gang beginnt, der zur Krypta hinunterführt, wo noch der in den Felsen gehauene Sarkophag existiert (auf vier Pfeilern schaut Ti in die vier Himmelsrichtungen) sowie die Kapelle, von der aus man durch einen Spalt eine Kopie der Statue des Ti im *Serdâb* sehen kann (das Original befindet sich im Kairoer Museum). Auch in der Vorhalle, den Gängen und der Kammer für die Aufbewahrung der Vorräte sind kostbare farbige Reliefs erhalten. Ti, der in der ersten Hälfte der 5. Dynastie lebte, war Inspektor der Pyramiden und Sonnentempel des Neferirkarê und Ne-user-Rê in Abusîr und Oberaufseher der „Propheten". Auffällig bei den Reliefs, die uns Szenen aus dem Alltag sowohl der hohen Würdenträger als auch des Volkes (Bauern, Handwerker, Fischer) zeigen, ist die Sorgfalt in den Details und ein darstellerischer Realismus von hohem Niveau. Sie ermöglichen es uns, die Tätigkeiten und Bräuche der Bewohner des unteren Niltals kennenzulernen sowie ihre Umwelt, die Vegetation und die Fauna dieser Gegend Nordägyptens um 2400 v. Chr. Durch eine „Bootsfahrt des Ti durch das Delta" erfahren wir, wie sich die Nilpferdjagd im Sumpf und inmitten eines Papyrusdickichts abspielte. Diese Jagd ist eines der immer wiederkehrenden Motive, das in den Lebenszusammenhang gestellt wird; später wird es zu einem rituellen Motiv und symbolisiert die Tötung von Seth (dem Bösen) durch Horus (diese Symbolik wird von den Christen bei der Darstellung von St. Georg und dem Drachen wieder aufgenommen). Sie werden oft von Inschriften begleitet, die sich für das Studium der Sprache als wertvoll erwiesen haben.

Die Pyramide des Teti. Nordöstlich des Djoser-Komplexes befinden sich die stark zerstörten Überreste, die zum Grabkomplex des Teti, des ersten Königs der 6. Dynastie, gehören. Der Grundriß der Pyramide ist ähnlich wie der des Unas. An Spuren las-

Ausschnitt aus den Reliefs der Kapelle im Grab des Mereruka: Der Grabherr steht mit dem Befehlsstab in der linken Hand und dem zusammengelegten Tüchlein in der rechten da und wohnt zusammen mit seiner (klein abgebildeten) Gattin den Spielen und Tänzen von Knaben und Mädchen bei. Die Ehefrau des Mereruka, Heri-Uatet-Chet, Sescheschet genannt, war eine Tochter des Königs Teti und Hathor-Priesterin.

sen sich die traditionellen Elemente des Verehrungstempels erkennen (Vorhalle, Hof, Säulenhalle, Saal mit den rituellen Nischen, Lagerräume), ferner eine kleine Kapelle für die Opfergaben und eine kleine Nebenpyramide. Für den Plattenfußboden und die Verkleidungen wurde Alabaster verwendet.

Etwas nördlich des Verehrungstempels befinden sich die Überreste zweier kleiner Pyramiden, von denen eine einer Prinzessin oder Königin des Teti und die andere der Mutter des Pepi I., Königin Iput, gehörte.

Die Mastaba des Mereruka. Diese Mastaba (40 × 24 m) wurde als Familiengrab konzipiert und in drei unterschiedlich große Bereiche unterteilt: für Mereruka (17 Räume), seine Frau Heri-Uatet-Chet (4 Räume) und den Sohn Meri-Teti (5 Räume). Sie wurde 1893 vom Sand freigelegt. Mereruka war „Oberaufseher über alle Arbeiten des Königs" und „Verwalter des Palastes" unter der Herrschaft des Teti (6. Dynastie). Die äußerst beachtlichen Dekorationen zeigen Szenen des täglichen Lebens, Szenen aus dem Kunstgewerbe, der Jagd, der Schlachtung von Rindern und eine sehr interessante Szene der Herstellung verschiedener Schmuckgegenstände durch zwergwüchsige Arbeiter. Im großen Saal oder der Kapelle ruht die Decke auf sechs Steinsäulen, auf jeder davon ist Mereruka abgebildet. Das Relief des „schreitenden Mereruka" auf einem Pfeiler der Kapelle ist ein schönes Beispiel der von den alten Ägyptern ange-

wandten Technik, mit der man den menschlichen Körper zweidimensional darstellte: Beine und Hüfte in Seitenansicht, der Rumpf gedreht, so daß man ihn von vorne sieht, der Kopf wieder im Profil. Im Eingang sind die Genien dargestellt, welche die Jahreszeiten verkörpern, ein in der Ikonographie des alten Ägypten recht ungewöhnliches Motiv, wie auch für diese Epoche die Szenen der Beweinung ungewohnt sind. Wichtig ist das Hochrelief des stehenden Mereruka an der Nordwand der Kapelle.

Ansicht der Kapelle mit der Grabädikula und davor ein paar Stufen sowie seitlich dem Tisch für die Opfergaben in der Mastaba des Kagemni, Wesir und Justizminister während der 6. Dynastie. An den Wänden die gewohnten Darstellungen von Trägern mit den verschiedenen Tributen für den Toten.

Die Mastaba des Kagemni. Auch sie liegt in der Nähe der Nordseite des Teti-Komplexes. Die Mastaba dieses Wesirs und Justizministers während der 6. Dynastie nimmt eine ausgedehnte Fläche ein, die nur zum kleinen Teil für die Räume benützt wird. Sie wurde um 1920 vollständig ausgegraben. Die Dekorationen an den Wänden und auf den Säulen zeigen Szenen aus dem Leben in den Sümpfen (Jagd, Fischfang, Furt), Szenen mit Rindern, Hündchen, einen Affen und Windspiele, die von einem Zwerg gehütet werden; daneben Opferszenen, Darstellungen eines akrobatischen Frauenballetts und von der Herstellung balsamischer Öle. Kagemni wird in einer Sänfte gezeigt, während er die Fischfangstellen und einen Bauernhof inspiziert.

Das Grab des Hesirê und andere Privatgräber von Sakkâra Nord. Ein ausgedehntes Areal von Sakkâra Nord wird von Privatgräbern belegt, die sich ungleichmäßig verteilen. Den beachtenswertesten Kern bilden die Mastabas aus der 5. und 6. Dynastie, aber es existieren auch eine archaische Nekropole, eine Gruppe von Gräbern aus dem Neuen Reich und eine aus der saïtischen Periode. Unter den Ziegel-Mastabas der 3. Dynastie ist die des Hesirê bemerkenswert; ihre Besonderheit ist eine innere Kapelle in Form eines Gangs, in der sich 11 Nischen mit polychromen äußeren Verzierungen befinden, die Schilfmatten nachahmen. In jeder Nische befand sich eine Holztafel mit Darstellungen des Grabherrn nach den Kanons.

An der „Gräberstraße" liegen drei 1899 entdeckte Mastabas, die hohen Persönlichkeiten unter der Herrschaft des Teti gehören: Die Mastaba des Neferseschem-Rê ist am schlechtesten erhalten, besitzt aber interessante Porträts des Grabherrn. In den Innenräumen des Grabmals des Neferseschem-Ptah finden sich neben Porträts des Grabherrn Dekorationen mit Szenen von der Jagd, mit Opferträgern, mit der Darbietung des Viehs usw. Die Mastaba des Anch-ma-Hôr wird auch das „Grab der Ärzte" genannt, weil hier zwei medizinische Szenen die Wände schmücken.

Die Mastaba el-Faraûn. Im südlichen Gebiet von Sakkâra stammt die älteste Grabanlage aus der 4. Dynastie, es ist die des Königs Schepseskaf, bekannt unter dem Namen Mastaba el-Faraûn (Bank des Pharaos).

Das ungewöhnliche Bauwerk hatte nicht die Form einer Pyramide, sondern die einer großen Mastaba, also rechteckig, verlängert von Norden nach Süden, die längeren Seiten ca. 100 m, die kürzeren ca. 73 m lang und eine Höhe von 18 m. Von der Außenverkleidung aus feinem Tura-Kalkstein existieren nur noch spärliche Reste. Ein Gang, durch den man sie betritt, führt erst nach unten, dann waagrecht bis zur Vorkammer und zur Grabkammer, die beide mit Granitplatten ausgekleidet sind. Vom Sarkophag hat man nur Fragmente gefunden, da das Grab in der Antike geplündert wurde. Zur Grabwohnung gehörten auch fünf Lagerräume; ein kleiner Totentempel vor der Ostfassade war durch eine Rampe mit einem Taltempel verbunden.

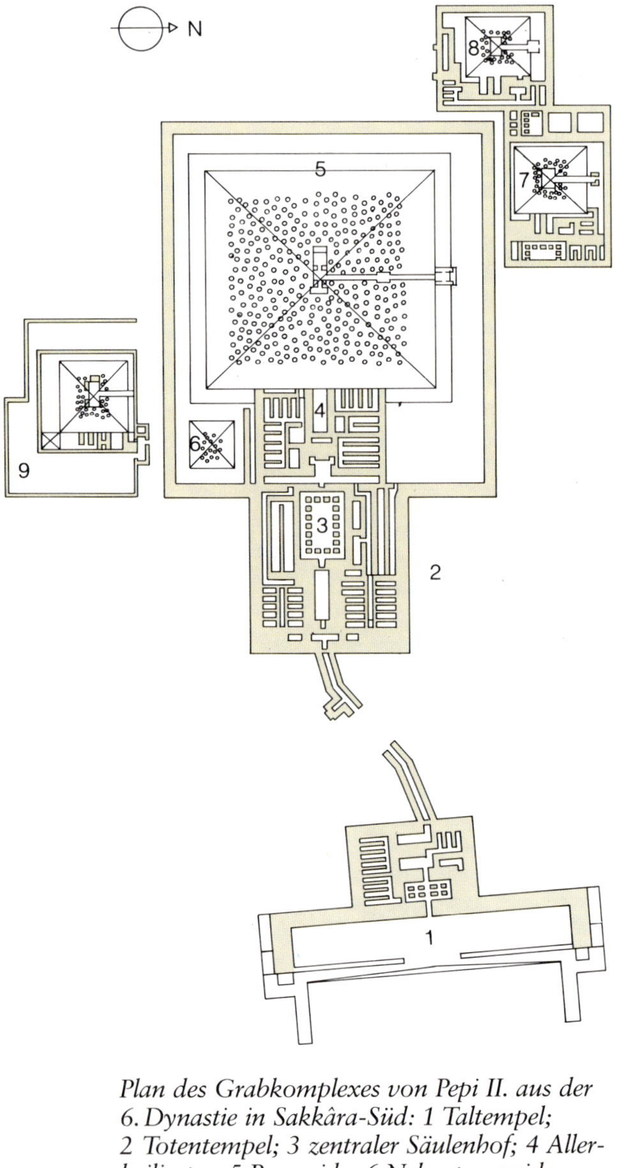

Plan des Grabkomplexes von Pepi II. aus der 6. Dynastie in Sakkâra-Süd: 1 Taltempel; 2 Totentempel; 3 zentraler Säulenhof; 4 Allerheiligstes; 5 Pyramide; 6 Nebenpyramide; 7 Pyramide der Königin Neith; 8 Pyramide der Königin Apuit; 9 Pyramide der Königin Udjebten.

Die Pyramiden von Sakkâra Süd. Westlich des Ortsgebiets von Sakkâra stehen die Pyramiden von Pepi I., Merenrê I. und Pepi II. sowie weitere kleinere. Die ersten beiden, die in großen Zügen erforscht worden sind, gehören, wie die dritte, zur 6. Dynastie und zeigen ähnliche Infrastrukturen wie die Unas-Pyramide. In ihrer Nähe, in Richtung des Palmenhains, stehen die Überreste der Pyramide des Königs Djedkarê (5. Dynastie), des unmittelbaren Vorgängers des Unas (der Komplex muß ähnlich wie der von Pepi II. gewesen sein und umfaßte auch einen Verehrungstempel, der mittels Rampe mit dem Taltempel verbunden war sowie einen Tempel der Königin). Die systematischer erforschte Grabanlage Pepis II. ist vielleicht der letzte der großen Grabkomplexe des Alten Reiches, obwohl sie gegenüber dem Unas-Komplex keine wesentlichen Änderungen im Grundriß aufweist. Die Elemente, aus denen sie besteht, sind sehr gut zu erkennen: die beiden mit einer Rampe verbundenen Tempel (Verehrungs- und Taltempel), die Vorhalle und der zentrale Hof mit Arkaden (18 Säulen, von denen die Basen nicht erhalten sind) des oberen Tempels, ein ursprünglich dekorierter Quergang, ein Saal mit fünf Nischen, die einst Statuen enthielten, verschiedene Lagerräume, die Vorkammer mit Resten von Wandschmuck, das Saktuar der Opfergaben, ein weitläufiger Saal (15 × 5,20 m) mit Resten von Flachreliefs und die Grabwohnung unter der Pyramide mit einem Eingang an ihrer Nordseite. Der Gang führt hinunter zu einer Vorhalle, die durch einen waagrechten Gang (mit mehr oder weniger gut erhaltenen Dekorationen) mit der teilweise zerstörten Vorkammer und der Grabkammer (7,90 m lang und wenig mehr als 3 m breit) verbunden ist; in letzterer sind zwei bis heute unversehrt erhaltene Wände und ein Sarkophag aus rotem Granit zu sehen. Trotz der Periode der Dekadenz, die das Ende des Alten Reichs kennzeichnet, zeigen die am besten erhaltenen Reliefs der Anlage eine äußerst sorgfältige Ausführung.

An der Südostecke des eingefriedeten Komplexes der Pyramide finden sich Überreste einer Nebenpyramide, während gleich hinter der Einfriedung die Pyramiden der Königin Apuit und der Königin Neith stehen (im Norden) sowie die der Königin Udjebten (im Süden); die vierte Königin Pepis II., Anchesen-Pepi, wurde nicht in diesem Komplex begraben. Ungefähr auf der Hälfte der Strecke, die den Taltempel (den einzig bekannten aus der 6. Dynastie) mit dem Verehrungstempel verband, sind die Überreste der kleinen Pyramide von Aba, Herrscher der I. Zwischenzeit, gefunden worden.

Die Pyramiden von Dahschûr

Dieses Gebiet bildet den südlichsten Abschnitt der memphitischen Nekropolen. Es umfaßt fünf Königspyramiden, zwei im Auftrag von König Snofru, dem Begründer der 4. Dynastie, in der Wüste aus Stein erbaut, und drei in späterer Zeit (Mittleres Reich) am Rand der Wüste erbaut, davon eine aus Stein, die anderen beiden aus ungebrannten Ziegeln.

Die Pyramide des Sesostris III. Von dieser Pyramide, die ursprünglich eine Seitenlänge von 104 m und eine Höhe von 78 m hatte, sind noch Reste vorhanden, die während einer Phase der Ausgrabungen in zwei 27 m hohe Stümpfe zerteilt wurden. Dürftige Spuren weisen darauf hin, daß der aus der 12. Dynastie stammende Bau mit feinem Tura-Kalkstein verkleidet war. Der Zugang zu den unterirdischen Räumen war – unüblich für das Alte Reich – an der Westseite vorgesehen und zwar mittels eines Schachts an der Außenseite des Monuments. Ein weiterer Schacht im Inneren des Gebäudes führte zu einem unterirdischen Gang und zu den Grabkammern von vier Prinzessinnen (hier wurde herrlicher Schmuck gefunden), die durch einen Gang miteinander verbunden waren.

Die Nordpyramide des Snofru. Pharao Snofru, der Begründer der 4. Dynastie, ließ für sich drei Pyramiden vorbereiten, die beiden in Dahschûr und diejenige in Medûm; dies beweisen die Datierungen und die Kennzeichen des Steinbruchs, die auf die Blöcke der ersten beiden Pyramiden gemalt sind sowie auf weitere aus der letzten Bauphase an der Pyramide in Medûm, die vermutlich vom letzten König der 3. Dynastie begonnen.

Man weiß nicht mit Sicherheit, welche als erste erbaut wurde: Die wohl wahrscheinlichste These ist, daß als erste die Pyramide in Medûm erbaut wurde und fast gleichzeitig die „Knickpyramide" entstand; die Änderung des Neigungswinkels der Seiten an

Ansicht der Nordpyramide des Snofru, die wegen des geringen Neigungswinkels ihrer Seiten die „stumpfe" und wegen der Farbe des lokalen Kalksteins die „rote" Pyramide genannt wird – ihre Verkleidung wurde von Dieben abgetragen, denen die sanfte Neigung ihrer Seiten den Aufstieg erleichterte. Snofrus beide Pyramiden in Dahschûr verdeutlichen den eingetretenen Wechsel in den verwendeten Baustoffen: Hier wurden Steinblöcke von mittlerer Größe eingesetzt, bei den ersten Stufenpyramiden dagegen kleine Blöcke und bei den anschließend in Gîzeh erbauten Großen Pyramiden megalithische Blöcke.

Ansicht der „Knickpyramide" in Dahschûr, eine der drei von Pharao Snofru (4. Dynastie) erbauten Pyramiden. Der Grund für die Änderung des Neigungswinkels der Seiten auf der Höhe von 50 m scheint nach einer jüngeren Hypothese darin zu liegen, daß man sich nach dem Einsturz der Pyramide von Medûm bewußt für eine Änderung dieses Neigungswinkels entschied, und zwar nicht so sehr um den Einsturz der inneren Struktur als vielmehr das Abrutschen der äußeren Verkleidung zu vermeiden.

letzterer könnte daher rühren, daß die Pyramide von Medûm noch während der Bauarbeiten einstürzte. Die Nordpyramide des Snofru wird wegen des minimalen Neigungswinkels ihrer Seiten (43° 20′) als „stumpf" bezeichnet, außerdem nennt man sie wegen der Färbung des lokalen Kalksteins die „Rote Pyramide" – es fehlt die vorgesehene Verkleidung aus weißem Tura-Kalkstein; sie mißt 220 m pro Seite und war 140 m hoch (derzeit noch 99 m). In ihrem Inneren sind drei Kammern mit Scheingewölbe im Felsmassiv der Basis untergebracht, es deuten jedoch keine Spuren darauf hin, daß der König auch hier bestattet war. Zu den Grabkammern gab es nur einen einzigen Zugang, von Norden her; derzeit ist er wegen des Sands unpassierbar.

Die Südpyramide des Snofru. Sie wird „Knickpyramide" genannt, weil die Seiten auf fast halber Höhe eine starke Änderung im Neigungswinkel erfahren; diese Pyramide hatte ursprünglich eine Seitenlänge von 188 m und erreichte eine Höhe von 105 m (derzeit 97 m). Sie stellt eine Art Zwischentypus zwischen der Stufenpyramide und der echten Pyramide dar; die recht gut erhaltene äußere Steinverkleidung läßt ahnen, wie sich die Pyramiden den Menschen damals darboten. Das Innere weist die Besonderheit von zwei Grabkammern auf, die voneinander unabhängig sind und im rechten Winkel zueinander stehen; zu diesen führten zwei verschiedene Eingänge, einer an der Nordwand der Pyramide, der andere an der Westwand. Von den beiden Grabkammern ist eine in den Fels gehauen, die andere befindet sich im Baukörper auf Erdgeschoßhöhe. Von geringer Bedeutung sind die Reste der Bauten, die innerhalb des von der Umfassungsmauer eingefriedeten Komplexes liegen, sowie die des Taltempels. Letzterer war rechteckig (47 × 26 m), erbaut aus Tura-Kalkstein, hatte einen Eingang im Süden, einen Hof mit zwei großen Stelen und drei getrennte Bereiche: einen mit fünf Kammern (die mittlere mit Flachreliefs ausgeschmückt), der zweite war der zentrale Innenhof und der dritte die tatsächliche Kultstätte. Eine aufsteigende Rampe aus Kalkstein verband den Taltempel mit der Umfassungsmauer. Östlich der Pyramide finden sich die Reste eines kleinen Totentempels, südlich die einer Nebenpyramide.

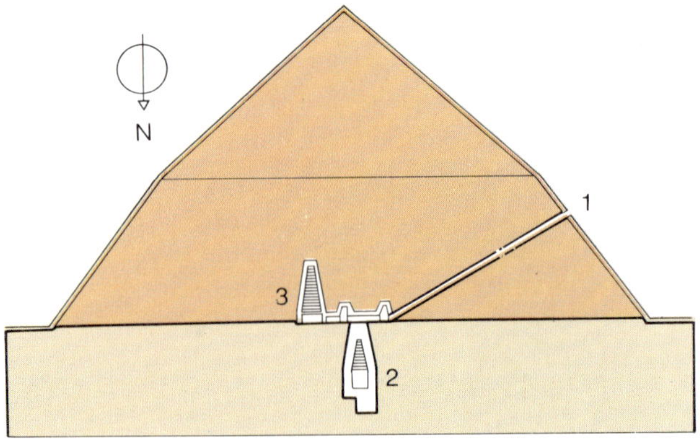

Westost-Schnitt der Südpyramide des Snofru, genannt „Knickpyramide", in Dahschûr: 1 Westeingang; 2 untere Kammer, vom Nordeingang zugänglich; 3 obere Kammer.

Die Pyramiden des Amenemhêt II. und Amenemhêt III. Es handelt sich um zwei heute stark verfallene Pyramiden, welche diese beiden Pharaonen der 12. Dynastie errichten ließen. Im Bereich der Pyramide des Amenemhêt II. (weiter nördlich als die andere aus Stein gebaute) wurden die Gräber der beiden Prinzessinnen Chnemet und It wiedergefunden sowie als Grabbeigaben kostbare Schmuckstücke (insbesondere zwei Kronen der Chnemet, Meisterwerke der ägyptischen Goldschmiedekunst), die sich jetzt im Kairoer Museum befinden. Die Pyramide des Amenemhêt III., im Vergleich zur ersterwähnten aus ungebrannten Ziegeln gebaut, ist immer noch mehr als 30 m hoch, und von ihrer jetzigen Spitze (das „Pyramidion" aus Granit, also die aufgesetzte Spitze, wird im Kairoer Museum aufbewahrt) genießt man einen schönen Ausblick über Land und Wüste. Ihre Seitenlänge mißt 100 m und ihre unterirdische Anlage ist recht komplex; der Zugang dazu befand sich außerhalb der Pyramide. Innerhalb der Grabanlage wurden in einem der Gräber der königlichen Familie weitere Schmuckstücke entdeckt, die sich heute im Kairoer Museum befinden, sowie das Grabmal eines Königs mit Namen Horus mit einer kostbaren Holzstatue, auch sie heute im Kairoer Museum.

Die Komplexe von Lischt und Medûm

Fährt man auf der Straße oder mit der Eisenbahn am Westufer des Nils flußaufwärts in Richtung Mittelägypten, trifft man auf die Ausgrabungsgebiete von Lischt, einem Dorf 60 km von Kairo entfernt in der Nähe des alten Iztaui, der Hauptstadt der 12. Dynastie, und von Medûm, einem Dorf 83 km von Kairo entfernt. In ersterem stehen die Ruinen zweier Pyramiden der 12. Dynastie und verschiedener Mastabas, das zweite ist bekannt für den Grabkomplex des Pharao Snofru (ca. 2600 v. Chr.) und zwei große, zu Beginn der 4. Dynastie errichtete Mastabas.

Die Pyramiden des Amenemhêt I. und des Sesostris I. Die Pyramide, die der Begründer der 12. Dynastie erbauen ließ, ist heute zu einem Berg Schutt verfallen, von ihrem

Die Pyramide von Medûm, die wahrscheinlich vom letzten Pharao der 3. Dynastie, Huni, begonnen und vom Begründer der 4. Dynastie, Snofru, vollendet wurde, ist das Resultat dreier aufeinanderfolgender Bauabschnitte. Am Rande des Kulturlands steht sie einsam in der Wüste und trägt zu einem besonders suggestiven Landschaftsbild bei, auch weil sie gewöhnlich von den Touristenströmen nicht erreicht wird. Der Hügel, auf dem sie ruht, ist wahrscheinlich aus dem Schutt des eingestürzten Teils gebildet.

Grabkammer der teils in den Fels gehauenen Pyramide von Medûm. Die Kammer blieb unvollendet und wurde nie benutzt, wie die unbearbeiteten vorspringenden Kalksteinplatten beweisen. Auch die Pyramide und der ganze Komplex selbst wurden nie fertiggestellt; darauf deuten auch die beiden im Totentempel gefundenen Stelen, die unbeschrieben geblieben sind.

Totentempel blieben nur wenige Spuren. Sie war kleiner als die des Sesostris I. und wurde nach der gleichen Methode errichtet, die später bei der Pyramide von Amenemhêt in Dahschûr angewandt wurde.

Der Grabkomplex des Sesostris I. wurde 1882 von Maspéro ausfindig gemacht, und in der ersten Hälfte des 20. Jahrhunderts führte man mehrere Ausgrabungskampagnen durch. Wegen eindringenden Wassers gelang es aber nicht, die Grabkammer zu erreichen. Die Pyramide hatte ursprünglich eine Seitenlänge von 107 m und war 61 m hoch. Die Bauweise des Eingangs war neu: Man betrat die Pyramide in den Innenräumen durch den Fußboden einer Kapelle an der Nordseite. Sie besitzt zwei Einfriedungen: eine aus Tura-Kalkstein, welche die kleine Nebenpyramide mit einschließt sowie das Saktuar der Opfergaben und die Kammer mit ihren fünf Nischen, in denen ebensoviele Statuen standen, die andere aus ungebrannten Ziegeln, welche den Vorbau des Tempels mit seiner Vorhalle, den Arkadenhof und neun kleine Pyramiden der Angehörigen des Pharaos umfaßt. Von der Rampe zum Taltempel sind dürftige Spuren vorhanden.

In der zweiten Einfriedung wurde ein Versteck mit zehn Statuen des Königs entdeckt; sie befinden sich heute im Kairoer Museum. Weitere sechs Statuen des Königs in Osirisgestalt wurden in der Nähe der Vorhalle gefunden.

In der Umgebung des Komplexes liegen verschiedene Mastabas bedeutender Persönlichkeiten und Zeitgenossen des Sesostris I.; beachtenswert besonders das Grab des Senusretanch (Hohepriester des Ptah in Memphis und Architekt des Königs) wegen der Reliefs in der Grabkammer, die in Hieroglyphenschrift die Pyramidentexte wiedergeben.

Die Pyramide von Medûm. Es handelt sich um das dritte Grabmonument des Pharaos Snofru (die anderen beiden befinden sich in Dahschûr) und auch dieses stammt aus dem 26. Jahrhundert v. Chr. Auf einem Berg aus Schutt stehend, wirkt die Pyramide heute wie eine Art dreistöckiger Wachturm. Dies entspricht ganz offensichtlich nicht dem ursprünglichen Erscheinungsbild. Nach einem ersten Bauentwurf als Stufenpyramide (sieben Stufen) mit einer Seitenlänge von ca. 110 m und einer Höhe von 67 m gebaut, wurde sie in einer zweiten Phase durch Aufsetzen einer weiteren Stufe vergrößert und damit um ca. 14 m erhöht. In der dritten Bauphase begann man damit, das Gebäude in eine wirkliche Pyramide zu verwandeln, indem man die Stufen ausfüllte und die einzelnen Seiten mit großen Kalksteinplatten verkleidete. Die Seitenlänge an der Basis wuchs damit auf 146 m und die geplante Höhe auf 75 m, aber man kam nur bis zu einer Höhe von 60 m, dann stürzte die Pyramide ein. Das geschah vermutlich, weil der letzte (dritte) Teil nicht wie der erste und zweite auf felsigem Grund ruhte, sondern auf Sand: der vermeintliche Hügel, auf dem die Pyramide heute steht, ist wohl nichts anderes als der vom Wüstensand bedeckte Schuttberg des eingestürzten Teils. Seit mehr als einem Jahr sind Ausgrabungen im Gange, um den „Hügel" vom Sand freizulegen. Der Zugang zum nach unten führenden Gang (57,85 m lang) befindet sich an der Nordseite, 18 m überhalb der Basis. Der Gang führt zu zwei Vorkammern, aus der weiter innen gelegenen steigt man zur Sarkophag-Kammer (5,90 × 2,65 m) hinauf, die auf Höhe des Erdgeschosses aus Kalksteinblöcken gebaut ist. An der Ostseite befindet sich eine kleine Totenkapelle, die man 1891 fast unversehrt entdeckt hat: Sie wird aus nur zwei parallelen Räumen gebildet, die sich zu einem kleinen Hof öffnen, wo ein kleiner Opfertisch steht, der von zwei 4,20 m hohen, unbeschrifteten Stelen eingerahmt ist. Eine rechteckige Umfassungsmauer aus Stein umschloß die Pyramide: Spuren davon und ein paar Überreste sind noch erhalten. Ausgrabungsarbeiten aus jüngerer Zeit haben den Anfang einer Rampe ans Licht gebracht, die zum Taltempel führte, der jetzt von Sand und Palmenhainen bedeckt ist.

Wenig mehr als einen halben Kilometer nördlich der Pyramide befinden sich die Überreste zweier großer Mastabas vom Beginn der 4. Dynastie, die des Nefermaat (des vermutlichen Architekten der drei Pyramiden Snofrus) und seiner Ehefrau Itet sowie die des Rahotep und seiner Frau Nofret (in dieser wurden die beiden bekannten bemalten Kalksteinstatuen des Prinzen Rahotep und der Prinzessin Nofret gefunden, die sich heute in Kairo befinden). Die Bedeutung der beiden Mastabas rührt auch von ihrer Ausschmückung mit Flachreliefs und Wandmalereien in der Kapelle und den Gängen her, von denen sich heute ein Teil im Kairoer Museum und ein weiterer Teil in verschiedenen Museen befindet.

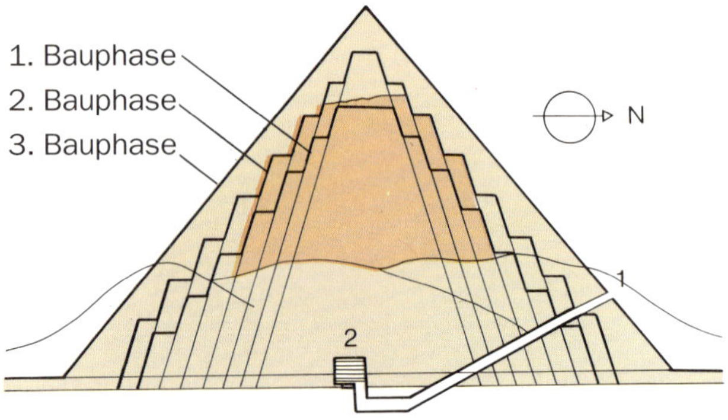

Querschnitt der Pyramide von Medûm, welcher die drei Bauphasen verdeutlicht: 1 Eingang; 2 Grabkammer.

Die Oase Fayûm

Wenig mehr als 100 km südwestlich von Kairo gelegen, ist das Fayûm eine der größten und schönsten Oasen Ägyptens. Fruchtbar gemacht durch den Bahr Jûsuf – er speiste einst einen ausgedehnten See, der jetzt auf eine Fläche von etwa 200 km^2 reduziert ist (der Karûn-See) – ist dieses Gebiet interessant wegen der Schönheit seiner üppigen Landschaft mit den großen Wasserrädern, seinen eigentümlichen Taubenhäusern, dem Reiz seiner vorgeschichtlichen Zeugnisse und der archäologischen Monumente. Urbar gemacht und kultiviert wurde es von den Pharaonen der 12. Dynastie beginnend mit Amenemhêt I. und Sesostris I., die den Bezirk verwaltungsmäßig organisierten und die ersten Kanalisierungsarbeiten durchführen ließen, bis zu Sesostris II., der seine Residenz nach Illahûn verlegte, und Amenemhêt III., der das Gebiet zur Kornkammer Ägyptens machte. Später wurde das Fayûm für die Könige der 18. Dynastie Ort der Sommerfrische und Jagd. In ptolemäischer Zeit erreichte die Oase dank der Fruchtbarmachung neuer Landstriche durch geeignete Bewässerung ihre wirtschaftliche Blüte.

Nach den jüngeren Theorien von Louis und Richard Leakey ist menschliches Leben erstmals in Afrika aufgetreten (und nicht im Orient) und in Ägypten erstmals in der

Ansicht der Pyramide des Amenemhêt III. in Hauwâra. Dieser Pharao der 12. Dynastie, dem die landwirtschaftliche Nutzung des Fayûm zu verdanken ist, wollte in dieser Oase begraben werden, obwohl er sich vorher eine andere Pyramide in Dahschûr hatte bauen lassen. Sowohl die Pyramide als auch der Totentempel, den Herodot mit dem Namen „Labyrinth“ bezeichnet, sind heute stark verfallen.

Ein Grab der bürgerlichen Nekropole, die sich nördlich der Pyramide des Amenemhêt III. in Hauwâra erstreckt.

Senke des Fayûm. Aufgrund ihrer Studien lehnen sie die Theorie ab, alle Fossilien müßten in geordneter Evolution katalogisiert werden und behaupten hingegen, daß „wahrscheinlich in der Gegend des ägyptischen Sees im Fayûm ein Vormensch, ein Vorgorilla, ein Vorschimpanse und ein Vorgibbon zusammen gelebt haben", also Primaten der Untergruppe Anthropoiden, Vorfahren des Menschen.

Berühmtes Erzeugnis des örtlichen Handwerks sind die runden Wasseramphoren.

Die Funde des Fayûm

Das Umland ist reich an Ausgrabungsfeldern, die eigentlich über das ganze Territorium der Oase verteilt sind. Hier haben die Pharaonen der 12. Dynastie monumentale Spuren ihrer Reiche hinterlassen, und hier entstanden später zahlreiche Siedlungszentren aus der ptolemäischen Periode. Erinnert werden muß auch daran, daß von hier die „Fayûm-Terrakotten" stammen sowie die berühmten „Mumienporträts" des Fayûm, die in den ersten Jahrhunderten des volkstümlichen Zeitalters auf den Mumien angebracht wurden und heute in den Museen der ganzen Welt verstreut sind. Beträchtlich ist auch der Beitrag zur Kenntnis der griechisch-römischen Zeit gewesen, geliefert durch zahllose Papyri, die aus den Ruinen der alten Bauwerke von Krokodilopolis, dem alten Tebtynis bei Umm el-Breigat, und in Kôm Auchim (dem alten Karânis) gewonnen werden konnten.

Bedeutsame Reste von Tempeln aus ptolemäischer Zeit sind in Dîme erhalten, in Kôm Auchim (zwei Heiligtümer aus Stein), in Kasr Karûn (siehe unten), in Tebtynis und in der einen oder anderen weniger leicht erreichbaren Ortschaft. Funde der 4. Dynastie gibt es in Kasr es-Sâgha: Sie beweisen die Existenz eines rechteckigen Tempels (21 m die Fassade und 8,60 m Seitenlänge) aus Kalksteinblöcken mit Sälen und Nebenräumen, von denen man jedoch nicht weiß, wie sie genutzt wurden.

Der Tempel von Krokodilopolis. Unmittelbar nordwestlich der Hauptstadt des Verwaltungsbezirks, der Stadt Medînet el-Fayûm (wo im übrigen die kostbare Moschee der Prinzessin Ashil Bay aus dem ausgehenden 15. Jahrhundert steht), dehnen sich die Ruinen des alten Schedît aus, des Zentrums des Gottes Sobek, von den klassischen Autoren Krokodilopolis genannt und von Ptolemaios II. Philadelphos seiner Frau Arsinoë gewidmet. Von der Stadt, die offenbar eine Fläche von 200 ha einnahm und von Strabo noch 24 v. Chr. besucht worden war, ist nichts übriggeblieben als ein paar kleine Schutthügel und dürftige Spuren einiger Monumentalbauten, darunter eines vor der 12. Dynastie errichteten Tempels, den Ramses II. wiederaufgebaut und Sobek geweiht hatte (dieser Gott der Wasser, Namensgeber der 12. Dynastie, wurde als Krokodil dargestellt). Erhalten sind Teile von Papyrussäulen aus rosa Granit aus einem Saal, Reste einer Statue ohne Kopf sowie spätere Architekturfragmente. In den Ruinen hat man Papyri aus griechisch-römischer Zeit gefunden, außerdem eine große Zahl Statuetten und Lampen aus Terrakotta. Neben dem Tempel lag ein kleiner See, wo das dem Sobek geweihte heilige Krokodil gezüchtet wurde.

Ebenfalls in der Region von Medînet el Fayûm, 3 km südwestlich der Stadt, steht auf dem Land in der Nähe des Dorfes Abgig der Granitobelisk des Sesostris I. (12,60 m hoch). Der Pharao ist als König des Südens und des Nordens dargestellt.

Der Tempel von Medînet Mâdi. Bei Ausgrabungen, die eine Gruppe Archäologen von der Mailänder Universität am Fuße des Gebel Medînet Mâdi (32 km von Fayûm entfernt) durchführte, kamen zum Teil die Überreste des von Amenemhêt III. und von seinem Sohn Amenemhêt IV. errichteten Tempels ans Licht. Der gepflasterte Prozessionsweg, der mit den Statuen zweier kauernder Löwen beginnt und zu beiden Seiten weiter von Sphingen (teils mit Sand bedeckt) begleitet wird, führt nach Süden zu einem Kiosk mit acht Säulen, der an zwei gegenüberliegenden Seiten offen ist, um die Prozession durchzulassen. Im Norden befindet sich eine große Vorhalle, die in den eigentlichen Tempel mündet, den einzig bekannten aus der 12. Dynastie. Er hat einen rechteckigen Grundriß mit Langseiten zu 9,70 m und umfaßt einen kleinen Säulensaal, dessen Dach von zwei Papyrussäulen gestützt wurde, sowie ein Allerheiligstes mit drei Zellen, von denen die in der Mitte die breiteste ist. Später, in ptolemäischer Zeit, wurde

Gegenüberliegende Seite: Frauenproträt aus dem Fayûm, gemalt im 2. Jahrhundert n. Chr. und heute im Pariser Louvre. Als man diese herrlichen „Mumienporträts des Fayûm" entdeckte (Ende des 19. Jahrhunderts), nahm man an, sie stellten Mitglieder des ptolemäischen Königshauses dar; es handelt sich aber tatsächlich um Porträts von Privatleuten, die mit Wachsfarben auf Holz gemalt wurden und die man auf das Gesicht des einbalsamierten Verstorbenen legte und mit den Binden, in die der Körper gewickelt wurde, befestigte. Dieser Brauch knüpft ursprünglich an die pharaonische Tradition der Totenmasken an, beispielsweise an die Maske von Tut-ench-Amun.

ein weiteres Allerheiligstes hinzugefügt und der auf Renenutet und Sobek beschränkte Kult auch auf Anubis ausgedehnt. Im Jahre 1977 hat ein Archäologenteam der Universität Pisa in der hellenistischen Nekropole Marmuthis-Medînet Mâdi ein bedeutendes Grabmal aus ptolemäischer Zeit entdeckt.

Sockel eines der beiden verlorengegangenen Kolosse von Biahmu. Nach Meinung von Archäologen müssen die Statuen etwa 12 m hoch gewesen sein. Leider sind von allen im Fayûm errichten Monumenten nur dürftige Spuren erhalten: von Interesse sind dagegen die kleineren Funde, die heute in verschiedenen Museen ausgestellt sind.

Die Pyramide von Hauwâra. Die Überreste dieser Pyramide des Königs Amenemhêt III. (12. Dynastie) befinden sich 9 km südwestlich von Medînet el-Fayûm: Die Pyramide ist das zweite Grabmonument dieses Herrschers (das andere befindet sich in Dahschûr), der hier bestattet wurde. Gebaut aus ungebrannten Ziegeln mit Steinverkleidung, hat sie eine Seitenlänge an der Basis von 100 m und weist in ihrem Inneren, zu dem der Besucher derzeit keinen Zugang hat, eine Reihe von Stollen und Sperren auf; die Grabkammer ist am Ende eines Schachts in der Mitte der Pyramide ausgespart und zwar im Fels, der hier aus einem monolithischen Quarzitblock besteht (6,70 × 2,50 m, 1,85 m hoch), dessen Gewicht auf über 100 Tonnen geschätzt wird. Über dem Raum liegt eine Vorrichtung aus zwei Entlastungskammern und einem mächtigen Bogen aus Ziegeln, um vom Druck zu entlasten und gleichzeitig die Struktur der Pyramide zu festigen. Als Petrie Anfang des letzten Jahrhunderts die Pyramide erforschte, war der Sarkophag aufgebrochen. Südlich der Pyramide stehen Reste des Verehrungstempels, des von Herodot beschriebenen „Labyrinths", wo man einige Statuen fand, darunter das Sitzbildnis des Königs Amenemhêt III., das sich heute im Kairoer Museum befindet. Im Jahre 1956 wurde 2 km weiter südlich das Grabmal der Prinzessin Nofru-Ptah gefunden, der Tochter des Pharaos, von der man bisher angenommen hatte, sie sei in einem Sarkophag neben dem ihres Vaters in der Pyramide bestattet gewesen.

Die Pyramide von Illahûn. Diese Pyramide, die 19 km südöstlich von Medînet el-Fayûm steht, ließ Sesostris II. um eine kleine felsige Erhebung (12 m hoch) herum errichten; die Wände wurden aus ungebrannten Ziegeln in Feldern hochgezogen, die Seitenlänge an der Basis betrug ursprünglich 107 m. Die Verkleidung bestand aus weißem Kalkstein. Das Innere weist eine komplexe Struktur mit Schächten, Kammern, Gängen und Stollen auf, die in verschiedene Richtungen führen. Der Eingang wurde auf die Südseite gelegt. In der mit Granitplatten ausgekleideten Grabkammer wurden ein prächtiger roter Sarkophag und ein Alabasteraltar für die Opfergaben gefunden. Die Reste des kleinen, daran anschließenden Totentempels befinden sich auf der Ostseite. Im Norden der Pyramide, innerhalb der Einfriedung, liegen verschiedene Mastabas und die kleine Pyramide der Königin, während sich zur Südseite hin drei Schächte befinden (zusätzlich zu dem, der in die Pyramide führt), an deren Ende die Gräber der Prinzessinnen liegen: Im Grab der Prinzessin Sit-Hathor-Iunet (der Tochter des Pharaos) wurde herrlicher Schmuck gefunden (derzeit teils im Metropolitan Museum in New York und teils im Kairoer Museum), ferner Kanopen und Krüge. Rings um die Pyramide liegen jenseits der Einfriedung zahlreiche Gräber der 12. Dynastie, viele davon wurden in späterer Zeit wiederbenutzt.

Von großem Interesse sind schließlich, 1 km weiter nördlich, die Überreste einer kleinen Stadt (Hetep-Senusret), die für die Arbeiterschaft und für die Beamten gebaut wurde, die mit dem Bau der Pyramide des Sesostris II. beschäftigt waren; sie ist umgeben von einer Umfassungsmauer von etwa 1600 m. Bei den Überresten dieser Siedlung, die von einem rechtwinkligen Straßennetz durchzogen wird, lassen sich ein Viertel für die Arbeiter und eines für die Beamten und Würdenträger erkennen: Ersteres hatte aneinandergebaute Häuser mit zwei oder drei Räumen sowie eine Küche und sanitäre Anlagen, während das zweite von den Häusern der Arbeiter durch eine Mauer getrennt war und aus acht sehr viel größeren Häusern mit zahlreichen Wohnräumen bestand; ferner gehörten dazu Räume für die Verwaltung und ein kleiner Tempel, aus dessen Archiven eine Reihe von Papyri herstammen, die sich als wertvoll für die Kenntnis der Tempel der 12. Dynastie erwiesen. Aus den Ruinen dieser Siedlung konnten ferner viele Gegenstände des täglichen Lebens geborgen werden.

Die Kolosse von Biahmu. In Biahmu, 8 km nördlich von Fayûm, stehen auf freiem Feld die Sockel, auf denen einst zwei Kolossalstatuen aus Sandstein des Königs Amenemhêt III. ruhten. Nach Schätzung von Archäologen müssen die Statuen 12 m hoch gewesen sein. Außer diesen 8 m hohen Sockeln sind nur noch Spuren eines Teils der

Mauer erhalten, die den ganzen Komplex einfriedete; zu der Anlage gehörte auch ein Tempel, von dem nichts erhalten ist. Anscheinend stand eine Statue, wenn auch in schlechtem Zustand, im 17. Jahrhundert noch an ihrem Platz. Von ihrer Existenz hat man aus einer Stelle bei Herodot erfahren; er sah die beiden Statuen schon aus der Ferne, sie ragten zur damaligen Zeit aus den Wassern des Karûn-Sees empor.

Der Tempel von Kasr Karûn. Nur wenig südlich der Westspitze des Karûn-Sees und schon auf dem Wüstenplateau stand in ptolemäischer Zeit die Stadt Dionysias, von der noch Ruinen und ein Tempel aus später Epoche vorhanden sind; letzterer ist recht gut erhalten, trotz eines Querrisses, der fast sicher auf einen Erdstoß zurückzuführen ist. Dem Tempel fehlen einige traditionelle Elemente wie etwa der Pylon, der Hof und der Säulensaal; er reduziert sich auf ein rechteckiges Allerheiligstes (ca. 30 × 20 m) von etwa 10 m Höhe. Die Innenräume sind auf zwei Geschosse verteilt: in der dritten Kammer im Erdgeschoß befindet sich eine Kapelle, die mit drei Nischen endet, deren mittlere war für die Verehrung des heiligen Krokodils bestimmt. Zwei Treppen führen ins Obergeschoß, wo sich der Zeremoniensaal befand (vielleicht unter freiem Himmel), an dessen Rückwand das einzige Relief des Tempels erhalten ist.

Wiederkehrende Motive im Wandschmuck oberhalb der großen Türen sind auch hier die geflügelte Sonnenscheibe und die heiligen Kobras (Uräen), letztere finden sich auch in den Cellae. Räume und Treppen erhalten ihr Licht von außen durch eine Art kleiner Fenster, die unregelmäßig in die Mauern gesetzt wurden. In der Außenanlage verband der Prozessionsweg den Tempel mit einem Pavillon, einem typischen Element der ptolemäischen Epoche. Die Siedlung von Dionysias hatte anfangs eine regelmäßige Viereckform, sie dehnte sich dann mit dem byzantinischen Viertel nach Westen aus, wo sich eine Festung aus dem 6. Jahrhundert v. Chr. befindet, die aus Ziegeln gebaut wurde und 4 m dicke Ecktürme und Wandmauern hat.

Ansicht der Pyramide von Illahûn, die Sesostris II., Herrscher der 12. Dynastie, errichten ließ. Durch das Fehlen der äußeren Steinverkleidung ermöglicht sie einen Einblick in die Bautechnik und das eingesetzte Material (ungebrannte Ziegel). Der während der Ersten Zwischenzeit ausgesetzte Bau von Pyramiden wird mit dem ersten König dieser Dynastie wiederaufgenommen und bis zum Ende der Dynastie fortgeführt. Für den Bau dieser Pyramide war eine Siedlung (Hetep-Senusret) für die Handwerker und die eingesetztenn Beamten errichtet worden: Aus ihren Ruinen konnte man die Merkmale dieser Siedlung rekonstruieren, eines der seltenen Beispiele für die Privatbauten des alten Ägypten.

Mittelägypten

> **Die Lehre des Cheti**
> *Zusammenfassender Auszug aus der* Lehre des Cheti *aus dem Mittleren Reich, einer satirischen Beschreibung der Nachteile, welche die einzelnen Berufe mit sich bringen. Diese Literaturgattung hat später im Neuen Reich großen Erfolg. Die* Lehre des Cheti *ist für seinen Sohn Pepi bestimmt, der vor dem Eintritt in die Schule der Königsresidenz, damals in Iztaui in Mittelägypten, steht; sie soll ihn anspornen, den Beruf des Schreibers zu erlernen, und stellt die Nachteile der anderen Berufe heraus. „Der Schlosser ... stinkt stärker als Fischeier. Der Zimmermann ... ist müder als der Erdarbeiter. Der Barbier rasiert bis spät in den Abend hinein ... Dem Schafhirten ... haben Stechmücken und Bremsen zugesetzt. Der Töpfer steckt im Schlamm ... der Schlick besudelt ihn mehr als ein Schwein. Der Maurer ... steht immer im Zug, der Gärtner trägt das Joch ... auf seinem Nacken hat er eine große Pustel. Der Bauer beklagt sich ewig ... ihm geht es so gut, wie es einem unter Löwen geht. Dem Weber ... geht es schlechter als einer Frau (während der Entbindung), seine Knie berühren den Magen, er bekommt keine Luft mehr. Der Bote geht in die Wüste, nachdem er seine Güter auf die Kinder übertragen hat, weil er Angst vor Löwen und Asiaten hat. Dem Schuhmacher .... geht es so gut, wie es einem unter Leichen geht, er kaut Leder. Der Wäscher wäscht am Ufer: Sein Nachbar ist das Krokodil. Der Fischer ... lebt mitten unter Krokodilen: ... er steigt ins gefährliche Wasser und sagt, ‚der Wille Gottes geschehe'."*
> *(Aus* Letteratura e poesia dell'antico Egitto *von Edda Bresciani)*

Südlich des ausgedehnten Deltagebiets bis zum Verwaltungsbezirk Assiut erstreckt sich Mittelägypten, das Schätze aus den verschiedenen alten Kulturen, die hier einander ablösten, zu bieten hat und einen Besuch verdient, auch wenn dieser gewöhnlich nicht in den großen traditionellen Reiserouten der Touristikunternehmen enthalten ist. Fährt man flußaufwärts am Nil entlang, kommt man in die Provinz Beni Suêf und durch schöne, abwechslungsreich bebaute Kulturlandschaften mit Baumwoll- und Zuckerrohrfeldern. Der Nil ist von Kairo bis Assuan in Oberägypten schiffbar (dort befindet sich dann der erste Katarakt), also durch ganz Mittelägypten hindurch.

Bevor man den ca. 130 km von Kairo entfernten Verwaltungsbezirk Minia (siehe unten) erreicht, stehen zur Linken des Flusses die Ruinen von Herakleopolis Magna, der Hauptstadt der Dynastien 9 und 10, mit dürftigen Überresten des dem Harsaphes geweihten Tempels und Grabmälern vom Ende des Alten Reiches und aus dem Neuen Reich; weiter oben, etwa 20 km von Biba, trifft man auf Deshasa, das etwa hundert Grabstätten in Form von Mastabas oder unterirdischen Gruften aufweist, die aus dem ausgehenden Alten Reich stammen; zwei davon, das Grabmal des Teti und das des Anta, sind besonders bemerkenswert wegen ihrer Wandreliefs (im Grabmal von Anta wird die Erstürmung einer Festung in Vorderasien gezeigt).

Der Verwaltungsbezirk Minia. Die zahlreichen und bedeutsamen archäologischen Zentren dieser Provinz sind über die Ufer des Nils oder in den beiden Wüsten verstreut, die an den Fruchtlandstreifen angrenzen. Minia, die Hauptstadt, liegt am rechten Ufer des großen Flusses, 247 km von Kairo entfernt, und ist Ausgangsbasis für zahlreiche interessante Exkursionen. In Mallaui gibt es ein interessantes kleines Museum mit Altertumssammlungen aus den benachbarten archäologischen Fundstellen; sie reichen aus der vorgeschichtlichen Zeit bis zur Eroberung durch die Araber: Statuen in Stein und Bronze, Holzsarkophage, Vasen und Krüge aus Keramik und Alabaster, Schmuck und Münzen der ptolemäischen Zeit.

Im Norden von Minia sind die Ruinen der Stadt Het-Benu (bei El-Fashn, am rechten Nilufer) von Bedeutung, die aus der 21. Dynastie stammen; die Stadtmauern sind gut erhalten, ebenso die Überreste des Tempels der Pharaonen Scheschonk I. und Osorkon I. aus der 22. Dynastie – hier treten erstmals in der Geschichte der ägyptischen Architektur die Mauern zwischen Säulen an der Fassade auf, die später zu einem Merkmal der ptolemäischen Architektur werden; sehenswert sind außerdem die Ruinen von El-Behnêsa und seines späten Friedhofs am Westufer des Bahr Jûsuf. Sie befinden sich an der Stelle des alten Oxyrhynchos. Die Stadt erlebte dann in christlicher Zeit und im 5. Jahrhundert eine Blütezeit und beherbergte anscheinend bis zu 20 000 Mönche; hier wurden bedeutende griechisch-römische Papyri gefunden. Ebenfalls im Norden liegen, am rechten Nilufer, der ursprüngliche Standort der Stadt Hardai, das Kynopolis der Griechen, was einige Schachtgräber zeigen, die mumifizierte Hunde enthalten, sowie die Ruinen zweier römischer Tempel, in Tihna el-Gebel, etwas südlich davon eine Felsnekropole der 5. Dynastie, bekannt unter dem Namen ihres Entdeckers, Fraser (Fraser-Gräber). Im Südosten von Kolosna befindet sich in El-Serirîje eine Kapelle aus der 19. Dynastie; sie ist der dort abgebildeten Göttin Hathor geweiht. Weiter südlich liegt das koptische Kloster Deîr el-Bukra oder Deîr el-Adrah. Südlich von Minia, am Ostufer, dehnt sich die archäologische Ausgrabungszone von Beni Hassan aus.

Ansicht des ausgedehnten Ausgrabungsbezirks zu Füßen des Gebel el-Their, in dem sich zahlreiche in den Fels gehauene Gräber befinden, die aus griechisch-römischer Zeit und aus dem Alten Reich stammen, sowie die vermutlichen Überreste der griechischen Stadt Akoris.

Die Nekropole von Beni Hassan. Mit dem allmählichen Prozeß der Dezentralisierung der Macht im Mittleren Reich wuchs die Autorität derjenigen lokalen Familien, von denen ein Mitglied mit der Verwaltung eines Gaus beauftragt war. Dies führte dazu, daß die Gaufürsten, im Wettstreit mit dem Pharao persönlich, sich reiche Grabmäler erbauen ließen wie etwa die in der Nekropole von Beni Hassan, die aus den Dynastien 11 und 12 (2133–1786 v. Chr.) stammen und dicht nebeneinander in den Fels gehauen sind. Es gibt 39 solcher sogenannten „Felsgräber"; ein jedes hat eine Grabkammer am Ende eines Schachts, sie unterscheiden sich aber in drei Typen: mit einer oder mehreren säulenlosen Kammern; mit einem großen Saal und an dessen Rückwand zwei oder drei Reihen aus dem Felsen ausgesparte Bündelsäulen mit Lotosknospenkapitell; mit Vorhalle und Saal mit polygonalen, kannelierten, sogenannten protodorischen Säulen, weil sie um mehr als ein Jahrtausend die Merkmale dieser griechischen Säulen vorwegnehmen. Die Innenräume sind mit autobiographischen Texten geschmückt sowie mit Szenen sportlicher Wettkämpfe, häuslichen Lebens (Arbeit auf dem Feld, Fischfang, Kinderspiele, Tanz) und Szenen aus dem militärischen Leben (ein bis dahin noch nicht behandeltes Sujet). Sehenswert sind die vier Hauptgräber: das von Cheti, das von Baket III., von Chnumhotep III. und von Amenemhêt.

Das erste Grabmal, das des Cheti, der während der 11. Dynastie Gaufürst des Gaus Orys gewesen war, besteht aus einer einzigen Kammer mit sechs Lotosbündelsäulen (zwei davon sind erhalten). Die Rückwand ist mit Szenen von Ringkämpfern in verschiedenen Stellungen geschmückt; ihr Stil dokumentiert das Bestreben der Ägypter, die verschiedenen Bewegungen wie bei einer Filmsequenz gleichzeitig darzustellen; gezeigt werden Szenen aus dem Leben und militärische Ereignisse. An der Nordwand

finden sich Bilder von der Jagd in der Wüste (dargestellt werden gewöhnliche Tiere ebenso wie Phantasietiere), vom Tanz und vom Transport der Statue des Grabherrn; an der Südwand sind der Grabherr und seine Frau abgebildet sowie der Grabherr allein mit seinem Gefolge (Diener, Hunde, Zwerge, Affen) unter einem Sonnenschirm.

Das Grabmal des Baket III., Chetis Vater, zeigt Spuren zweier Lotosbündelsäulen und hat keine Vorhalle. Die interessanten Dekorationen zeigen Ringkämpfer und Kriegsereignisse, dazu Szenen aus dem täglichen Leben, der Berufsausübung, die dem Grabherrn und seiner Gemahlin vor Augen geführt werden, außerdem werden sie (auf der Südwand) auch Zeugen und Betrachter der Bestattungsriten.

Sehr reichhaltig ist die Ausschmückung des Grabmals des Chnumhotep III., einer mächtigen Persönlichkeit im Reich von Sesostris II. (12. Dynastie); sein Grab hat vor der Fassade einen freiliegenden Hof, einen Portikus mit zwei protodorischen Säulen, einen dreischiffigen Saal (wie die Decke mit dreifachem Gewölbe zeigt) und eine Kapelle, welche die Statue des Grabherrn enthielt. Die Rückwand enthält Szenen von der Vogeljagd (auch mit Fallen) in einem Papyrusdickicht, vom Fischfang mit Netz und Harpune und von einem rituellen Seekampf. Die anderen Wände sind ebenfalls reich geschmückt: eine berühmte Szene zeigt auf der Südwand die Ankunft einer Semitenkarawane. Wo die Wand mit der Decke zusammenstößt, besteht die Dekoration aus „chekeru"-Friesen, einem Motiv, das sich an den Mauern mancher archaischer Heiligtümer orientiert, die aus Pflanzenfasern oder Schilfbündeln gebaut waren. Am Sockel befindet sich eine für die Geschichte des Feudalismus in Ägypten sehr wichtige Inschrift.

Das Grabmal von Amenemhêt, dem Gaufürsten von Orys unter der Herrschaft von Sesostris I., ähnelt in mancherlei Hinsicht dem vorangehenden Grab (Eingang und dreischiffiger Saal mit sechzehnkantigen protodorischen Säulen und Kapelle für die Statuen). Der Wandschmuck besteht aus Szenen mit Ringkämpfern, militärischen Unternehmen, der Pilgerfahrt nach Abydos und Busiris, Jagd, Opferung, handwerklicher oder landwirtschaftlicher Arbeit und aus einem langen biographischen Bericht über die Tätigkeiten des Grabherrn.

Beni Hassan: Fassade des Grabs des Chnumhotep III., vor dem ein weiter Hof liegt; die polygonalen Säulen haben einen quadratischen Abakus und sind aus dem Felsen ausgespart. Die hohen Beamten des Mittleren Reiches sind nicht mehr neben der Pyramide ihres Königs bestattet, sondern lassen sich herrliche Felsgräber an den Orten ihrer Amtsausübung in der jeweiligen Provinz errichten.

Links: Ausschnitt, darstellend die Dekorationen der Rückwand im Saal des Grabs von Chnumhotep III. in der Nekropole Beni Hassan. Links von der Tür, die zur Kapelle führt, ist der Grabherr zu sehen, wie er in einem Papyrusdickicht mit dem Schleuderstock Jagd auf Vögel macht, weiter unten leitet er den Fischfang mit dem Netz. Rechts von der Tür ist eine Szene mit Chnumhotep zu sehen, wie er mit der Harpune fischt, darunter die eines rituellen Spiels auf Booten. Über der Tür fängt der Grabherr Vögel mit dem Netz. Chnumhotep ist ebenfalls unten an den beiden Türpfosten sitzend zu sehen.

Eingang zum Felsengrab des Amenemhêt in Beni Hassan. Die Aufnahme wurde um 1852 von Félix Teynard gemacht (Aus Up the Nile, *New York 1979)*

Gemaltes Relief mit der Figur des Petuken, des Neffen des Verstorbenen, aus dem Grab des Petosiris. Letzterer, ein Hohepriester des Thoth in Hermopolis während der Herrschaft des Philippos III. Arrhidaios (4. Jh. v. Chr.), hat an den Wänden seine reiche Biographie hinterlassen, die als geistiges Testament zu verstehen ist. Darin kommt die Religionsauffassung jener Zeit zum Ausdruck, und es werden moralische Lehrsprüche sowie Ermahnungen der Weisheit, in absoluter Achtung vor der Gottheit zu leben, ausgesprochen.

Im Süden der Nekropole steht ein Felstempel, den Königin Hatschepsut der Löwengöttin Pachet weihte und der unter der Herrschaft von Sethos I. fertiggestellt wurde. In griechisch-römischer Zeit in Speos Artemidos umbenannt, besteht er aus einer Vorhalle mit Pfeilern; diese führt zu einer Kapelle, in der sich in einer Nische die Statue der Göttin befand. Neben einer langen Lobinschrift auf die Königin (am Eingang des *speos*) geht es bei dem Wandschmuck (in der Vorhalle und im Gang) um Szenen der Opferung an verschiedene Gottheiten.

Antinoupolis, Hermopolis und die Nekropole von Tuna

Am rechten Nilufer wurde die Stadt Antinoupolis (Antinoë) von Hadrian an der Stelle einer alten pharaonischen Ansiedlung gegründet und Antinous gewidmet, einem Günstling, der hier ertrunken war (Ruinen eines von Ramses II. erbauten Tempels). Das Stadtzentrum aus der Kaiserzeit bietet einen verwüsteten Eindruck, man konnte den Standort einiger Monumentalbauten, eines Theaters und des Hippodroms ausmachen. Vom 4. Jahrhundert an wurde die Stadt Bischofssitz und Verwaltungszentrum. Aus ihrer Nekropole wurden viele Funde aus der Zeit ab dem 2. Jahrhundert und vor der Eroberung durch die Araber geborgen. Im vergangenen Jahrhundert wurde sie als Steinbruch für den Bau der alten Zuckerfabrik von Rôda verwendet. Derzeit werden die Ausgrabungen von einem Archäologenteam der Universität Rom durchgeführt.

Bei Rôda (40 km südlich von Minia), unweit des linken Nilufers, stand „die Stadt der Achtheit", von den Griechen Hermopolis genannt. Sie war Hauptstadt des 15. Gaus von Oberägypten und Kultzentrum des Thoth, dem Gott der Weisheit, den die Griechen mit ihrem Hermes gleichsetzten.

Die Überreste der Stadt liegen in einem Palmenhain: erhalten sind drei Monumentaltore (je eines aus der 12. und 19. Dynastie sowie aus ptolemäischer Zeit), zwei Statuen des Gottes Thoth, in Gestalt eines Pavians, zwei Statuen von Ramses II., die zu einem Allerheiligsten gehörten, Spuren eines von Sethos II. dem Thoth geweihten Tempels sowie die gut erhaltenen Ruinen der Agora der griechischen Stadt mit zahlreichen Säulen aus rosa Granit. Ihre im Ort Tuna el-Gebel gelegene Nekropole (12 km südwestlich) umfaßt zahlreiche Galerien, die für die Bestattung der dem Thoth heiligen Tiere (Ibis und Hundskopfaffen) bestimmt waren und interessante Votivgaben und Papyri enthalten. Im Nordteil liegt eine Gruppe von Grabstätten aus ptolemäischer Zeit,

deren wichtigstes das Grab des Petosiris ist (ca. 300 v. Chr.), eines Hohenpriesters des Thoth von Hermopolis. Es besteht aus einem Pronaos, dessen Fassade von vier mit Mauern verbundenen Säulen gebildet wird und der mit einem Allerheiligsten in Verbindung steht. Die Felder zwischen den Säulen und die Innenwände des Pronaos sowie die Wände des Allerheiligsten und die Ansichten der Säulen tragen gut erhaltene gemalte Reliefs, schöne Exemplare griechisch-ägyptischer Kunst aus dieser Zeit mit Themen des traditionellen pharaonischen Repertoires (Szenen von Anbetung und Opferung, von Handwerk und Landwirtschaft, von Sümpfen mit Nilpferden und Krokodilen usw.), die aber in einem gräzisierten Stil mit neuen perspektivischen Lösungen ausgedrückt werden. Von besonderem Interesse sind die an die Wände geschriebenen biographischen Texte des Grabherrn.

Die „Totenstadt" dehnt sich jenseits des Grabtempels der Petosiris auf einer weiten Fläche aus, als wäre es ein wirkliches Dorf, und enthält Straßen und Grabhäuser. Unter diesen ist vor allem das Grabmal der Isadora (einem 120 v. Chr. ertrunkenen jungen Mädchen) und das des Neith (1. Jh. v. Chr.) sehenswert.

Grabmal der Isadora, eines 120 n. Chr. ertrunkenen jungen Mädchens, in Tuna el-Gebel. Ein Altar steht vor der Eingangstreppe der Fassade, die architektonische Elemente ptolemäischer Zeit wiederaufnimmt.

Tell el-Amarna

Mit diesem Namen bezeichnet man die Standorte der Stadt Achet-Aton und ihrer Nekropole am Ostufer des Nils; die Archäologen sprechen darüber hinaus von der Amarna-Kunst, um denjenigen Stil zu bezeichnen, der während der Herrschaft des Amenophis IV.-Echnaton, des häretischen Pharao, zur Ausprägung kam.

Als Amenophis IV. den Amun-Kult ablegte und Theben, die religiöse Hauptstadt des Gottes, verließ, ordnete er an, eine herrliche Stadt solle errichtet werden und zwar in einer Gegend, die noch keiner Gottheit gehöre, und er wählte einen flachen Landstrich zwischen dem Nil und halbkreisförmig angeordneten Anhöhen. Die neue, dem Gott Aton geweihte Hauptstadt sollte nach seinen Plänen zum religiösen Zentrum der Gläubigen des neuen Kults werden; es war ihr aber nur ein kurzes Leben beschieden (wenig mehr als zehn Jahre), und beim Tod des Königs wurde sie verlassen und Theben erneut zur Hauptstadt gewählt. Die Stadt besaß keine Stadtmauern, aber ihr Umriß wurde in großen Zügen von 14 Felsstelen (drei auch auf dem Westufer) begrenzt: Der Stadtkern wurde rasch entlang des Flusses errichtet, und die profanen wie religiösen Gebäude

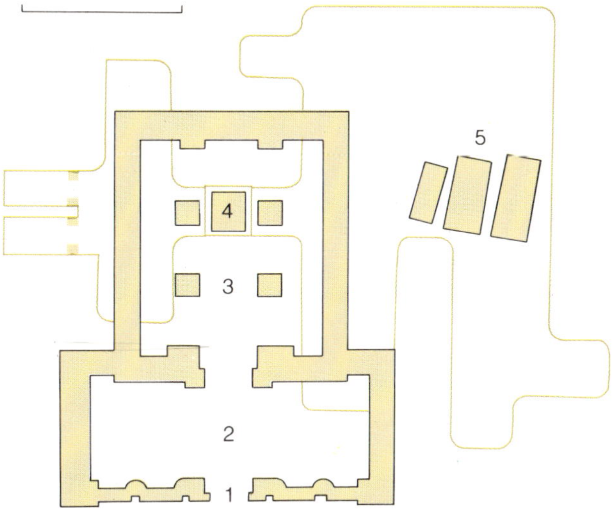

Plan des Grabs des Petosiris in Tuna el-Gebel: 1 Eingang, 2 Vorhalle, 3 Kapelle, 4 Schacht, 5 Krypten.

Ein Abschnitt der archäologischen Fundstätte von Tell el-Amarna, wo die Stadt Achet-Aton (= Horizont des Aton) stand, die Amenophis IV. – Echnaton – erbauen ließ, der Herrscher der religiösen Reform, der die Hauptstadt von Theben hierher verlegte. Während ihres kurzen Lebens (ca. zehn Jahre) verfügte die Stadt über prunkvolle Paläste, bürgerliche und religiöse Monumente, elegante Residenzen, Kasernen und ein Arbeiterviertel. Als sie bei der Restauration des Amun-Kults und der Rückverlegung der Hauptstadt nach Theben verlassen wurde, war die Stadt dem Verfall preisgegeben und wurde wieder vom Wüstensand bedeckt. Zahlreiche englische und deutsche Ausgrabungen von 1891 bis in unsere Tage haben sich bemüht, die noch erhaltenen Überreste wieder ans Licht zu bringen.

bestanden aus ungebrannten Ziegeln und Holz. Trotz des kurzen Lebens der Stadt ist ihre Stadtanlage deutlich wiederzuerkennen: Das Zentrum wurde von einer breiten Hauptverkehrsstraße durchschnitten, und eine Brücke verband den Palast mit der Königsresidenz; an dieser Hauptverkehrsstraße lag auch der große Aton-Tempel. In der Nähe des Königspalastes gab es Archive, in denen man 1888 die berühmten „Amarna-Tafeln" entdeckte. Der Südabschnitt beherbergte die Wohnkomplexe für die hohen Beamten, eine Arbeitersiedlung befand sich weiter südöstlich in Richtung der Nekropole. In einem Viertel im Norden gab es einen großen Repräsentations-Palast mit weitläufigem Hof für den Kult des Aton, Königsgemächer und zahlreiche Räume, deren Verwendung unklar ist. Weitläufig und komplex war auch der Königspalast, der in einen privaten und einen offiziellen Bereich gegliedert war. Um einen Eindruck von der Großartigkeit des Komplexes zu gewinnen, sei erwähnt, daß eine der zahlreichen Säulenhallen 32 Reihen zu jeweils 17 Säulen hatte.

Der große Aton-Tempel, der für Zeremonien im Freien gedacht war, hatte einen Umfang von über zwei Kilometern. Interessante Angaben konnte man über die Wohnhäuser sowohl der wohlhabenden Beamten wie auch der Arbeiter gewinnen. Während der Ausgrabungen im Haus des Chefbildhauers Thutmosis wurden besonders kostbare Plastiken gefunden, darunter die berühmte Büste der Nofretete, der Gemahlin des Echnaton, die sich heute in den Staatlichen Museen zu Berlin befindet.

Die Gräber für die treuen Staatsdiener des Königs – es sind insgesamt 25 und sie bestehen gewöhnlich aus zwei Sälen mit Kapelle für die Liturgie an der Rückwand – sind in zwei Gruppen an den Anhöhen im Osten der Stadt angeordnet, zwischen ihnen das Tal Darb el-Melek, das das nördlich und das südlich gelegene Gräberfeld voneinander trennt. Einige von diesen Gräbern sind wegen ihrer Wandmalereien besonders wertvoll (Szenen aus dem öffentlichen Leben, Darstellungen von Bürgerhäusern, religiöse Texte), sie bilden auch eine wichtige Quelle der Erkenntnis über den Kult des Gottes Aton.

Die Nordgruppe umfaßt sechs Gräber, die bedeutendsten davon sind die von Huje, Merirê und Panehesi. Ersteres, das Grab des Kämmerers der Königin Teje, weist Aus-

Ansicht der Überreste des Nord-Palastes von Tell el-Amarna. Nach Ansicht der Archäologen, die in diesem Teil der Stadt tätig waren, wurde der Palast einige Zeit von Königin Nofretete, der Frau von Echnaton, bewohnt sowie anschließend von ihrem Schwiegersohn (dem künftigen König Tut-ench-Amun) und seiner Gemahlin Anchesen-pa-Aton.

schmückungen im Eingang und im ersten Saal auf (der zweite ist nicht geschmückt). Unter den beschriebenen Szenen sind ein Ehrenbankett anläßlich der Ankunft von Königin Teje, Echnatons Mutter, in Theben, ferner Stationen aus dem öffentlichen Leben des Königs, die Studie des Chefbildhauers, wie er die Statuette einer Prinzessin bemalt. Außerdem schmücken Szenen von Totenfeiern das Innere der Nische, wo eine verstümmelte Statue des Grabherrn steht.

Im Grabmal des Merirê (Hohepriester des Aton) ist der Wandschmuck des Säulensaals sowohl wegen seiner Themen als auch wegen der Ausführung der Zeichnung interessant. Die Szenen zeigen König und Königin, wie sie sich im Wagen zum Tempel begeben, die Königsfamilie beim Opfern an Aton (Sonnenscheibe), der König belohnt Merirê, und letzterer begleitet den König bei der Inspektion der Vorratsspeicher, außerdem gibt es noch eine Darstellung vom Inneren des Palastes und des Tempels.

Das Grabmal des Panehesi, Oberaufseher über die Kornspeicher und Viehherden des Aton und Kanzler von Unterägypten, wurde von den Kopten in eine Kapelle verwandelt. Die ursprünglichen Wandmalereien nehmen die Themen des Grabmals des Merirê wieder auf.

In der Südgruppe sind zwei Gräber von Adligen bedeutsam, und zwar das des Polizeichefs Mahu und das des späteren Pharaos Eje. Ersteres besteht aus einer Treppe, die zu zwei Kammern führt (die erste davon ist ausgeschmückt): Vom zweiten Saal führt eine Wendeltreppe zu zwei unterirdischen Kammern und zu einem Schacht, an dessen Ende die Totenkrypta gegraben wurde. Die Ausschmückungen, auch in der Türlaibung, zeigen den Grabherrn während der Ausübung seiner wichtigsten Aufgaben. Das zweite Grabmal blieb unvollendet, da sich Eje anschließend ein Grab im Tal der Könige in Theben ausheben ließ; es weist einen weitläufigen unterirdischen Säulensaal auf, der dem Bauplan nach von 24 Papyrussäulen belebt werden sollte. Der Wandschmuck ist wegen der mit einer Fülle von Einzelheiten wiedergegebenen Szenen aus dem Leben in den Straßen der Stadt Achet-Aton von besonderem Interesse.

In einem felsigen Tal wurde das Königsgrab geschaffen (seit 1934 ist es geschlossen): Es besteht aus dem Sarkophagsaal des Pharaos und verschiedenen anderen Räumen für

Bemaltes Relief des Grabs des späteren Pharaos Eje im Südteil der Nekropole von Tell el-Amarna. Es stellt Teje, die Frau von Eje, Ziehmutter der Königin Nofretete, dar; sie trägt ein Gewand aus feinem, reich gefaltetem Leinen (das seit dem Neuen Reich in Gebrauch ist), eine schwere Perücke mit Zöpfchen, die in Korkenzieherlocken enden, und an den Füßen ein Paar Sandalen mit Zehenriemen. Teje kniet in anbetender Haltung, vielleicht rezitiert sie den hier wiedergegebenen Hymnus an Aton.

Aus dem Hymnus an Aton von Amenophis IV. – Echnaton

(nach der Übersetzung von Edda Bresciani)

Schön erhebst du dich am Horizont des Himmels,
Lebendiger Aton, der du das Leben begannst.
Wenn du am östlichen Horizont aufsteigst,
Füllst du jedes Land mit deiner Schönheit,
Schön bist du, groß, glänzend, hoch über jedem Land.
Deine Strahlen umgeben die Länder bis zur Grenze dessen, was du geschaffen hast.
Du bist Rê und kommst bis zu ihren Grenzen,
Du unterwirfst sie für deinen geliebten Sohn...
Beim Morgengrauen steigst du am Horizont auf
und glänzt als Aton bei Tage:
Du verjagst die Finsternis und gibst deine Strahlen,
Die beiden Länder feiern täglich ein Fest (?),
Wach und auf den Beinen:
Du hast sie aufstehen lassen.
Sie waschen ihre Glieder, nehmen ihr Gewand,
Ihre Arme sind in Anbetung deines Aufsteigens (erhoben).
Die ganze Erde tut ihre Arbeit.
Jedes Tier ist glücklich über seine Weide,
Bäume und Sträucher grünen,
Die Vögel fliegen von ihrem Nest,
Ihre Flügel (erhoben) in Anbetung deines Ka...

Du, der du den Keim der Frauen erzeugst,
Der du den Samen der Männer erschaffst,
Der du das Kind im Schoß seiner Mutter nährst,
der du es beruhigst, damit es nicht weine,
Du, Nährmutter auch im Schoße,
Der du die Luft gibst, um alles am Leben zu erhalten, was du erschaffen hast.
Wenn es aus dem Schoße auf die Erde herabsteigt,
am Tag, an dem es geboren wird,
Öffnest du seinen Mund, damit es spreche,
Und sorgst für seine Bedürfnisse.
Wenn das Küken im Ei gegen die Schale spricht,
Gibst du ihm Luft hinein, um es leben zu lassen.
Wenn du es im Ei vollendet hast, daß es dieses aufbrechen kann,
Kommt es aus dem Ei heraus, um zu sprechen und sich zu vollenden.
Und geht auf seinen Füßen, kaum daß es entschlüpft ist...
Die Erde existiert aus deiner Hand,
Wie du sie erschaffen hast.
Wenn du aufgegangen bist, leben sie,
Aber wenn du untergehst, sterben sie.
Du bist die Dauer des Lebens,
Denn man lebt von dir.
Die Augen schauen Schönheit, bis du untergehst,
Jede Arbeit ruht, wenn du im Westen versinkst.
Aber wenn du aufgehst, wird [alles] für den König zum Blühen gebracht,
Und behende ist jedes Bein,
Seit du die Erde begründet hast.
Du gehst auf für deinen Sohn,
Der aus deinem Körper entstiegen ist, Echnaton.

seine Familienangehörigen. Die Reliefs sind stark beschädigt, aber besonders interessant ist eine Szene, in der das Königspaar eine tote Prinzessin beweint.

Die Gräber von Mêr und Assiut. Wenig entfernt vom linken Nilufer, dort wo mit Bewässerungsanlagen Flußwasser abgeleitet wird, um den Bahr Jûsuf zu speisen, liegt die Felsnekropole von Mêr. Sie enthält die Gräber der lokalen Gaufürsten vom Ende des Alten Reiches sowie des Neuen Reiches. Die Gräber bestehen überwiegend aus einer oder zwei Kammern mit der Nische im rückwärtigen Teil und sind interessant wegen der lebendigen Szenen, die an ihren Wänden dargestellt sind.

Auf den Hügeln rings um Assiut, einer wichtigen Stadt, die etwas überhalb einer Nilsperre gelegen ist, befinden sich die in den Fels gehauenen Gräber lokaler Gaufürsten aus dem Mittleren Reich. Assiut (damals Sauty) war das Zentrum des Kults des Schakal-Gottes Upuaut. Das interessanteste, zugleich noch unvollendet gebliebene Grab dieses Komplexes, wurde für Hepdjefa I. errichtet. Es ist sehr weitläufig und weist einen ausgefeilten Grundriß auf (eine Vorhalle mit Portikus, drei Säle, davon einer in drei weitere Räume und eine unterirdische Krypta gegliedert), ferner ist an einer Wand des zweiten Saals (er ist durchgängig ausgeschmückt) der Text von Verträgen erhalten, die der verstorbene Gaufürst mit einigen für den Totenkult zuständigen Priestern geschlossen hat.

In Assiut gibt es im amerikanischen College ein kleines Museum.

Oberägypten

Unter dem Begriff Oberägypten versteht man die Gegend südlich von Assiut, den Landstrich um Theben und das Gebiet bis zum 1. Nil-Katarakt knapp oberhalb von Assuan. Oberägypten erlebte seine größte Blüte zu Beginn des Neuen Reiches, unter der 18. und 19. Dynastie, in einer für die Expansionspolitik der Pharaonen glücklichen Phase. Seine Hauptstadt Theben war eine bevölkerungsreiche Stadt mit großartigen profanen und religiösen Bauwerken.

Verläßt man Mittelägypten (eine von uns und anderen Autoren verwendete Unterteilung, auch wenn man historisch von Oberägypten als von der Südgrenze des Deltas bis zur Insel Bigge, also der Grenze zu Nubien spricht) und bereist man das Niltal flußaufwärts, trifft man nach Assiut an beiden Ufern auf zahlreiche archäologische Ausgrabungsstätten, die für das Wissen um Kunst, Religion und Geschichte des alten Ägypten von großer Bedeutung sind. Vorrangige Ziele für eine Besichtigung sind Abydos, Grabzentrum der thinitischen Könige und des Osiris-Kults, und Dendera, Kultort der Göttin Hathor, bevor man die Gegend von Theben mit ihren Glanzlichtern Luxor und Karnak zur Rechten des Flusses und der riesigen Nekropole zu seiner Linken erreicht. Besonders interessant sind, wenn man weiter ins obere Niltal vordringt, die Ruinen des Tempels des Tôd, der Tempel des Esna, die Überreste der Stadt Elkâb, die der Stadt Kôm el-Ahmar, der überragende Tempel in der Stadt Edfu, den Ptolemaios III. dem Horus weihte, die Ruinen des Tempels von Kôm Ombo, die Granitsteinbrüche von Assuan, die Felsnekropole der Fürsten von Elephantine, die nahen Inseln Elephantine und Kitchener und die Tempel von Philae, jetzt versetzt auf die Insel Agilkia.

Die Zeit höchster Blüte während der Dynastien 18, 19 und 20 war gekennzeichnet von der Reaktion gegen das kurze, aber innovative Jahrzehnt der Regierung des Amenophis IV.-Echnaton und von der Restauration des nationalen Amun-Kults mit gleichzeitiger besonderer Vorliebe für das Kolossale und Grandiose. Beispiele dafür sind der Amun-Tempel in Karnak, das Nationalheiligtum, in dem jeder Herrscher Spuren von sich hinterlassen wollte, und der Tempel von Luxor. Die Totentempel der Herrscher werden in diesen Jahrhunderten einheitlicher und stehen völlig von den Gräbern getrennt, die aus Sicherheitsgründen im Fels der Hügel versteckt sind (Gruftengräber). Im Gegensatz zu den Privatgräbern mit Szenen aus dem irdischen Leben, steht im Mittelpunkt der Königsgräber fast ausschließlich die religiöse Thematik.

Granitpfeiler des Annalen-Saals Thutmosis' III. in Karnak, der mit Lilienreliefs geschmückt ist, dem Wappenmotiv Oberägyptens.

Die Tempel und die Nekropole von Abydos

Auf der Straße von Assiut entlang des Westufers des Nils, etwa 50 Kilometer hinter Sohâg, in dessen Umgebung zwei berühmte koptische Heiligtümer liegen, Deîr el-Abjad (Weißes Kloster) und Deîr el-Ahmar (Rotes Kloster), befindet sich der Ausgrabungsbezirk der heiligen Stadt Abydos. Er umfaßt die Überreste von Monumenten aus verschiedenen Epochen; die wichtigsten sind der große Tempel Sethos' I. mit seinem Kenotaph (dem Osireion) und der Tempel des Ramses II., Grabmäler, eine archaische Festung (Schûnet es-Sebîb) und eine Nekropole thinitischer Könige.

Abydos, Hauptstadt des 8. Gaus von Oberägypten und Zentrum des Totenkults von Thinis (This), wurde ab der 5. Dynastie dem Totengott Osiris geweiht, der an die Stelle des älteren Chontamenti trat; es wurde zu einem Pilgerzentrum und Schauplatz ein-

Gegenüberliegende Seite: Ausschnitt aus dem Portikus des Tempels des Sethos I. in Abydos. Links: Eine der Nischen mit den im Relief ausgeführten Wanddekorationen zwischen den Kapellen des zweiten Säulensaals des Tempels von Sethos I. in Abydos. Das Foto wurde von A. Beato um 1862 aufgenommen. (Aus Up the Nile*, New York 1979)*

drucksvoller Zeremonien, von denen auch die klassischen Autoren berichten. Nach der Überlieferung soll der wichtigste Teil des Körpers des Gottes – sein feindseliger Bruder Seth hatte ihn in Stücke gerissen –, nämlich der Kopf, hier bestattet worden sein, und zu diesem Grab versuchte ein jeder entweder zu Lebzeiten zu pilgern oder auf der Totenfahrt (vielleicht durch magische Kräfte) hingebracht zu werden, um den Segen des Gottes zu erfahren; davon zeugen zahlreiche thebanische Malereien. Dieser Kult genoß während der 11. und 12. Dynastie und bis zur Zeit der 18. und 19. Dynastie großen Zulauf, schwächte sich dann gleichzeitig mit dem Niedergang der Stadt schrittweise ab. In der 26. Dynastie lebte er noch ein letztes Mal auf.

Der Tempel des Königs Sethos I. Auf sanft abfallendem Gelände aus feinem Kalkstein erbaut, weist er in seinem Grundriß einige Lösungen auf, die sich von den traditionellen Schemata absetzen: insbesondere verfügt er auf der Südseite über einen großen Flügel, der eine Reihe von Sälen enthält. Von den ehemaligen außen liegenden Bauteilen ist fast nichts erhalten. Heute betritt man den Tempel über ein Atrium mit 12 rechteckigen Pfeilern an der Rückseite des zweiten Hofes, zu dem man über eine kleine Rampe gelangt. Das Atrium steht mit zwei Säulensälen in Verbindung, die von einer

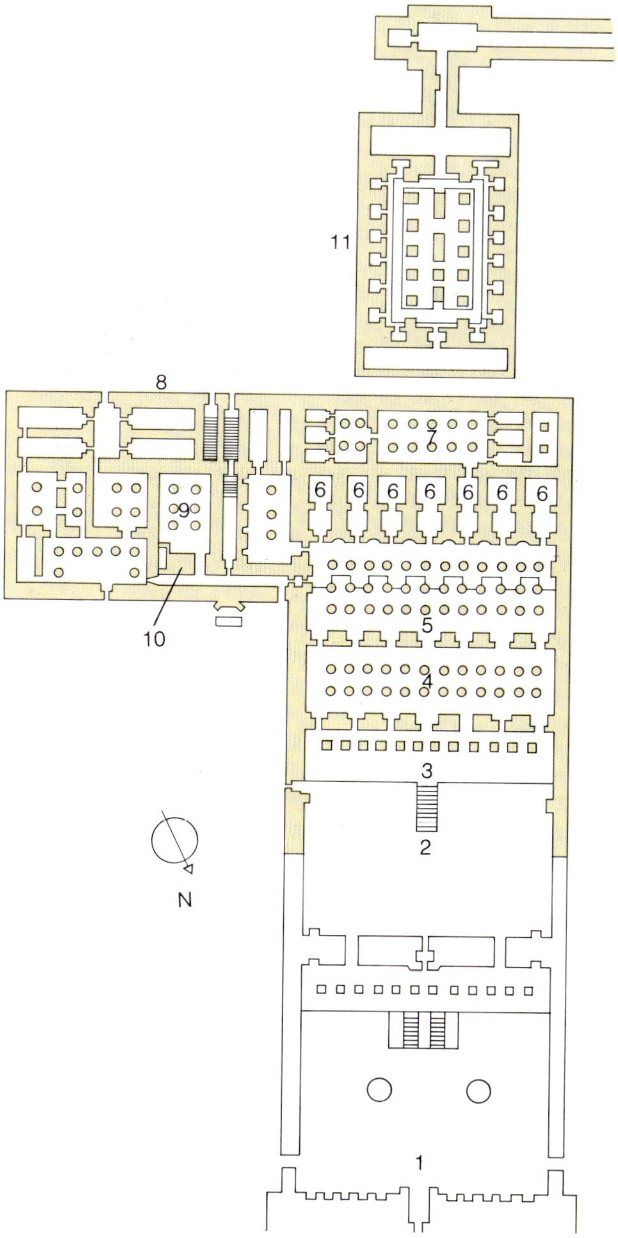

Plan des Tempels von Sethos I. in Abydos: 1 erster Hof; 2 zweiter Hof; 3 Eingangsportikus; 4 und 5 Säulensäle; 6 Kapellen; 7 Saal des Osiris-Mythos; 8 Südflügel des Tempels; 9 Barkenheiligtum; 10 Korridor der „Königsliste vn Abydos"; 11 Osireion.

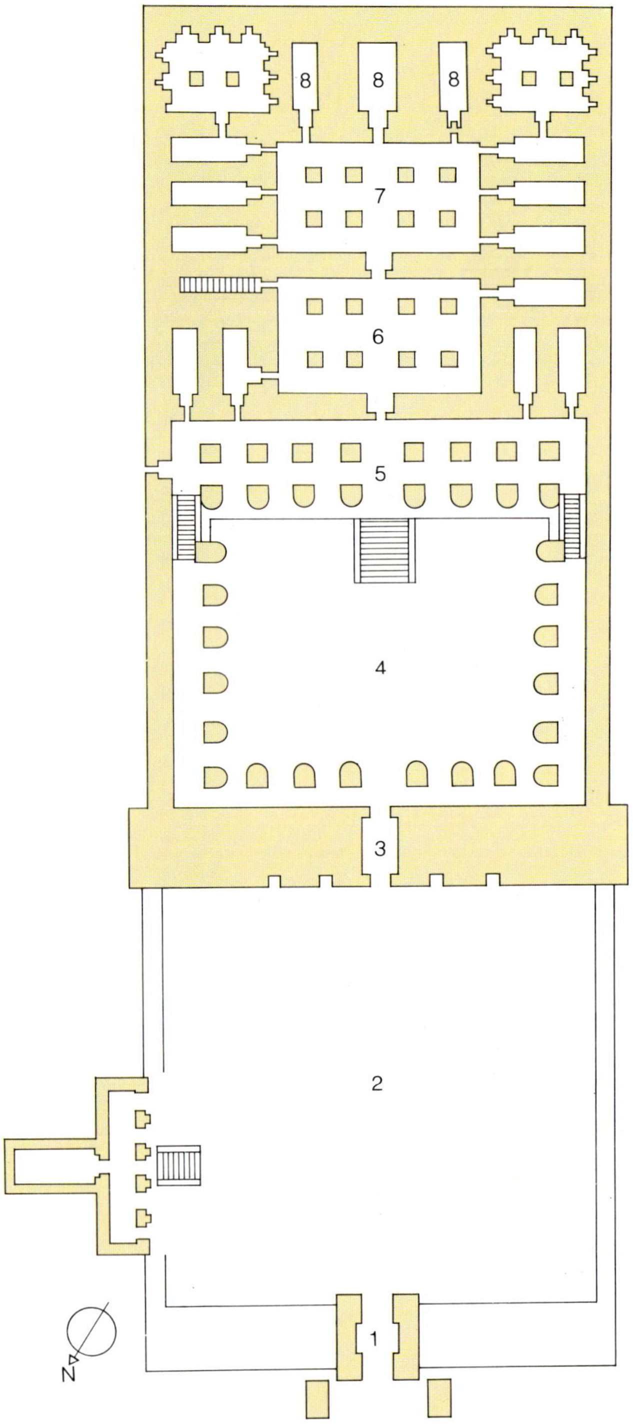

Plan des Tempels von Ramses II. in Abydos: 1 erster Pylon, jetzt verschwunden; 2 erster Hof; 3 zweiter Pylon; 4 zweiter Hof; 5 Portikus; 6 und 7 erster und zweiter Säulensaal; 8 Heiligtümer.

Mauer mit ursprünglich sieben Türen (derzeit vier mit Blöcken verschlossen) getrennt wird. Letztere führten am Ende des zweiten Saales zu sieben Tempel-Kapellen, die sieben Gottheiten geweiht waren (Amun-Rê, Osiris, Isis, Horus, Harmachis, Ptah und dem vergöttlichten Sethos I.). Der erste Säulensaal (52 × 11 m) weist zwei Reihen zu je 12 Papyrussälen auf; der zweite drei Reihen, davon zwei gleiche und eine auf erhöhtem Sockel stehende aus Säulen mit Abakus statt Kapitell. Hinter der Reihe der Kapellen, die 10,85 m tief und 5,20 m breit sind, befinden sich weitere Räume mit Säulen und weitere Kapellen. Ein Gang verbindet den zweiten Saal mit dem großen Flügel, und eine Treppe führt auf die Terrasse (über die man gehen muß, um das Osireion zu besuchen). Die Säle dieses Flügels sind unvollendet und in schlechtem Zustand, ebenso der Raum mit seinen sieben Säulen, in dem die Opfertiere geschlachtet wurden.

Bedeutende Wanddekorationen befinden sich im Atrium (Szenen der Verehrung des Sethos durch seinen Sohn Ramses II., Szenen, wie dieser Osiris, Isis und Sethos opfert). Eine 95zeilige Inschrift drückt in einem ersten Teil die Enttäuschung des Königs darüber aus, daß er das Grabmonument seines Vaters in vernachlässigtem Zustand sehen muß, und in einem zweiten Teil bekundet der Sohn nach Abschluß der von ihm angeordneten Instandsetzungsarbeiten seine Liebe zum Vater. Im ersten Säulensaal finden sich Reliefs, die Ramses II. vor einer jeden der sieben Gottheiten abbilden; sie sind weniger verfeinert in der Ausführung als jene, die den zweiten Säulensaal schmücken. In den sieben Kapellen befinden sich 36 Felder von gleicher Ausführung; sie stellen die Zeremonien dar, die der König vollziehen mußte (eine besonders aufschlußreiche Szene von der Krönung des Pharaos durch zwei Gottheiten befindet sich in der Kapelle von Sethos I.). Im Säulensaal hinter der Osiris-Kapelle ist der Mythos des Gottes abgebildet. Der in den Südflügel führende Gang ist komplett ausgeschmückt. Hier befindet sich die berühmte Szene von Sethos und seinem Sohn Ramses II., die vor den Kartuschen von 76 Pharaonen Rauchopfer darbringen. Die Wände der Treppe tragen große Flachreliefs mit Monumenten und Tätigkeiten Ramses' II. In den Sälen des Flügels sind die Dekorationen gezeichnet und gemalt, aber noch nicht skulptiert.

Das Osireion. So nennt man den unterirdischen Kenotaph des Sethos I., der 1903 entdeckt wurde. Der Pharao hatte ihn errichten lassen, fertiggestellt wurde er unter Merenptah; er liegt gleich neben dem großen Tempel (3,50 m entfernt). Man betritt das Osireion von Nordwesten über einen langen Gang, dessen Wände zum Teil mit Texten über das Jenseits bedeckt sind. Dieser Gang mündet in eine Art Vorkammer, auch sie ausgeschmückt mit heiligen Texten, ebenso wie der anschließende kleine Saal; ein weiterer Gang führt zu einem 20 × 6 m großen Saal (große Vorhalle mit Dekorationen zum *Totenbuch*). Der zentrale Saal (30,50 × 20 m) mit Pfeilern ist als Insel angelegt und von einem Kanal umgeben, der diese von einer Mauer trennt, in der 17 Nischen in den Fels geschlagen sind; in der Mitte der Insel dienten zwei Vertiefungen im Boden wahrscheinlich zur Aufnahme des Sarkophags bzw. der Kanopen. Der Kenotaph endet mit einem Saal mit kielbogenförmiger Decke, der fein skulptierte astronomische Darstellungen aufweist, die für die Kenntnis der ägyptischen Astronomie bedeutsam sind.

Der Tempel des Ramses II. Von diesem Totentempel ist nur noch das Fundament erhalten, dieses ermöglichte den Gelehrten jedoch eine Rekonstruktion des Grundrisses. Der Tempel zeigt eine ausgewogene Anordnung von „mit rigorosem Parallelismus gegliederten" Elementen: vom ersten Pylon und vom ersten Hof ist fast nichts erhalten; um in den Tempel zu gelangen, geht man durch den zweiten Pylon (jetzt nur 1,50 m hoch) und den zweiten Hof mit Osiris-Pfeilern. Letzterer steht durch einen Pfeilerportikus mit zwei Säulensälen in Verbindung, die auch rechteckige Pfeiler haben, sowie mit weiteren Kapellen, die an ihrer Rückwand und zu ihren Seiten verteilt sind. An der Rückwand des zweiten Säulensaals in der mittleren Kapelle, vor der eine (stark zerstörte) Alabasterstele steht, finden sich die Überreste einer Gruppenstatue von fünf Personen aus grauem Granit. Von den zahlreichen Ausschmückungen des Komplexes, vorwiegend religiösen Inhalts, sind (im Inneren) noch Spuren vorhanden, die Farben von ungewöhnlicher Lebendigkeit aufweisen. An der Außenwand ist das „Gedicht des Pentaur" wiedergegeben, das mit bewundernswert illustrierten Einzelheiten von der Schlacht bei Kadesch gegen die Hethiter erzählt. In diesem Tempel wurde 1818 die erste Königsliste von Abydos entdeckt, die sich jetzt im British Museum befindet.

Wandschmuck am Portikus des Tempels von Ramses II. Die Szene zeigt Opferträger, vor denen eine weitere Person geht, welche die Statue des Königs auf den Schultern trägt: drei Priester empfangen sie zur rituellen Weihe der Opfergaben. Die Reliefs dieses Tempels sind versenkt, ein typisches Merkmal ramessidischer Zeit.

Die Nekropole von Abydos. Die Tempel des Sethos I. und Ramses II. stehen im Südabschnitt mit Gräbern aus dem Neuen Reich. Der mittlere Abschnitt birgt Gräber vom Ende des Alten Reiches und aus der I. Zwischenzeit, von denen die Mastaba des Unas wegen der wichtigen, dort gefundenen Autobiographie bekannt ist (die Stele steht heute im Kairoer Museum). Der Nordabschnitt dagegen umfaßt Grabstätten des Mittleren Reichs, einige davon in Form kleiner Pyramiden, sowie die Überreste des Osiris-Tempels. Denderas ursprünglicher Kern stammt aus der 1. Dynastie und der Komplex wurde bis zur 20. Dynastie mehrfach erweitert und umgebaut.

Westlich des Tempels des Sethos I., in Umm el-Qaab, steht die von Petrie ausgegrabene Nekropole der thinitischen Könige. Die Gräber der ältesten Pharaonen bestehen aus einem unterirdischen Raum mit Bedeckung aus Holz und einem quaderförmigen Überbau aus ungebrannten Ziegeln; die der späteren Könige hatten weitere Räume, in denen Stelen zu Ehren ihrer Familienangehörigen standen. Auch die berühmte „Stele des Schlangenkönigs", heute im Louvre, stammt aus dieser Nekropole.

Dendera, die Wohnstätte der Hathor

Wenige Kilometer entfernt von Kena, der Hauptstadt des Verwaltungsbezirks und großer Markt für Krüge und poröse Wasserkannen *(kullen)*, liegt am linken Ufer des Nils, der hier eine starke Krümmung beschreibt, der Ausgrabungsbezirk von Dendera mit dem gut erhaltenen spätptolemäischen Tempel und seiner Nekropole vom Ende des Alten und vom Beginn des Mittleren Reiches. Dendera war Hauptstadt des 6. Gaus von Oberägypten: Im Ruinenfeld (ein Rechteck, dessen Langseiten ca. 1200 m betragen) wurden drei Umfassungsmauern aus ungebrannten Ziegeln entdeckt, von denen nur die größte (291 × 280 m, sie umschließt den Tempel der Göttin Hathor) gut erhalten ist. Die anderen beiden Mauern frieden einen Horus-Tempel und einen dem Gott Ihi geweihten Tempel ein.

Der Hathor-Komplex. Neben dem eigentlichen Tempel liegen innerhalb der Mauer das Mammisi (Geburtshaus) aus augustäischer Zeit sowie jenes von Nektanebôs I., ferner der heilige See, die Überreste des kleinen Isis-Tempels (aus der augustäischen Periode) und eine koptische Kirche. (Innerhalb des heiligen Bezirks wurde eine Kapelle aus der 11. Dynastie entdeckt, sie ist jetzt im Kairoer Museum wiederaufgebaut.) An dieser Stelle scheint ein Tempel aus prädynastischer Zeit gestanden zu haben, der unter Cheops wiederaufgebaut und von Pepi I. mit einer Statue ausgestattet wurde, die ihn darstellt, wie er der Göttin eine Statue des Gottes der Musik, Ihi, darbietet, und der auch unter den Dynastien 11, 12 und 13 wieder Beachtung fand. Der Tempel wurde schließlich von Thutmosis III. wiederaufgebaut, die Bauarbeiten gingen aber bis Ramses III. weiter. Die gegenwärtigen Gebäude, die einen deutlich einheitlichen Charakter haben, stammen aus ptolemäischer und römischer Zeit. Von Nord nach Süd ausgerichtet, hat der Tempel seinen Eingang an der Nordseite, davor befindet sich ein Platz, der mit einer Anlegestelle verbunden war (sie wurde bereits in den ersten Jahren des 19. Jahrhunderts identifiziert). Jenseits der hohen (stark beschädigten Pforte) öffnet sich ein Hof, auf dessen Westseite das römische Geburtshaus und die koptische Kirche liegen. Ersteres ist ein Gebäude, das auf drei Seiten von einem Portikus mit Hathorsäulen umgeben ist, die allerdings einen den Gott Bes darstellenden Abakus aufweisen; es hat einen Raum für die Opferungen, ein Vor-Allerheiligstes, das Allerheiligste und einige Speicher; die aus der Zeit Hadrians stammenden Ausschmückungen kreisen um das Thema der Geburt, der Ernährung und Präsentation des göttlichen Knabens. Zum großen Hof hin liegt die Fassade des Gebäudes (42,50 m breit, 18 m hoch): der zentrale Eingang trennt die sechs Säulen mit Hathorkapitellen in zwei Gruppen, und die Zwischenräume sind untereinander bis etwa zur Hälfte des Schaftes durch eine Mauer verbunden. Die Dekorationen zeigen Momente aus der Weihe des Tempels durch den Pharao. Der erste Säulensaal mit 18 gleichen, in drei Reihen angeordneten Säulen ist an der Decke (15 m hoch) mit astronomischen Figuren geschmückt, die Wände mit Szenen des Tempelbaus und der Tempelweihe.

Der zweite Säulensaal, der mit liturgischen Szenen ausgeschmückt ist, wird von sechs

Ansicht des Mammisi aus römischer Zeit, vor dem sich die Überreste einer koptischen Kirche befinden, sowie des Mammisi Nektanebôs' I. (30. Dynastie). Das Mammisi – ein von Champollion geprägter Begriff, der ihn aus der koptischen Bezeichnung herleitete, die soviel wie „Ort der Geburt" lautet – ist ein Gebäude, das mit den großen Heiligtümern in Verbindung steht und der heiligen Mutterschaft der Isis und in später Zeit ihrem Sohn Horus geweiht ist.

Gegenüberliegende Seite: Blick über die Wüste und die libysche Bergkette südlich von Dendera; im Vordergrund ein Tor des Tempel-Bezirks der Hathor (oben); Fassade des Hathor-Tempels mit ihren Säulen, auf denen Kapitelle aus der Maske der Göttin sowie darüber ein Sistrum thronen. Auf den Säulen-Zwischenwänden sind Szenen von der Weihe des Tempels durch den Pharao zu sehen. Im Tempel von Dendera begann vier Tage vor dem Neumond im Mai das „Fest der guten Vereinigung", bei dem die Göttin Hathor auf dem Fluß zu ihrem Gemahl Horus nach Edfu fuhr. Das Fest dauerte 21 Tage, der Festzug auf dem Fluß hielt an verschiedenen Landungsstellen an und wuchs bei seiner Fahrt flußaufwärts nach Edfu ständig an (unten).

Gegenüberliegende Seite: Mittelschiff des großen Hypostylsaals des Amun-Tempels in Karnak. Zur Zeit von Amenophis III. bildete diese Kolonnade den Zugang zum Tempel. Die Kapitelle der 22,40 m hohen Säulen haben einen Umfang von 15 m.

Rechts: Teil der Decke des Hypostylsaals des Hathor-Tempels in Dendera: Die liegende Himmelsgöttin Nut gebiert die Sonne, die mit ihren Strahlen den Tempel von Dendera erleuchtet; dieser wird dargestellt von einem kleinen Gebäude mit der Maske der Göttin darüber.
Unten: Plan des Tempelkomplexes von Dendera. A römisches Mammisi; B koptische Kirche; C Mammisi von Nektanebôs I.; D Sanatorium; E Heiliger See; F Isis-Tempel; G Hathor-Tempel: 1 Hof, 2 Säulensaal, 3 Saal der Opfergaben, 4 Allerheiligstes. Ferner: a römische Brunnen, b nördliches Eingangstor des Bezirks, c Brunnen.

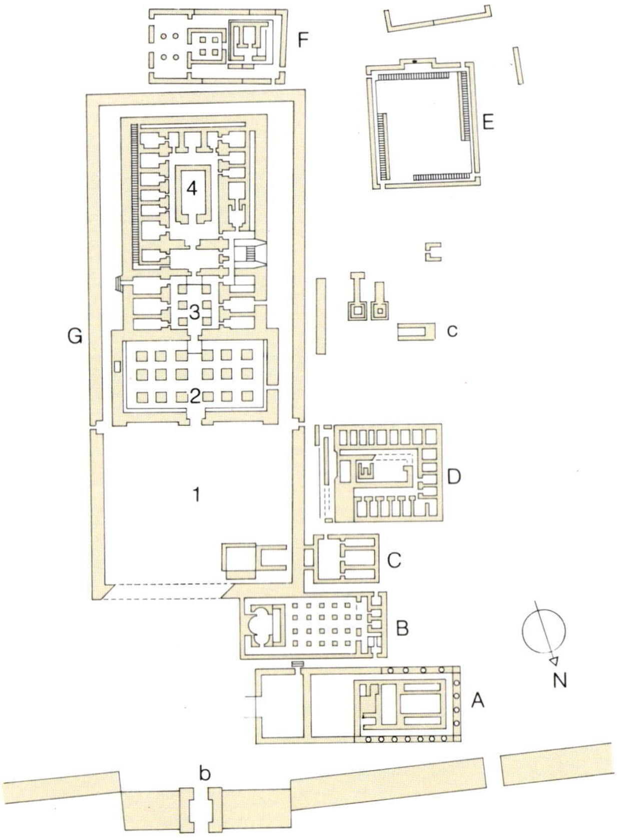

kleinen, als Speicher gedachten Räumen gesäumt. Ferner gibt es zwei Vorhallen und das Allerheiligste, um das herum 11 Kapellen angeordnet sind. Außerdem gibt es eine außergewöhnliche Anzahl von Krypten, teils in den dicken Mauern ausgespart, teils unterirdisch, in denen die Bildnisse der Götter und der Schatz aufbewahrt wurden (auf den Fußböden ist die Bestimmung jedes Raums verzeichnet). Vom Dach aus, wo zwei dem Osiris geweihte Kapellen und ein der Hathor geweihter Kiosk vorhanden sind, kann man die Struktur des Tempelbezirks überblicken. Bemerkenswert ist der Wandschmuck in seiner Gesamtheit.

Auf der Westseite des Tempels, von Nord nach Süd gesehen, befindet sich das Geburtshaus von Nektanebôs I., das während der 30. Dynastie begonnen und in ptolemäischer Zeit vollendet wurde (bedeutend sind die Dekorationen und die Inschriften der Cella), die Überreste einer koptischen Kirche, die Reste eines Sanatoriums, eines Bauwerks (mit Baderäumen), das kranke Pilger beherbergte, die Überreste eines Brunnens und schließlich der heilige See (28 × 33 m), einer der besterhaltenen Ägyptens. Neben der Südseite stehen die Überreste des Tempels der Isis, die der Hathor gleichgestellt wird; er umfaßte einen Hof, zwei Säulensäle, ein angeschlossenes Gebäude und einen der Geburt der Isis geweihten Raum (ein Ereignis, das auf der Rückwand des Allerheiligsten abgebildet ist).

Blick auf den Amun-Tempel in Karnak. Man sieht den von Thutmosis II. und von Königin Hatschepsut erbauten achten Pylon, er ist der besterhaltene der vier, welche die südlichen „Propyläen" bilden. Vor dem Pylon befanden sich sechs kolossale Sitzstatuen, von denen nur noch vier, mehr oder minder verfallen, vorhanden sind. Links stehen zwei der sechs Obelisken, die sich ursprünglich in diesem Teil des Komplexes befanden, einer von Thutmosis I., der andere von Hatschepsut. Rechts vom Pylon ist der Heilige See zu erkennen. Ein von Sphingen flankierter Heiliger Weg verband die südlichen „Propyläen" mit dem Bezirk der Mut.

Das antike Theben: Karnak und Luxor

Zu Zeiten der Könige von Memphis befand sich an der Stelle Thebens ein kleiner Ort, in dem man den Kriegsgott Month verehrte. Dank seiner geographischen Lage begann der Ort in der Ersten Zwischenzeit Bedeutung anzunehmen, als er während der 11. Dynastie Hauptstadt des Reiches wurde. Anschließend wurde er Zentrum des Amun-Kults, als während der 12. Dynastie deren Herrscher thebanischer Herkunft zwar die Hauptstadt wieder nach Norden verlegten, aber Theben nicht vernachlässigten und es mit Tempeln und Monumenten bereicherten. Theben erwarb erneut Bedeutung während des Zweiten Zwischenreichs, und von Theben – unter Kamosé und Amose (letzterer Begründer der 18. Dynastie und des Neuen Reiches) – ging die Initiative zur Befreiung von der Beherrschung durch die Hyksos aus. Anschließend begann eine Zeit großen Glanzes für die Stadt: Sie wurde wieder Hauptstadt Ägyptens und in ihr flossen die unermeßlichen Reichtümer zusammen, welche die Pharaonen im Lauf ihrer erfolgreichen Kriegszüge gegen Nubien, Libyen und Vorderasien sammeln konnten. Abgesehen von der kurzen Periode, in der Amenophis IV. die Hauptstadt nach Tell el-Amarna verlegt hatte, blühte Theben bis zum Ende der Ramses-Zeit; der Niedergang setzte mit der 21. Dynastie ein (die Hauptstadt wurde ins Delta verlegt) und war trotz der Beachtung, welche die Pharaonen der äthiopischen Dynastie (25.) der Stadt schenkten, unwiderruflich. Die assyrischen Beutezüge und dann die Zerstörung durch Ptolemaios Lathyros im Jahre 84 v. Chr. setzten ihrer Größe ein für allemal ein Ende: die Stadt entvölkerte sich, und die wenigen, die geblieben waren, besetzten die Tempel und nutzten die Gräber als Ställe oder Unterschlupf für Hirten. Von dieser Stadt, die während ihrer höchsten Glanzzeit möglicherweise mehr als eine halbe Million Einwohner hatte, blieben nur die großen Tempelkomplexe von Luxor und Karnak übrig. Auch hier, wie in Memphis, sind die sehr ausgedehnten Nekropolen erhalten, sie liegen am anderen, dem westlichen Nilufer zu Füßen der libyschen Bergkette.

Der Amun-Komplex in Karnak. Der Kern des Ausgrabungsbezirks von Karnak, der weiter südlich und weiter nördlich auch den Tempel der Mut und den des Month umfaßt, wird von der Anlage des großen Amun-Tempels eingenommen; er ist umgeben von einer Umfassungsmauer aus ungebrannten Ziegeln von 8 m Dicke und einer Länge von 2400 m. Die eindrucksvollen Zeugnisse lassen im Amun-Tempel den wichtigsten

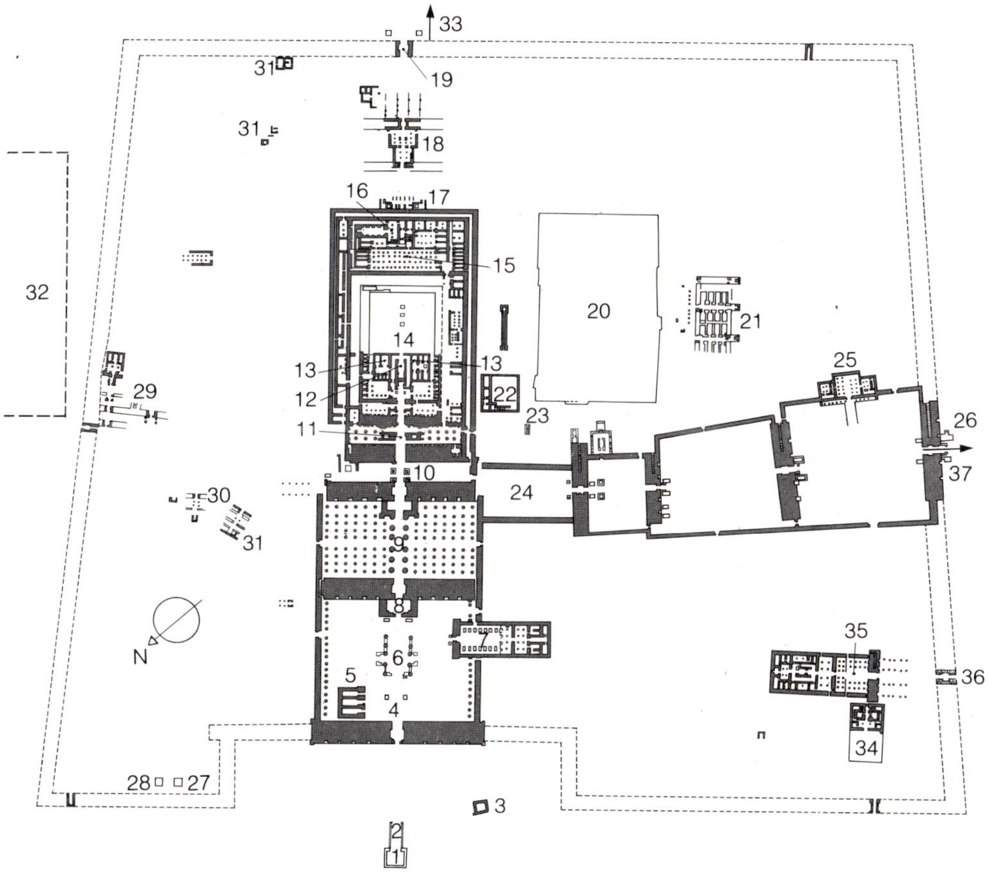

Plan des großen Karnak-Tempels: 1 Anlegestelle; 2 von widderköpfigen Sphingen gesäumte Zugangsallee; 3 Kapelle von Achoris und Psammuthis; 4 erster Hof; 5 Kleiner Tempel Sethos' II.; 6 Kiosk des Taharka; 7 Tempel Ramses' III.; 8 Bubastiden-Portikus; 9 Große Säulenhalle; 10 Obelisk Thutmosis' I.; 11 Saal Thutmosis' I. (umgebaut) mit Obelisk von Hatschepsut; 12 Barken-Heiligtum, von Philippos III. Arrhidaios wiederaufgebaut; 13 Kapellen der Hatschepsut; 14 Bezirk, in dem der Tempel des Mittleren Reiches stand; 15 „Festsaal" Thutmosis' III.; 16 „Botanischer Garten" genanntes Zimmer; 17 östlicher Tempel Thutmosis' III.; 18 Tempel des „Amun, der die Gebete erhört"; 19 östliches Portal (Nektanebôs' I.); 20 Heiliger See (Amenophis' III.); 21 Wohnhäuser und Lagerräume aus der Zeit der 19.–24. Dynastie; 22 „Taharka-Seegebäude" zu Ehren von Rê-Harachte; 23 Monument mit dem Riesenskarabäus, der vielleicht aus dem Totentempel Amenophis' III. stammt; 24 Hof „des Verstecks" (Cachette); 25 Tempel Amenophis' II.; 26 Sockel des heute zerstörten Kolosses, der Amenophis III. darstellte; 27 „Weiße Kapelle" Sesostris' I., wiederaufgebaut; 28 Alabasterkapelle von Amenophis I., wiederaufgebaut; 29 Ptah-Tempel; 30 Kapellen, erbaut von den Gottesgemahlinnen von Amun; 31 Osiris geweihte Kapellen; 32 heiliger Bezirk des Month; 33 ungefähre Position des Aton-Tempels; 34e Tempel der Ipet-Isis; 35 Tempel des Chons; 36 Südportal des Ptolemaios III. Euergetes I.; 37 zum Bezirk des Mut-Tempels führende Widdersphinx-Allee.

religiösen Komplex der alten Zeit erkennen; er hatte sich während des Neuen Reiches um einen ursprünglichen Kern aus dem Mittleren Reich herum entwickelt, der großenteils vom Umbau durch Thutmosis eingenommen wurde. Das Allerheiligste besteht aus zwei getrennten Teilen mit unterschiedlicher Ausrichtung, der Hauptteil in der Achse Westnordwest/Ostsüdost ausgerichtet, der angefügte Teil in der Achse Nordnordost/Südsüdwest (zur Vereinfachung werden wir von West-Ost und Nord-Süd sprechen). Vor dem Tempel liegen die Überreste einer Anlegestelle (eine Plattform mit einem der beiden ursprünglichen Obelisken aus Sandstein), die einst von einem Kanal aus erreicht wurde und durch eine kurze Allee mit widderköpfigen Sphingen aus der Zeit Ramses' II. mit dem 1. Pylon verbunden war. Der 1. Pylon (113 m breit und 14 m dick) ist ein Werk der Spätzeit (vielleicht 30. Dynastie) und ist unvollendet und schmucklos geblieben; er führt in den großen (100 m breiten und 82 m langen) Hof, der an zwei Seiten Säulengänge hat, von denen der im Südosten vom massiven Pylon des Tempels Ramses' III. unterbrochen wird. Der Pylon, von dem zwei Kolosse des Pharaos stehen, zeigt Szenen, wie der König dem Gott feindliche Kriegsgefangene opfert, ferner eine Auflistung der besiegten Länder und Kriegsszenen. Der Tempel Ramses' III., ebenfalls dem Amun geweiht, hat bescheidene Maße (53 × 25 m) und umfaßt neben einem Pylon einen Hof mit Portikus aus Osiris-Pfeilern, einen Säulensaal mit acht Säulen und Wanddekorationen mit Opferszenen; das Allerheiligste besteht aus drei Kapellen zur Aufnahme der heiligen Barken von Amun, Mut und Chons.

Ebenfalls im großen Hof, dessen Südostecke wegen der aus der 22. Dynastie stammenden Reliefs und Inschriften Bubastiden-Portikus genannt wird, befinden sich (Nordwest-Seite) der kleine Tempel von Sethos II. mit drei der thebanischen Triade geweihten Kapellen, ein Kiosk (in der Mitte), wo die Prozessionsbarke anhielt und der ursprünglich aus zwei Reihen von je fünf Papyrussäulen bestand, von denen eine 21 m hohe Säule erhalten ist (Säule des äthiopischen Königs Taharka), und zwei Reihen Sphingen, die wahrscheinlich von ihrem ersten Aufstellort versetzt wurden und jetzt vor dem Bubastiden-Portikus stehen.

Die Rückseite des großen Hofs bildet der 2. Pylon, der ursprünglich etwa 40 m hoch war. Vor ihm liegt eine Vorhalle (15 × 7,50 m), die mit schönen Opferszenen geschmückt ist und vor der zwei Kolossalstatuen aus Granit von Ramses II. standen (zum Teil erhalten) sowie eine weitere des Pinodjem. Dieser Pylon wurde unter Haremhab begonnen und unter den ersten Königen der 19. Dynastie vollendet.

Oben: Eingang zum Amun-Tempel durch den ersten Pylon – er ist der zuletzt erbaute (30. Dynastie) – davor eine Allee mit widderköpfigen Sphingen mit der Kartusche von Ramses II. Der Pylon blieb unvollendet und schmucklos.
Rechts: Inneres des ersten Hofs, im Vordergrund ein Altar. Zwischen diesem und dem zweiten Pylon befinden sich die Überreste des Taharka-Kioskes (25. Dynastie), von dem nur noch eine (rechts) der ursprünglich zehn Säulen steht. Vor den Türmen des zweiten Pylon standen zwei Kolosse Ramses' II. aus rosa Granit, von denen nur noch der rechte vorhanden ist. Der Tempel mit Cella, wie es dieser Amun-Tempel ist, ist ähnlich einem ineinandergeschobenen Fernrohr aufgebaut: Von einem Freilichthof, in dem sich an Festtagen die Menschenmenge versammelte, gelangt man in eine Reihe von immer dunkler werdenden Räumen, bis man im eigentlichen Allerheiligsten oder der Cella ankommt, wo das Götterbild aufbewahrt wurde. Von Raum zu Raum wurde die Decke niedriger, und ab der 20. Dynastie stieg auch der Fußboden an.

Zwischen dem 2. und 3. Pylon liegt die große, aufsehenerregende Säulenhalle (102 m breit, 53 m lang), die wahrscheinlich Haremhab erbauen ließ und größtenteils durch Sethos I. und Ramses II. ausgeschmückt wurde. In diesem ursprünglich bedeckten Saal erheben sich 134 kolossale polylithische Säulen, von denen die 12 des Mittelschiffs 22,40 m hoch sind und ein Kapitell in der Form einer offenen Papyrusdolde haben (sie stammen von Amenophis III.); die anderen, in neun Reihen gegliederten Säulen, sind 14,40 m hoch und weisen ein Kapitell in Form einer geschlossenen Dolde auf. Der Höhenunterschied zwischen den Decken wurde durch Dazwischensetzen von Pfeilern abwechselnd (zwischen Architrav und Decke) mit Fenstern aus durchbrochenem Stein ausgeglichen, was eine gute Lichtquelle für den Saal bildete: an den Seiten wurde er von hohen Wänden geschlossen, die von ursprünglich bemalten Reliefs mit religiösen Themen bedeckt waren. Entlang der Außenwände ließen Sethos I. und Ramses II. dagegen Reliefs anbringen, die ihre Erfolge bei militärischen Unternehmen feierten, womit eine neue Art der Verbreitung der Taten der Pharaonen begann.

Über den Säulensaal hinaus stehen innerhalb eines relativ kurzen Abstands vier Pylone (3., 4., 5., 6.) von verschiedener Größe und in unterschiedlichem Erhaltungszustand. Der 3. Pylon stammt von Amenophis III.; in seinem Fundament wurden Bauteile aus anderen Gebäuden entdeckt (über 1300 dekorierte Blöcke; zwei Monumente, die sogenannte „Weiße Kapelle“ des Sesostris I. und ein Allerheiligstes des Amenophis I., wurden im örtlichen Freilichtmuseum wiederaufgebaut); zwischen diesem und dem 4. Pylon, der bereits vorhanden war, weil von Thutmosis I. erbaut, befindet sich der kleine Hof von Amenophis III., der ursprünglich vier Obelisken enthielt, von denen einer erhalten ist. Dieser stammt noch aus der Zeit des Thutmosis I., dem auch der 5. Pylon und die Kolonnade davor zu verdanken sind. Die beiden Obelisken aus rosa Granit, die sich hier erhoben, waren von Königin Hatschepsut aus Anlaß ihres Thronjubiläums erbaut worden: einer steht noch an seinem Platz und ist etwa 30 m hoch. Vor dem 6. Pylon (dem kleinsten) befindet sich eine Vorhalle mit zwei Seitenhöfen mit Säulen, die von Thutmosis III. stammen: auf dem Pylon finden sich Fragmente geographischer Listen, symbolische Szenen von niedergemetzelten Gefangenen und chronologische Texte von Ereignissen. Nach dem Hof des Barken-Heiligtums, auch „Annalen-Saal“ genannt – bemerkenswert wegen des Schmucks zweier „heraldischer Pfeiler“ von Thutmosis III. und wegen zweier Statuen aus rotem Sandstein von Amun und Amaunet, die Tut-ench-Amun aufstellen ließ – liegt mitten in einer Gruppe von Räumen, die

Oben: Innenhof des kleinen Tempels Ramses' III., dessen Fassade zum großen Hof des Amun-Tempels liegt. Die Osiris-Pfeiler, auf denen der westliche Portikus ruht, stellen den Pharao beim Thronjubiläum dar. An der Rückwand sieht man den Eingang zum Allerheiligsten. Dieser Tempel ist dem Amun geweiht und enthielt die heiligen Barken der thebanischen Triade.
Unten: Harfenspieler aus einem Relief der „Roten Kapelle“ Hatschepsuts; früher Karnak, heute im Museum von Luxor.

ursprünglich von Hatschepsut stammen und von Thutmosis III. umgebaut wurden, das von Philippos III. Arrhidaios, dem Bruder Alexanders des Großen, in ptolemäischer Zeit aus Granit wiederaufgebaute Allerheiligste. Letzteres, das nach den Gelehrten der Halteplatz der heiligen Barken ist und nicht das eigentliche (woanders untergebrachte) Allerheiligste, besteht aus zwei miteinander verbundenen und an den Enden offenen Kammern, deren Wandschmuck die rituellen Zeremonien und den Transport der Barken beschreibt (an der Gangwand nördlich der Kammer aus Granit ist eine Auflistung der Schlachten und der Kriegsbeuten von Thutmosis III. wiedergegeben). Hinter diesem befindet sich der von dem ursprünglichen Allerheiligsten aus dem Mittleren Reich eingenommene Bereich, dessen Erforschung noch nicht abgeschlossen ist.

Thutmosis III. ist die Errichtung eines einzigartigen, „Festsaal" genannten Komplexes hinter dem alten Allerheiligsten zu verdanken, der aus einem langen Säulensaal und zahlreichen anderen Räumen besteht, die den abschließenden Teil des Tempels einnehmen: ein dem Sokaris geweihter Saal; das wegen seines Wandschmucks mit Pflanzen und exotischen Tieren aus dem von Thutmosis III. eroberten Nahen Osten als „Botanischer Garten" bekannte Zimmer; drei Kapellen und Vorratsräume. Die Achse dieses (44 m breiten und 17 m langen) Säulensaals liegt quer zur Tempelachse: Er hat ein weniger hohes Dach, das als Peristyl gestaltet ist, so daß drei verschieden hohe Schiffe entstehen. Der Wandschmuck des Saals ist eher von gewohnter Art, seltener sind die Themen auf dem Wandschmuck der Kapellen. Einer dieser kleinen Räume, bekannt als „Ahnenzimmer", jetzt im Louvre, mit der Darstellung des Thutmosis, wie er vor 57

ausgewählten Pharaonen und Vorgängern Opfer darbringt, war von großer Bedeutung für die Rekonstruktion der Chronologie der ägyptischen Geschichte.

Der Querteil (Süd) des Tempels umfaßt vier große Pylonen mit davor ebensovielen Höfen unter freiem Himmel, die von seitlichen Mauern begrenzt werden und als Süd-Propyläen bekannt sind. Im ersten Hof, genannt „Hof des Verstecks", wurde in den ersten Jahren dieses Jahrhunderts eine Grube entdeckt, in der Tausende von Statuen begraben waren: die aus Stein waren gut erhalten, die aus Bronze aber hatten recht gelitten (viele befinden sich heute im Kairoer Museum). Der 7. Pylon, der diesen Hof nach Südwesten abschließt, stammt von Thutmosis III.; zu beiden Seiten zeigt er Statuen von Herrschern des Mittleren Reiches und Osirispfeiler des Thutmosis (Nordseite) sowie die Überreste zweier großen Statuen des Thutmosis (Südseite). Der 8. Pylon stammt von Königin Hatschepsut und ist einigermaßen gut erhalten (auf der Südseite ist das rituelle Massaker von Feinden durch Amenophis II. dargestellt; vier der sechs ursprünglichen Statuen sind noch vorhanden). Der 9. und 10. Pylon stammen von Haremhab: in dem Hof, der sie trennt, steht ein kleiner, stark zerstörter Tempel von Amenophis II. mit bemerkenswerten farbigen Reliefs.

An der Südwestseite der großen Umfassungsmauer des Amun befindet sich der Tempel des Mondgottes Chons, der dritten Gottheit der thebanischen Triade, erbaut von Ramses III. und von Herihor vervollständigt und noch heute in seinen wesentlichen Teilen gut erhalten. Auf dem Dach des Tempels befand sich wahrscheinlich ein astronomisches Observatorium, das dazu diente, die Uhrzeit festzustellen und die verschiede-

Oben: Panorama der Ruinen des Amun-Tempels, im Vordergrund der heilige See. In jedem Tempel gab es einen heiligen See; er symbolisierte die Wasser des Chaos, denen der Urhügel entstiegen war, auf den die Sonne herabkam. In seinem Wasser reinigten sich jeden Morgen die Priester vor ihren Tempeldiensten. An seinen Ufern wurden Osiris-Mysterienspiele abgehalten.

Links: Ausschnitt aus einem Seitenfenster, das zusammen mit den Lünetten der Decke die große Säulenhalle des Amun-Tempels erhellte.

Rechts: Die „Weiße Kapelle" Sesostris' I., die im Freilichtmuseum im Nordsektor des Amun-Tempelbezirks wiederaufgestellt wurde. An der Nord- und Südseite der Grundmauern der Kapelle befindet sich das einzige geographische Verzeichnis des Mittleren Reiches, ausgeführt in tiefer Gravur: an der Südmauer die Namen der Gaue des Südens (22), an der Nordseite die Namen der Gaue des Nordens (damals 16). In mehreren Feldern waren auch für jeden Gau die Namen des Lokalgottes, der Hauptstadt und ihre Fläche eingetragen.

Unten: Statue des Hohepriesters von Amun-Rê, Pinodjem (21. Dynastie), im Hof westlich des zweiten Pylons des Amun-Tempels in Karnak (links); widderköpfige Sphingen, welche den Weg von der Anlegestelle zum zweiten Pylon säumten, bevor der erste Hof des Tempels erbaut wurde (rechts).
Der Widder war ein dem Amun heiliges Tier, und in diesem Falle verkörpern die widderköpfigen Sphingen den Gott selbst, der den zwischen den Vorderpranken abgebildeten Pharao beschützt. Nachdem sie mehrmals usurpiert wurden, ist ihre Zuschreibung schwierig.

nen Zeiten der Kulthandlungen festzulegen. Chons wurde auch als heilender Gott verehrt. Der Tempel weist einen Pylon auf, einen Hof mit Portikus, einen quer angelegten Säulensaal, einen Raum für die heilige Barke, eine Vorhalle, eine Cella und Lagerräume; vor ihm steht ein herrliches Portal, das Ptolemaios III. Euergetes (246–221 v. Chr.) hatte errichten lassen. Der Wandschmuck gibt überwiegend liturgische Szenen wieder.

Der der Göttin Ipet geweihte ptolemäische Tempel weist heute eine Vorhalle mit zwei Hathor-Säulen und etwa ein Dutzend Räume auf, da der vordere Teil völlig zerstört ist. Von diesen sehr dunklen Räumen waren einige zur Lagerung der Kultgegenstände bestimmt, die anderen waren Kultsäle. Unter der Nische der Statue der Ipet wurde ein Osiris-Grab entdeckt. Die Kultsäle sind mit Szenen geschmückt (z. B. Bildnis der Göttin Ipet als weibliches Nilpferd mit Menschenkopf).

Ebenfalls innerhalb der Umfassungsmauer von Amun liegen der Tempel des Ptah (Nordostseite), kleine dem Osiris geweihte Kapellen, der heilige See (120 × 77 m) und das Gebäude des Taharka (diese beiden an der Südwestseite), ferner ein riesiger Skarabäus aus Stein, den Amenophis III. errichten ließ. Offenbar liebte dieser Pharao dieses

Ausschnitt der Reliefs des Obelisken der Königin Hatschepsut, der jetzt in der Nähe des heiligen Sees auf dem Boden liegt: Die von Amun empfangene Königin trägt eine für den Pharao typische Männerkleidung, den rituellen Bart, die mitraförmige weiße Krone des Südens, das archaische Königsgewand und den rituellen, am Gürtel befestigten Tierschwanz; in der rechten Hand hält sie die Keule und das Zeichen des ewigen Lebens in Gestalt der Hieroglyphe Ankh. Links der Falkengott Horus mit der Doppelkrone von Ober- und Unterägypten.

Der Obelisk Thutmosis' I. in Karnak aus rotem Granit. Er ist 19,50 m hoch, und sein Gewicht wird auf 143 Tonnen geschätzt. Sein Zwilling stand Ende des 18. Jahrhunderts noch, wie der englische Reisende Richard Pococke berichtet.

Insekt ganz besonders (es stellte den Gott Chepri dar), so daß er in seinen ersten 12 Regierungsjahren einige Serien von Skarabäen aus glasiertem Stein mit Inschrift auf dem flachen Sockel herausgab, die an seine Ehen mit Teje und Giluchepa, Tochter des Mitanni-Königs, sowie an zwei große Jagden und die Aushebung eines Sees in seinem Königspalast erinnern sollten, wie ein moderner Staatschef Münzen und Medaillen zum Gedenken prägen lassen könnte, um wichtige Ereignisse festzuhalten.

Der dem Ptah geweihte Tempel, den Thutmosis III. dem Gott geweiht und dazu das vorherige Gebäude aus dem Mittleren Reich wiederaufgebaut hatte, wurde dann in ptolemäischer Zeit restauriert. An die Umfassungsmauer gelehnt und nach Nordwest-Südost ausgerichtet, wurden dem Tempel ptolemäische Vorbauten und solche aus der äthiopischen Dynastie vorangesetzt; sein Allerheiligstes wird aus drei Kapellen gebildet, in deren mittlerer eine verstümmelte Sitzfigur des Ptah erhalten geblieben ist, während in der rechten eine große Statue der Sechmet aus schwarzem Granit steht.

Das interessanteste Monument in dem Freilichtmuseum innerhalb der Umfassungsmauer ist die rekonstruierte „Weiße Kapelle", die man allerdings nur mit der Genehmigung der Altertümerverwaltung von Theben-Ost besichtigen kann. Das Monument ist der einzige Überrest des einstigen Amun-Tempels. Es handelt sich um einen ursprünglich auf dem Prozessionsweg aufgestellten Kiosk, bei dem die heilige Barke des Gottes haltmachen sollte. Im Jahre 1938 setzte Chevrier die Blöcke der Kapelle wieder zusammen, die er bei der Restaurierung des 3. Pylons gefunden hatte; sie waren dort als Füll-

Das Innere des der Göttin Ipet geweihten ptolemäischen Tempels, wie es sich den Besuchern Karnaks in der zweiten Hälfte des vorigen Jahrhunderts darbot. Zeichnung aus L'Egitto Antico e Moderno, *Mailand 1879.*

material verwendet worden. Hilfreich erwies sich eine Darstellung auf einem Block des Architravs mit einem kleinen Tempel auf schiefem Sockel, wahrscheinlich eine Abbildung des Kioskes selbst. Die Hieroglyphen der Inschriften zählen zu den schönsten, die uns aus dem Mittleren Reich überliefert sind.

Chevrier ist auch der Wiederaufbau (1946, ebenfalls im Freilichtmuseum), eines weiteren Kioskes für den Halt der heiligen Barke zu verdanken. Er stammt von Amenophis I. und besteht aus kostbarem Alabaster; seine einzelnen Blöcke konnte man aus dem 2. und 3. Pylon des Tempels bergen.

Die Umfassungsmauern des Mut- und des Month-Tempels. Außerhalb der Umfassungsmauer des Amun-Tempels, südlich bzw. nördlich davon, befinden sich zwei weitere kleinere Umfassungsmauern, die des Mut- und die des Month-Tempels. Ein Platz verbindet die Mauer von Amun mit der von Mut, ca. 10 ha groß und derzeit in Erforschung und nicht zugänglich, der die Tempel der Mut, des Amenophis III. und des Ramses III. einschließt. Der Zugang zur Umfassungsmauer des Mut-Tempels erfolgt durch ein Portal mit Inschriften und Reliefs von Ptolemaios II. Philadelphos: Auf derselben Achse befindet sich der Tempel der Göttin Mut; seine Eingangstür ruht auf Pfeilern, die Darstellungen des Bes tragen; zu beiden Seiten der Tür wurden Sphingen aufgestellt, die ursprünglich den vom 10. Pylon des Amun-Tempels herführenden Zugangsweg zierten. Erbaut von Amenophis III. und restauriert von Ramses III. sowie in ptolemäischer Zeit weiter bereichert, ist der Tempel heute vollständig zerstört. Im zweiten Hof ist eine Statue des Amenophis III. erhalten, und in jedem Raum befinden sich zahlreiche Statuen der Löwengöttin Sechmet. Einige Statuen dieser Göttin, die in Karnak häufig abgebildet war, befinden sich im Ägyptischen Museum Turin.

Oben: Ansicht des Pylons des Chons-Tempels im südöstlichen Teil der großen Amun-Umfassungsmauer. Ramses III. ließ ihn erbauen, von Herihor, Hohepriester des Amun, wurde er fertiggestellt und dem Mondgott Chons, der dritten Gottheit der thebanischen Triade, geweiht. Dieser guterhaltene Tempel besitzt harmonische Proportionen und ist ein gelungenes Beispiel ägyptischer Architektur.

Links: Ausschnitt der Reliefs des „Botanischen Gartens", einem der Räume des von Thutmosis III. erbauten „Festsaals". Diese Reliefs ermöglichen die wissenschaftliche Untersuchung einer exotischen und ungewohnten Welt: Hier sind Tiere und Pflanzen der vom Pharao eroberten fremden Länder dargestellt, mit denen er auf naturalistische Weise an seine erfolgreichen Feldzüge erinnern will.

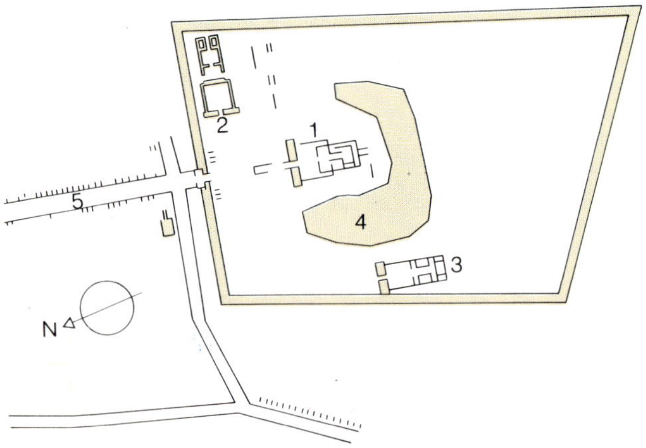

Oben: Plan des Bezirks des Mut-Tempels: 1 Mut-Tempel; 2 Tempel Amenophis' III.; 3 Tempel Ramses' III.; 4 heiliger See; 5 Sphinx-Allee.
Rechts: Ausschnitt der Ruinen des Month-Tempels im Bezirk nördlich des Amun-Tempels in Karnak. Der falkenköpfige Kriegsgott Month war Schutzherr mehrerer Pharaonen der 11. Dynastie und wurde dann während der 12. Dynastie vom Gott Amun abgelöst. Eine Sphinx-Allee führte zu einem Kanal, der den Tempel von Karnak mit dem von Medamud, einem Ort unweit nördlich, verband, der demselben Gott geweiht war.
Unten: Sitzstatue der Göttin Sechmet mit Löwenkopf, in Karnak. Die Göttin war Schutzherrin der Medizin und ihre Priester bildeten eine der ältesten bekannten Ärztevereinigungen.

Der Amun-Rê geweihte Tempel von Amenophis III. ist ebenfalls stark zerstört, aber seine Überreste erlauben eine Rekonstruktion des Grundrisses. Er bestand aus einem Säulenhof, einem Hypostyl, einer Galerie, einem Pronaos, dem Allerheiligsten und einigen Sälen ringsum. Einige Ausschmückungen sind noch sichtbar, insbesondere die Szenen von der Geburt und der Beschneidung des königlichen Knaben.

Ebenfalls stark zerstört ist der Tempel von Ramses III., der zwischen dem heiligen See und dem westlichen Stück der Umfassungsmauer liegt. Vorhanden sind der verfallene Pylon, die Basen der Osirispfeiler des großen Hofes, Reste vom Säulensaal und dem Allerheiligsten. Von den Dekorationen sind noch jene an der Außenseite der Westmauer erkennbar (Szenen aus Feldzügen des Königs nach Syrien und Libyen) sowie die an der Südmauer (Opferszenen).

In der Nähe der Nordseite der Amun-Umfassungsmauer befinden sich die Überreste einer weiteren Umfassungsmauer aus ungebrannten Ziegeln, die des Month-Tempels; sie umschließt die überwiegend auf das Fundament reduzierten Überreste von sechs Kapellen aus den äthiopischen und saïtischen Dynastien, die des Tempels vom Kriegsgott Month, den Amenophis III. errichten ließ (noch zu erkennen der Säulenhof, ein Säulensaal, ein Raum für die Barken und sieben Heiligtümer) sowie die Reste des der Göttin Maat geweihten Tempelchens und eines anderen kleinen ptolemäischen Tempels („Hochtempels“).

Im Norden der Umfassungsmauer führte ursprünglich eine Sphingenallee zu einem Kanal, der den Tempel des Month von Karnak mit dem Tempel desselben Gottes in Medamud verband.

Der Tempel von Luxor. Durch einen Prozessionsweg, den noch einige Sphingen mit Menschenkopf aus der Zeit des Nektanebôs I. säumen und der direkt mit dem Tempel von Karnak verbunden war, bedeutete der Tempel von Luxor der heilige Ort, wohin die Prozession anläßlich des Opet-Fests führte: Die Barke mit dem Bildnis des Amun verließ Karnak für den Zeitraum dieses Festes (15 Tage in der 18. Dynastie, fast eine Woche bei Ramses III.), das am 19. Tag des 2. Monats der Nilschwemme stattfand (Ende August). Die Gründung ist Amenophis III. zu verdanken, der im 14. Jahrhundert v. Chr. an der Stelle, wo sich wahrscheinlich ein Tempel aus dem Mittleren Reich befand, den heutigen Tempel errichten ließ. Er ist noch in gutem Zustand erhalten, da man so vorsichtig war, ihn auf einem hohen Sockel zu erbauen, um ihn vor den Nilschwemmen in Sicherheit zu bringen. Der Architekt war wahrscheinlich Amenophis, Sohn des Hapu. Etwa ein Jahrhundert später ließ Ramses II. einen großen Säulenhof und den 1. Pylon anbauen, die nicht mehr wie der Tempel nach Süd-Nord ausgerichtet waren, sondern eine leicht nach Ost ausgerichtete Achse haben. Die Umlenkung der Achse dieses Hofs ist sehr umstritten: die häufigste, wenn auch darum nicht beweiskräftigste These ist, man habe ein dreischiffiges und der thebanischen Triade geweihtes Allerheiligstes für die Barken mit einschließen wollen, das sich im Inneren an den westlichen Baukörper des Pylon anlehnen sollte. Dieser Baukörper wäre, was diese These stützen würde, früher entstanden, wie die Säulen mit thutmosischen Kartuschen beweisen. Wahrscheinlicher ist aber, daß der Baukörper von Ramses II. selbst stammt, der nur die älteren Säulen verwendet hat. Der Wandschmuck des Baukörpers ist in der Tat ramessidisch. Der Grund für die Ablenkung der Achse ist daher woanders zu suchen.

Die Freilegungsarbeiten erwiesen sich als mühevoll: begonnen wurden sie 1883 von Maspéro; Grébaud, Daresay und Legrain führten sie fort, aber für die Erforschung wäre es vorteilhaft, wenn man die Versetzung der Moschee des Abu el-Haggâg erreichen würde, die noch im Hof von Ramses II. steht.

Den monumentalen Komplex betritt man durch den majestätischen Pylon des Ramses II. (65 m Stirnseite), der mit Szenen und Texten über die Schlacht von Kadesch gegen die Hethiter geschmückt ist und vor dem einst sechs Kolossalfiguren und zwei Obelisken standen, von denen noch einer (25 m hoch) an seinem Platz ist; der andere, etwas wenig niedrigere, wurde 1883 nach Paris transportiert und auf der Place de la Concorde aufgestellt. Der Obelisk vor Ort trägt das Königsprotokoll und widmende Inschriften; geschmückt ist er mit Opferszenen von Ramses II. an Amun-Rê sowie mit roten senkrechten Hieroglyphenstreifen in versenktem Relief. Auf dem Sockel beten vier Paviane den Sonnengott an. Von den genannten sechs Statuen sind die beiden dem Portal am nächsten stehenden erhalten: es handelt sich um eine Sitzstatue des Ramses II., neben ihm die Königin Nofretari sowie eine Standfigur.

Der Hof des Ramses II. (50 × 57 m) weist Säulengänge mit zwei Säulenreihen auf und an der Süd-, Ost- und Westseite eine Serie von Kolossalfiguren, davon zehn aus rosa Granit und eine aus aschgrauem Granit, die vielleicht von Amenophis III. stammen und durch Ramses II. usurpiert wurden und die in den Säulenzwischenräumen stehen. Zwei große Sitzstatuen Ramses' II. aus dunklem Granit sind hinten im Hof plaziert, zu beiden Seiten des Portals, das in die Kolonnade von Amenophis III. mündet. An der Nordostseite wird der Hof von einer Kapelle eingenommen, die gleichzeitig Abstellplatz für die heiligen Barken war; sie ist der thebanischen Triade gewidmet und wurde bereits besprochen. Die Innenwände des Hofs sind mit religiösen Szenen geschmückt, Rituale werden in allen Einzelheiten dargestellt. Hinter der Südmauer, die den Hof von Ramses II. abschließt, beginnt der Teil vom Hof Amenophis' III., und die riesige Kolonnade wird sichtbar (52 × 20 m); sie ist aus zwei Reihen zu sieben je 15,80 m hohen Säulen mit offenen Kapitellen gebildet und wird von zwei großen Mauern eingerahmt, auf denen Tut-ench-Amun und Haremhab die Prozession der heiligen Barke am Opet-Fest skulptieren ließen; sie zeigen eine ausgeprägte realistische Darstellung und stehen noch unter dem Einfluß des Amarna-Stils.

Es folgt der Hof (52 × 48 m), an drei Seiten umgeben von einem Säulengang mit zwei Reihen Papyrussäulen mit geschlossenem Kapitell. Vom Säulengang kommt man in ein

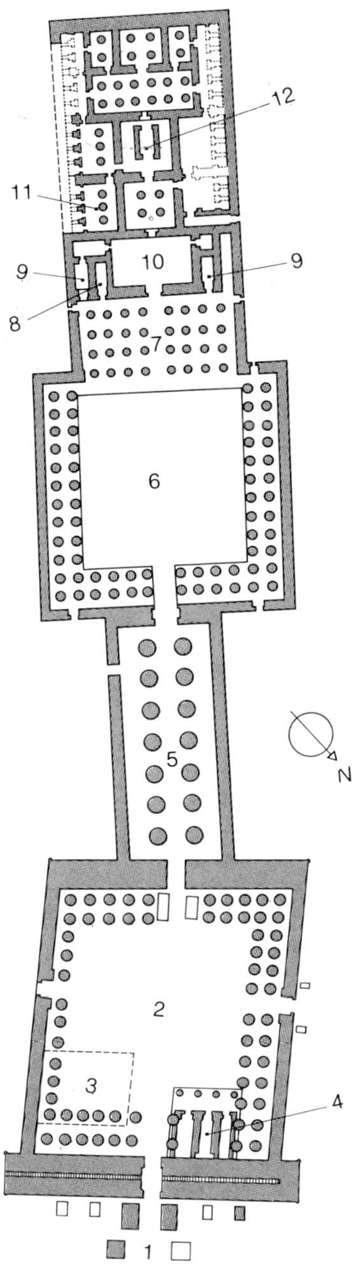

Plan des Tempels von Luxor: 1 Obelisk, Statue und Pylon Ramses' II.; 2 Hof Ramses' II.; 3 Abu el-Haggâg-Moschee; 4 Kapelle der thebanischen Triade; 5 Kolonnade Amenophis' III.; 6 Hof Amenophis' III.; 7 Hypostylsaal (Säulenhalle); 8 der Göttin Mut geweihte Kapelle; 9 dem Gott Chons geweihte Kapellen; 10 Kapelle der römischen Legion; 11 Kammer der Geburt Amenophis' III. (der Theogamie); 12 Heiligtum für die Barke des Amun.

Links: Ausschnitt der mit religiösen Themen geschmückten Mauern des Hofs Ramses' II. im Luxor-Tempel (oben); der Eingang zum Luxor-Tempel durch den Pylon Ramses' II.: Von den sechs die Fassade schmückenden Statuen des Pharaos sind noch zwei zu beiden Seiten des Portals sowie eine am Ende des Westturms vorhanden; von den zwei Obelisken davor steht hier nur noch der östliche, der westliche befindet sich heute in Paris. In den beiden Türmen sind vier senkrechte Auskehlungen zu sehen, in denen die mit Elektron verbrämten Masten standen, an denen an Festtagen die Fahnen des Gottes wehten (unten).
Oben: Ansicht des Luxor-Tempels, in der Mitte die Abu el-Haggâg-Moschee.
Rechts: Das Barkenheiligtum am Westturm des Pylons im Hof Ramses' II. Bemerkenswert ist der Unterschied in der Eleganz zwischen den Säulen aus älterer Zeit, die das Atrium tragen, und den von Ramses II. stammenden Säulen des Portikus an der Westseite des Hofs.

Kolonnade, die den Eingang zu dem von Amenophis III. erbauten ursprünglichen Tempel bildete (auf dem Foto links) und das Peristyl des Hofs. Die Säulen des Eingangs sind rund und haben ein Kapitell mit offener Papyrusdolde, die Säulen des Hofs sind Bündelsäulen mit geschlossenem Kapitell. Im ägyptischen Tempel symbolisieren die Säulen die Vegetation, der Boden die Erde und die Decke den Himmel.
Unten: Ausschnitt der Südost-Kolonnade des Hofs von Ramses II. mit den Standfiguren von Amenophis III., die Ramses II. usurpierte, sowie der Sitzstatue Ramses' II.

querliegendes Hypostyl mit 32 Säulen (8 pro Reihe); der Wandschmuck besteht hier aus einer langen Reihe von Namen. Dann geht es weiter in den innersten Bereich des Tempels: Er besteht aus einem Vestibül (in römischer Zeit in eine Kapelle des Kaiserkults verwandelt), wo der ursprüngliche Wandschmuck mit Bildnissen von Kaisern übermalt wurde, dem Raum für Opfergaben (ausgeschmückt mit religiösen Szenen), dem Barken-Allerheiligsten, das von Alexander dem Großen umgebaut und in eine Kapelle verwandelt wurde, sowie aus weiteren zwei Sälen an der Rückwand (einer davon war das Allerheiligste für das Götterbildnis). Weitere Räume sind seitlich der oben genannten angeordnet: Interessant ist unter anderem die sogenannte Kammer der Geburt Amenophis' III., deren Decke von Papyrusbündelsäulen getragen wird. Im Wandschmuck wird hier in drei Registern die Legende vom göttlichen Ursprung des Herrschers dargestellt, nach der Amun sich im Angesicht von Thutmosis IV. mit Königin Mutemweje vereinigte, die dann Amenophis III. gebar. Zwei weitere Räume waren der Göttin Mut und dem Gott Chons geweiht. An den Außenwänden des Tempels ließ Ramses II. in Reliefs Szenen aus seinen Feldzügen darstellen.

Gegenüberliegende Seite: Ausschnitt eines Reliefs der Südwestseite des Hofs Ramses' II.: Die Szene zeigt einen der für ein Fest herausgeputzten Ochsen, die in einem Zug zum Tempel geführt werden (oben); der „Träger des Goldes der Ehre", ein interessanter Fund, heute Museum von Luxor. Die glockenförmige Frisur mit ihren glatten Strähnen, der mittellange Rock mit Dreiecksfalte vorn und das Tuch in der Faust könnten auf eine Statue aus dem Alten Reich deuten. Das aus Goldketten (shebju) gebildete „Gold der Ehre" war jedoch eine hohe Auszeichnung, welche die Pharaonen ab dem Neuen Reich verliehen (unten).

In der Nordostecke des großen Hofes von Ramses II. wurde auf dem Schutt des Tempelpylons eine koptische Kirche erbaut; sie wurde aufgegeben, als sich der vom Missionar Abu el-Haggâg in diese Gegend gebrachte islamische Glaube ausbreitete. Bei seinem Tod wurde er in der Moschee beigesetzt, die innerhalb der Mauern der Kirche errichtet worden war, und seither feiert man jedes Jahr an den Vollmondtagen vor Ramadan ihm zu Ehren ein Fest. Am Vollmondtag findet dann eine feierliche Prozession rings um den alten Tempel und die neue Moschee statt. Soldaten nehmen daran teil, eine Kindermusikkapelle, Reiter auf herausgeputzten Pferden, und zwei Barken mit farbigen Segeln werden, auf Karren gebunden, von Pferden gezogen. Der wirkliche Ursprung dieser Feier mit der Beteiligung von Barken ist sicherlich im Opet-Fest zu suchen, das sich nach 15 Jahrhunderten anderer Religionen noch immer manifestiert, auch wenn die islamische Tradition die Präsenz der Barken auf das Wunder zurückführt, das Abu el-Haggâg vollbrachte, als er während einer Reise nach Mekka das von Stürmen gepeitschte Rote Meer besänftigte.

Der Besuch im Museum von Luxor belegt die Entwicklung der Kunst und den Wandel Thebens während der 18. Dynastie. Es sind Statuen oder Einzelteile von Statuen, die aus dem Mittleren und dem Neuen Reich stammen, Blöcke von Tempeln, Stelen usw. Von besonderer Bedeutung ist eine Basaltstatue des Thutmosis III. aus Karnak sowie die „Talatat-Mauer", 17,17 × 2,97 m; sie stammt aus einem Tempel, den Echnaton in Theben errichten ließ und der sich aus 283 Blöcken aus dem 9. Pylon von Karnak zusammensetzt. Auf der Wand ist eine Szene zu sehen, wie die Herrscher Aton verehren, außerdem sind Speicher, Lagerräume und Werkstätten dargestellt, die zum Aton-Tempel gehörten. Ferner sind von Interesse: verschiedene Statuen von Amenophis III., davon eine aus Kalzit, die den König mit dem Gott Sobek darstellt; einige Stücke Metallgeschirr, die zum Schatz des Tempels von Tôd gehörten (Zeit von Amenemhêt II.); ein herrlicher Kopf des Sesostris III. aus rosa Granit, der die stilistischen Neuerungen während der Herrschaft dieses Pharao zusammenfaßt; eine Statue des Amenophis, Sohn des Hapu, dargestellt als Schreiber; verschiedene Blöcke mit wunderschönen Flachreliefs aus dem „Rote Kapelle" genannten Allerheiligsten der Hatschepsut und einige Funde aus den Gräbern von Tut-ench-Amun. Von besonderem historischem Interesse ist die Stele des Kamosé, des letzten Pharaos der 17. Dynastie: die 38 Zeilen der Inschrift erzählen von seinem Sieg über die Hyksos in Auaris, vom Abfangen eines Briefes des Feindes Apophis an den König von Kusch durch Kamosé und von der triumphalen Rückkehr des Königs nach Theben.

Im Garten des Museums kann man ferner ein Relief bewundern, das Amenophis II. darstellt, wie er auf der Fahrt in einem Kriegswagen ein Ziel aus Kupfer mit seinen Pfeilen trifft: die Inschrift lobt die ungewöhnliche Kraft dieses Pharaos, der metallische Zielscheiben verwenden muß, weil er solche aus Holz durchbohrte, als wären sie aus Papyrus.

Die Nekropole von Theben

Jenseits des Nils dehnt sich am linken Ufer die „Totenstadt“ aus: Herrscher und mächtige Persönlichkeiten, zum Großteil vom Anfang des Neuen Reiches, haben sich ihre Gräber in diesem Vorhügelgebiet am Rand der libyschen Bergkette bauen lassen.

Die Könige des Neuen Reiches wählten ihre Wohnstatt für die Ewigkeit in einer tiefen Schlucht, getrennt von den Königinnen, die in einem Tal südlich der Nekropole beigesetzt wurden; die Priester, Staatsbeamten und hohen Offiziere verfügten über Nebenbezirke, deren an Meisterwerken reichster der Bezirk Abd el-Kurna ist. Die Nekropole von Theben umfaßt auch die Überreste der Tempel von Kurna, Dêr el-Bahri, Dêr el-Medina, Medînet Hâbu und das Ramesseum (in den Wiesen zwischen letzteren stehen die beiden Memnons-Kolosse) sowie die Überreste von Gebäuden für die Unterbringung der am Bau der Nekropole beschäftigten Arbeiter.

Die thebanischen Gräber bestehen aus einer Zugangstür, einem nach unten führenden Gang, einem Zimmer, das auch einen tiefen Schacht enthalten kann, einem oder mehreren Vorzimmern und einer Grabkammer mit in den Fels gehauenen Pfeilern, in welcher der Steinsarkophag stand. Abweichungen von diesem Muster sind selten und betreffen zumeist die Richtungsänderung der Gänge – rechtwinklig abknickend, parallel gegeneinander versetzt oder geradlinig verlaufend. Die Größe der Gräber ist unterschiedlich, manche erreichen eine Tiefe von mehr als 100 m, andere sind kleine Grüften. Ein dem Großteil dieser Gräber gemeinsames Merkmal ist ein tiefer Schacht, der an einer bestimmten Stelle den Gang unterbricht.

Karte der thebanischen Nekropole.

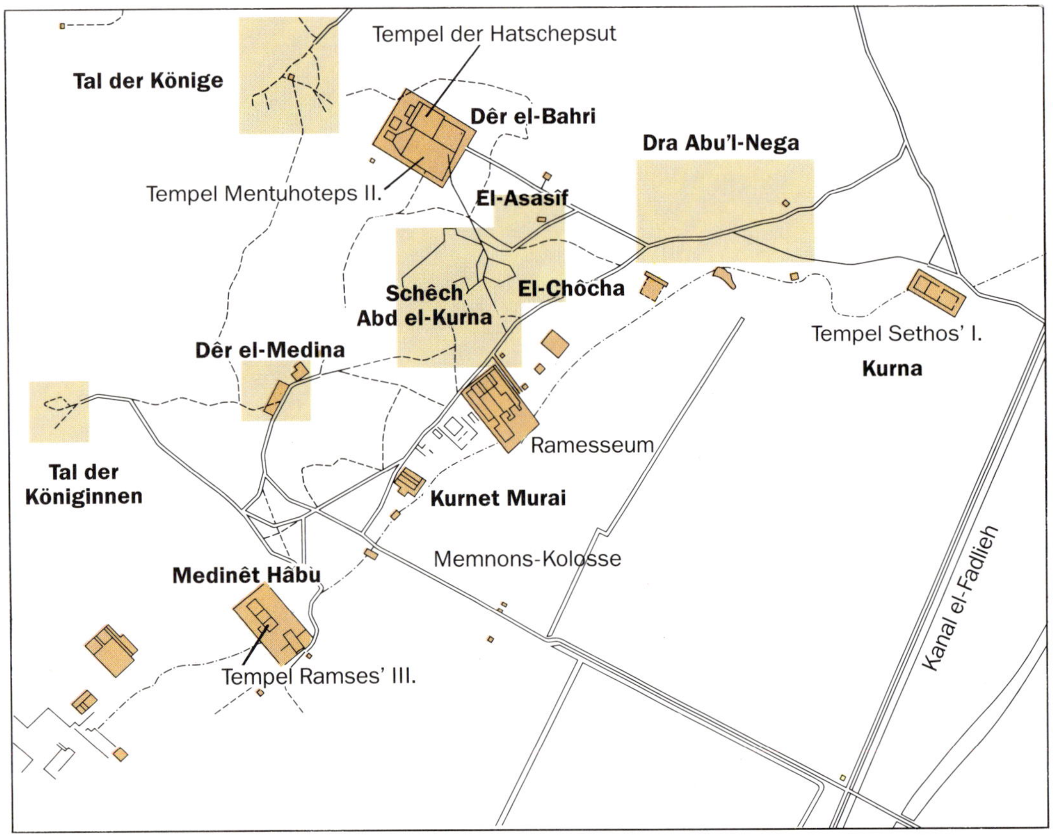

Beachtlich ist das Interesse für ihre Architektur, aber um so mehr für den Wandschmuck, der in den Königsgräbern religiöse und in den Privatgräbern Themen des irdischen Lebens zeigt. Die Szenen und Texte sind in einigen der ältesten Gräber im Stil der Papyri auf die Wände gezeichnet; ab Amenophis III. finden sich bemalte Reliefs und Malereien, und nach Ramses II. sind die Reliefs versenkt.

Der Tempel von Kurna und die Nekropole Dra Abu'l-Nega

Fährt man von der Anlegestelle auf der Straße des Tals der Könige entlang, zweigt nach etwa 4 km eine Landstraße links nach Kurna ab, wo die Überreste eines Tempels stehen, den Sethos I. errichten ließ und der von seinem Sohn Ramses II. vollendet wurde. Der Tempel war Amun-Rê geweiht. Von dem recht stark verfallenen Komplex steht nur noch die Fassade, gebildet aus einem Säulengang (50 m breit, mit Wandschmuck von Sethos I. und Ramses II., wie sie verschiedenen Gottheiten huldigen, sowie am Sockel Szenen einer Prozession des Nil-Gotts), der durch drei Türen ins Allerheiligste führt. Dieses Allerheiligste weist eine Dreiteilung entlang der Bauachse (also Nordost-Südwest) auf: die drei Teile sind Amun und Sethos I., Amun und Ramses V. und dem Sonnengott Amun-Rê geweiht. Im zentralen Bereich stehen die Ruinen des Säulensaals mit sechs Papyrussäulen und Opferszenen an den Wänden, seitlich davon je drei Räume (ebenfalls mit Opferszenen ausgeschmückt), ferner die Ruinen einer Vorhalle, des Allerheiligsten der Amun-Barke und eines weiteren Saals mit vier Pfeilern. Die beiden seitlichen Bereiche enthielten rechts einen weitläufigen Hof (23 × 14 m) mit Säulengang und links eine Vorhalle sowie drei kleine, Ramses I. gewidmete Säle mit Wandschmuck, der unter Ramses II. vollendet wurde.

Im Norden des Tempels, jenseits der Straße des Tals der Könige, liegt die stark zerstörte älteste Nekropole Thebens; sie stammt aus der 11. Dynastie und enthält die Gräber des Antef I., Antef II. und Mentuhotep I.

In der Ebene im Nordwesten und in den ersten Anhöhen der Ausläufer der libyschen Bergkette liegt die Nekropole von Dra Abu'l-Nega mit Gräbern der Könige und Fürsten der 17. Dynastie sowie anderer von Privatleuten der 18. und 19. Dynastien. Diese Gräber sind weniger wegen ihrer (stark zerstörten) Baukörper als vielmehr wegen der Themen ihres Wandschmucks und wegen des Stils seiner Ausführung interessant. Wegen der Feinheit seines Wandschmucks mit religiösen Motiven ist von besonderer

Fassade des Totentempels Sethos' I., des zweiten Königs der 19. Dynastie, in Kurna. Dieser Tempel, der älteste dieser Dynastie, wurde von seinem Sohn Ramses II. vollendet. Die aus Ziegeln gebauten Teile sind nicht mehr vorhanden, aber bis heute blieb bemerkenswerter Flachreliefschmuck erhalten, der in seinem künstlerischen Wert mit dem des Tempels desselben Herrschers in Abydos vergleichbar ist.

Oben: Relief mit dem Porträt des Pharao Thutmosis III., gefunden in seinem Tempel in Dêr el-Bahri und jetzt im Museum von Luxor. Nachdem er um 1120 v. Chr. von einem Erdrutsch verschüttet worden war, wurde der Tempel 1962 von einem polnischen Archäologenteam entdeckt, das noch heute in dieser Gegend tätig ist.

Bedeutung das aus der 19. Dynastie stammende Grab des Amenmessu (Nr. 19), des ersten „Propheten" im Tempel von Amenophis I.; interessant durch die in ihrem Wandschmuck behandelten Themen sind ferner das Grab des Panehesi (Nr. 16), ebenfalls ein „Prophet" des Amenophis, aus der 19. Dynastie (besonders die lebendigen Szenen aus der Landwirtschaft) und das des Chamweset (Nr. 261), einem Priester von Amenophis I., aus der 18. Dynastie (Szenen von Ernte und Keltern). Am Fuß des Hügels von Dra Abu'l-Nega sind Spuren einiger Tempel erhalten, die hier zu Ehren des Hohepriesters Neb Uenef und Amenophis I. sowie seiner Mutter Ahmose Nefertari errichtet wurden.

Die Tempel von Dêr el-Bahri

Nach der Reichseinigung Ägyptens wählten die Könige der 11. Dynastie diesen weitläufigen natürlichen Halbkreis zu ihrer Nekropole, von dem heute allein noch, wenn auch stark verfallen, das Grabmonument des Mentuhotep I. bemerkenswert ist. An diesem der Göttin Hathor geweihten Ort ließ 500 Jahre später Königin Hatschepsut von ihrem Lieblingsarchitekten Senenmut einen der schönsten Tempel bauen, den die

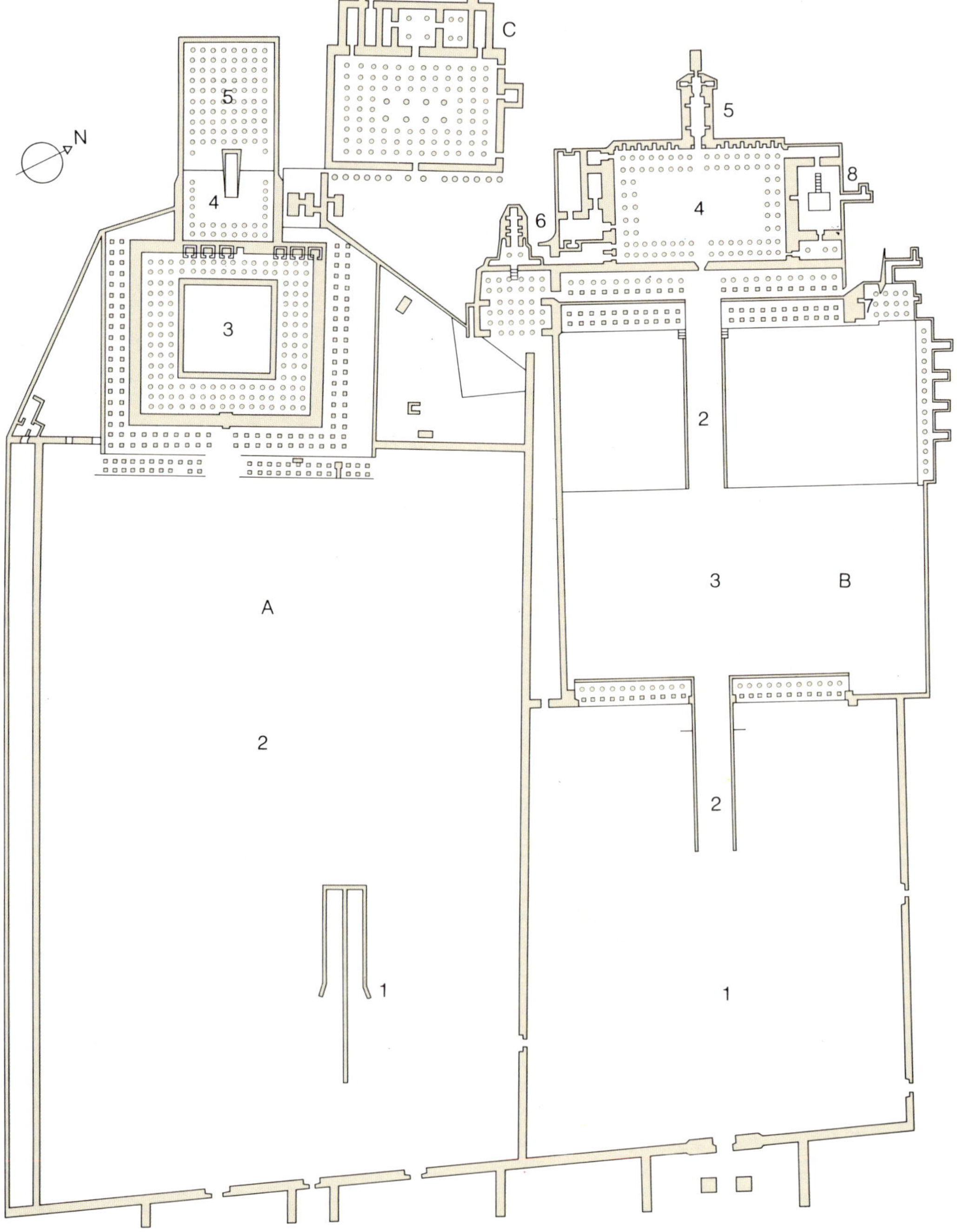

Rechts: Plan der Tempel von Dêr el-Bahri. A Grabkomplex Mentuhoteps' I.: 1 Bâb el-Hohsan, 2 erster Hof, 3 Hügel, 4 zweiter Hof (Säulenhof), 5 Allerheiligstes (Säulensaal). B Tempel der Hatschepsut: 1 Erste Terrasse, 2 Rampen, 3 Zweite Terrasse, 4 Dritte Terrasse, 5 Allerheiligstes, 6 Hathor-Kapelle, 7 Anubis-Kapelle, 8 Sonnentempel. C Tempel Thutmosis' III.

ägyptische Architektur hervorgebracht hat, zudem in einem einzigartigen natürlichen Umfeld. Neben den beiden genannten Tempeln birgt der Ausgrabungsbezirk von Dêr el-Bahri die (1962 entdeckten) Ruinen eines dritten Tempels, erbaut von Thutmosis III., wo drei herrliche Blöcke fein skulptierten Kalksteins gefunden wurden (zwei befinden sich im Museum von Luxor) sowie zahlreiche versenkte Säulenreliefs von Pilgern. Im Norden des großen Tempels liegen die Gräber von hohen Beamten der 11. Dynastie, während sich im Südwesten die Spuren eines von den Pharaonen Mentuhotep II. und III. begonnenen Totentempels befinden sowie, noch weiter südlich, die des Grabs von Meketrê (Nr. 280), einem hohen Beamten von Mentuhotep II., das in einer besonderen landschaftlichen Umgebung liegt. Dêr el-Bahri ist auch bekannt für die glückliche Wiederauffindung der Königsmumien des Neuen Reiches (13 von Pharaonen und viele weitere von zeitgenössischen Königinnen und Prinzessinnen), die während der 21. Dynastie hier vor Grabräubern in Sicherheit gebracht worden waren und zwar in einem unterirdischen Versteck am Ende eines Stollens, den zuerst heimliche Ausgräber entdeckt hatten und den dann 1881 Maspéro finden konnte. Die Mumien und Grabbeigaben werden heute im Museum in Kairo aufbewahrt.

Der Grabkomplex Mentuhoteps I. Es handelt sich um einen grandiosen Grabkomplex mit aufsteigendem Verlauf, der von Pharao Mentuhotep I. Nebhepetre (11. Dynastie) in Auftrag gegeben wurde. Den Vorbildern der Grabstätten des Alten Reiches noch eng verwandt, nimmt dieses Grabmal in manchen Einzelheiten Lösungen vorweg, die später in den Königsgräbern des Neuen Reiches angewendet werden (das Allerheiligste ist am Ende eines langen Stollens in den Fels gehauen statt im zentralen Kern, den man bis vor kurzem noch pyramidenförmig annahm und der laut jüngsten Studien statt dessen die Form eines quaderförmigen Grabhügels gehabt haben muß).

Eine breite Rampe, davor ein weitläufiger umfriedeter Hof, an einer Seite als Säulengang gestaltet, führte zu einer ersten Terrasse, die zum Teil gebaut, zum Teil in den Fels geschlagen wurde und die für die anderen Baukörper als Sockel diente. Ein Wandelgang mit 124 sechskantigen Pfeilern säumte an drei Seiten die Umfriedung des Grabhügels, und ein zweiter Wandelgang mit Säulen weiter innen säumte den Grabhügel. Das Dach dieses zweiten Säulengangs wurde von 140 achtkantigen Säulen getragen, dreireihig angeordnet bis auf die Westseite, wo es nur zwei Reihen waren. An dieser Rückseite befand sich ein Tor, das zu einem Hof mit dreiseitigem Säulengang führte, der wiederum die Verbindung herstellte zu einer Säulenhalle und zu sechs bereits früher vorhandenen Kapellen von Prinzessinnen oder Königinnen. In der Mitte erhob sich der Grabhügel, der heute zerstört ist. Hinter dem Vorzimmer drang der Komplex in den Berg ein und zwar mit einem Peristyl, in dessen Mitte die Grabkammer versenkt wurde,

Sandsteinstatue Mentuhoteps I. im Gewand des Thronjubiläums. Die Statue, einst im Grabkomplex dieses Herrschers in Dêr el-Bahri, befindet sich heute im Kairoer Museum.

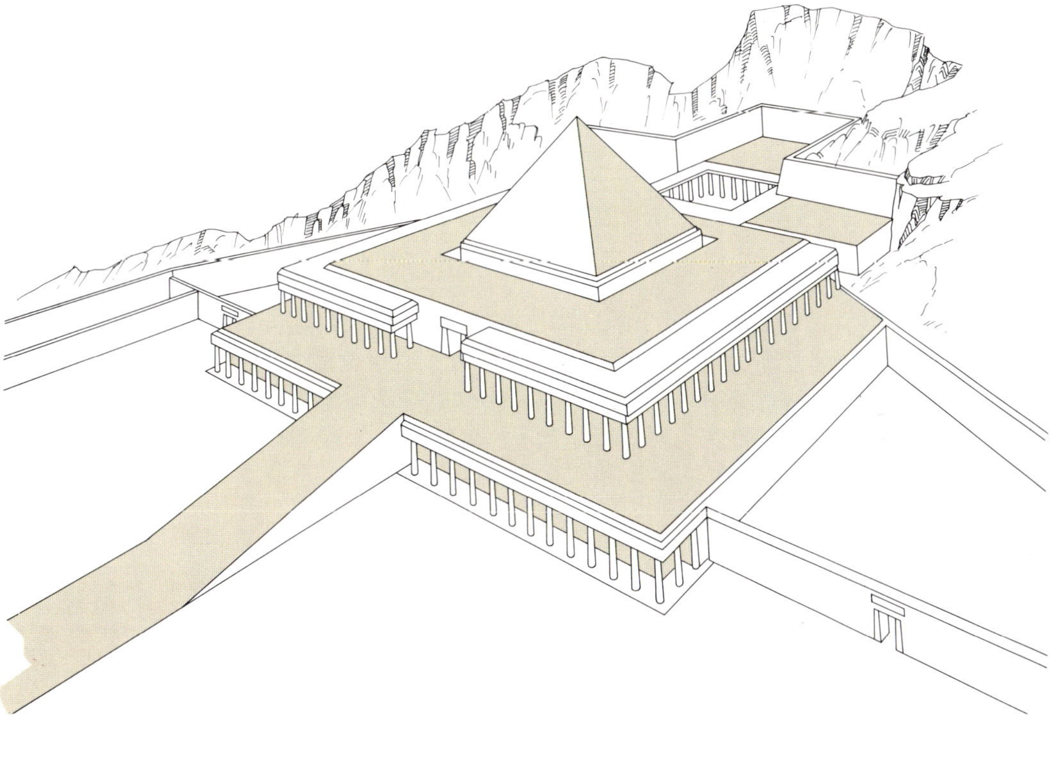

Rekonstruktion (nach Neville) des Grabkomplexes Mentuhoteps I. in Dêr el-Bahri.

Ansicht des Totentempels der Hatschepsut, Königin der 18. Dynastie, der in alter Zeit „Djeser Djeseru“, also „Heiliger der Heiligen“, genannt wurde. Der Architekt, vielleicht Senenmut, der „Leiter der Arbeiten“ war, machte sich mit bemerkenswertem innovativem Einfühlungsvermögen die örtliche Bodenbeschaffenheit zunutze und schuf einen Komplex mit einer Flucht von Terrassen, mit denen er das Bauwerk harmonisch in die großartige Landschaft einfügte. Der Talkessel von Dêr el-Bahri war der Göttin Hathor in Gestalt einer jungen Kuh gewidmet, welche die Verstorbenen im Westreich, also im Jenseits, empfing. Aus diesem Grund und weil gegenüber, am anderen Nilufer, der Amun-Tempel (in Karnak) stand, wählte die Königin diesen Ort zur Errichtung ihres Grabmonuments.

wo man den Sarkophag leer vorfand; nach diesem Hof liegt tief im Berg ein Säulensaal, der den Zugang zum eigentlichen Allerheiligsten bildet. In der Umfassungsmauer und rings um den Komplex befinden sich zahlreiche Gräber von Würdenträgern jener Zeit: wahrscheinlich wurde ein Teil dieser Nekropole vom Bau des nahen Tempels der Hatschepsut überdeckt. Zu bemerken ist noch, daß in dem großen Hof vor den Terrassen eine weitere Grabkammer entdeckt wurde, genannt Bab el-Hohsan, wo man die heute in Kairo aufbewahrte herrliche Königsstatue aus bemaltem Sandstein fand.

Der Tempel der Hatschepsut. Von einem Taltempel führte eine Sphingenallee hinauf zum großen umfriedeten Hof (oder untere Terrasse), an dessen Rückwand sich ein Säulengang befand, der von einer zur Zwischenterrasse führenden Rampe in zwei Abschnitte geteilt wurde (ein jeder zu 11 Pfeilern in Zweierreihe). Die Zwischenterrasse weist im Norden einen (unvollendeten) Säulengang mit 15 protodorischen Säulen auf, an dem vier Nischen ohne Wandschmuck liegen; die Rückwand wird gebildet von einem eleganten Säulengang ähnlich dem der unteren Terrasse, also von einer zweiten Rampe in zwei Abschnitte geteilt, ein jeder zu 11 Pfeilern in Zweierreihe. Die Flachreliefs an der Rückwand erinnern mit besonderer Feinheit an die wundersame Geburt und Erziehung der Königin Hatschepsut und an verschiedene Momente der Schiffsexpedition, welche die Königin ins Land Punt (Somalia) sandte sowie an die triumphale Heimkehr (weitere Szenen wurden abgenommen und sind heute im Kairoer Museum). An der Südseite des Säulengangs ließ Hatschepsut, ebenfalls durch Senenmut, eine unterirdische, der Göttin Hathor geweihte Kapelle bauen, zu der man über eine eigene

Fragment eines Pfeilers der dritten Terrasse des Hatschepsut-Tempels. Die Reliefs zeigen den ersten Titel der Königin, darüber das Abbild des Falkengottes Horus, der die Doppelkrone trägt und eine Uräusschlange bei sich hat. Der Pharao besaß fünf Königstitel: den „Horusnamen", „die beiden Herrinnen" (Uadjt und Nechbet), den „Goldenen Horus", „König von Ober- und Unterägypten" und „Sohn des Rê". Nur die beiden letzten wurden in die Kartusche geschrieben.

Rampe gelangte. Vor der Kapelle liegt ein Säulenraum mit protodorischen Säulen und Hathorpfeilern, angeordnet in zwei Reihen, dahinter verschiedene Zimmer, die in unterschiedlicher Höhe in den Fels gegraben wurden; der Wandschmuck zeigt Feste zu Ehren der Göttin, Opferungen an verschiedene Gottheiten sowie an die Hathor-Kuh.

Am anderen Ende des Säulengangs liegt eine dem Anubis geweihte Kapelle, gebildet aus einem (gut erhaltenen) Säulensaal und aus drei kleinen Heiligtümern. Hier kann man die Decke des Saals bewundern, die blaugrundig und mit gelben Sternen bemalt ist und einige Opferszenen zeigt, deren Farben vollständig erhalten sind.

Die zweite Rampe führt zum Säulengang der oberen Terrasse, der aus Osirispfeilern bestand, die Thutmosis III. abreißen ließ, sowie aus einer Reihe von 22 Säulen. Ein Portal aus Rosengranit (gut erhalten) führt in den inneren Säulenhof (40 × 26 m) mit einer Doppelreihe Säulen, er wird von drei Gruppen von Räumen begrenzt. Die Gruppe im Süden war dem königlichen Totenkult gewidmet und enthält die Grabkapelle von Thutmosis I., dem Vater der Königin, sowie die gut erhaltene Opferkammer der Königin Hatschepsut mit kostbaren Reliefs und Malereien. Die Räume der Gruppe im Norden sind für den Sonnenkult bestimmt: im Innenhof befindet sich ein rechteckiger Steinaltar; die Mauern des Hofs sind geböscht, und in jeder öffnet sich eine Nische (in der im Norden huldigen Thutmosis I. und seine Frau Ahmose dem Anubis).

An der Rückwand der Westseite des Hofs wurden neun Nischen angebracht, die ebensoviele Stand- und Sitzfiguren der Königin enthielten. An den Enden dieser Mauer befinden sich die Eingänge zu den dem Amun geweihten Kapellen, während in der Mitte ein Portal aus Granit in das Hauptsanktuarium führt, das in den Berg gegraben ist

Teilansicht vom Tal der Könige nahe des Eingangs. Von links nach rechts ist der Eingang zu folgenden Gräbern zu sehen: Ramses IV., Merenptah, Ramses II. Gegenüber vom Eingang zum Grab Ramses' IV. sieht man den unter die Erde führenden Eingang zum Grab Tut-ench-Amuns.

Rechts: Portikus zur dritten Terrasse des Hatschepsut-Tempels in Dêr el-Bahri. Die Osiris-Pfeiler mit der Abbildung der Königin wurden von ihrem Stiefsohn Thutmosis III. halb zerstört. Der bis in römische Zeit benutzte Tempel, anschließend Sitz eines koptischen Klosters (Dêr el-Bahri bedeutet Kloster des Nordens), wurde Anfang des 20. Jahrhunderts freigelegt und im Laufe der letzten Jahre umfangreichen Restaurierungen durch ein polnisches Archäologenteam unterzogen, das hier noch immer tätig ist.

und aus drei Sälen hintereinander mit seitlichen Kammern für die Kultgegenstände besteht. Bemerkenswert ist der Wandschmuck des ersten Hauptsaals mit seinen religiösen Themen (Opferungen durch Hatschepsut und Thutmosis III. an mehrere vergöttlichte Pharaos, Opferungen der Prinzessin Nofrurê und des Königs an Amun-Rê). Zwei Statuen, die Hatschepsut als Königin des Südens und des Nordens darstellen, befinden sich zu beiden Seiten der Tür an der Rückwand.

Der letzte Saal, erbaut von Ptolemaios Euergetes II., ist vergöttlichten Persönlichkeiten geweiht. In der Nähe dieses Tempels, der sowohl von seinem Aufbau wie von seinem Wandschmuck her einer der größten des alten Ägyptens ist, hat man das mit feinem Wandschmuck ausgestattete Grab von Senenmut entdeckt (interessant die Decke eines kleinen Raums mit „astronomischen" Motiven, die schöne Stele und der Entwurf mit dem Profil des großen Architekten). Bedeutende Restaurierungsarbeiten einer polnischen Expedition sind seit einigen Jahren im Gange.

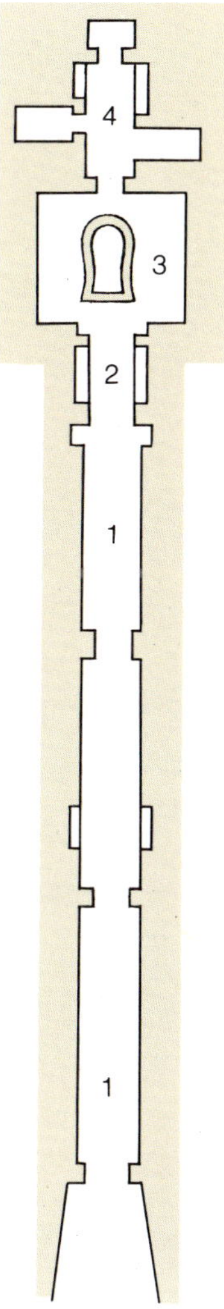

Plan des Grabs Ramses' IV.: 1 Korridor, 2 Vestibül, 3 Sarkophagkammer, 4 Saal an der Rückseite.

Das Tal der Könige

Diese berühmte Nekropole enthält die Gräber der Herrscher der 18.–20. Dynastie, unterteilt in zwei Abschnitte: das Östliche Tal, wo 58 unterirdische Grabstätten aufgefunden wurden, und das Westliche Tal mit vier Gräbern. Nur von sehr wenigen Königen konnte man die Grabstätten nicht identifizieren. Das Grabmal, das die Nekropole einweihte, war das von Thutmosis I. (16. Jh. v. Chr.) im Nordosten von Dra Abu'l-Nega.

Eine Fahrstraße, die großteils derjenigen folgt, die einst bei der Bestattung der Pharaonen von den Leichenzügen begangen wurde, erleichtert heute die Besichtigung des Tals der Könige. Die Landschaft ist karg und wüstenhaft: am Ende des Tals öffnet sich ein eindrucksvolles Naturschauspiel, beherrscht von einem Berg (der „thebanischen Krone"), der von der Ebene her wie eine Pyramide aussieht.

Das Tal der Könige wurde Tag und Nacht von Wächtern bewacht, doch trotz der ständigen Überwachung und der Inspektionen an den Gräbern, die ab und zu durchgeführt wurden, wurde es bereits zur Zeit der Pharaonen ausgeplündert. Neben den Berichten klassischer Autoren haben wir als Beweise die Inschriften auf den Innenwänden. Die Gräber waren von großem Interesse für die ausländischen Besucher, die hier vorbeikamen und von Führern begleitet wurden.

Im Gegensatz zu den früheren Königsgräbern, welche den Kultort angeschlossen oder neben dem Grab selbst hatten, haben diejenigen der Pharaonen des Neuen Reiches (vielleicht aus Sicherheitsgründen) ihren Kultort in deutlicher Entfernung. Dieser besteht aus sogenannten „Totentempeln", von den alten Ägyptern „Schlösser von Millionen Jahren" genannt, die unten im Tal stehen, weit weg von der Grabstätte. Der Totentempel war nicht nur ein Ort, wo dem verstorbenen Pharao geopfert wurde, sondern war strikt verbunden mit der Vorstellung, daß der Herrscher sein Schicksal mit dem des Sonnengottes Rê verknüpfte. An diesem Ort wurde der König wie ein Gott verehrt. Der Totentempel unterscheidet sich in Aufteilung und Ausschmückung auch nicht von den üblichen Göttertempeln.

Das Grab Ramses' IV. (2)* Dieses kleine (66 m lange) Grab besteht aus einem Gang mit Wandschmuck aus heiligen Texten (*Sonnenlitaneien*, *Höhlenbuch*), der über eine Vorhalle (an den Wänden Texte aus dem *Totenbuch*) in den Sarkophagraum mündet, dessen Decke mit astronomischen Motiven geschmückt ist und in dem zwei große Figuren der Nut stehen, als Wandschmuck hier Szenen aus dem Pfortenbuch. Der Granitsarkophag (3,30 × 2,13 m, 2,74 m hoch) trägt auf dem Deckel eine Relieffigur des Königs zwischen Isis und Nephthys und auf den Außenwänden Unterweltfiguren und Hieroglyphentexte. In einem anderen Raum finden sich nochmals Texte aus dem *Höhlenbuch* und in dem kleinen Saal hinten Motive von der Beisetzung.

Das Grab Ramses' IX. (6). Der Raum ganz hinten ist der am besten erhaltene im Grabmal dieses Pharaos, einem der letzten Ramessiden. Das Grabmal besteht aus einer langen Treppe, einem Gang mit drei Verengungen, zwei Sälen, davon einer mit vier

* Die Zahl in Klammern verweist auf die offizielle Numerierung der einzelnen Gräber vor Ort.

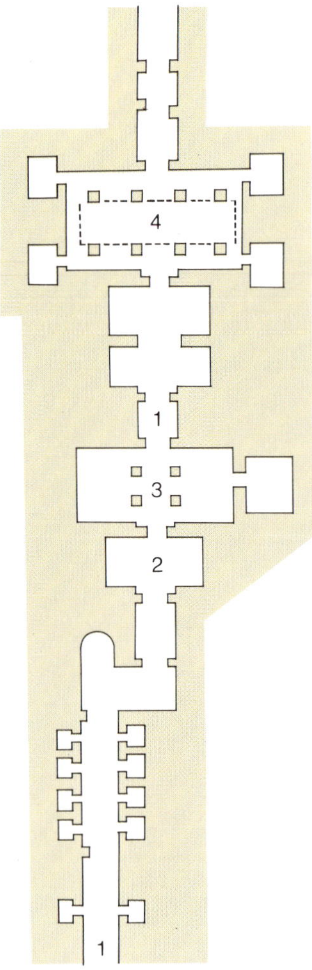

Rechts: Ausschnitt aus dem Relief eines Korridors im Grab Ramses' III., mit der Darstellung von Asiaten, einer der vier damals bekannten Menschenrassen.
Oben: Plan des Grabs Ramses' III.: 1 Korridor, 2 Vestibül, 3 Pfeilersaal, 4 Sarkophagsaal.

Pfeilern, einem kleinen Korridor und schließlich dem Sarkophagraum. Der Wandschmuck ist schön und aufschlußreich: Im ersten Gang werden die *Sonnenlitaneien* und Stellen aus dem *Totenbuch* und aus dem *Höhlenbuch* gezeigt sowie Gottheiten und Unterweltszenen, im ersten Saal Szenen von Opferungen durch die Priester; im Sarkophagraum Unterweltszenen an den Wänden und die Darstellung des Himmels nach der ägyptischen Kosmologie an der Decke (aus dem *Buch des Tages* und dem *Buch der Nacht*).

Das Grab Ramses' III. (11). Das Grab dieses Herrschers, des zweiten der 20. Dynastie und letzten großen Pharao des Neuen Reiches, ist 125 m lang und besteht aus einem Gang in drei Abschnitten, der seitlich von kleinen Räumen an einer bestimmten Stelle flankiert wird und dann nach rechts abknickt. Es folgt eine Vorhalle (Vestibül), ein Saal mit Pfeilern (mit einem kleinen Zimmer zur Seite) gefolgt von einem weiteren Gang und dem Sarkophagsaal mit einigen Anhängen. Neben den gewohnten Szenen fallen die ungewöhnlicheren im Wandschmuck der Räume am ersten Gang auf (Momente aus dem täglichen Leben, wie etwa die Zubereitung der Lebensmittel, die Schiffahrt auf dem Nil, Abbildungen von Waffen, Möbeln, Vasen und Schmuck, ferner zwei Harfenspieler, die manchmal dem Grab seinen Namen „Harfnergrab" verleihen). Das Grab wurde restauriert und Anfang 1983 wieder für das Publikum geöffnet.

Das Grab Ramses' VI. (9). Hier handelt es sich um ein schon früher existierendes Grab, das ausgebaut wurde und heute eines der eindrucksvollsten und auch am besten erforschten ist. Es hat einen linearen Aufbau und besteht aus einem Gang, einem Vorzimmer, dem ein Pfeilersaal folgt, einem zweiten Gang und einem zweiten Vorraum, anschließend der Sarkophagraum. Der vordere ist der älteste Teil, begonnen unter Ramses V. Der erste Gang ist mit Szenen und Texten aus dem *Pfortenbuch* ausgeschmückt, dessen Abbildungen sich im Vorraum fortsetzen, ebenso im Pfeilersaal, wo noch solche aus dem *Höhlenbuch* hinzukommen; die Decke des Pfeilersaals ist mit der Darstellung des Himmels bei Tag und Nacht gestaltet, auf den Pfeilern verschie-

Gegenüberliegende Seite: Die Sarkophagkammer des Grabs Ramses' VI.; an der Decke sind das Buch des Tages *(links) und das* Buch der Nacht *dargestellt, an der Rückwand Texte über die Erschaffung der Sonnenscheibe, die teilweise noch nicht interpretiert werden konnten.*

Rechts: Das Foto zeigt einen Ausschnitt aus dem Wandrelief des Sarkophagzimmers des Grabes Ramses' I.: Der Pharao wird vom falkenköpfigen Harsiësis (Horus, Sohn der Isis) und vom Gott Anubis empfangen. Oberhalb des Kopfes von Ramses I. sieht man zwei Kartuschen, in denen der Name steht, der dem Herrscher bei seiner Geburt gegeben wurde: Ramses = „Rê hat ihn gezeugt" (in der linken Kartusche) sowie der Name, den der König bei der Thronbesteigung annimmt, Menpehetjrê = „dauerhaft ist die Macht von Rê" (in der rechten Kartusche).
Unten: Plan des Grabes des Sethnacht: 1 dreifacher Korridor, 2 Vorhallen, 3 Pfeilersaal, 4 von Sethnacht angefügte Räume.

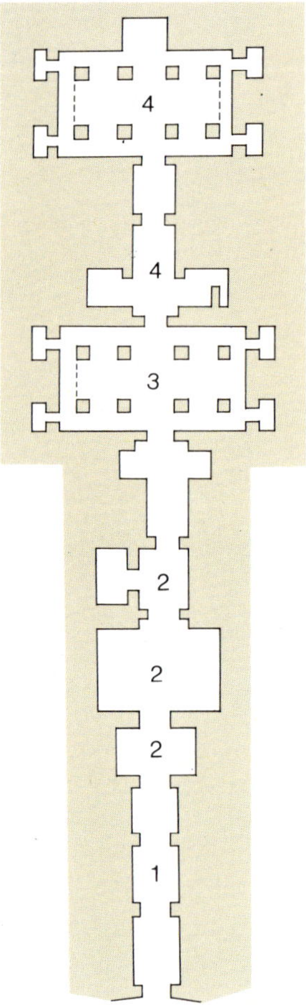

Gegenüberliegende Seite: Plan des Grabs Sethos' I.: 1 Korridore, 2 Schacht, 3 erster Pfeilersaal, 4 Ausweichsaal, 5 Vorhalle, 6 zweiter Pfeilersaal, 7 Sarkophagsaal, 8 undekorierter Saal an der Rückseite (rechts); das Foto mit dem Wandrelief des Sarkophagsaals des Grabs Sethos' I. zeigt einen Ausschnitt aus der zweiten Stunde des Unterweltbuches*: Der widderköpfige Sonnengott befährt auf seinem Boot in Begleitung verschiedener Gottheiten den Höllenfluß im Reich der zweiten Stunde (Amduat, „die Unterwelt", war das in 12 Reiche gegliederte Land des Jenseits, entsprechend den 12 Stunden der Nacht) (oben).*

dene Gottheiten und der Herrscher selbst. An den Wänden des zweiten Gangs erscheinen Szenen und Texte aus dem *Amduatbuch*, im zweiten Vorzimmer aus dem *Totenbuch*. Der Sarkophagraum ist geschmückt mit astronomischen Abbildungen, Texten über die Erschaffung der Sonnenscheibe, sowie aus dem *Totenbuch* und dem *Buch der Himmelskuh*. An den Wänden finden sich auch zahlreiche griechische und koptische Graffiti, die beweisen, daß das Grab schon seit der Antike besichtigt wurde.

Das Grab des Sethnacht (14). Es handelt sich um das Grab der Königin Tausret, die hier beigesetzt wurde. Ihr Nachfolger Sethnacht löste es wohl auf und benutzte es anschließend für sich selbst. Das Grab wurde Ende 1982 dem Publikum geöffnet. Tausret, Gemahlin von Sethos II., bestieg nach dem Tod ihres Ehemanns den Thron und herrschte wie die große Königin Hatschepsut. Aus diesem Grund liegt ihr Grab im Tal der Könige. Ursprünglich bestand es aus einem dreifachen Gang, drei Vorhallen und einem großen Pfeilersaal; als Sethnacht es später usurpierte, wurde es um drei weitere Räume vergrößert. Der Pharao löschte auch jegliche Erinnerung an die Königin aus, ließ den Wandschmuck überdecken, von dem heute wieder einige Teile im Gang zu sehen sind. Der Wandschmuck befaßt sich mit Totengottheiten sowie Texten und Bildern aus heiligen Büchern. Vom Sarkophag ist der Deckel unversehrt erhalten.

Das Grab Ramses' I. (16). Das Grab des Begründers der 19. Dynastie hat einen sehr schlichten Aufbau (ein Gang, der direkt zum Sarkophagzimmer führt, das von zwei kleinen Räumen flankiert wird), ist aber wegen seines Wandschmucks von Interesse, dem man die Bemühung der ausschmückenden Künstler anmerkt, die Szenen und Farben des Grabmonuments des unmittelbaren Vorgängers von Ramses I., Pharao

Haremhab (Nr. 57), nachzuahmen. Dies wünschte Ramses wegen der besonderen Beziehungen, die er und Haremhab zueinander hatten. Die bemalten Reliefs des Sarkophagzimmers betreffen Szenen aus dem *Unterweltbuch* und aus dem *Pfortenbuch* sowie Darstellungen des Pharaos vor verschiedenen Gottheiten. In einem der seitlichen Räume sind unter anderem die Seelen von Pe und Nechen zusammen mit dem zum Sonnengott zelebrierenden König in dreifacher Gestalt dargestellt.

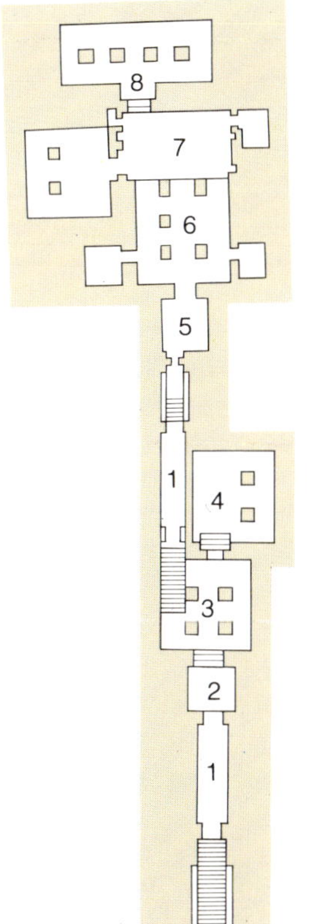

Das Grab Sethos' I. (17). Das Grab Sethos' I. ist die geräumigste und komplexeste Gruft des Tals der Könige; es wurde lange Zeit „Grab des Belzoni" genannt, zu Ehren des Archäologen Giovanni Battista Belzoni aus Padua, der es im Oktober 1817 entdeckte. Es ist 105 m lang und besteht aus einem langen Gang, der (über zwei Treppen) bis zum Niveau der Schachtkammer hinabführt, auf die ein erster Pfeilersaal mit 8 m Seitenlänge folgt, der wiederum in einen weiteren Saal von gleicher Größe mündet. Vom ersten Saal, der nicht mehr in der Mittelachse, sondern nach links versetzt liegt, führt der Gang weiter bis zu einer Verbreiterung (Vorhalle), die in einen zweiten Pfeilersaal mündet (8,50 m pro Seite), beiderseits flankiert von einer Kapelle, und schließlich in den des Alabastersarkophags, der von einem Tonnengewölbe bedeckt wird (bei der Entdeckung war der Sarkophag leer; die Mumie des Pharaos wurde erst vor einem Jahrhundert in Dêr el-Bahri aufgefunden). Der Sarkophagsaal steht mit zwei ausgeschmückten Räumen in Verbindung sowie an der Rückwand mit einem schmucklosen Saal, von dem ein nur teilweise erforschter und vielleicht unvollendeter Gang wegführt.

Der Stil des Wandschmucks dieses Grabs ähnelt dem eleganten und ein wenig kühlen der Tempel von Abydos und Kurna: Flachreliefs und Malereien schmücken Wände, Säulen und Decken der fertiggestellten Räume, während in den unvollendeten Zimmern die vorbereitenden Zeichnungen in Rot mit schwarzen Korrekturen zu sehen sind. Es ist eine ununterbrochene Abfolge von Bildern und Texten, die sich größtenteils mit dem überirdischen Leben des Pharaos befassen und voller Symbolik sind und deren Bedeutung oft im dunkeln bleibt, weil auch die Texte, welche die Bilder begleiten, nicht immer zur Enthüllung beitragen.

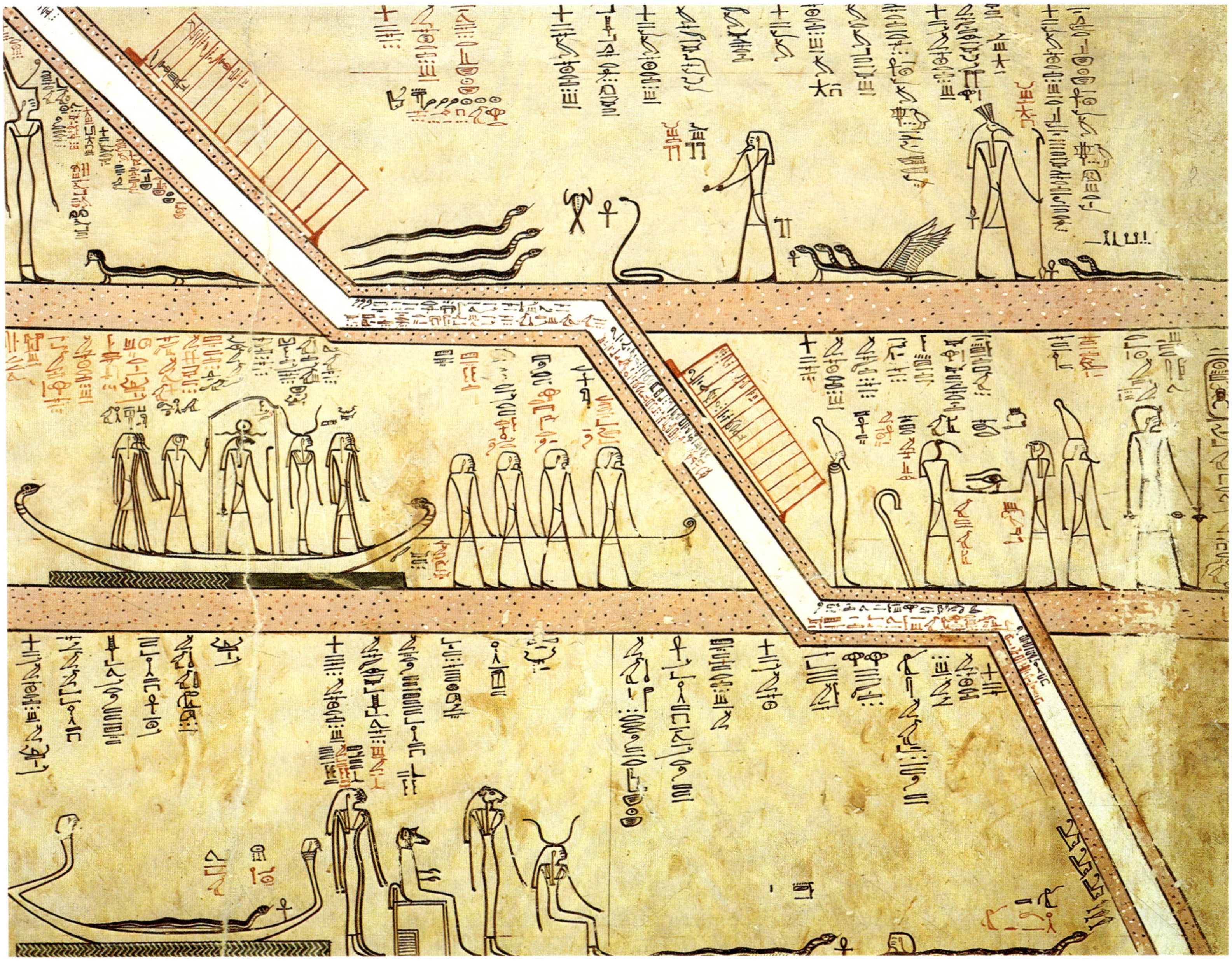

Oben: Ausschnitt aus den Wanddekorationen der Sarkophagkammer Thutmosis' III. mit der Darstellung der vierten Stunde des Unterweltbuches. *Die Barke mit dem widderköpfigen Sonnengott durchquert das dürre sandige Territorium des Sokaris, des Gottes der Nekropole von Memphis. Die Sonnenbarke hat sich in eine Schlange mit einem Kopf am Bug und am Heck verwandelt, um auf dem Sand besser dahingleiten zu können.*
Unten: Plan des Grabes Thutmosis' III.: 1 Korridor, 2 und 3 Säle, 4 Schacht, 5 Vestibül, 6 Sarkophagzimmer, 7 Nebenräume.

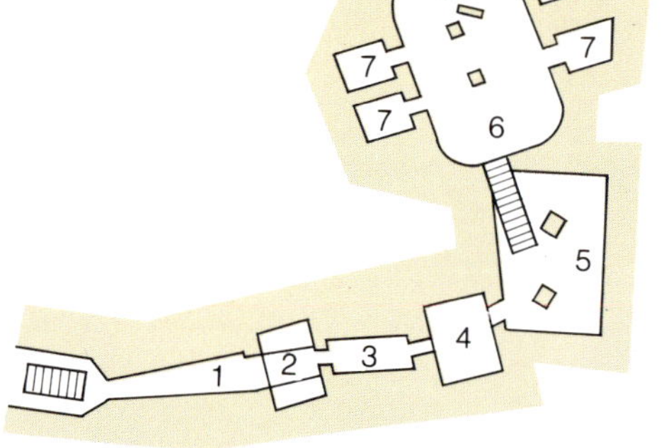

Im ersten Gang hat der Wandschmuck die *Sonnenlitaneien* und das *Unterweltbuch* zum Thema, in der Vorhalle wird der Herrscher mit einigen Gottheiten abgebildet, an den Wänden des ersten Pfeilersaals sind es Szenen aus dem *Pfortenbuch*, an einer Wand desselben Saals wird Horus mit den Völkern der Erde dargestellt, im zweiten Gang laufen – vor dem sitzenden Sethos – Szenen aus dem *Buch von der Öffnung des Mundes* ab, in der Vorhalle ist es Sethos bei der Opferung, im zweiten Pfeilersaal an den Wänden wiederum das *Pfortenbuch*, im Sarkophagzimmer Szenen aus dem *Unterweltbuch* und an der Decke Sternbilder. Die vier Räume neben diesen Zimmern sind ausgeschmückt mit Szenen aus dem *Pfortenbuch*, einer Szene der Himmelskuh und unter deren Bauch das Himmelsgewölbe mit der Sonnenbarke, Szenen aus dem *Unterweltbuch* und aus anderen heiligen Texten sowie Szenen von der Wiederauferstehung des Osiris. Zwei Reliefs der Anlage wurden von Champollion und Rosellini abgenommen und befinden sich jetzt im Pariser Louvre bzw. im Museum von Florenz. Der Sarkophag dagegen steht im Sloane-Museum in London.

Das Grab Thutmosis' III. (34). Eingehauen in eine Geländeunebenheit am Südrand des Tals, weist das Grab einen recht einfachen Grundriß auf, ist aber von seinem Wandschmuck her von beachtlichem Interesse: Figuren, in kalligraphischem Stil nur zart in Schwarz angedeutet, Szenen von der Reise der Sonne (mit welcher der verstorbene Herrscher gemeint ist) ins Reich der Toten *(Unterweltbuch)*. Man meint der Projektion eines surrealistischen Zeichentrickfilms beizuwohnen. Diese Figuren leben vom Umriß, der Strich wirkt entschlossen, stammt sicherlich von einem Zeichner, der sehr

Sarkophagsaal des Grabes Amenophis' II.. Der kartuschenförmige Sarkophag aus bemaltem Sandstein enthielt die Mumie des Königs; sie wurde 1934 ins Museum nach Kairo verlegt. Der unmittelbar unterhalb der Decke umlaufende Fries zeigt die chekeru, *ein ornamentales Motiv, das an die oben zusammengebundenen Schilfbündel erinnert, aus denen die primitiven Heiligtümer gebaut waren. An den Wänden sind Szenen aus der* Unterwelt *abgebildet. Links von der Tür ist das Detail der 12. Stunde des Unterweltbuches bemerkenswert: Der Körper des mit Osiris identifizierten Sonnengotts wird, an die Sandwand gelehnt (unten), im Jenseits zurückgelassen; in der Mitte sieht man den morgendlichen Sonnengott (Chepri) in Gestalt eines Skarabäus, wie er gerade aus dem Jenseits kommt, um am Horizont wiedergeboren zu werden.*

wohl wußte, was er wollte; es ist eine Darstellung, die eine Kunst, die sich verzehrt hat, verbirgt. Wahrscheinlich steht man hier der Suche nach einem neuen Kunststil gegenüber. Ihre Grundlage ist nichts anderes als eine murale Transposition einer Papyrusrolle für den Totenkult; vielleicht hat man gerade deshalb versucht, Gestalt und Schrift der Papyri zu imitieren.

Über eine Eisentreppe gelangt man zu einem Gang, der bis zu zwei folgenden Sälen hinabführt, daran anschließend befindet sich ein Schacht; es folgt ein Vorraum mit Pfeilern, dessen Achse die Richtung geändert hat und von dem eine Treppe zur Sarkophagkammer (15 × 9 m) führt, die elliptisch ist (wie die Kartusche, welche den Namen des Pharao umschließt) und vier anschließende Räume hat. Der rot bemalte Sarkophag ist leer und ohne Deckel (die Mumie des Thutmosis III. wurde in Dêr el-Bahri aufgefunden). Auf einem der beiden Pfeiler, auf denen die Sarkophagkammer ruht, finden sich einfühlsame Szenen der Ernährung des Herrschers durch Isis, der der Sykomorenbaum geweiht war.

Ausschnitt aus einem polychromen Relief im Grab des Haremhab: Der König wird in die Versammlung der Götter aufgenommen, und zwar vom falkenköpfigen Harsiësis und von Hathor, Herrscherin des Westreichs. Der kurze Rock des Herrschers ist typisch für das Neue Reich, vorne endet die Falbel an einer Ecke in dem goldfarbenen Kopf eines Wüstentiers.

Das Grab von Amenophis II. (35). Auch dieses Grab weist, wie das vorherige, einen Gang und einen Pfeilersaal auf, der hier rechtwinklig abbiegt und zum Sarkophagsaal führt (dort fand man die Königsmumie, die hier bis 1934 ausgestellt war und dann nach Kairo überführt wurde); der Sarkophagsaal ist rechteckig, hat sechs Pfeiler und ist der einzige Raum mit Wandschmuck. Auf den Pfeilern ist in rein zeichnerischem Stil der König vor verschiedenen Gottheiten abgebildet. Wie auf einem Papyrus in Schwarz auf gelblichem Grund und mit roten Spalten zeigen die Wände die Szenen aus dem *Unterweltbuch*. Oben an der Wand entfaltet sich ein Schmuckfries, die sogenannten „chekeru"-Friese. Der Sarkophag besteht aus bemalten Quarzit, hat die Form einer Kartusche und kostbare Darstellungen an den Seiten. Hier wurden 1898 neun Pharaonenmumien gefunden, die man wie in Dêr el-Bahri versteckt hatte.

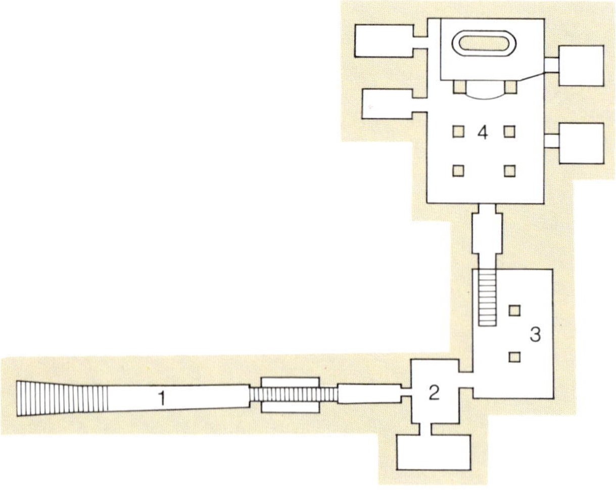

Plan des Grabes Amenophis' II.: 1 Korridor, 2 Vestibül, 3 erster Pfeilersaal, 4 Sarkophag-Pfeilersaal.

Das Grab von Thutmosis IV. (43). Die Besichtigung dieses Grabes ist beschwerlich; es besteht aus einem abschüssigen Gang, der von einer Treppe unterbrochen wird, einem Schacht mit 10 m Seitenlänge (über einen Laufsteg zu überqueren), einem ersten Vestibül mit zwei Pfeilern, einer Treppe und einem Gang, die über eine Richtungsänderung zu einer zweiten Vorhalle führen, ebenfalls mit zwei Pfeilern, sowie zum großen Sarkophagsaal. Dem Grab galt schon seit der Antike die Aufmerksamkeit der Grabräuber, die zwar einen Teil der Grabbeigaben zurückgelassen, die Grabmöbel aber verbrannt haben. Der Königssarkophag aus dunkelrot bemaltem Stein steht noch an seinem ursprünglichen Platz: er ist geschmückt mit bekannten Szenen (die beiden apotropäischen Augen, der König bei der Anbetung mehrerer Gottheiten, die vier Horus-Kinder, die Göttinnen Isis und Nephthys); die Mumie des Thutmosis IV. war entfernt worden und wurde im Grab des Amenophis II. wiedergefunden. Gut erhalten sind die Darstellungen im ersten Vestibül: es sind Szenen der Anbetung, bei denen die Figur des Königs sich mit denen der verschiedenen Gottheiten auf einem gelblichen Hintergrund abwechselt, dieser läßt das Rot und Schwarz – die bei den Personen überwiegenden Farben – gut zur Geltung kommen. Die Decke ist in Blau gehalten und übersät mit gelben Sternen. Aus dem Grab stammt der Kasten eines königlichen Prunkwagens, der sich heute in Kairo befindet.

Das Grab des Haremhab (57). Das Grab dieses Pharaos, des Nachfolgers von Eje und energischen Restaurators des von der Amarna-Häresie erschütterten Landes, zeigt gegenüber den vorhergehenden der 18. Dynastie eine Neuerung: Der Gang ist nicht gerade oder abgewinkelt wie in vielen anderen Gräbern zuvor, sondern schert nach dem Raum mit dem Schacht nur leicht seitlich aus und läuft dann in der gleichen Richtung wie vorher weiter. Der Wandschmuck ist vielerorts unvollendet, aber bei den fertiggestellten Teilen zeigt er Flachreliefs von belebender brillanter Polychromie, die besonders bei den harmonischen symmetrischen Abbildungen des Herrschers und verschiedener Gottheiten zum Ausdruck kommt (Isis, Osiris, Hathor, Harsiësis, Anubis).

Von Haremhab wurde ein Grab entdeckt, das der damalige Feldherr des Amenophis IV. und Tut-ench-Amun in Sakkâra bauen ließ. Während letzteres ein schönes Beispiel für den üppigen Naturalismus der Amarna-Kunst bildet, nimmt das Grab im Tal der Könige den verfeinerten Stil der Kunst der ramessidischen Periode vorweg.

Das Grab des Tut-ench-Amun (62). Dieses Grab, dessen Entdeckung 1922 durch Howard Carter wegen der Außergewöhnlichkeit der dort gefundenen Schätze allgemeine Begeisterung hervorgerufen hat, ist im Vergleich zu den anderen eher klein und mit einem unüblichen Grundriß. Es besteht aus einer Eingangstreppe, einem Vestibül, das im Norden in die Sarkophagkammer mündet und im Osten mit einem weiteren Raum in Verbindung steht (der Kanopenkammer, auch Schatzkammer genannt); außerdem gibt es ein kleines Zimmer oder Abstellkammer, in das man vom Vestibül

Oben: Südwestecke der Sarkophagkammer des Grabs von Tut-ench-Amun: Links wird der Herrscher im „Westreich" von Gott Anubis und der Göttin Hathor, „Herrscherin des Himmels" mit dem Symbol des „Westreichs" auf dem Kopf, empfangen; diese verleiht ihm ewiges Leben, versinnbildlicht durch das Henkelkreuz Ankh. Auf der rechten Wand: Ausschnitt aus der ersten Stunde des Unterweltbuches*: Es herrscht Dämmerung, und die Sonnenbarke mit dem Gott in Gestalt eines Skarabäus fährt in das Vorzimmer des Duat; an den Ufern öffnen Paviane die Türen des Jenseits.*
Unten: Plan des Grabs Tut-ench-Amuns: 1 Korridor, 2 Vestibül, 3 Sarkophagkammer, 4 Kanopenzimmer, 5 Abstellkammer.

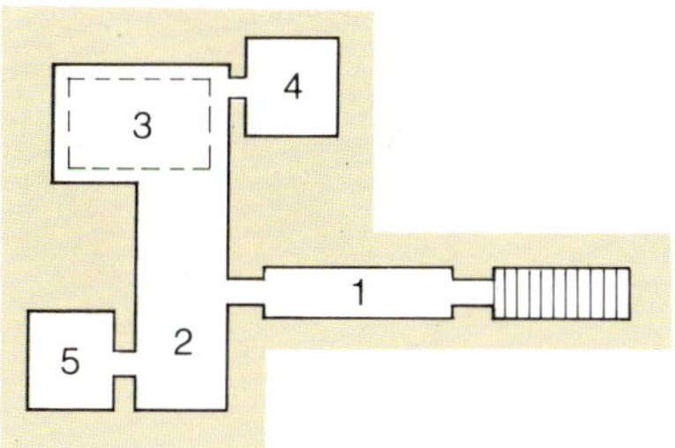

Ausschnitt aus dem Schmuck der Nordwand der Sarkophagkammer des Grabs von Tut-ench-Amun mit der Darstellung des Ritus der Öffnung des Mundes an der Mumie des Herrschers in Gestalt von Osiris. Der Ritus wird ausnahmsweise durchgeführt von seinem Nachfolger, dem Pharao Eje, der hier den Totenpriester ersetzt. Dieser Ritus, der auch an den Statuen in den Künstlerwerkstätten und an den Abbildern der Gottheiten in den Tempeln vollzogen wurde, hatte den Zweck, die Lebensenergie in jeglicher Form einzuflößen.

Einer der Sarkophage aus Gold mit Intarsien aus Karneolen und farbigen Glaspasten, welcher die Eingeweide des Pharaos enthielt; er wurde im Grab von Tut-ench-Amun gefunden und befindet sich jetzt im Kairoer Museum.

aus gelangt. Sowohl die bescheidene Ausdehnung des Grabmonuments als auch die offensichtliche Eile, mit welcher der Wandschmuck ausgeführt wurde, zeugen vom vorzeitigen Tod dieses Pharaos (er war 18 Jahre alt), der als Nachfolger von Amenophis IV. mit neun Jahren den Thron bestiegen hatte. Nur der Sarkophagsaal ist mit Wandmalereien versehen, und von den Darstellungen deutet nur die Westwand auf die großen Zyklen der königlichen Grabtexte hin *(Unterweltbuch)*. Die anderen Wände zeigen Szenen der Beisetzungsfeierlichkeiten des Pharaos und des Empfangs, den ihm die Gottheiten im Jenseits bereiten. In der Mitte dieses Saals steht der Quarzitsarkophag, in dem sich der größte der Mumiensärge befindet sowie die Mumie des Herrschers, gewickelt in Leinentücher – die einzige Mumie, die in situ aufbewahrt wird. An den Ecken des Sarkophags sind die vier Göttinnen skulptiert, die mit ausgebreiteten Flügeln den Verstorbenen beschützen.

Die spektakulären Grabbeigaben, die man in drei Räumen unordentlich zusammengepfercht auffand, bilden eine außerordentliche Sammlung im Kairoer Museum und dokumentieren anschaulich den Kunstgeschmack und das Niveau des Handwerks dieser Epoche. Darunter waren Totenbetten, Kriegswaren, Prunksessel, Schemel, Vasen, Schatullen, Wedel, Salbendosen, Statuen und Statuetten, darunter 410 *Uschebtis* (Statuetten, die für den Verstorbenen „antworten", ihn ersetzen sollten) usw. Zwei zum Teil goldüberzogene Holzstatuen flankierten den Eingang des Sarkophagsaals, in dem vier große Schreine aus goldverbrämtem Holz standen, welche den Steinsarg enthielten, in dem wiederum drei mumienförmige Särge enthalten waren, darunter einer aus massivem Gold. Die Eingeweide des Pharaos waren in kleinen Sarkophagen aus Gold mit Inkrustationen aus Karneolen und farbiger Glaspaste enthalten. Die von einer goldenen Maske bedeckte Mumie war mit kostbaren Geschmeiden geschmückt.

Das Grab des Merenptah (8). Das Grab des Sohnes und Nachfolgers von Ramses II. besteht aus einem langen, in Abschnitte unterteilten Gang, der geradlinig bis zu einem recht geräumigen Saal hinabführt (dieser steht seitlich mit einem Pfeilersaal in Verbindung), nach dem noch ein kleiner Saal und die Sarkophagkammer (mit Pfeilern) folgen. Im Gang finden sich Fragmente von Szenen und Texten des *Unterweltbuchs*, im ersten Saal Szenen aus dem *Pfortenbuch* und in dem daneben auf den Pfeilern schöne Porträts des Herrschers. Die Kammer des Sarkophags (er steht noch an seinem Platz) wird flankiert von weiteren nicht zugänglichen Räumen. Der Deckel des inneren Sarkophags trägt eine schöne Skulptur des dem Osiris gleichgewordenen Königs.

Eine Seite des ersten Hofs des Grabs von Monthemhet. Zu zweien zusammengebundene Papyrusdolden schmücken die Mauern zwischen den Eingängen zu den Kapellen. Während der 25. Dynastie kommt es auch im Wandschmuck zu einer Rückkehr zum Althergebrachten, wie etwa bei den zusammengebundenen Papyrusblütenständen aus memphitischer Zeit. Dieses Wiederaufleben entwickelt sich später zu einem herrlichen saïtischen Neoklassizismus der 26. Dynastie.

Die Nekropole von El-Asasîf

Die Nekropole von El-Asasîf liegt im Norden der Hügel des Bezirks von Schêch abd el-Kurna und umfaßt eine Gruppe von Gräbern vorwiegend aus der 25. und 26. Dynastie, die besonders interessant sind wegen ihrer die „saïtische Renaissance" dokumentierenden Reliefs. Diese Gruften bestehen überwiegend aus einer Treppe, die zu einem weitläufigen Hof hinunterführt, dessen geschmückte Mauern heute weitgehend dem Verfall preisgegeben sind, aus einem Tor in Form eines (geschmückten) Pylons sowie aus einer Reihe von unterirdischen Kammern und Sälen, die durch einen Gang verbunden sind.

Das Grab des Petamenophis (33). Das Grab dieses Priesters aus saïtischer Zeit ist das weitläufigste der thebanischen Nekropole (einschließlich derer der Könige) und umfaßt drei unterirdische Geschosse mit Sälen und Gängen, zu denen man entweder über eine Treppe oder über Schächte gelangt. Der noch erhaltene Wandschmuck enthält Bestattungstexte, ausgenommen der eines großen Saals im zweiten unterirdischen Geschoß, der Texte aus dem *Höhlenbuch* wiedergibt sowie (an der Decke) astronomische Sujets. Die Kammer, in der sich der Sarkophag befand, liegt zwei Ebenen unter der Erde (an den Wänden Unterwelttexte; die Decke enthält astronomische Motive).

Das Grab des Monthemhet (34). Das Grab des Monthemhet, des vierten Amun-„Propheten" unter den Herrschern Taharka und Psammetich I. (25. und 26. Dynastie), ist ebenfalls sehr weitläufig. Ursprünglich umfriedet von einer Mauer aus ungebrannten Ziegeln, besitzt es zwei ungedeckte Höfe, von denen der erste von zehn Kapellen, zahl-

Ausschnitt der Dekoration an der Westwand des Hofs im Grab Cheriufs mit der Darstellung von Tanz und Musik beim Fest des Thronjubiläums. Die Tänzerinnen drehen sich im Kreis, beugen sich nach unten und lassen ihr langes Haar zum geklatschen Rhythmus unter Begleitung der typischen ägyptischen Rasseln und dem Klang der Flöte schwingen.

reichen Säle mit verschiedenen Nebenräumen umgeben ist; auch hier geht es in die Tiefe zur Krypta, zu der man über einen Schacht gelangt. Der interessanteste Wandschmuck befindet sich an den Wänden zwischen den Kapellen des ersten Hofs.

Das Grab des Aba (36). Der Grabherr war Haushofmeister der Gottesgemahlin Nitokris unter der Regierung von Psammetich I. Das Grab ist von mittlerer Größe und wichtig wegen seiner Flachreliefs, die zu den repräsentativsten der saïtischen Renaissance zählen. Eine Treppe führt in ein erstes Gemach mit Wandschmuck, ein weiterer Saal schließt sich an, dessen Decke auf Pfeilern ruhte, sowie ein Raum, der vielleicht ein bedeckter Hof war. Ferner gibt es einen Saal mit sechs Säulen sowie sieben unvollendete Räume. Der Wandschmuck, von dem einige Szenen aus einem früheren Grab des Alten Reiches kopiert scheinen, zeigt Opferungen an Aba (erstes Gemach), Szenen vom Tanz und von der Herstellung von Grabmobiliar (im zweiten), Szenen von der Jagd und Beisetzungsfeierlichkeiten (im vermutlichen bedeckten Hof).

Das Grab des Cheriuf (192). Von den über 400 Gräbern in Theben-West zeigt nur eine kleine Gruppe Reliefschmuck: dazu zählt das Grab von Cheriuf, Vermögensverwalter der großen Königsgattin unter Amenophis III. und IV. Die Königin, deren Personal Cheriuf führen mußte, war Teje, Ehefrau bzw. Mutter der beiden Pharaonen, eine intelligente und willensstarke Frau, die einen nicht unerheblichen Einfluß auf ihren Mann und später auf ihren Sohn ausübte.

Die wichtigsten Räume des weitläufigen Grabes, das unvollendet geblieben ist und teilweise willkürlich zerstört wurde, sind die Vorhalle und der große Hof (und von diesem nur die Westwand, die für sich schon ein Meisterwerk ist). An den Wänden der Vorhalle sind Amenophis IV. und seine Mutter dargestellt, wie sie Rê opfern sowie Aton und Hathor Weihrauch darbringen. Die Westwand des Hofs erinnert an die Feierlichkeiten eines *heb-sed* (Jubiläum) des Amenophis III., dem dritten seiner 36 Jahre dauernden Herrscherzeit. Die Jubiläumsfeier wurde, ebenso wie andere ägyptische Riten, von Gesang und Tanz begleitet. In einem anderen Wandabschnitt bringt Cheriuf

Ausschnitt aus den Darstellungen im Grab des Nebuam und Ipuki: Zwei Tischler arbeiten an einem Götterschrein aus goldüberzogenem Holz. Als Schmuck werden Symbole der Götter Isis und Osiris eingefügt, nämlich der Isis-Knoten tit *und der* Djed-*Pfeiler.*

seinen Herrschern (König und Königin) Geschenke dar und fungiert als Oberaufseher des Zeremoniells für die Aufrichtung des Djed-Pfeilers (Kultsymbol von Osiris): der König selbst beteiligt sich an den Arbeiten, Persönlichkeiten grüßen den König, Sistrenspieler begleiten den Ablauf der Zeremonie. Außerdem ist die schematische Wiedergabe des vermenschlichten *Djed* zu sehen (die Wirbelsäule, Symbol für Stabilität) mit Augen und Haartracht von Amun, Attributen und Tracht des mumienartig gewickelten Osiris, auf dem Boden eine große Menge Opfergaben. Mit der Darstellung dieser Zeremonien bieten diese Szenen zahlreiche vorher nie dagewesene Bilder.

Die Nekropole von El-Chôcha

Diese Nekropole, die man als östliche Fortsetzung jener von Abd el-Kurna betrachten kann, dehnt sich auf einer kleinen Bodenerhebung aus und umfaßt etwa 40 Gräber thebanischen Typs. Die bekanntesten sind die des Nebuam und Ipuki, erbaut unter der Herrschaft von Amenophis III. und Amenophis IV. und die durch die gewandte Darstellung verschiedener handwerklicher Tätigkeiten beeindrucken.

Das Grab des Pujemre (39). Pujemre war zweiter Amunprophet während der Herrschaft von Thutmosis III. Es ist ein klassisches Grab mit recht ausgedehntem Grundriß und wertvoll wegen seiner auserlesenen Ausschmückung. Zu letzterer gehören sechs skulptierte Stelen im Hintergrund des Hofes, Szenen von der Herstellung von Karren, Bögen und Schmuckstücken sowie die Bearbeitung von Metallen, ein Bankett, Szenen von Jagd, Fischfang und Weinlese. In einer der kostbaren kleinen Kapellen, und zwar jener mit Gewölbe, kann man eine kuriose Bestattungsszene bewundern.

Das Grab des Amenemhêt (48). In verfallenem Zustand bietet sich dieses Grab des Oberintendanten und Beraters des Königs sowie Inspektors für das Vieh des Amun unter Amenophis III. dar. Sein Grundriß ist sehr ausgedehnt: es wurde festgestellt, daß 76 Pfeiler vorhanden sind, auf welchen die Decken ruhten. Das Grab war durchgängig ausgeschmückt, aber viele Szenen von technischem Wert wurden abgeschlagen, als die Persönlichkeit in Ungnade fiel. Verblieben sind Darstellungen von Amenophis III. bei der Anbetung der Göttin Renenutet und vom König, auf dem Thron sitzend, die besiegten Völker zu seinen Füßen.

Harfenspielerin, Ausschnitt aus einer Malerei im Grab des Djeserkaraseneb in Abd el-Kurna. Die Haartracht der jungen Harfenspielerin wird von einer Girlande aus Blütenblättern und Lotosblumen sowie von einem duftenden Salbkegel geschmückt.

Das Grab des Neferronpet (178). Neferronpet, auch Kenro genannt, war Schatzschreiber in den Staaten des Amun-Rê unter der Herrschaft von Ramses II. Sein Grab, bemalt im hastigen Stil der ramessidischen Periode, der um vieles weniger ausgearbeitet war als derjenige der Gräber aus der vorherigen Periode, enthält jedoch einige wegen ihrer Originalität interessante Szenen. Die erste Kammer ist mit religiösen Szenen ausgeschmückt, darunter bemerkenswert das Gericht des Osiris, die Verstorbenen beim Trinken und ein Harfenspieler, der vor zwei *Senet*-Spielern singt (eine Art Damespiel) – auf dem Sitz der Frau eine schöne Katze – sowie Bestattungszeremonien. In der zweiten Kammer finden sich Szenen von Opferungen, von der Zeremonie der Öffnung des Mundes, von der Anbetung der heiligen Barken sowie bemerkenswerte Szenen von Goldschmieden, Bildhauern, Kunsttischlern, Vergoldern und Perlenauffädlern bei der Arbeit. Unter diesen Szenen, die sich auf Bereiche beziehen, die der Verstorbene zu inspizieren hatte und die mit einer ähnlichen Technik wie bei der Zeichnung der Papyri gemalt sind, ist besonders diejenige interessant, in der vor dem sitzenden Neferronpet mit der Schreibertafel in der Hand Gold gewogen wird. An der Rückwand der zweiten Kammer befindet sich eine Nische mit vier Statuen (der Verstorbene ist der zweite von links). Die vier Figuren haben ähnliche Perücken und Halsreifen *(usekh)*; die Gewänder der Männer tragen eine senkrechte Inschrift. Die Nische wird von zwei Schmuckbändern eingerahmt, die (an den Seiten) stilisierte Lotosbündel darstellen.

Das Grab des Nebuam und des Ipuki (181). Eingerichtet für zwei Bildhauer, die unter den Herrschern Amenophis III. und Amenophis IV. tätig waren, ist dieses Grab für die Kenntnis der Handwerke des alten Ägyptens sehr interessant. Im Eingang sind die beiden Verstorbenen und die Frau des Nebuam dargestellt. Im ersten Raum befinden sich Szenen von Opferungen, Banketten und Bestattungen; was aber an diesem Grab am meisten interessiert, sind all seine Szenen von der Inspektion der Werkstätten mit den Darstellungen von Goldschmieden, die Gold wiegen, anderen, die Vasen polieren, von Kunsttischlern, Intarseuren, einem Maler und einem Bildhauer. Der zweite, fast leere Raum weist an einer Wand eine unvollendete Bankettszene auf.

Die Nekropole von Scheich Abd el-Kurna

Diese riesige Nekropole, unmittelbar im Westen von Chôcha gelegen, enthält die repräsentativste Gruppe von Gräbern der hohen Beamten aus der 18. und 19. Dynastie, und zwar ungefähr 70 (ein einziges gehört zum Mittleren Reich, das von Antefoker und seiner Mutter Senet, Nr. 60). Die Gräber, deren Grundriß ein umgekehrtes „T“ bildet, haben alle die gleiche Aufteilung (und nur manchmal eine geringe Abweichung): vor der überhöhten Tür öffnet sich eine Plattform, wo oft zwei autobiographische Stelen des Verstorbenen stehen. In der Rückwand des Hofes (der nach Osten schaut) öffnet sich ein Tor zu dem Bereich, der in den Fels geschlagen ist, nämlich ein querliegender Vorraum: in dessen Süd- und Nordwand sind zwei Stelen eingefügt, die im Norden biographischen Charakter und im Süden religiösen Inhalt haben. In der Mitte des Vorraums führt ein Gang (oder Kapelle) weg, an dessen Ende sich eine Nische mit der Statue des Grabherrn und manchmal seiner Frau befindet; in diesem Gang ist ein Schacht gegraben, der in die Krypta führt.

Der Großteil der Gräber liegt innerhalb von zwei Umfassungsmauern; eine untere oder kleine Einfriedung sowie die obere oder große. Die kleine Umfassungsmauer enthält 16 Gräber, von denen wir drei (Nr. 22, 38, 106) kurz behandeln werden. Unmittelbar hinter der Südseite der unteren Umfassungsmauer liegt das Grab des Nacht (52). Die große Umfassungsmauer, welche die Abhänge des (noch bewohnten) Hügels des Scheichs hinaufsteigt, enthält ungefähr 55 Gräber, darunter die interessantesten der Nekropole. Im folgenden werden wir auf einige davon näher eingehen (69, 74, 78, 81, 82, 85, 93, 96 und 100). Verstreut im Dorf und in der Ebene zwischen dem Ramesseum und dem Berg liegen außerdem viele weitere Gräber, von denen wenigstens vier eine Erwähnung verdienen (51, 55, 56, 57).

Das Grab des Uah (22). Uah war „königlicher Kellermeister“ zu Beginn der 18. Dynastie. Sein Grab weist im ersten Raum, dem einzigen ausgeschmückten und unvollendet

gebliebenen, Malereien von gutem Niveau auf. Die Themen dieses Wandschmucks sind Opferungen, ein Bankett (dessen Szenen sich über vier Register erstrecken) mit Harfnern, Tänzerinnen, Flöten- und Lyraspielerinnen, Jagd und Fischfang, Weinlese und Vogelfang.

Das Grab des Djoserkareseneb (38). Das Grab dieses Verstorbenen, „Schreiber und Kornzähler des Amunspeichers" unter Thutmosis IV., zeigt noch sehr deutliche Farben in seinen Malereien an den Wänden des ersten Raumes, der als einziger ausgeschmückt ist. Erhalten sind Szenen von Opferungen, die vom Verstorbenen und einigen seiner Familienangehörigen vorgenommen werden, ländliche Szenen auf drei Registern und Opfer an die Göttin Renenutet (Beschützerin der Kornspeicher) in Gestalt einer Schlange, Szenen vom Leichenschmaus mit dem Verstorbenen und seiner Frau (sie riechen an Blumen) und den geladenen Gästen, die von jungen Mädchen bedient werden, sowie eine anmutige Gruppe von Musikanten, Tänzerinnen und Sängerinnen. An diese Bildsequenzen schließen sich weitere Opferszenen an.

Das Grab des Paser (106). Das Grab des „Gouverneurs des Tales und Wesirs" unter den Herrschern Sethos I. und Ramses II. ist groß und enthält wertvolle Reliefs, von denen sich viele leider in schlechtem Zustand befinden. Die Westwand des Hofs zeigt wieder die biographischen Stelen; im Eingang die Anbetung der aufgehenden Sonne durch den Verstorbenen. In der Vorhalle finden sich Szenen von religiösen und mit der Bestattung zusammenhängenden Mythen (darunter die Göttin der Sykomore, die den

Szene mit der Darstellung der Feldarbeit im Grab des Nacht. Zwei Bauern haben den Korb zum Transport des Weizens zu voll gefüllt und versuchen jetzt, die Deckelstange an ihren Platz zu stecken. Einer von ihnen hüpft dazu hoch, um am Ende der Stange durch sein Körpergewicht eine Hebelwirkung auszuüben und das Getreide niederzudrücken. Die Stange wird dann mit einer Schnur, die der hüpfende Bauer hält, am Korb befestigt.

Grab des Menena: Ausschnitt aus dem Wandschmuck der Kapelle mit der Darstellung der Totenfahrt der Mumien des verstorbenen Ehepaars nach Abydos. Üblicherweise fuhr man flußabwärts mit Ruderkraft, flußaufwärts fuhr man dagegen mit Segelkraft und nützte die Nordwinde. Hier ziehen drei Schiffe nebeneinander – man sieht ihre drei Steuerruder mit Verzierungen aus Lotosblumen und apotropäischen Augen – die Totenbarke nach Abydos. Rechts: eine der bäuerlichen Szenen im Quersaal, wo ein säumiger Bauer mit Stockschlägen bestraft wird.

Verstorbenen und ihren Seelen zu trinken anbietet) sowie Szenen von einer Inspektion Pasers in den Werkstätten von Bildhauern, Töpfern und Goldschmieden. Auf den Seiten der Pfeiler sind Anbetungsszenen abgebildet. Von der Kapelle (mit Pfeilern) ist nur die Decke erhalten.

Das Grab des Nacht (52). Dies ist eines der berühmtesten Gräber der Nekropole und liegt unmittelbar außerhalb der kleinen Umfassungsmauer. Nacht war „Schreiber und Astronom des Amun" während der Herrschaft von Thutmosis IV. Das mit besonderer

Sorgfalt gebaute und ausgeschmückte Grab ist eine klassische, guterhaltene Gruft der 18. Dynastie; es zeigt nur in der Querhalle Wandschmuck. Behandelt werden Szenen aus der Landwirtschaft, insbesondere der Anbau von Hülsenfrüchten in einer Ebene, durch die ein Wassergraben führt; Nacht wohnt hier den verschiedenen Arbeitsphasen bei (Hacken, Säen, Fällen eines Baums, Mahd usw.). Auf einer anderen Wand sind Szenen von der Weinlese und dem Keltern sowie von der Entenjagd mit dem Schleuderstock im Deltagebiet zu sehen, während auf der Wand hinten eine Stele mit Opferträgern und der Göttin der Sykomore aufgemalt ist sowie eine Szene der Opferung von Blumen und Nahrungsmitteln an den Verstorbenen und seine Frau. Außerdem gibt es Szenen von Opferungen durch die Verstorbenen und, von besonderem Interesse, die Szenen des Leichenschmauses mit drei jungen Frauen, die Flöte, Laute und Harfe spielen (sehr ausdrucksvoll dargestellt), Tänzerinnen und einem blinden Harfner (amüsant die Katze, die unter dem Stuhl der Dame sitzend einen Fisch frißt). In der Nische der Kapelle ersetzt eine Fotografie die verlorengegangene Statue.

Das Grab des Menena (69). Menena war „Katasterschreiber und Feldmesser des Herrn von Ober- und Unterägypten" unter Thutmosis IV. Dieses klassische thebanische Grab mittlerer Größe ist besonders für seine Szenen aus Landwirtschaft und Jagd bekannt, die detailreich und von einem sehr wirkungsvollen Naturalismus belebt sind. Der Wandschmuck ist überwiegend gut erhalten: Im Eingang sind der Verstorbene mit Frau und Tochter dargestellt, wie sie die aufgehende Sonne anbeten. Im Quersaal finden sich neben rituellen Szenen die berühmten landwirtschaftlichen Szenen: Menena wohnt vielen Phasen der Arbeiten bei, für die er verantwortlich war (Schnitt, Ernte, Transport usw.), Schreiber überwachen die Vermessung des Feldes, andere kontrollieren die geerntete Menge, Wächter bestrafen einen, der seinen steuerlichen Verpflichtungen nicht nachgekommen ist (der Verstorbene war auch zuständig für die Eintreibung mancher Tribute) und weitere solche Szenen des Alltags, die aber sehr aufschlußreich sind. Ebenfalls in diesem Saal sind noch ganz andere Szenen zu sehen, und zwar ein Aufmarsch der Söhne und Töchter des Menena und ein Konzert. In der länglichen Kapelle, an deren hinterer Wand sich eine Nische mit Resten der Statue des Verstorbenen und seiner Frau befindet, ist sehr detailliert das Begräbnis dargestellt, auch das Wiegen der Seele (in diesem Falle ist die Waage auf wundersame Weise unbrauchbar gemacht, während das Herz des Verstorbenen und der Gemahlin gewogen wird, so daß die Gelehrten eine Usurpation des Grabes vermuten). Andere Szenen behandeln Opferungen an die Verstorbenen, die Totenfahrt nach Abydos sowie Fischfang und Vogeljagd in einer Sumpfgegend im Papyrusdickicht. Menena, in Begleitung seiner Familie (besonders lebendig die Szene mit dem Mädchen, das niederkniet, um eine Lotosknospe zu pflücken), trifft das Wild mit einer Art Bumerang von einem Papyrusboot aus; in einer anderen Szene wird ein Fisch mit der Harpune gefangen, während andere Tiere (überwiegend Vögel) und Pflanzen detailgenau dargestellt sind.

Das Grab des Thanuny (74). Das Grab dieses Schreibers mit leitender Funktion unter der Herrschaft von Thutmosis IV. ist interessant wegen der Szenen mit der Darstellung der Karriere des Verstorbenen. Auffallend ist die frische und in einem persönlichen Stil wiedergegebene Schilderung. Die Malereien befinden sich alle im ersten Saal und befassen sich, neben Szenen von Opferung (mit schönen Inschriften) und Anbetung, mit einer Parade ägyptischer und nubischer Truppen, der Rekrutierung von Soldaten sowie mit der Vorführung von Stieren (wertvoll ein Stierkopf mit blauen Hörnern) und Pferden (ein stampfendes Roß ist rosa gemalt).

Das Grab des Haremhab (78). Dieser Namensvetter des Pharaos war „königlicher Schreiber bei Rekrutenaushebungen" unter den Herrschern von Thutmosis III. bis Amenophis III. Sein Grab ist wegen der schönen, leider teils zerstörten Malereien interessant. Diese bedecken die Wände des ersten Quersaals mit Szenen vom Totenmahl, bei dem der Verstorbene, neben sich seine Mutter, die kleine Prinzessin Amenemopet auf den Knien hält; Szenen von der Huldigung durch den Verstorbenen an Thutmosis IV. zusammen mit seinen Brüdern, die Obst, Vögel und einen dicken Ochsen darbieten; Szenen von der Rekrutierung von Soldaten; Szenen von fremden Völkern, die dem König Tribut zollen. Die Wände des Korridors zeigen den Leichenzug, den Ritus des

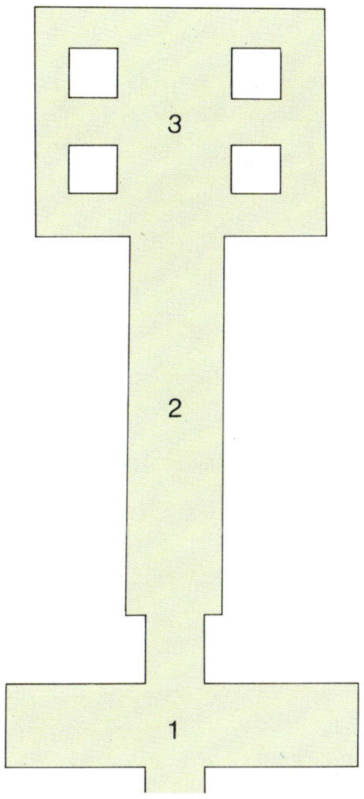

Plan des Grabs Haremhabs: 1 Quersaal, 2 Korridor, 3 schmuckloser Pfeilersaal.

Pfeilersaal der Krypta im Grab des Sennefer. Auf den Pfeilern sind der verstorbene Fürst und seine Gemahlin Merit dargestellt, die dem Gatten symbolische Geschenke reicht; an der linken Wand sind die Verstorbenen bei der Anbetung von Osiris und Anubis zu sehen. Im Unterschied zu den Mastabas des Alten Reiches bedient man sich im Neuen Reich häufiger der Malerei als des Reliefs, möglicherweise weil der kalkhaltige Felsen in Theben nicht von guter Qualität war. Während der 18. Dynastie kommen neue dekorative Themen hinzu, in denen der neue Lebenssinn dieser blühenden Epoche zum Ausdruck kommt. Hinzu kommen auch ornamentale Motive an der Decke: In diesem Grab hat der Künstler neben polychromen geometrischen Motiven mit großer Phantasie eine Weinlaube aus Weinreben an die Decke gemalt, die wegen der fehlenden Glättung in diesem Teil des Grabs zum Leben zu erwachen scheint. Sie verlieh diesem Grab auch den Beinamen „Rebengrab".

Wiegens der Seele vor 42 Richtern und in Anwesenheit von Osiris, Szenen von Fischfang und Vogeljagd im Sumpf, Szenen von Opferungen und vom Totenopfer.

Das Grab des Ineni (81). Diese Persönlichkeit war „Aufseher der Amunspeicher" unter den Herrschern von Amenophis I. bis Thutmosis III. Das Grab wies ursprünglich einen zum Hof hin offenen Pfeilervorraum auf; heute verbinden Zwischenmauern die Pfeiler untereinander; der Wandschmuck ist im archaisierenden Stil mit lebendigen und spontanen Detaildarstellungen ausgeführt. Auf den Pfeilern des Vorraumes sind Szenen von der Jagd in der Wüste dargestellt, das Haus des Verstorbenen mit Gärten und einem Teich, Opferszenen, Szenen von Landwirtschaft und Fischfang mit dem Kescher; an der Wand gegenüber den Pfeilern sind der Schatz des Amun-Tempels, Szenen von Tributentrichtungen durch Nubier und Syrier und Szenen von Jagd und Fischfang, Weinlese und Weinherstellung gezeigt. Die Wände der Kapelle schmücken Szenen von Opferungen an den Verstorbenen, von Bestattung, von der Totenfahrt nach Abydos und von Kultzeremonien. In der mit Bankettszenen geschmückten Nische stehen vier Statuen (der Verstorbene, seine Frau und zwei Angehörige).

Das Grab des Amenhemhêt (82). Das Grab dieses „Schreibers und Kornzählers des Amunspeichers, Aufsehers des Wesirs" während der Herrschaft von Thutmosis III. zeigt die Besonderheit, daß die Krypta mit Wandschmuck versehen ist, was damals eine Seltenheit war: Zugang zu ihr hat man von der Kapelle über einen Schacht, wo eine Treppe angebracht wurde. An den Wänden der Krypta sind in Kursiven die Texte aus dem *Totenbuch* wiedergegeben sowie in der Nische Szenen von der Opferung eines

Ausschnitt aus einer Szene mit der Herstellung von ungebrannten Nilschlammziegeln aus den Wandreliefs der Kapelle des Grabs des Rechmirê. Es handelt sich um die Vorbereitung einer Rampe zum Bau einer Mauer des Amun-Tempels: Der Arbeiter links unten nimmt mit der Hacke Schlamm auf; über ihm bereiten zwei Arbeiter das Schlammgemisch vor und füllen es in eine rechteckige Form, dabei schaut ihnen rechts ein dabeisitzender Aufseher zu. Unten rechts trägt ein Arbeiter gerade die Ziegel auf die Rampe. Im Grab des Rechmirê lassen die Zeichnungen Neuerungen in der Perspektive erkennen: der Körper wird in Seitenansicht dargestellt und in lebendiger Aktion gezeigt. Außerdem wird die Charakterisierung der abgebildeten Person betont, wie zum Beispiel bei dem Arbeiter mit der Hacke, der helle Haut, blondes Kopf- und Barthaar und blaue Augen hat, vielleicht ein nordischer Einwanderer oder ein Kriegsgefangener.

Stiers und heiligen Kühen. Der Vorraum enthält Szenen eines Banketts und vom Fest des Neuen Jahres, einen Kampf unter Stieren und einen schönen roten Stier mit blauen Augen, Szenen von der Vogel- und Nilpferdjagd und von der Reparatur von Papyrusbooten. Die Wände des zweiten Saals zeigen die Totenfahrt nach Abydos, vom Bankett und von den Bestattungsriten. In der Kapelle verdienen die Szenen vom Fest der Hathor Erwähnung sowie die von Tieren und die vom Fest der „Fünf Zusatztage“.

Das Grab des Amenemheb (85). Das Grab dieses „Befehlshabers der königlichen Garde“ unter den Herrschern Thutmosis III. und Amenophis II., auch Mahu genannt, zeigt eine ungewöhnliche Raumaufteilung, da der erste Raum durch vier quadratische Pfeiler in zwei Schiffe geteilt ist und der Eingang des Schachts in einer Ecke des Raumes liegt, der von weiteren Nebenkammern umgeben ist. Interessant vom Sujet her, wenn die Ausführung auch eher minderwertig ist, sind die Szenen einer blühenden Landschaft und eine Hyänenjagd. Die anderen Szenen betreffen einige Amtsbereiche des Grabherrn zu Lebzeiten und seine Bestattungsfeierlichkeiten.

Das Grab des Kenamon (93). Dieses schöne Grab des „Obervermögensverwalters des Königs“ unter Amenophis II. wurde in der Zeit der Reform Amenophis' IV. beschädigt, ist aber interessant wegen seiner Räume mit Pfeilern (geschmückt mit Opferszenen) und den Darstellungen der Amenophis II. dargebrachten Geschenke zum Jahreswechsel (Karren, Möbel, Königsstatuetten usw.) sowie der Jagdszenen.

Das Grab des Sennefer (96). Das Grab von Sennefer, „Präfekt der Stadt des Südens“ und Verwalter der Kornspeicher und des Viehbestands von Amun unter der Herrschaft von Amenophis II., besteht aus der (zur Besichtigung freigegebenen) Krypta, die aus einem Vestibül und einem Pfeilersaal gebildet ist. Interessant ist in der Krypta die Darstellung als Weinlaube; von ihr hat das Grab auch den Namen „Rebengrab“, denn herrliche schwarze Trauben schmücken das Gewölbe des Vorzimmers, während die Wände Opferszenen tragen. Zu beiden Seiten der Eingangstür zur Kapelle sind der Verstorbene und seine Gemahlin bei der Opferung dargestellt, während man an den Wänden des Zimmers schöne ornamentale Motive sehen kann, sowie den Weinstock, Szenen von Opferung und von den Bestattungsfeierlichkeiten.

Das Grab des Rechmirê (100). Das Grab des Rechmirê, „Gouverneur der Stadt und Wesir“ unter den Herrschern Thutmosis III. und Amenophis II., ist ein recht gut erhal-

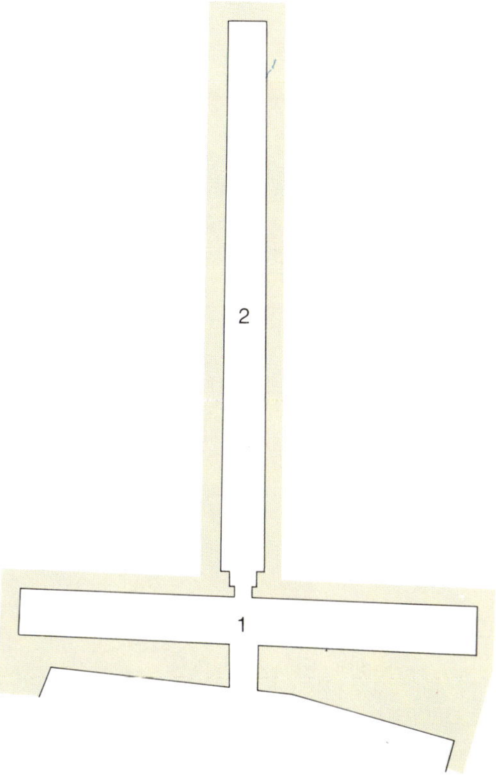

Plan des Grabes des Rechmirê: 1 quergelegtes Vestibül, 2 Kapelle.

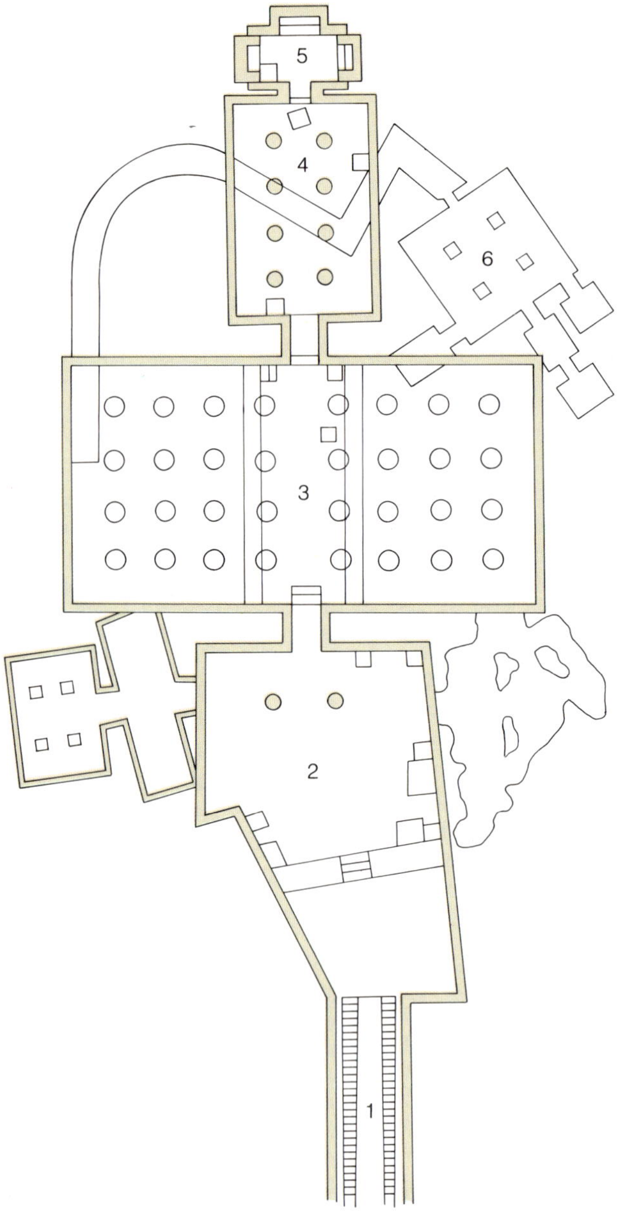

Plan des Grabes des Ramose: 1 Zugangsrampe, 2 Hof, 3 Querzimmer oder Vestibül, 4 Längssaal, 5 Kapelle, 6 unterirdische Grabkammer.

tenes Grab mit Wandmalereien, die sehr interessant sind für die Kenntnis der internationalen Beziehungen Ägyptens unter der 18. Dynastie und wegen ihrer Szenen über die Bearbeitung von Metallen. Der sehr regelmäßige Grundriß besteht aus einem Vestibül und einer langen, schmalen Kapelle. An den Wänden des Vestibüls Szenen von Vertretern fremder Völker, die während der Audienzen unter Vorsitz des Gouverneurs von Theben Tribut zollen. Man kann Erzeugnisse erkennen, die aus dem Land Punt geschickt wurden (darunter Ebenholz, Elfenbein, Straußenfedern, afrikanische Tiere), solche aus dem Land Kefti (Kreta? oder vielleicht eine andere Insel der Ägäis – Kelche, Vasen, Schmuck), solche von den Negern von Kusch (Ebenholz, Elfenbein, Häute, Goldringe, wertvolle Mineralien und afrikanische Tiere), die der Retenu – Syrer und Assyrer – (Waffen, Karren, Amphoren, Schmuck und Tiere, darunter ein Bär und ein Elefant) und die anderer Fremder aus verschiedenen Ländern; Schreiber notieren die Tribute. Interessant ist die Kleidung der Personen aus diesen Delegationen und bemerkenswert das sorgfältige Studium der auftretenden Tiere (in Proportionen und Farben), das die Künstler offenbar angestellt haben, um sie lebensecht zu malen. In der Kapelle wird der Verstorbene gezeigt, wie er das Auffüllen der Vorräte der Magazine des Amun-Tempels überwacht und die Bauarbeiten am Tempel selbst leitet. In den verschiedenen Registern wird die Arbeit von Kunsttischlern, von Ledermachern, von Goldschmieden, Maurern und Zimmerleuten gezeigt (letztere sind dabei, eine Rampe für ein Baugerüst anzufertigen) sowie Arbeiter während der verschiedenen Phasen der Metallbearbeitung. Auf derselben Wand sind Szenen von der Bestattung und der entsprechenden Zeremonie dargestellt. Auf der gegenüberliegenden Wand werden zwei Boote und das große Bankett mit dem Verstorbenen und seiner Familie, mit geladenen Gästen, Hausdienern und Musikanten gezeigt. Den Dekorationsstil des Grabes des Rechmirê kennzeichnet eine Ablösung von gewissen ägyptischen Konventionen: die Szenen der Metallbearbeiter und der Maurer beispielsweise zeigen vorherrschend Profilansichten, in denen die Vorderansicht des Brustkorbs, ein grundlegendes Element der ägyptischen Simultaneität, leicht abgewandelt ist.

Das Grab des Userhet (51). Userhet, genannt Neferhebef, war „erster Prophet des königlichen Ka von Thutmosis I." während der Herrschaft von Sethos I.. Sein Grab zeigt in der Vorhalle Wandschmuck, der charakteristisch ist für die Anfänge der ramessidischen Periode (der Pfeilerraum ist undekoriert). An der Rückwand des rechten Flügels dieses Raumes werden der Verstorbene, seine Mutter und seine Frau dargestellt, wie sie, zwischen dem Laubwerk sitzend, von der Göttin der Sykomore aufgenommen und genährt werden; die linke Wand enthält Szenen von Priestern in Begleitung einer großen Gruppe wehklagender Frauen, welche Weihrauch abbrennen und dem Verstorbenen und seiner Frau Opfergaben darbieten, ferner Szenen des Verstorbenen und seiner Familienangehörigen, die vor Osiris, Thutmosis I. und Ahmose Nofretari opfern. An der linken Wand des anderen Flügels sind das Gericht von Osiris und Bestattungsriten dargestellt, an der rechten die Prozession der Statue von Thutmosis I. auf der Königsbarke.

Das Grab des Ramose (55). In das schöne, nicht fertiggestellte Grab von Ramose, „Gouverneur der Stadt und Wesir" unter der Herrschaft von Amenophis III. und im ersten Teil der Herrschaft von Amenophis IV., gelangt man über eine Treppe, die in den Hof führt, auf den ein Querraum (Vestibül) und ein langgestreckter Raum (beide mit Säulen) sowie die Kapelle folgen. Ein unterirdischer Gang, der unter dem langgestreckten Raum verläuft, führt vom Vestibül in die nördlich gelegene Grabkammer. In den Reliefs, die allerdings auch unvollendet sind, findet die dem Stil von Tell el-Amarna vorangehende Periode erhabenen Ausdruck mit schönen Beispielen an der südlichen Halbwand der Westseite des Vestibüls, so z. B. die Szenen mit Ramose, wie er Amenophis IV., der mit der Göttin Maat unter einem Baldachin sitzt, Blumen darbringt. Die andere Halbwand trägt im Amarna-Stil gezeichnete Szenen: Ramose wird von der Dienerschaft zugejubelt, Würdenträger und Botschafter beglückwünschen ihn in Anwesenheit von König und Königin. An der Nordwand ist ein dem Aton geweihter Sonnentempel gezeichnet, während an der Ostwand lebendige Szenen vom Bankett zu Ehren des Verstorbenen dargestellt sind; an der Südwand wird der Leichenzug mit einer herrlichen Gruppe von Frauen, die ihrem Schmerz Ausdruck geben, gezeigt.

Oben: Ausschnitt aus der Südwand des Vestibüls im Grab des Ramose. Man sieht Opferträger und eine Gruppe Klageweiber aus dem Leichenzug bei den Bestattungsfeierlichkeiten für den Wesir. Die einzelnen Figuren dieser lebendigen Gruppe, die der Künstler auf drei Ebenen abbildet, um den Eindruck einer betrübten Menschenmenge zu vermitteln, tragen Umhänge und Tuniken aus weißem Leinen, die transparent sind und einen bläulichen Schimmer haben. Damit soll der Staub, mit dem sich die Klageweiber bestreut haben, angedeutet werden.

Links: Ausschnitt aus dem Totenbankett zu Ehren des Verstorbenen. Dargestellt werden zwei geladene Gäste, ein jeder mit einer anderen Perücke, die in bienenwabenähnlich angeordneten Strähnen endet; bekleidet sind sie mit einer durchsichtigen Leinentunika mit breitem Halskragen. Diese Darstellungen des Banketts gehören zu den schönsten der Reliefdekorationen ägyptischer Kunst und stellen die feinste Ausprägung des Stils der Zeit Amenophis' III. dar.

Oben: Blick von Süden auf die Überreste des Totentempels Ramses' II.

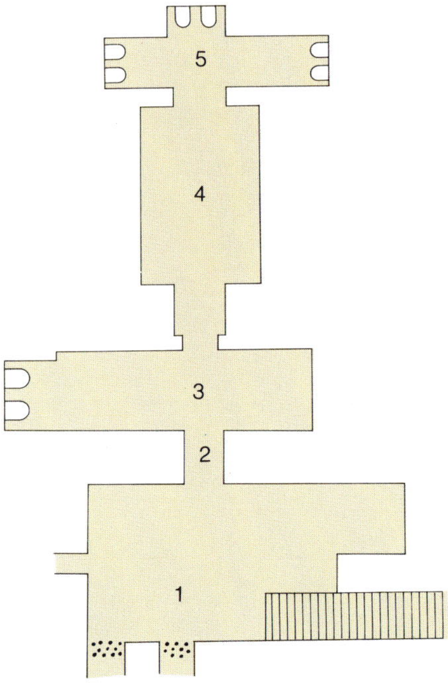

Plan des Grabes des Chaemhêt: 1 Hof, 2 Eingangskorridor, 3 erster Saal, 4 zweiter Saal, 5 Kapelle.

Das Grab des Userhet (56). Decken und Wände des Grabes dieses „königlichen Schreibers" während der Herrschaft des Amenophis II. sind mit den bekannten Szenen geschmückt, jedoch in einem besonders zarten Stil, der durch die recht ungewöhnliche Verwendung von Rosatönen gekennzeichnet ist. An einer Wand des ersten Saals kann man Opferszenen durch Knaben an verstorbene Eltern bewundern (mit interessanten Details), Szenen vom Totenmahl zu Ehren Userhets und ländliche Szenen; an einer anderen Wand wiederum Szenen von Opferungen, vom Füllen der Magazine und von der Rekrutierung von Soldaten (amüsant der Barbier bei der Arbeit in einem Garten; um ihn herum seine Kunden, die im Sitzen oder Liegen abwarten, bis sie an der Reihe sind). Im zweiten Saal sieht man lebendige Szenen des Grabherrn auf Jagd in der Wüste, weitere Opferszenen sowie solche vom Leichenzug, besonders die in Rosa gemalten wehklagenden Frauen.

Das Grab des Chaemhêt (57). Chaemhêt, genannt Mahu, war „königlicher Schreiber und Aufseher der Kornspeicher von Ober- und Unterägypten" während der Herrschaft von Amenophis III. Sein mit Flachreliefs elegant ausgeschmücktes Grab aus zwei Sälen, der Kapelle mit drei Nischen und der Krypta liegt zu einem gemeinsamen Hof mit anderen zeitgenössischen Gräbern. Gewohnte Bilder wechseln mit anderen von geheimnisvollem Inhalt und voller Anspielungen ab. Im Hof stellt die Stele den Ritus der Öffnung des Mundes dar, an einer Wand des Eingangskorridors ist Chaemhêt abgebildet, wie er die Sonne anbetet (der Kopf des Verstorbenen sowie weitere Szenen befinden sich im Berliner Museum und sind durch einen Abdruck ersetzt). Der erste Saal zeigt Szenen von der Weihe von Opfergaben, von der buchhalterischen Erfassung der Hülsenfrüchte, von Opferungen an die Schlangengöttin, die den König als Kind stillt, vom Entladen einiger Boote, von der Vorlage von Abrechnungen und Vorführung des Viehs vor Amenophis III. durch den Verstorbenen, der Entlohnung an Chaemhêt durch den Pharao und schließlich Szenen aus der Landwirtschaft mit schönen Detailschilderungen. Die Decke ist mit Feldern geschmückt, durch die Streifen aus Hieroglyphen durchlaufen. In der Nische an der Rückwand dieses Saals befinden sich zwei Sitz-

Westseite des zweiten Hofs des Ramesseums mit den Überresten der Osiris-Pfeiler am Eingang des Vestibüls vor der Säulenhalle. Der Komplex umfaßte neben dem Königspalast Gebäude für Amtsstuben, Wohnungen und Lagerräume. Gelehrte des 19. Jahrhunderts gaben dem Komplex den Namen Ramesseum: Diodor aus Sizilien nennt ihn Mitte des 1. Jahrhunderts v. Chr. das Grabmal des Osymandias, eine Verballhornung jener Zeit des Thronnamens von Ramses: Usimarê („Rê ist mächtig an Wahrheit").

statuen, eine den Verstorbenen und eine seinen Verwandten Imhotep darstellend. Die Wände des zweiten Saals enthalten (teilweise zerstörte) Szenen von Bestattungszeremonien und dem Leichenzug, die Reinigung der Statue des Verstorbenen, die Totenfahrt nach Abydos sowie zahlreiche Abschnitte aus heiligen Texten. Die Mauern der Kapelle mit gewölbter Decke sind teilweise zerstört: in den drei Nischen befinden sich sechs Statuen des Verstorbenen und seiner Verwandten (mit sorgfältig modellierten Köpfen) und an den Wänden Szenen des Verstorbenen bei der Anbetung und der Abdruck eines schönen Porträts von ihm, dessen Original sich in Berlin befindet.

Das Ramesseum

Der Komplex des Totentempels von Ramses II. liegt zwischen der Nekropole von Abd el-Kurna und dem Beginn des Ackerlands. Die Großartigkeit der Ruinen kündet von der ursprünglichen Erhabenheit dieses Tempels, der die Menschen der Antike so begeistert hat. Der Name Ramesseum wurde diesen Ruinen im vorigen Jahrhundert gegeben. Eine großräumige Einfriedung umgibt den Komplex: Der Tempel besteht aus zwei weitläufigen Höfen (mit jeweils einem Pylon), aus einer großen Säulenhalle (40 × 30 m), aus drei kleineren Säulenräumen und aus einem Allerheiligsten mit vier Pfeilern, um das sich weitere Zimmer, Kammern und Krypten gruppieren. Der abschließende Teil des Tempels ist stark zerstört.

Die noch erhaltenen Reliefs des ersten massigen Pylons, der 68 m breit ist und zum Teil noch steht, wenn auch stark zerstört, erinnern an der Innenfassade an die Feldzüge Ramses' II. gegen die Hethiter und die Syrer sowie an die Schlacht bei Kadesch (ähnliches Thema wie in Karnak, Luxor und Abu Simbel).

Der erste Hof (56 × 52 m) wies ursprünglich an der Südseite einen Portikus mit zwei Säulenreihen auf, hinter dem ein Palast mit einem Säulensaal für Audienzen, der Thronsaal und weitere zahlreiche kleinere Räume lagen, sowie an der Nordseite eine Reihe Osiris-Pfeiler. Im Hof befand sich eine kolossale Sitzstatue des Pharaos (17 m hoch),

Plan des Ramesseums: 1 erster Pylon, 2 Palast Ramses' II., 3 erster Hof, 4 zweiter Pylon, 5 zweiter Hof, 6 Vestibül, 7 Säulenhalle, 8 Säulenräume, 9 Allerheiligstes.

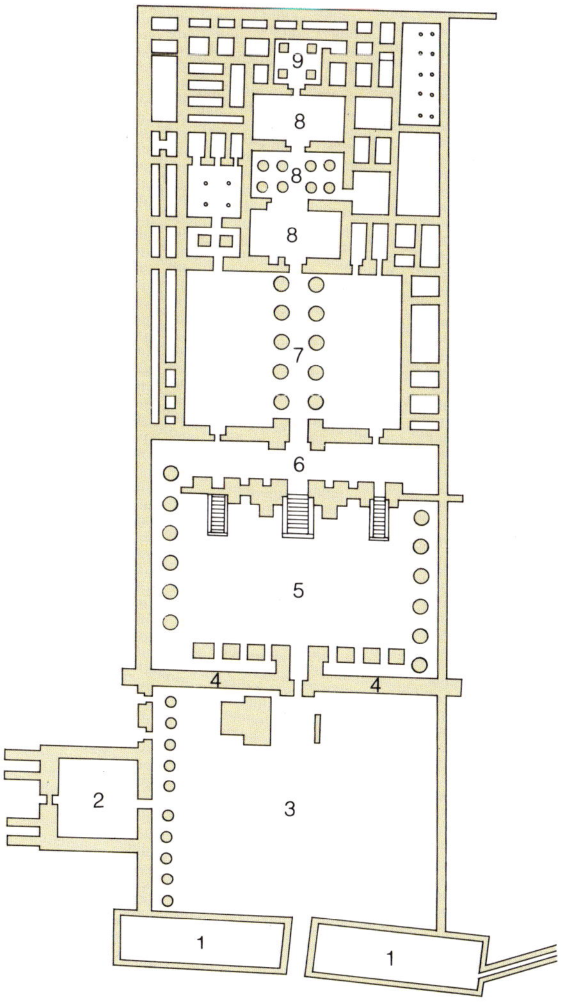

Ausschnitt aus der Wanddekoration des Grabs des Sennodjem mit der Darstellung des Verstorbenen, der im „Gefilde Jalu" Weizen schneidet. Das „Gefilde Jalu" war das Reich des Osiris im Jenseits, in das die Verstorbenen nach dem Gericht und der Freisprechung (Psychostasie) gelangen konnten. In diesem „Paradies der Glücklichen" bestellte der Verstorbene die Felder des Osiris.

von welcher der Sockel noch auf seinem Platz steht und die Überreste der Statue ringsum verteilt liegen. Der zweite Pylon, der im Westen den ersten Hof abschließt, ist größtenteils eingestürzt: Die Reliefs künden noch vom Kampf gegen die Hethiter bei Kadesch und zeigen Szenen eines ländlichen Festes zu Ehren des Gottes Min, heilige Texte und liturgische Szenen; die Innenfassade dieses Pylons wird von einer Reihe Osiris-Pfeilern begleitet. Der zweite Hof hat zwei Reihen Säulen an den Seiten, während er an der Rückseite eine weitere Reihe Pilaster aufweist (auf höherem Niveau), auf die eine Reihe Papyrusbündelsäulen folgt: In den Zwischenräumen zwischen den drei Treppen, die zum Portikus führen, befinden sich die Reste von zwei weiteren Kolossen des Pharaos. Die große Säulenhalle, von der keine Seitenmauern mehr existieren, umfaßt ein Mittelschiff, bestehend aus zwei Reihen zu sechs Papyrusbündelsäulen mit geöffnetem Kapitell, und zwei Seitenschiffe mit drei Reihen zu sechs – weniger hohen – Papyrusbündelsäulen mit geschlossenem Kapitell (insgesamt 48 Säulen, davon stehen noch 29). Auch hier wie in Karnak wurde der Höhenunterschied der Decken durch die Zwischenschaltung von Pfeilern und Fenstern ausgeglichen. Auf den Säulen sind der Herrscher und einige Gottheiten abgebildet; die Überreste der Decke tragen Bilder der ursprünglichen Dekoration eines Sternenhimmels. An den verbliebenen Wänden sind Szenen einer Schlacht gegen die Hethiter zu sehen, sowie die einer doppelten Prozession der Söhne und Töchter von Ramses II. Von Interesse ist auch der „astronomische Saal", so genannt wegen seiner Deckendekoration; die Wandmalereien zeigen den Transport der Barke des Amun, den Baum der Kraft (die heilige Sykomore von Heliopolis, die man den „Baum der Geschichte" nennen könnte, auf den Thoth den Namen des Königs schreibt) sowie einige Gottheiten.

Die den Tempel auf drei Seiten umgebenden Lagerräume aus ungebrannten Ziegeln und mit Tonnengewölbe (mit der Kartusche des Pharaos), sind wohl wegen der hier gemachten Funde und wegen des Materials, das eine tiefere Schicht aus den Ruinen eines vorherigen Tempels noch hergeben mag, von besonderer Bedeutung.

Das Tal von Dêr el-Medina

Unweit der Nekropole von Abd el-Kurna öffnet sich westlich ein kleines Tal: dort befinden sich die Überreste des von den Arbeitern der königlichen thebanischen Nekropole bewohnten Dorfes, etwa 40 Gräber von Künstlern und leitenden Handwerkern aus der 18., 19. und 20. Dynastie sowie ein kleiner Tempel aus ptolemäischer Zeit. Die eng aneinandergebauten Häuser des Dorfes bestanden gewöhnlich aus einem Empfangsraum (dem größten Zimmer), einem zweiten Raum (wahrscheinlich dem Wohnzimmer) und der Küche, alles in Kalk getüncht. Manche waren mit Wandschmuck versehen, aber von den Malereien ist fast nichts erhalten geblieben. Die Erforschung des Arbeiterdorfes (das von einer Mauer umgeben war) wurde von Bruyère durchgeführt.

Das Dorf wurde fünf Jahrhunderte lang bewohnt: Die Häuser der 18. Dynastie waren aus Ziegeln gebaut und hatten kein Fundament, während die aus der 19. und 20. Dynastie bis zu einer Höhe von etwa zwei Metern aus Stein und dann bis zum Dach aus Ziegeln gebaut waren. Die Decken waren flach, da sie auch als Terrasse dienten, zu der eine Treppe hinaufführte. Eine weitere Treppe führte in den Keller, sofern das Haus einen besaß. Polizeiposten an den beiden Dorfausgängen gewährleisteten Ordnung und Schutz, so daß die Handwerker tagsüber an ihren Arbeitsplatz gehen und Frauen und Kinder unbesorgt zu Hause zurücklassen konnten. Der kleine ptolemäische Tempel ist ein gelungenes Beispiel der Architektur der Zeit, auch weil neben dem Hauptgebäude viele Magazine und die Umfassungsmauer erhalten sind. Er war den Göttinnen Hathor und Maat sowie einigen vergöttlichten Persönlichkeiten geweiht.

Vor dem 9 m breiten und 15 m langen Tempel steht ein Portal, durch das man in einen Hof (48 × 50 m) tritt; der Tempel selbst besteht aus einem Säulensaal mit zwei Säulen, einer Vorhalle und drei kleinen Kapellen. Der Säulensaal weist keine Dekorationen auf, in der Vorhalle dagegen werden Anbetungsszenen (man sieht Ptolemaios Philopator und einige Gottheiten) und Opferszenen gezeigt. Die zentrale Kapelle, über deren Tür sieben Köpfe von Hathor angebracht sind, trägt an den Wänden Szenen von Opferungen (man sieht Philopator, Euergetes II. und Kleopatra) und auf dem Architrav der Tür die vier Paviane von Hermopolis vor dem Skarabäus, flankiert von vier Gottheiten mit

Stierköpfen. Von den beiden seitlichen Kapellen ist die linke interessant (die rechte trägt Opferszenen): Bestattungsszenen an den Wänden (Gericht über die Seele, Euergetes II. bietet Anubis Weihrauch dar), am Architrav der Tür (Osiris in Widdergestalt mit vier Köpfen zwischen Hathor, Maat, Isis und Nephthys) sowie Szenen an den Pfosten. In 200 m Entfernung vom Tempel liegt das „Ostrakaloch", ein 42 m tiefer Krater, wo im Verlauf der Ausgrabungen mehr als 5000 Ostraka aus der 19. und 20. Dynastie gefunden wurden (Tonscherben mit Schriftzeichen oder Figuren, die man als Schreibmaterial für verschiedene Themen benutzte wie private Briefe, Buchhaltung, Gerichtsakten, Niederschriften der Schüler usw.; sie sind kostbar für das Studium des täglichen Lebens einer Gemeinde aus dem Neuen Reich). Die Nekropole auf der Westseite weist Gräber auf, deren charakteristische Merkmale eine Kapelle mit kleiner Ziegelpyramide darüber sowie ein unterirdischer Raum mit Wandmalereien sind. Das besterhaltene Grab ist das von Sennodjem (1). Wir werden hier kurz auch auf die Gräber 2, 3, 217 und 359 eingehen. Sie stehen nicht ständig zur Besichtigung offen.

Ein anderes Motiv aus der Bestellung der „Felder Jalu". Sennodjem lenkt den von zwei gefleckten jungen Kühen gezogenen Pflug; im unteren Register sind Sykomoren, Dattelpalmen und Dumpalmen, für Ägypten typische Pflanzen, gezeichnet.

Das Grab des Sennodjem (1). Vom Grab des Sennodjem, „Diener am Ort der Wahrheit" und Handwerker der Nekropole unter der 19. Dynastie, ist nur der unterirdische Teil vorhanden, dessen Wandschmuck und Mobiliar (letzteres nun im Kairoer Museum) fast unversehrt bis in unsere Zeit erhalten blieb. Die abgebildeten Szenen haben religiösen Charakter und beziehen sich überwiegend auf das Leben des Verstorbenen im Jenseits; Anubis (mit Hundekopf) besorgt die Einbalsamierung. Ferner gibt es eine mythologische Szene mit der Katze (Erscheinungsform von Rê), welche die Schlange Apophis (Symbol des Bösen) entzwei schlägt.

Das Grab des Chabechet (2). Auch der Inhaber dieses Grabs war hoher Beamter der Nekropole, ein „Diener am Ort der Wahrheit“, allerdings während der Herrschaft von Ramses II. Interessant an dieser klassischen Gruft sind der gute Erhaltungszustand von Kapelle und Krypta und die gefundenen Darstellungen, von denen einige (in der Kapelle) abgenommen wurden und heute in Berlin zu sehen sind. In der Kapelle verbleiben die Darstellung einer Allee von Widdersphingen und der Prozession der Statue Amenophis' I. sowie zwei Statuengruppen.

In der 1917 entdeckten Krypta gibt es Bestattungsszenen (interessant folgende Szene: Anubis beim Einbalsamieren eines großen Fisches anstelle der Leiche des Verstorbenen) an den Wänden und mythologische Szenen in der Gewölbedecke zu sehen.

Das Grab des Paschedu (3). Das Grab des Paschedu, „Diener am Ort der Wahrheit im Westen von Theben“ in ramessidischer Zeit, erinnert in gewisser Weise an das von Arinefer (290) der 19. Dynastie. Die guterhaltene Krypta zeigt bekannte Szenen und Totentexte, so auch die schöne Szene, wie der Verstorbene an einem Bach seinen Durst stillt, und zwar unter einer großen Palme, die der Künstler vor die Figur und über den Wasserspiegel gesetzt hat. Ebenfalls unbesorgt um Perspektive sind die Angehörigen des Verstorbenen und andere stehende Personen bei der Anbetung dargestellt. Am Giebelfeld ist die gelungene Darstellung zweier Söhne des Verstorbenen, Menena und Kacha, zu sehen, wie sie die memphitische Doppelgottheit Ptah-Sokaris anbeten, hier dargestellt als Falke mit buntem Gefieder und ausgebreiteten Flügeln.

Das Grab des Ipui (217). Ipui war Bildhauer während der Herrschaft Ramses' II.; die Kapelle seines Grabes zeigt recht ungewöhnliche und an pittoresken Einzelheiten reiche Szenen. Auf mehreren Registern sind ländliche Szenen und Haustiere dargestellt, der Schiffsbau, Fischfang mit dem Kescher, Herstellung von Grabmöbeln, ein Arbeiter liegt schlafend unter einem *Naos,* ein Augenarzt träufelt einem Arbeiter Tropfen ins Auge; an einer anderen Wand der Kapelle sind eine Wäscherei (oder Färberei), Häuser und Gärten sowie Opferszenen dargestellt.

Das Grab des Anhercha (359). Interessant ist die zweite Kammer des Grabes Anherchas, eines Vorarbeiters, der mit der Leitung und Koordination der Arbeit anderer Kunsthandwerker unter den Herrschern Ramses III. und Ramses IV. beauftragt war. Hier sind klassische Themen (Anbetung und Opferung) mit besonderer Sorgfalt gemalt worden (beachtenswert die Gruppe von Kindern in der Szene von Opferungen an den Verstorbenen und seine Familie).

Oben: Ausschnitt einer Szene mit Paschedu, der seinen Durst stillt.
Links: Szene aus dem Wandschmuck der zweiten Kammer des Grabes des Anhercha. In den Gräbern von Dêr el-Medina verliert die Malerei am Ende der ramessidischen Zeit an Sorgfalt und Präzision, allerdings werden die Personen auf humorvolle Art beschrieben. Anhercha, hier mit seiner Frau und vier Töchtern, hält eine Haarsträhne der ältesten Tochter zwischen den Fingern, und diese hält ein Vögelchen in der Hand. Bemerkenswert ist die im Neuen Reich in Mode gekommene typisch afrikanische Haartracht der Mädchen mit teilweise rasierten Schädeln: diese persönliche Haartracht bildet einen Kontrast zu den schweren rituellen Perücken der Eltern.

Gegenüberliegende Seite: Krypta des Grabes des Paschedu. Auf der Rückwand sieht man (von links) den Verstorbenen, wie er im Schatten einer Dumpalme trinkt (Illustration eines Kapitels aus dem Totenbuch*), sowie einen Zug von Angehörigen, die Paschedu und seiner Gemahlin in anbetender Haltung folgen. Auf dem Giebelfeld wird der Gott Ptah-Sokaris, dargestellt als Falke mit ausgebreiteten Flügeln, von Paschedus Sohn Kacha angebetet. An der Gewölbedecke sind verschiedene Gottheiten abgebildet.*

Ansicht eines Abschnitts des Tals der Königinnen (Bibân el-Harîm) im Südwestteil der thebanischen Nekropole. In der Mitte ist der Eingang des Grabs von Amon-her-Schepseskaf, einem Sohn Ramses' III., zu sehen.

Das Tal der Königinnen

Von den alten Ägyptern Set Neferu (Ort der Schönheit) genannt und unweit südwestlich des Tals der Könige gelegen, war diese Nekropole ab dem Ende der 17., vor allem aber während der 19. und 20. Dynastie Königinnen und königlichen Prinzen vorbehalten. Die Ausgrabungen, durchgeführt von der italienischen Ausgrabungsexpedition unter Leitung von Ernesto Schiaparelli, haben zwischen 1903 und 1906 zur Entdekkung vieler der 80 Gräber der Nekropole geführt, von denen einige unvollendet sind und keines unversehrt ist. Die Gräber sind allgemein weniger geräumig als die der Könige, haben einen einfacheren Grundriß und sind anders ausgeschmückt. Es fehlen vor allem die Schächte, und die großen Bilderzyklen über die Reise der Sonne ins Jenseits sind selten. Zahlreich sind dagegen die Szenen aus dem *Totenbuch* und vor allem die Abbildungen der Verstorbenen vor verschiedenen Gottheiten. Bemerkenswert an der Ausschmückung dieser Gräber – im konventionellen Stil des ausgehenden Neuen Reiches ausgeführt – sind die Sorgfalt in den Details, die Ausgewogenheit der Kompositionen und die Intensität der Farben.

Das größte und berühmteste unter den von Schiaparelli entdeckten Gräbern ist das von Nofretari (66), der Gattin Ramses' II. Unter den übrigen sind auch die Gräber der Söhne von Ramses III., Chamuast (44) und Amon-her-Schepseskaf (55), bemerkenswert. Im Grab der Prinzessin Ahmose aus der ausgehenden 17. Dynastie wurde die Mumie gefunden; sie war in Tücher gewickelt, die zu Fragmenten zerfallen waren; bei der Mumie fand man auch eine der ältesten Illustrationen des *Totenbuchs*, sie wird heute im Ägyptischen Museum von Turin aufbewahrt. Kürzlich wurde von einer französisch-ägyptischen Expedition das Grab von Tuya, der Mutter von Ramses II., entdeckt.

Das Grab des Chamuast (44). Das Grab dieses Sohnes Ramses' III. weist den Grundriß eines Königsgrabes auf, allerdings in kleinerer Ausführung: ein langer Gang mit zwei Nebenräumen führt zu einem kleinen Saal, auch er mit Wandschmuck ausgestattet. Die bemalten Reliefs sind recht gut erhalten und stellen Szenen von Anbetung und

Oben: eine Ecke der dritten Kammer im Grab des Chamuast. Auf der linken Wand sind die Wächter der Wohnstatt des Osiris abgebildet; an der gegenüberliegenden Wand sieht man König Ramses III., Vater des verstorbenen Prinzen, wie er dem ibisköpfigen Gott Thoth zwei Gefäße darbietet – der König trägt den königlichen Schleier nemes *auf dem Kopf. Rechts: ein weiteres Bild des Herrschers; er trägt die rituelle Perücke und das Diadem* sesched *sowie einen langen durchsichtigen Leinenrock, der von einem Gürtel mit breiter Schnalle vorn gehalten wird, der wahrscheinlich aus Gold mit Intarsien aus farbigen Steinen besteht. Von diesem hängt ein Vorderteil herab, auch dieses aus Gold mit Intarsienarbeit und am Ende mit einer Reihe Uräen verziert. Hinten, am Gürtel befestigt, ist der rituelle Tierschwanz zu sehen. Die Kleidung des Pharaos wird von einem breiten Halskragen und vier Armreifen vervollständigt.*

Links: Ausschnitt aus der Wanddekoration des Grabes des Amon-her-Schepseskaf: Ramses III. stellt seinen verstorbenen Sohn verschiedenen Gottheiten vor. Der junge Mann trägt den mit einer Spange aus Gold und Intarsien geschmückten rituellen Kinderzopf und hält einen Wedel in der Hand. Der König trägt die rote Krone Unterägyptens mit zwei stilisierten Federn und der Sonnenscheibe als göttliche Attribute.

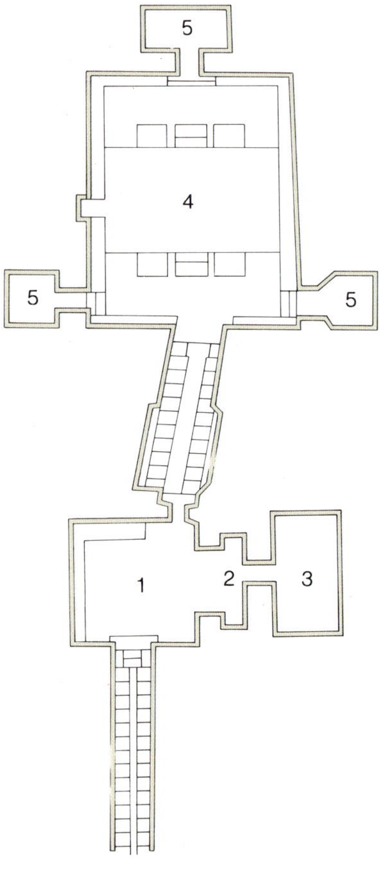

Opferung an verschiedene Gottheiten durch den verstorbenen Prinzen, allein oder zusammen mit seinem Vater, dar.

Das Grab des Amon-her-Schepseskaf (55). Bemerkenswert wegen der Farben seines Wandschmucks ist das Grab dieses anderen Sohnes Ramses' III.; es ist gleichzeitig das am besten zugängliche Grab im Tal der Königinnen. Es besteht aus einer Treppe, einem quadratischen Saal und einem Gang (mit Nebenraum), der in die Sarkophagkammer führt. An den Wänden des Gangs sind Szenen aus dem *Pfortenbuch* dargestellt sowie andere (im quadratischen Saal), in denen der Pharao seinen Sohn (mit Kinderzopf) den vier Schutzgottheiten der Kanopen vorstellt. Im Hintergrund stehen ein Granitsarkophag und eine kleine Vitrine mit den sterblichen Überresten einer Frühgeburt.

Das Grab der Königin Nofretari Merenmut (66). Das Grab dieser Königin weist einen recht komplexen Grundriß, ähnlich dem der Königsgräber, auf; nach der Zugangstreppe öffnet sich ein geräumiges Quergemach, das rechts durch einen kleinen Vorraum in ein zweites Gemach führt. Vom ersten Gemach führt eine weitere Treppe zum Sarkophagraum, der von vier Pfeilern getragen wird und mit drei kleinen anschließenden Sälen ausgestattet ist. Das Grab wurde bereits in der Antike aufgebrochen. Die Reliefs enthalten Szenen von großem farblichem Wert, deren künstlerischer Ausdruck laut Ansicht vieler Kunsthistoriker über dem der Reliefs des Tempels von Sethos I. in Abydos liegt. Im ersten Quersaal mit einer teilweise umlaufenden Bank, die vielleicht zur Aufnahme von Grabbeigaben bestimmt war, finden sich Szenen von Anbetung der Sonnenscheibe durch die Königin; die Sonnenscheibe wird von zwei Löwen gehalten (Gestern und Morgen oder Osten und Westen); Darstellungen verschiedener Gottheiten, darunter Isis und Nephthys in Falkengestalt; die Mumie auf dem Totenbett; die

Königin, wie sie unter einem Pavillon Dame spielt, vor sich die *Ba*-Seele in Vogelgestalt auf einem *Naos*; die Königin vor Osiris und anderen Gottheiten. Die Szenen werden begleitet von religiösen Texten *(Totenbuch)*. Der Architrav des kleinen Vorzimmers zum zweiten Seitensaal ist mit einer Reihe abwechselnder Uräen und „Federn" der Wahrheit geschmückt, in der Mitte eine kniende Gottheit, die ihre Arme über zwei das Horusauge enthaltende Kreise ausstreckt. In der Laibung der Türen sind die Göttinnen Selkis und Neith abgebildet. In dem angedeuteten Vorzimmer tragen die Wände Szenen der Königin zusammen mit mehreren Gottheiten. Der zweite Saal enthält mythologische Szenen. An eine Wand sind die sieben heiligen Kühe in Begleitung eines Stiers gemalt, eine jede mit ihrem Namen; unten folgen die vier Himmelsdeichseln, die den vier Himmelsrichtungen entsprechen.

Im dritten Saal zeigen die vier Pfeiler verschiedene Gottheiten, die von der Königin angebetet werden, sowie den Totenpriester (Sem-Priester) mit dem Pantherfell. An einer Wand verharrt die Königin vor den Hütern der Pforten im Gebet. Der (stark zerstörte) Deckel des Sarkophags aus rosa Granit, etwa drei Dutzend *Uschebtis,* ein paar Vasen und andere in dem Grab gefundene Gegenstände sind im Ägyptischen Museum von Turin ausgestellt, ebenso ein wunderschönes Modell des Grabes der Königin.

Die Nekropole von Kurnet Murai

Der Felsausläufer von Kurnet Murai, der sich wenig westlich des Ramesseums erhebt, beherbergt eine stark verwüstete Nekropole mit etwa 15 Gräbern, in denen Reste von Wandmalereien erhalten sind. Die des Amenhotep und des Ameneminet verdienen eine besondere Erwähnung.

Oben: Teil der Szenen mit der Darstellung der nubischen Tribute im Grab von Amenhotep, genannt Hui. Im oberen Register schreiten zwei Diener und mehrere Prinzen einer nubischen Prinzessin voran. Trotz der Vornehmheit der Kleidung dieser hochstehenden Nubier fährt die Prinzessin auf einem Karren, der von Ochsen statt von einem Pferd gezogen wird, und ihr Sonnenschirm ist Teil ihrer Haartracht, anstatt daß ein Diener ihn hochhält. Im unteren Register sind nubische Diener dargestellt, die Tribute entgegenbringen: Gold in Ringen, Salben, eine Giraffe und Leopardenfelle.

Gegenüberliegende Seite: Plan des Grabs der Königin Nofretari Merenmut: 1 Quergemach, 2 Vorraum, 3 zweites Gemach, 4 Sarkophagkammer, 5 Nebensäle (unten); Teilansicht dieses Grabs: Man sieht einen Teil einer Wand des Quergemachs: links der Gott Osiris, rechts der Gott Anubis, ferner der Vorraum und hinter der Tür ein Stück der Rückwand des zweiten Gemachs. Im Vorraum, links von der Tür, ist der Gott Chepri mit Skarabäuskopf abgebildet, rechts sieht man die Göttin Hathor des Westreichs und Rê-Harachte. Durch die Tür kann man Osiris (links) sowie Atum erkennen (oben).

Das Grab des Amenhotep (40). Der auch unter dem Namen Hui bekannte Amenhotep war Vizekönig von Nubien und Gouverneur des Südreiches während eines Teils der Herrschaft Amenophis' IV. und Tut-ench-Amuns. Sein Grab ist bekannt wegen seines Wandschmucks in einem besonderen Stil, der Merkmale der Amarna-Kunst bewahrt und sich an dem des Grabes von Tut-ench-Amun orientiert. Mehrmals aufgebrochen und bis zum Beginn unseres Jahrhunderts als Behausung verwendet, sind nur noch die Wandmalereien im ersten Saal erhalten. Herausragend ist die Szene, die den stehenden Verstorbenen zeigt, wie er dem Vorbeiziehen seines Schiffs auf dem Nil in zwei Momenten beiwohnt (einmal, wenn das Schiff flußaufwärts fährt, und anschließend bei der Fahrt flußabwärts), ferner diejenigen, in denen Hui das Wiegen des Goldes überwacht, Osiris und Anubis opfert und schließlich diejenigen, in denen Pharao Tut-ench-Amun die Tribute Nubiens, das vom Verstorbenen verwaltet wird, und Syriens entgegennimmt. Ferner sind Szenen von Opferungen an den Verstorbenen vorhanden sowie diejenige, in der Hui von Tut-ench-Amun ausgezeichnet wird und die Glückwünsche seiner Untergebenen entgegennimmt.

Das Grab des Ameneminet (277). Der Inhaber dieses Grabes war „göttlicher Vater des Hauses von Amenophis III." unter der Herrschaft eines Ramessiden: seine Gruft ist bekannt wegen der Seltenheit der behandelten Themen seiner Wandmalereien. Die ungewöhnlichste Szene darunter ist die des Transports und des Absenkens der Mumie ins Grab. Ferner ist eine Prozession von Holzstatuen Amenophis' III. und der Königin Teje zu sehen, die auf dem Weg zu einem heiligen See ist, wo die heilige Barke von einer anderen gezogen wird; außerdem eine Szene, wie der Verstorbene die Hathor-Kuh und die Herrscher (Mentuhotep und Neferys), welche die Nekropole beschützen, anbetet; die kompletten Szenen vom Ablauf der Bestattung sowie weitere Darstellungen der Anbetung an verschiedene Gottheiten.

Die Tempelanlagen von Medînet Hâbu

Südwestlich des Ramesseums, im Südteil der thebanischen Nekropole, liegt Medînet Hâbu, eine Ansiedlung aus früher Zeit; sie umfaßt weitläufige Bauten, die man in zwei Gruppen unterteilen kann: einmal der Tempel der Thutmosiden und zum anderen der Königspavillon und Totentempel von Ramses III. Ein Kultort *ab antiquo*, beherbergte er einst einen dem Amun geweihten Tempel, der in der 18. Dynastie von Hatschepsut begonnen und von Thutmosis III. fertiggestellt worden war und der wiederum andere, ältere Heiligtümer ersetzt hatte, als Ramses III. seinen Totentempel und die Umfassungsmauer errichten ließ, die sie mit einschloß. Dieser Pharao errichtete auch einen Palast, den er während des zweiten Teils seiner Herrschaft in grandiosen Maßstäben wiedererbauen ließ und wo er häufig weilte. Neben dem Palast entstand ein Dorf, das vom Personal des Tempels und der Königsresidenz bewohnt wurde (bescheidene Spuren haben es ermöglicht, den Plan des Dorfes zu rekonstruieren). Auf der anderen Seite der Umfassungsmauer des Tempels entstand die koptische Siedlung Djemê, die im 7. und 8. Jahrhundert ihre Blütezeit erlebte. Später verwandelte sich der Komplex in einen Steinbruch, aus dem die Bewohner der Gegend ringsum die bearbeiteten Steine entnahmen und in anderen Bauten wiederverwendeten. Trotz alledem und dank mühevoller Wiederaufbauarbeiten und Restaurierungen bewahrt der Komplex viel von seiner ursprünglichen Größe und Erhabenheit.

Man durchschreitet die Umfassungsmauer von Medînet Hâbu (sie ist 10,50 m dick) durch das Hohe Tor mit seinem eindeutig militärischem Charakter; es ahmt Festungen nach, wie sie Ramses auf seinen Feldzügen nach Asien angetroffen hatte. Das Tor besteht aus zwei Türmen, ursprünglich 22 m hoch, sie sind an der Basis massiv und haben oben auf zwei Geschossen Räume, die auf einer bestimmten Höhe zusammentreffen und einen zentralen Durchgang bilden. Vor dem Hohen Tor lag eine Anlegestelle an einem jetzt nicht mehr vorhandenen Verbindungskanal zum Nil. An den Wänden werden Szenen gezeigt, welche die Siege des Pharaos feiern (in der Opferung der Gefangenen sind sieben Anführer besiegter Völker dargestellt), ferner Opferszenen an Amun, Seth, Amun-Rê und Maat, außerdem der König zusammen mit verschiedenen Gottheiten; in den Innensälen im ersten Stock sind verschiedene Szenen abgebildet, darunter die berühmten Szenen des Pharaos in der intimen Atmosphäre seines Harems. Geht man in Richtung des Tempels von Ramses III. weiter, liegen links die Kapellen der Gottesgemahlinnen (Amun-Priesterinnen in Theben) und seitlich rechts der Tempel der Thutmos-Könige. Die südlichste der Kapellen ist ein Totentempelchen der Amenerdis I., Tochter des Königs Kaschta von Napata (Fassade, Hof, Allerheiligstes mit Cella, die von einem Steingewölbe bedeckt wird, dem ersten bekannten dieser Art); die Grabherrin wird bei der Opferung an mehrere Gottheiten dargestellt (ferner weitere mythologische und kultische Szenen). Der nördlichste Tempel hat einen Hof, an dem drei Kapellen liegen, die mittlere davon ist die der Prinzessin Schepenupet II., die rechte von Königin Mehit-en-Useschet, die linke die von Prinzessin Nitokris. Die Wände der Kapellen und des Hofs schildern Opferszenen. Die Innenwände geben auch Formeln aus den *Pyramidentexten* und aus den *Sarkophagtexten* wieder.

Der Tempel der Thutmos-Könige. Dieser von Amenophis I. begonnene Tempel wurde von Thutmosis I. weitergebaut, von Thutmosis II. vergrößert und von seiner Witwe Maakara Hatschepsut mit Wandschmuck versehen und schließlich von Thutmosis III. fertiggestellt, der den Peripteraltempel erbauen ließ. Der Tempel besaß eine eigene Umfassungsmauer und wurde in die große Umfassungsmauer des Tempels von Ramses II. erst in späterer Zeit mit eingegliedert. Er ist sehr klein, hat aber die für die Tempel der 18. Dynastie typische Eleganz. Er besteht aus dem Allerheiligsten mit einer Gruppe von sechs Räumen im Norden und einem Hof im Süden, der von den Ptolemäern mit Wandschmuck versehen wurde und 19 m lang ist, sowie einem Pylon, hinter dem während der 29. Dynastie ein Vorbau angefügt wurde, den Nektanebôs I. dann in eine Kapelle verwandelte. Von dieser gelangt man zum ptolemäischen Pylon (12,50 m hoch), zum Portikus und zum römischen Hof (40 × 25 m).

Der Wandschmuck betrifft die Wände der ersten Kapelle von Nektanebôs I. (Szenen von Gefangenen, Opfer- und Kultszenen, letztere an den Säulen), die rückwärtigen Seiten des Pylons (Szenen von Massakern an besiegten Völkern durch den Pharao Taharka und ihre Unterwerfung), die Tore des ptolemäischen Hofs (Gedenkinschriften) sowie die Mauern der Cella (Szenen von Amun, wie er Thutmosis III. das Lebenszeichen „atmen" läßt, vom Gründungsritual von Tempeln und ihrer Weihe an den Gott, weitere liturgische Szenen). Die sechs recht dunklen Zimmer im Hintergrund sind mit Opferszenen ausgeschmückt. In dem hinteren in der Mitte sind die Kartuschen der Könige Thutmosis I., II. und III. abgebildet; in dem rechts daneben steht ein *Naos* aus Rosengranit aus der 30. Dynastie. Die Inschriften im Inneren dieser Kapellen beziehen sich auf die *Pyramidentexte* und auf die *Sarkophagtexte*, was der Tendenz zur Rückkehr zum Althergebrachten entspricht, die in der 25. und 26. Dynastie herrschte.

Ansicht des ersten Pylons des Totentempels Ramses' III., Herrscher der 20. Dynastie, in Medînet Hâbu. Der Tempel steht innerhalb einer weitläufigen Umfassungsmauer, wo in der Zeit vor der arabischen Invasion ein koptisches Dorf erbaut worden war, das so wichtig wurde, daß man es Stadt (Medina) nannte. An den Türmen des Pylons sind Reliefszenen aus den von Ramses III. siegreich geführten Feldzügen und Szenen der Opferbringung von Kriegsgefangenen an die Gottheiten dargestellt.

Ausschnitt des Portikus des zweiten Hofs, der zum Säulensaal des Tempels Ramses' III. in Mêdinet Hâbu führt. Der Portikus wird gebildet aus einer Reihe von Pfeilern, auf die eine Reihe von Papyrussäulen mit geschlossenem Kapitell folgt. Die Verzierungen der Architrave und der Decke tragen das Königsprotokoll; auf dem Pfeiler befindet sich eine Opferszene des Königs an Amun.

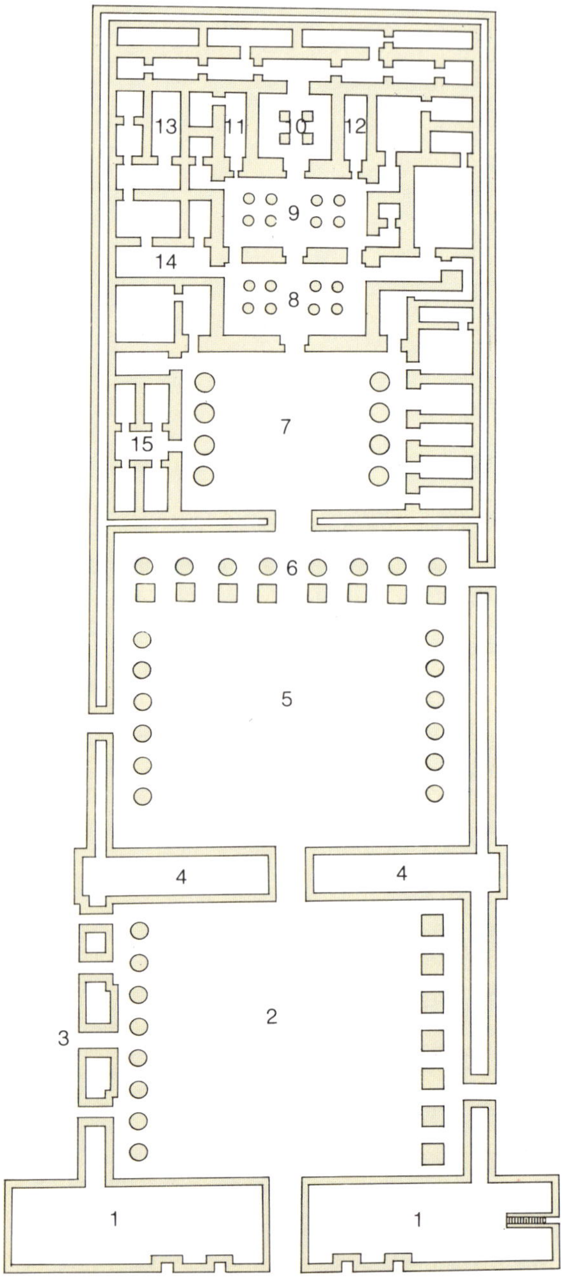

Plan dieses Tempels: 1 Erster Pylon, 2 Erster Hof, 3 „Erscheinungsfenster", 4 Zweiter Pylon, 5 Zweiter Hof, 6 Portikus-Vorhalle, 7 Großer Säulensaal, 8 Zweiter Säulensaal, 9 Dritter Säulensaal, 10 Zentrales Allerheiligstes, 11 Kapelle der Mut, 12 Kapelle des Chons, 13 Zimmer mit astronomischen Dekorationen, 14 Königskapelle, 15 Komplex der dem Königsschatz gewidmeten Säle.

Der Tempel Ramses' III. Etwa 80 m vom Hohen Tor steht dieses bedeutende Bauwerk der religiösen Architektur des Bezirks von Theben: es weist eine ähnliche Raumaufteilung wie die des Ramesseums auf. Vom ersten Pylon (63 m breit, 22 m hoch), der auf beiden Baukörpern mit Reliefs geschmückt ist (es handelt sich um Kriegsszenen: Ramses III. opfert Amun Gefangene, Triumphszenen, Lobrede des Gottes an den König, weitere asiatische Gefangene, die Schlacht gegen die Seevölker, Inschriften), gelangt man in den ersten Hof (42 × 34 m), der an der Nordost- und an der Südwestseite von zwei Säulengängen mit Osiris-Pfeilern bzw. Glockenkapitellen begrenzt wird, die mit religiösen und Kriegsszenen geschmückt sind. Die Südwestseite bildete den Zugang zum Königspalast, der einen Säulensaal für die Audienzen, den Thronsaal mit vier Säulen und zahlreiche kleinere Räume aufwies. Nach dem zweiten Pylon (16 m hoch), der ebenfalls den militärischen Erfolgen des Pharaos gewidmet ist, betritt man den zweiten Hof (38 × 41 m); er hat im Norden und Süden zwei Säulengänge mit jeweils acht Osiris-Pfeilern sowie an den Seiten zwei weitere Säulengänge zu fünf Säulen mit geschlossenen Kapitellen – sie und auch die Wände sind jeweils mit zwei Motivserien geschmückt: zum einen mit religiösen und militärischen Themen, zum anderen mit liturgischer Thematik. Den Säulengang im Norden, auf dessen Pfeilerreihe eine Reihe Säulen folgt, betritt man über 16 Stufen; die Mauern sind geschmückt mit Opferszenen und Abbildungen der Söhne Ramses' III. Im Mittelteil standen drei Säulensäle: der erste (26,45 × 18,95 m) hatte ein Mittelschiff und zwei Seitenschiffe (von den 24 Säulen sind nur die Basen erhalten), die andern beiden hatten jeweils acht Säulen. Um alle diese Säulensäle herum gliederten sich zahlreiche Räume, darunter der Schatzsaal (Opferszenen von Ramses III. an Amun), die Kapelle des vergöttlichten Ramses II. sowie die anderer Gottheiten, die des vergöttlichten Ramses III., die Königskapelle, ein Raum mit Deckenschmuck aus astronomischen Motiven usw. Vom dritten Säulensaal gelangt man in das zentrale Allerheiligste, das von vier Pfeilern getragen wird und nach dem Typus des Barken-Allerheiligsten an zwei Seiten offen ist; es wird von den Kapellen von Mut und Chons flankiert, die zwei Gruppenstatuen enthalten: den Pharao und Thoth sowie den Pharao und Maat. Die Außenwände des Tempels waren mit Reliefs überzogen; einige mit historischer Thematik (Expedition Ramses' III. ins obere Niltal, Seeschlacht zwischen den Ägyptern und den „Seevölkern", Szenen von Militäraktionen gegen die Syrer und Libyer), andere mit Szenen aus dem Leben. Mit diesem Komplex beabsichtigte Ramses III. möglicherweise, seine Herrschaft in Theben gegenüber der wachsenden Macht der Amun-Priesterschaft zu bekräftigen.

Innerhalb der Umfassungsmauer befindet sich auch ein etwa 20 m tiefes Nilometer, das wahrscheinlich aus der Zeit von Nektanebôs stammt, sowie der heilige See, ein kleines quadratisches Becken, zu dem man über zwei Treppen gelangte.

Die Memnons-Kolosse. Noch inmitten von Feldern, aber schon nah am Wüstenrand erheben sich die berühmten Memnons-Kolosse, die einst den Eingang zum heute verschwundenen Totentempel des Amenophis III. flankierten. Die Höhe der aus einem einzigen Felsblock geschnittenen Figuren beträgt 15,60 m, die des Sockels 2,30 m. Beide stellen den König Amenophis III. sitzend dar, die Hände in Weihestellung auf den Knien. Jeweils seitlich am Thron befinden sich Figuren der Mutter und der Ehefrau des Pharaos (an den Seitenflächen dann Darstellungen des Nils des Nordens und des Nils des Südens). Der stärker restaurierte ist der Koloß im Norden: durch ein Erdbeben im Jahr 27 v. Chr. hatte er Risse bekommen und war (nach Strabo) bis zum Gürtel zusammengestürzt. Von da an bis zur Restaurierung durch Septimius Severus, zwei Jahrhunderte später, war er für ein sonderbares Phänomen bekannt: Wenn die Steine des stehengebliebenen Stumpfes sich morgens durch die Sonnenstrahlen zu erhitzen begannen, drang ein melodiöser Ton daraus hervor. Viele Reisende aus damaliger Zeit kamen hierher, um der sprechenden Statue zu lauschen; so auch Kaiser Hadrian und seine Gemahlin Sabina sowie Kaiser Septimius Severus. Aus diesem Grund brachten ihn die Griechen mit Memnon, dem Sohn der Göttin der Morgenröte, in Verbindung. Der Erbauer der beiden Kolosse war der berühmte Architekt Amenophis, Sohn des Hapu, der sie vom fernen, mehr als 700 km weit gelegenen Roten Gebirge holen ließ. Die Menschen der Antike zählten die Kolosse zu den Sieben Weltwundern. Wunderbar muß auch der verschwundene Tempel gewesen sein, wenn man der Beschreibung einer Stele glauben darf, die Petrie Ende des 19. Jahrhunderts fand.

Ansicht der Memnons-Kolosse, die vor dem jetzt verschwundenen Totentempel Amenophis' III. standen. Von diesem Tempel erfahren wir durch eine Stele, die Petrie in den Ruinen des Totentempels des Merenptah in der Nähe fand. Am unteren Teil der sichtbaren Seite des Throns befindet sich die symbolische Darstellung der Vereinigung der „beiden Länder": Die beiden Nile verknüpfen die Lilie oder den Blütenstand des Schilfrohrs von Oberägypten und den Papyrus des Deltas um die Hieroglyphe, die „vereinigen" bedeutet.

Eingangsseite zum Säulensaal des Chnum-Tempels von Esna. Dieser unter den römischen Kaisern Claudius und Vespasian erbaute Saal, der einzig erhaltene Überrest des Tempels, bildet die heutige Tempelfassade. Der Teil hinter dem Saal stammte wahrscheinlich aus ptolemäischer Zeit, wie dies die an der Rückwand sichbaren Kartuschen aus dieser Zeit vermuten lassen. Die Schönheit der Kapitelle und die Harmonie ihrer Proportionen machen aus diesem Saal einen der schönsten Ägyptens.

Esna und Elkâb

Südlich der Gegend von Theben kann man vom ägyptischen oberen Niltal sprechen. Zu beiden Ufern des Flusses liegen hier noch zahlreiche Ausgrabungsbezirke; mit ihren Überresten zeugen sie von der Größe des alten Ägyptens auch in dieser Region, die einige Jahrhunderte lang und in Etappen Grenzland mit Nubien war. Bevor wir zum Tempel von Esna kommen, verdient Armant (linkes Nilufer) eine Erwähnung: dort sind zwei Propyläen aus römischer Zeit erhalten, der Pylon eines Tempels, der noch von Thutmosis III. stammt, sowie eine Nekropole mit Gräbern aus verschiedenen Epochen. Erwähnt werden soll ferner Tôd (rechtes Nilufer) mit den Ruinen eines Tempels, den Sesostris I. erbauen ließ. Teilweise wurde dazu Material eines Allerheiligsten aus der 11. Dynastie (von dem noch eine Mauer vorhanden ist) verwendet; 1936 fand man hier einen Schatz asiatischer und ägäischer Herkunft aus dem frühen 2. Jahrtausend v. Chr. Der Pronaos dieses Tempels wurde in ptolemäischer Zeit angebaut.

Der Tempel von Esna. Einst wichtiges Landwirtschaftszentrum Oberägyptens und später ein Knotenpunkt der Karawanen, birgt das am linken Flußufer gelegene Esna die Überreste eines ptolemäischen und römischen Tempels, der in einer Art Bodensenkung, etwa 9 m unter dem Straßenniveau, mitten im Ort steht und dem Gott Chnum geweiht war. Gut erhalten ist der Säulensaal (33 × 16,5 m): Er hat 24 Säulen von 13,30 m Höhe mit 16 verschiedenen Kapitellen, die schwere Architrave und die Decke tragen; die ersten drei einer jeden Gruppe sind durch Zwischenmauern verbunden. Sowohl die Säulen als auch die Wände sind mit Reliefs geschmückt, die, wie Inschriften und Kartuschen beweisen, zur Zeit der Ptolemäer bis Decius (250 v. Chr.) ausgeführt wurden. Die Themen betreffen größtenteils (auch an der Decke) den Festkalender und die Astronomie, ferner finden sich Erzählungen über den Ursprung des Lebens und der Welt, Szenen vom Tierfang, Opferszenen und solche von Gefangenen, die, ähnlich dem Beutewild, mit Vögeln und Krokodilen im Netz gefangen werden. Besonders die Säulen geben das Ritual der drei wichtigsten Feste von Esna wieder: die kosmische Verwandlung von Neith, das Hochhalten des Himmels durch Chnum und den Sieg des Gottes über die aufbegehrende Menschheit. Außen sind in versenktem Relief Szenen dargestellt, wie der König Feinde beim Schopf packt und niedermetzelt, sowie Auflistungen von besiegten Ländern. Die Inschriften sind wegen der Vielzahl an neuen und komplizierten Hieroglyphen schwer lesbar.

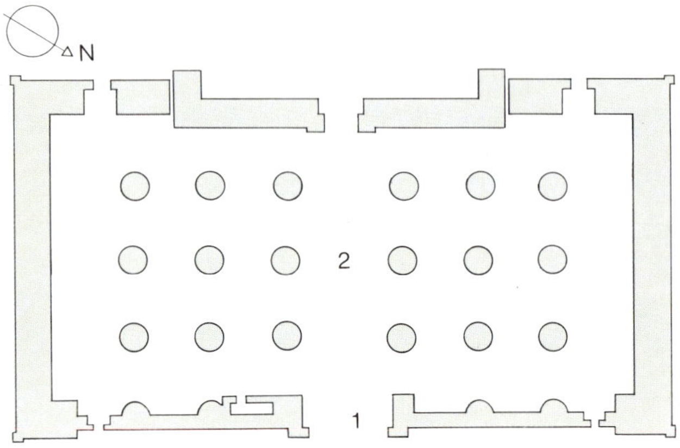

Plan des Tempels von Esna: 1 Eingang, 2 Säulensaal.

Die Tempel und die Nekropole von Elkâb. Elkâb, das uralte Necheb, war Hauptstadt des 3. Gaues von Oberägypten und Kultzentrum der Geiergöttin Nechbet, der Beschützerin der Geburten. Viele der heiligen Bauten waren Gegenstand der Forschungsgrabungen von Clarke und Capart, aber die Arbeit wurde abgebrochen und blieb unvollendet. Die gesamte Stadt war von Mauern umgeben, innerhalb derer man eine weitere heilige Umfassungsmauer identifizieren kann, welche die Reste von drei Tempeln enthält. Der größte davon, der große Tempel der Nechbet, der Schutzgöttin Oberägyptens, wurde in der Spätzeit unter Verwendung von Material eines Bauwerks aus der 18. Dynastie erbaut: Die Ruinen lassen erkennen, daß er drei Pylonen hatte, einen Hypostylsaal und das Allerheiligste. Seitlich dieses Tempels finden sich die Überreste eines anderen Tempels, der wahrscheinlich Thoth geweiht war und von Amenophis II. stammt. Ramses II. ließ ihn umbauen, und man kann feststellen, daß der Komplex aus einem Pylon, dem Hof mit seitlichen äußeren Säulengängen, einem Hypostylsaal, einer Vorhalle und drei Cellae bestand. Die spärlichen Überreste des dritten Tempels, vielleicht ein Mammisi, ein Geburtshaus, aus der Spätzeit, befinden sich zwischen Pylon und Hof des Tempels der Nechbet. Weiter östlich liegen die Überreste des Heiligen Sees. Ungefähr einen halben Kilometer nördlich befindet sich die Nekropole, die in ihrem ebenen Teil Gräber und Mastabas aus dem Alten und Mittleren Reich umfaßt sowie in dem Teil in den Hügeln eine kleine Gruppe Felsgräber, die am Ende des Mittleren Reiches und zu Beginn der 18. Dynastie für lokale Fürsten ausgehauen wurden. Bei den letzteren ist das Grab des Amosis (5), „Sohn des Abana, Oberhaupt der Fährleute", interessant wegen seiner Hinweise auf militärische Unternehmen, die zur Vertreibung der Hyksos führten. Interessant ist ferner das Grab des Paheri (3), „Enkel des Amosis, Präfekt von Nekhab", wegen der Reliefs im Gewölbesaal: sie zeigen ländliche Szenen (Weizenanbau und Viehzucht), Familienszenen (dargestellt sind der Verstorbene, seine Frau und der kleine Fürst Uadjmes, Zweitgeborener von Amose), Szenen von der Vogeljagd, von Fischfang und der Weinlese, vom Inspizieren des Viehbestands durch den Verstorbenen, von der Bestattung des Paheri und dem Totenmahl.

Außerhalb der Umfassungsmauer liegen im Wüstengebiet die Überreste eines Tempels – zum Teil ein Felsentempel – aus ptolemäischer Zeit, der aus zwei Vorhallen und einem Saal besteht, die Reste einer der Nechbet, Thoth und Horus geweihten Kapelle aus ramessidischer Zeit sowie noch weiter östlich der kleine Tempel von Amenophis III., der später mehrfach restauriert wurde und aus einem Säulengang und einem einzigen Hypostylraum besteht.

Gegenüber von Elkâb am anderen Nilufer liegt Kôm el-Ahmar („Roter Hügel"), der Ort, an dem das alte Hierakonpolis stand, Nechen für die Ägypter, Hauptstadt Oberägyptens in prädynastischer Zeit und altes Zentrum des Kults des Horusfalken, den Quibell erforschte. Es wurden ein Grabbezirk aus prädynastischer Zeit, ein befestigter Palast, die Stadtmauer und die Umfriedung eines Tempels freigelegt. Während der Ausgrabungen fand man wichtige Zeitdokumente aus verschiedenen Epochen, darunter die „Narmer-Palette" („Schminktafel"), Monumente des Pharaos Chasechem (2. Dynastie) sowie eine kupferne Gruppenstatue des Pepi I. mit seinem Sohn (4. Dynastie).

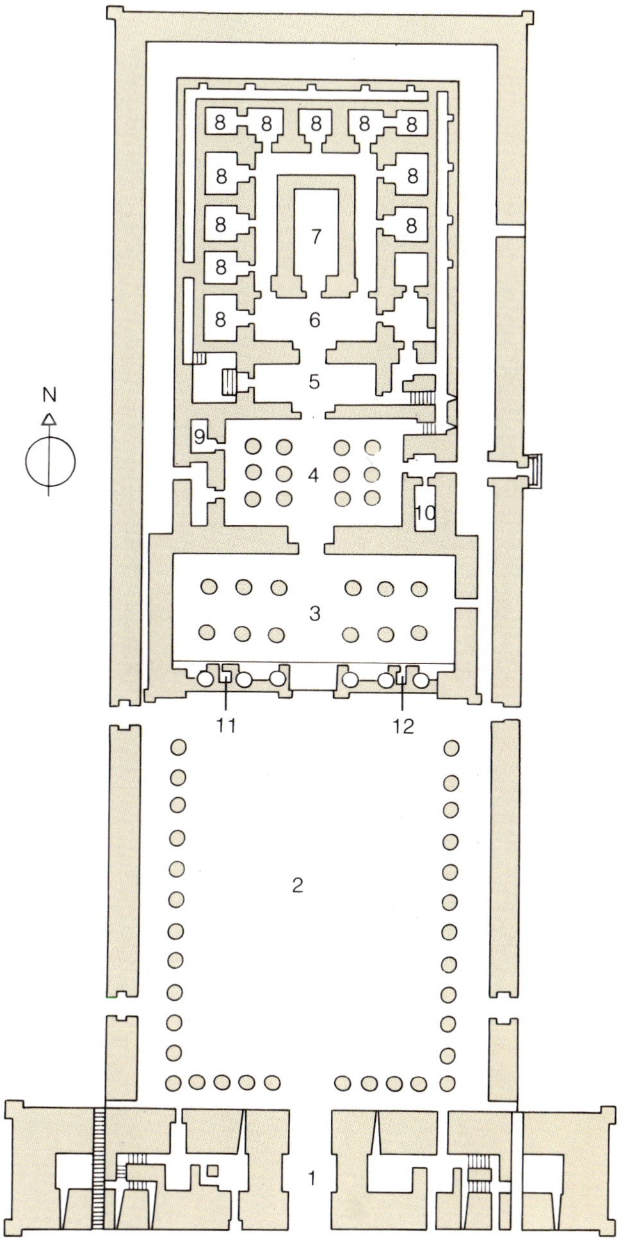

Plan des Tempels von Edfu: 1 Pylon, 2 Hof mit Portikus, 3 Erster Säulensaal, 4 Zweiter Säulensaal, 5 Saal der Opferungen, 6 Vorhalle, 7 Allerheiligstes, 8 Kapellen, 9 Labor für Parfümherstellung, 10 Schatzsaal, 11 Haus des Morgens, 12 Haus der Bücher.

Die Tempel von Edfu und Kôm Ombo

Edfu, die alte Hauptstadt des 2. Gaus von Oberägypten, das Apollinopolis Magna der Griechen, verdankt seine Berühmtheit der Tatsache, daß es den besterhaltenen Tempel Ägyptens besitzt; dieser ist dem Falkengott Horus geweiht, dem Horus aus Behedet, wahrscheinlich weil er aus der gleichnamigen Stadt im Deltazentrum stammte. Der mitten in der Stadt Edfu gelegene Tempel wurde in mehreren Abschnitten in ptolemäischer Zeit von 237 bis 57 v. Chr. erbaut und ausgeschmückt. Der Architekt des Tempels war Imhotep, dem der Südteil des von Nord nach Süd ausgerichteten Komplexes zu verdanken ist. Er mißt 137 m in der Länge und weist, vom Pylon bis zum großen abschließenden Korridor, eine ausgewogene und logische Abfolge der bildenden Elemente auf. Zwei Falken aus schwarzem Granit wachen vor seinem Pylon, der an der Stirnseite eine Breite von 79 m hat und 35 m hoch ist: die beiden massiven Türme verfügen auf vier Geschossen über Turmzimmer, zu denen und zur Terrasse (schönes Panorama) eine Treppe führt; die Außenfassade schmücken Szenen, in denen Ptole-

maios XII. Neos Dionysos vor Horus, gefolgt von Hathor, Gefangene opfert. Die Innenseite des Pylons liegt an einem großen Hof, der an drei Seiten von einem Säulengang mit unterschiedlichen blumenförmigen Kapitellen umgeben wird; dieser wiederum führt zum ersten Hypostylsaal in der Art eines Pronaos mit zwei Gruppen zu je neun Säulen, verteilt auf drei Reihen (die ersten drei einer jeden Gruppe sind bis zur halben Höhe mit Zwischenmauern verbunden): auf einer Seite der Eingangstür steht noch eine der beiden berühmten Statuen des Horusfalken mit der Doppelkrone Ober- und Unterägyptens. Es folgen der zweite Hypostylsaal mit zwei Gruppen zu je sechs Säulen, verteilt auf drei Reihen; er steht mit drei kleinen Räumen in Verbindung, von denen zwei als Kammern für die Opfergaben und eine als Labor zum Bereiten der bei den Zeremonien benötigten Ingredienzen benutzt wurden; es folgen die erste Vorhalle oder das „Zimmer der Opfer", die zweite Vorhalle oder das mittlere Zimmer (an beide schließen sich seitlich kleine Zimmer und Flure an) sowie das Allerheiligste, in dem noch ein monolithischer, 4 m hoher *Naos* aus dunklem Granit steht, der aus der 30. Dynastie stammt und umgeben ist von zwei Räumen an der Ostseite (Rê sowie der Triade Menhit, Nechbet und Nephthys geweiht), fünf Räumen an der Nordseite (zwei Chons geweiht, einer davon, „die Wiege" genannt, mit der Rekonstruktion einer Prozessionsbarke, zwei Osiris-Chontamenti geweiht) sowie drei an der Westseite (eines „Zimmer der Stoffe" genannt). Ab dem zweiten Hypostylsaal verläuft um den beschriebenen Raumkomplex ein großer Korridor, dessen Wände mit Inschriften und Reliefs bedeckt sind (eine Treppe führt vom östlichen Korridor zu einem Nilometer). Auch die Wände der Außenmauer sind mit Reliefs religiöser Thematik geschmückt: Nach dem liturgischen Kalender gab es im Tempel von Edfu drei wichtige Feste: das Neujahrsfest, das Fest der jährlichen Hochzeit des Gottes und das Fest des Sieges von Horus über Seth. Auch die anderen Wände des Tempels tragen interessante liturgische Darstellungen, so daß man ihn als Kompendium der ägyptischen Religion betrachtet. Darüber

hinaus gibt es Listen der für die Opfer zuständigen Bezirke, von mineralischen und pflanzlichen Produkten sowie Rezepte von Duftessenzen und Salben.

Beim Eingang des Tempels befindet sich ein Mammisi, ein Geburtshaus, erbaut von Euergetes II.; es hat zwei Säle und einen umlaufenden Portikus, dessen sämtliche Pfeiler unterschiedliche Kapitelle aufweisen und darüber Würfel tragen, deren Seiten mit Köpfen des Gottes Bes, Beschützer der Geburten, geschmückt sind. Der Innenschmuck, der auf Ptolemaios IX. Soter II. zurückgeht, bezieht sich auf die Geburt von Horus und wie er durch Hathor von Dendera gestillt wird. Auf den Säulen des kleinen Hofes vor dem Mammisi sind Musikanten abgebildet. Neben der Südostecke des Tempels stehen die Überreste eines Pylons, der Teil eines früheren Tempels Ramses' III. war. Westlich des Tempels legte man den Standort der alten Stadt frei.

Die Überreste des Tempels von Kôm Ombo. Sie stehen auf einem kleinen Berg *(kôm)* über dem Nil und der Insel Mansuriah, der den Eindruck einer Akropolis im Kleinformat (15 m) vermittelt. Der von einer Mauer umgebene Komplex wurde 1893 vom Sand freigelegt und umfaßt den Tempel des Sobek und des Haoëris, einen Mammisi und die Hathor-Kapelle. Der Tempel wurde in ptolemäischer Zeit als Ersatz für ältere heilige Bauten errichtet, wie Funde von Bauteilen aus der 18. Dynastie beweisen. Er weist einen Pylon auf, der in die Umfassungsmauer eingegliedert ist, einen Hof mit dreiseitigem Portikus und den Resten eines Altars in der Mitte, einen Pronaos (oder ersten Hypostylsaal) mit zwei Querreihen zu je fünf Säulen, den zweiten Hypostylsaal, auch er mit zwei Querreihen zu fünf Säulen, drei Vestibüle und die Heiligtümer, die in der Bauachse aufeinanderfolgen und die Besonderheit aufweisen, daß sie zweigeteilt sind, weil sie zwei Gottheiten geweiht waren. Zwei Korridore laufen um den Tempel um, und die Heiligtümer sind umgeben von Nebenräumen. Die Wände und Säulen schmücken, wie üblich, Reliefs, die mit dem Kult zusammenhängen. Gezeigt werden,

Der Tempel von Kôm Ombo. Neben den Ruinen des Hofs mit Portikus sind die beiden Eingänge des zwei verschiedenen Gottheiten geweihten Tempels zu sehen. Auf dem Fries über den Eingängen des ersten Säulensaals finden sich zwei Darstellungen der geflügelten Sonnenscheibe, Symbol des Gottes Horus von Edfu, ein häufiges Motiv im Mittleren Reich.

Gegenüberliegende Seite: Der Naos aus grauem Granit des Nektanebôs II. im Allerheiligsten des ptolemäischen Tempels von Edfu, der schon im früheren Tempel vorhanden war. In dem Naos war die Statue des Gottes Horus untergebracht, dem der Tempel geweiht war; dessen Bauzeit betrug 180 Jahre, also eine relativ kurze Zeit und unter einer einzigen Dynastie, was die Einheitlichkeit des Monuments erklärt, ein Merkmal fast aller ptolemäischer Tempel (unten); Hof des Tempels von Edfu und hinten der Eingangspylon, beide vom Dach des Gebäudes aus gesehen. Dieser Hof, wie auch der Rest des Tempels, war zur Zeit von Napoleons Expedition nach Ägypten von Sand bedeckt, der im Säulensaal bis zu den Kapitellen reichte. Der Tempel wurde 1860 von Mariette vom Sand freigelegt. Der Forscher ließ 64 auf dem Dach erbaute und 28 an den Mauern anschließende Häuser abreißen und eine Umfassungsmauer erbauen, um den Tempel abzugrenzen (oben).

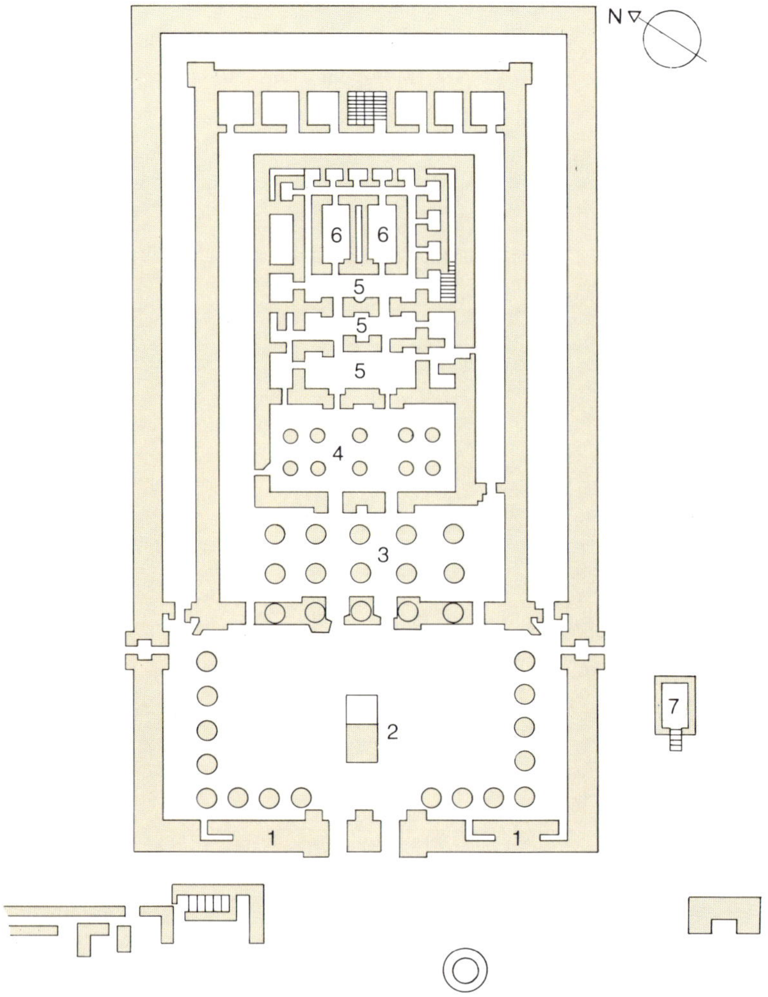
N
6
6
5
5
5
4
3
2
7
1
1

vor allem auf dem noch stehenden Teil des Pylons, Domitian und verschiedene Gottheiten; zu beiden Türseiten der Außenwand des Pronaos steht König Neos Dionysos, wie er von Horus und Thoth in Anwesenheit der beiden Gottheiten, denen der Tempel geweiht ist, gereinigt wird; im Pronaos befinden sich astromonische Darstellungen an der Decke, Opferszenen an den Säulen und liturgische Szenen an den Wänden; im zweiten Hypostylsaal Opferszenen an den Wänden, das gleiche Thema in den Korridoren und an der Stirnseite der Heiligtümer, wo sich die Widmungsinschrift mit dem Namen Kleopatras befindet. In den Nebenräumen finden sich weitere, überwiegend unvollendete Opferszenen, die Kartuschen verschiedener Kaiser und Darstellungen von Chirurgenbesteck. Das von Euergetes II. erbaute Mammisi im Nordwesten des Pylons ist stark zerstört. Die besser erhaltene Hathor-Kapelle enthält Wandschmuck aus der Zeit von Kaiser Domitian.

Gegenüberliegende Seite: Plan des Tempels von Kôm Ombo: 1 Pylon, 2 Hof, 3 Pronaos, 4 Säulensaal, 5 Vestibüle, 6 Allerheiligstes, 7 Hathor-Kapelle (oben links); Ausschnitt aus der Wanddekoration des Tempels von Kôm Ombo, auf dem ein Pharao aus ptolemäischer Zeit dargestellt ist, vielleicht Ptolemaios VI. Philometor, der vom krokodilsköpfigen Gott Sobek, einer der beiden Gottheiten, denen der Tempel geweiht ist, empfangen wird (oben rechts); Blick von Osten auf die Überreste des Tempels von Kôm Ombo. Auch hier ist die Dualität des Tempels an den beiden Altären vorn in den beiden Allerheiligsten zu erkennen. Der Tempel von Kôm Ombo wurde als der romantischste ganz Ägyptens bezeichnet, sowohl wegen der weißen Farbe der bei diesem Bauwerk verwendeten Materialien, als auch wegen seiner besonderen, den Nil dominierenden Position (unten).

Die Gegend von Assuan

Assuan, am rechten Nilufer gelegen, war Ägyptens Tor zum Süden: Oberhalb des Katarakts lag Nubien, das, wenn auch erobert, nicht das eigentliche Ägypten war. Außer dem Tor zum Süden war es das Zentrum für die Gewinnung des roten Granits (Syenit), dessen Steinbrüche (südlich) noch heute einige unvollendete Monumente enthalten, die für die Kenntnis der damaligen Bearbeitungstechnik nützlich sind. In pharaonischer Zeit beschränkte sich die Stadt auf das Handelsviertel auf dem Festland der Insel Elephantine, der Hauptstadt des 1. Gaus von Oberägypten und Residenz des Gaufürsten; sie war ebenfalls Zentrum des Kults des widderköpfigen Gottes Chnum. Von den Autoren der Antike Syene genannt, war die Stadt berühmt für einen Brunnenschacht, dessen Wände am Tag der Sommersonnenwende von den Sonnenstrahlen vertikal ausgeleuchtet wurden: darum meinte man, sie liege exakt unter dem Wendekreis des Krebses (in Wirklichkeit ist sie nördlich davon), und Eratosthenes wählte sie 230 v. Chr. zu dem Punkt, von dem aus er die Messung des Erdumfangs begann.

Die alte Geschichte des Städtchens, heute eines der wichtigsten Touristenzentren Ägyptens und Ausgangspunkt für die Besichtigung von Abu Simbel sowie der in der Nähe gelegenen Inseln Elephantine und Kitchener, wird von Felsinschriften des Mittleren und Neuen Reiches dokumentiert, sowie von einem unvollendeten ptolemäischen Tempelchen, das der Isis geweiht ist. Im Ort ist der *Souk* von Interesse: Er liegt beiderseits einer langen Hauptverkehrsstraße, welche die Stadt durchschneidet, und bietet zahllose Erzeugnisse, die schon eher afrikanisch denn ägyptisch sind, und ferner das Schauspiel einer buntgemischten Menschenmenge von Käufern.

Die Insel Elephantine

Die 1500 m lange und bis zu 500 m breite Insel erreicht man in einer Feluke und man legt gegenüber des Museums und in der Nähe der Ruinen des Chnum-Tempels an. Sie ist bedeckt von Gärten und Palmen, in denen zwei nubische Dörfer angesiedelt sind.

Das Museum von Elephantine wurde ab 1912 eingerichtet und enthält Funde der Insel, aus Assuan und Umgebung und aus Unternubien. Es sind Statuen, Fragmente von Gedenksteinen verschiedenen Alters (unter dem Portikus), drei schöne Statuen von Gaufürsten der 12. Dynastie (in der Vorhalle); es gibt ferner vier Säle, die sich mit der prädynastischen Zeit (1. Saal), dem Alten Reich (2. Saal), dem Mittleren und Neuen Reich (3. Saal) und der Spätzeit (4. Saal) befassen. Die bedeutendsten Exponate sind Schminktafeln aus Schiefer, darunter eine ungewöhnliche in der Form eines Nashorns (ein in Ägypten unbekanntes Tier) aus prädynastischer Zeit.

Interessant ist das berühmte Nilometer: Eine Treppe mit 90 Stufen führt in die Fluten des Flusses hinunter, und das Hochwasser wurde von einer Gradskala an den Wänden der Treppe selbst gemessen (Inschriften vermerken einige große Hochwasserstände von Augustus bis Septimius Severus). Die Insel hat viele Felsinschriften aus dem Alten Reich bis zur saïtischen Zeit aufzuweisen, ferner eine Mole, die mit Material aus den Bauwerken des Neuen Reiches errichtet wurde, einen Friedhof heiliger Widder, eine unter Trajan erbaute Kapelle, eine Gruppe privater Kapellen aus dem Neuen Reich und

Überreste eines Portals eines Tempels aus griechisch-römischer Zeit auf der Insel Elephantine. Auf den Türpfosten sind die Zeichen und Kartuschen von Ptolemaios XI. Alexander II. eingraviert. Elephantine wurde das „Tor zu Nubien" genannt, da von hier die Militär- und Handelsexpeditionen in den Süden ihren Ausgang nahmen. Während der persischen Herrschaft wurde die Insel Sitz einer hebräischen Kolonie aramäischer Sprache, die vor allem aus Angestellten der Finanzbehörden gebildet wurde.

Ausschnitt aus der Rückwand der Kapelle im Grab des Sabni, Schatzmeister des Königs während der 6.. Dynastie, in Assuan-West. Es handelt sich um die Darstellung von Jagd und Fischfang, in welcher der Verstorbene mit der Schärpe der Lesepriester dargestellt ist.

Das Simeonskloster

Wenn man mit der Feluke das Westufer des Nils erreicht hat, führen zwei Wege zum Kloster: einer zu Fuß durch das Mausoleum des Aga Khan und ein anderer, sehr reizvoller, auf dem Dromedar oder Esel durch eine Wüstenschlucht. Die Ruinen des Simeonsklosters, eines der größten autonomen koptischen Klöster Ägyptens, das vom 8. bis 12. Jahrhundert seine Blütezeit erlebte, stehen auf einer Wüstendüne mit schönem Ausblick, und die Farbe seiner Mauern verschwimmt in manchen Tagesstunden mit der des Sandes. Die Außenmauern sind gut erhalten; im Inneren befinden sich Überreste zweier Kirchen mit leider beschädigten Fresken, ein Dormitorium mit zahlreichen Zellen, ein Refektorium, Mühle, Backofen und andere Arbeits- und Diensträume.
Das Kloster wurde 1925–26 vom italienischen Orientalisten Ugo Monneret de Villard erforscht; er begann mit den Restaurierungsarbeiten, die in jüngerer Zeit wiederaufgenommen wurden.

die spärlichen Überreste des Chnum-Tempels, der unter Nektanebôs I. begonnen und unter den Ptolemäern und den Römern weitergebaut wurde. Aus den vorhandenen Spuren konnte man schließen, daß er aus einem Hof, mehreren Sälen und dem Allerheiligsten bestand. Erhalten sind Opferszenen auf einem verbliebenen Granitportal des Tempels von Alexander Aigos und ein umgekippter *Naos* aus grauem Granit mit einer Anbetungsszene mit Nektanebôs II. vor dem Gott Chnum. Ausgrabungen haben den kleinen Tempel von Hekaib, einem Gaufürsten vielleicht aus dem ausgehenden Alten Reich, ans Licht gebracht, der aus einem Hof mit ringsum mehreren kleinen Naos-Kapellen besteht, in denen Statuen – auch die des Hekaib – zu sehen sind. An der Südspitze der Insel hat man aus Teilen, die man in dem Fundament des wiederaufgebauten Kalâbscha-Tempels fand, eine ptolemäische Kapelle rekonstruiert.

Bis zum Beginn des 19. Jahrhunderts standen auf Elephantine zwei bedeutende Peripteralbauten (einer von Amenophis III., der andere von Thutmosis III.), von denen außer unvollständigen Beschreibungen nichts erhalten ist. Zwischen der Insel Elephantine und dem linken Nilufer liegt die Insel Kitchener oder „Pflanzeninsel“, die in einen botanischen Garten verwandelt wurde.

Die Nekropole am linken Nilufer

Die Gaufürsten von Elephantine, hauptsächlich die Zeitgenossen der letzten Pharaonen des Alten Reiches, ließen sich ihre Gräber in der Nähe der Kubbet el-Haûa genannten Anhöhe in den Fels schlagen; sie befanden sich auf halber Höhe eines Hügels am linken Nilufer, gegenüber von Assuan. Die (etwa 40) Gräber sind in zwei Reihen angelegt, wobei die bedeutendsten in der oberen Reihe liegen: sie stammen aus der Zeit von der 6. bis zur 12. Dynastie, und man betrat sie über zwei in den Fels gehauene Treppen, zwischen denen sich eine glatte Rampe befand, auf welcher der Sarkophag gezogen wurde. Größtenteils bestehen sie aus einem rechteckigen Pfeilerraum, aus der Kapelle und der Sarkophagkammer. Manche sind bekannt für ihre – oft autobiographischen – Dekorationen. Wir werden kurz auf die – fortlaufend numerierten – Gräber von Mechu (25), Sarenput II. (31), Hekaib (35 d) und Sarenput I. (36) eingehen. Interessant ist auch der Wandschmuck des Grabes von Setka, einem der beiden kleinen Gräber, die von dem des Khunes (34 h) abhängen, das uns nämlich den Kunststil der Ersten Zwischenzeit erkennen läßt. Hingewiesen sei noch auf das Mausoleum des Aga Khan (er starb 1957), das den Flußlauf dominiert (kostbar der Sarkophag aus weißem Marmor), und auf die Ruinen des im 7. Jahrhundert gegründeten Simeonsklosters.

Das Grab des Mechu (25). Obwohl zwei separate Eingänge vorhanden sind, ist dieses Grab mit dem des Sohnes Sabni (26) verbunden; beide lebten während der 6. Dynastie. Die Decke im Saal des Vaters ruht auf drei Reihen zu je sechs Säulen, während die des Sohnes 12 Pfeiler, verteilt auf zwei Reihen, aufweist. Der Wandschmuck in ersterem betrifft Opferszenen, Feldarbeit usw. sowie die Fertigkeiten des Verstorbenen; der Dekor im zweiten Grab zeigt Szenen vom Fischfang.

Das Grab des Sarenput II. (31). Dieses Grab aus der 12. Dynastie zeigt eine deutliche Anwendung perspektivischer Elemente in Achsenrichtung: Auf den kleinen Hof folgen in der Bauachse der rechteckige Saal mit sechs Pfeilern in zwei Reihen, ein Korridor, jeweils flankiert von drei Nischen mit Mumienstatuen des Verstorbenen, eine quadratische Kultkammer und eine Nische. Pfeiler und Wände des Saals sind mit abwechselnd schwarzen, grauen, gelben und roten Querstreifen geschmückt, offensichtlich eine Nachahmung des parallel gestreiften Gesteins, während die Wände der Nische Szenen mit dem Verstorbenen enthalten.

Das Grab des Hekaib (35 d). Es besteht aus einem großen Hof mit sehr hohem Vestibül; dieses wird von einem Raum begrenzt, durch den, flankiert von zwei Pfeilern, der Zutritt zum Grab führt, das ziemlich klein und schmucklos ist. Bei seiner Entdeckung (1947) fand man in diesem Grab etwa 60 dem Verstorbenen gewidmete Stelen, die heute überwiegend im örtlichen Museum ausgestellt sind. Türen führen zu weiteren Gräbern, darunter in das des Sohnes Sabni II.

Der Hochdamm (Sadd el-Ali)

Kenndaten des Staudamms, der, laut Nasser, „Ägypten in die Moderne führen" sollte und der unter Leitung sowjetischer Ingenieure entstand:

Art: schwerer Staudamm (42,7 Millionen m^3)
Dicke: Basis 980 m, Krone 40 m
Kronenlänge: 3600 m
Höhe: 111 m
Länge des Umleitungskanals: 1950 m
Staukapazität des Sees: 157 Mrd. m^3
Länge des Nasser-Sees: ca. 500 km (davon 150 im Sudan)
Mittlere Breite des Nasser-Sees: 10 km
Max.Breite des Nasser-Sees: 30 km
Max. Wasserspiegel oberhalb des Staudamms: 182 m ü. d. M.
Wasserspiegel unterhalb des Staudamms: 111 m ü. d. M.
Bauzeit: 1960–1972
Entfernung zum Alten Staudamm von Assuan: 6 km

Das Grab des Sarenput I. (36). Der Verstorbene war der Sohn von Zat Seni und lebte während der 12. Dynastie. Durch ein Portal, von dem noch feinskulptierte Teile erhalten sind, gelangt man in einen Hof, an dessen Ende ein Portikus die Fassade des Grabes bildete. Das Grab besteht aus einem Raum mit vier Pfeilern und Wandmalereien von guter Ausführung, die jedoch stark beschädigt sind. Die Rückwand des Portikus enthält Porträts des Verstorbenen, ländliche Szenen sowie die Darstellung des Verstorbenen bei der Jagd und in seinem Harem.

Die Umgebung von Assuan

Ein schöner Ausflug auf der Feluke oder dem Dampfer ist der Abstecher zur Insel Sehel, wo der Nil unterhalb der Sperre mit seinen die Strömung brechenden Felsen und Inselchen ein reizvolles Schauspiel bietet. Sehel war der heilige Ort von Anukis, der Schwester des Chnum, aber ihr Tempel ist verschwunden. Erhalten sind die Überreste zweier weiterer kleiner Tempel – einer stammt von Amenophis II., der andere von Philopator – und mehr als 200 Sgraffiti und Inschriften auf den Felsen des südlichen Inselteils, die aus dem Zeitraum von der 6. Dynastie bis zu den Ptolemäern stammen. Besonders zu erwähnen ist daraus die „Hungersnotstele" (aus ptolemäischer Zeit); sie berichtet von einer schlimmen Hungersnot zur Zeit der 3. Dynastie, die sieben Jahre dauerte und dank der Gebete des Pharao Djoser an Gott Chnum ein Ende nahm.

Weitere Ziele in der Umgebung von Assuan sind der unvollendete Obelisk und die Steinbrüche, die den Pharaonen das Material für ihre Monumente lieferten. Der (vielleicht wegen eines Risses im Granit) unvollendete Obelisk ist fast 42 m lang und 4 m breit; nach einer Schätzung müßte er 1100 bis 1200 Tonnen wiegen. Er bietet, wie schon erwähnt, interessante Einblicke in die von den alten Ägyptern angewandten Techniken zur Gewinnung von Steinblöcken; der Gebrauch von Holzkeilen, die man befeuchtete, worauf sie aufquollen und den bereits vorher bestimmten Block absprengten, scheint nur zum Loslösen von Platten verwendet worden zu sein; bei Obelisken scheint man Schlagbolzen verwendet zu haben, vielleicht Doleritsteine, die an einem Griff befestigt waren, mit denen man von oben auf den Felsblock schlug, um die Loslösung des Steinblocks zu erzielen.

Von der Stadt 5 km südlich kann man die erste Nilsperre besichtigen, die 1898–1902 erbaut sowie dann 1912 und 1934 erhöht wurde. Sie besteht aus Granit, ist 1962 m lang, und der ursprüngliche Damm von 30,5 m wurde erst auf 35,5, dann auf 41,5 m erhöht.

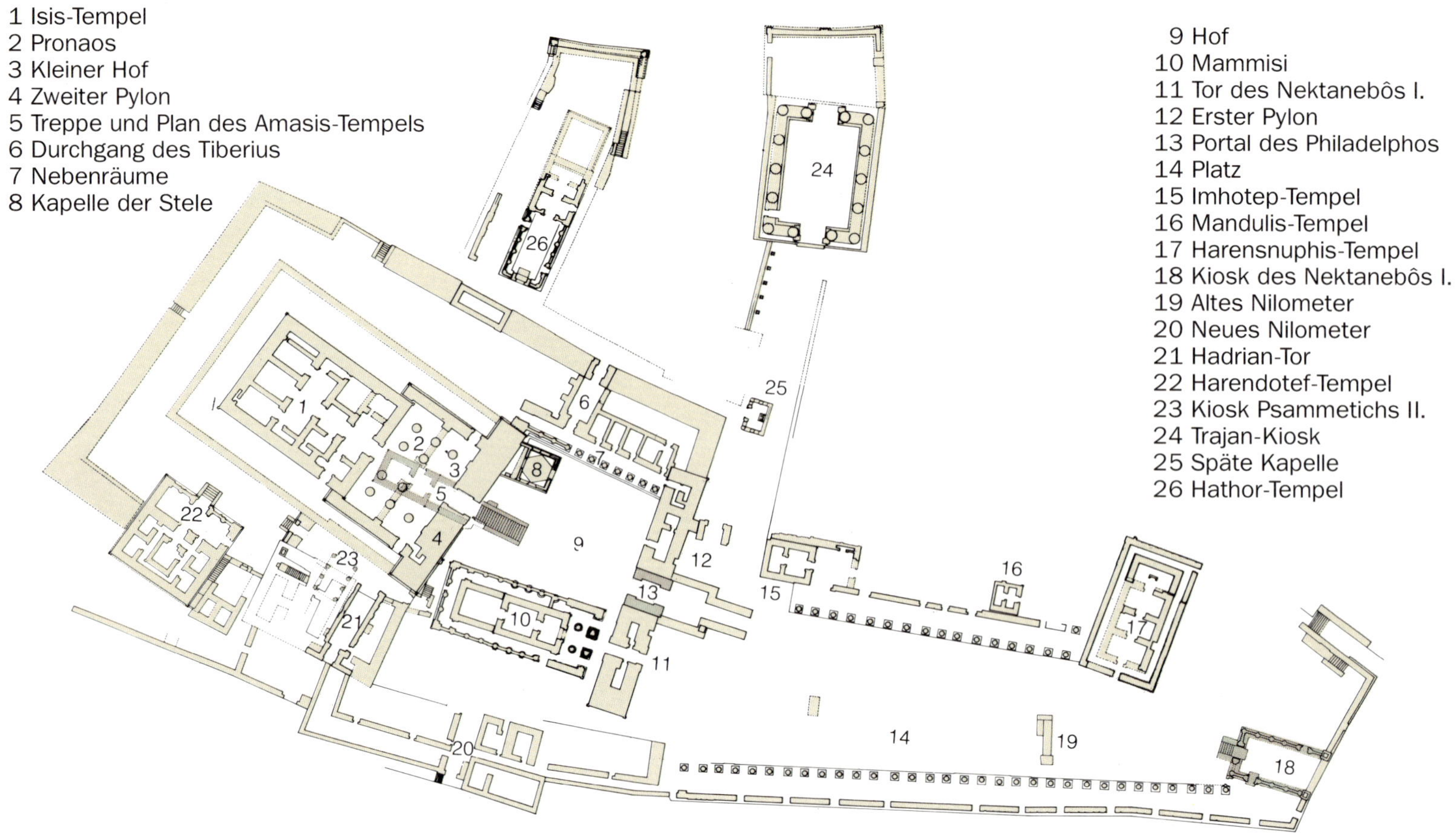

Lageplan der Monumente des Komplexes von Philae.

Die Tempel von Philae und Agilkia

Seit Juli 1979 befinden sich alle Bauwerke, die vorher auf der Insel Philae standen, jetzt an ihrem neuen Platz auf der Insel Agilkia und sind damit der Heimtücke des Wassers für immer entzogen. Schon durch die Erbauung der Nilsperre von 1898–1902 war die Situation der Tempel von Philae prekär geworden, da sie nur mehr für ein paar Monate im Jahr aus dem Wasser auftauchten und durch das Überfluten die Schäden an den Gebäuden und an den Ausschmückungen ein beträchtliches Ausmaß erreichten. Mit dem von Nasser 1956 beschlossenen Bau des großen Assuan-Hochstaudamms war das Schicksal dieser Monumente besiegelt, weil das Becken zwischen altem und neuem Staudamm, in dem die Insel Philae lag, von da an auf konstantem Niveau gehalten werden sollte und diese auf Dauer unter Wasser gesetzt hätte. Im Jahre 1960 richtete die UNESCO einen Appell an die Welt, die zur Überflutung durch den Nasser-Stausee verurteilten Altertümer Nubiens und die Tempel von Philae zu erhalten. So kam es unter Beteiligung vieler Staaten, nationaler Behörden und wissenschaftlicher Institutionen zu der großen Rettungsaktion für die bedeutendsten Monumente. In Philae wurde das Projekt, die Gebäude der Insel „abzubauen" und an einem sichereren Ort „wiederaufzubauen" durchgeführt: Im Jahre 1969 gewann die italienische Firma Condotte Mazzi Estero S. p. A. die internationale Ausschreibung, und es gelang ihr, unter Einsatz modernster Technik, die 45 000 Steinblöcke, aus denen die Tempel bestanden, zu zerlegen, auf dem Festland zu lagern, bis der neue Standort vorbereitet war, und sie schließlich wiederaufzubauen. Die Abbauarbeiten dauerten etwa zwei Jahre (1975–1976), dann wurden die aufs Festland transportierten Blöcke archiviert und viele davon

Schema des Staubeckens zwischen dem Hochdamm und dem Alten Staudamm von Assuan mit der Position der Tempel von Philae vor und nach ihrer Versetzung.

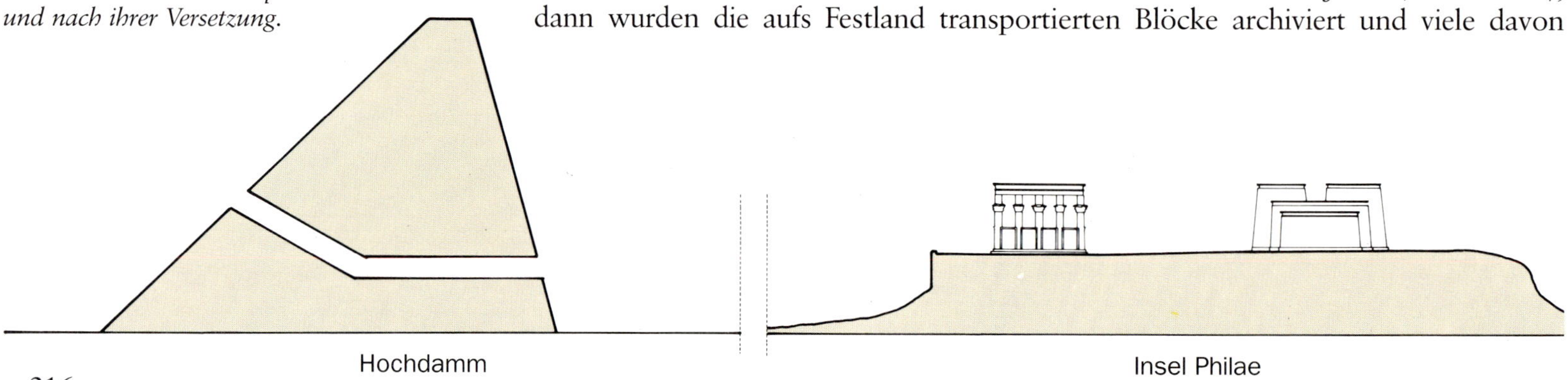

(ca. 5000) restauriert, während man die Insel Agilkia nach dem Muster der Insel Philae umgestaltete. Am Ende dieses herausragenden technischen Einsatzes, der durch den ägyptischen Antikendienst und das Turiner Denkmalpflegeamt für die Ägyptischen Altertümer unterstützt wurde, sind die wiederaufgebauten Bauwerke auf einer soliden Grundlage aus Granit nun gegen die Zeit gefeit.

Schon seit dem Alten Reich fand der Granit aus der Gegend von Philae weiten Einsatz; diese an der Grenze zu Nubien gelegene Insel, die in die anschließende Insel Bigge überging (das alte Sennet, Grabstätte von Osiris und wo anscheinend während der 12. Dynastie eine Festung stand), eignete sich dank ihrer ebenen Bodenbeschaffenheit als Lagerstätte und Zufluchtsort und bildete später den Eckpfeiler des Verteidigungssystems im Süden. Aber erst in hellenistischer und römischer Zeit kam die Insel wegen des Isis-Kults zu ihrer Bedeutung und wurde auf Betreiben der Ptolemäer durch den Tempelkomplex bereichert, den man hier mit großzügigen Mitteln und durch Künstler, die zu den fähigsten ihrer Zeit gehörten, erbauen ließ. Wir sprechen bewußt von Bereicherung, denn während der Abbauarbeiten zur Versetzung der Tempel fand man in den Fundamenten einen kleinen Kiosk von Psammetich I. (26. Dynastie), den manche Gelehrte dafür verantwortlich machen, einige Bauten von Taharka (25. Dynastie) zerstört zu haben, ferner Blöcke einer Kultstätte des Pharaos Amasis (6. Jh. v. Chr.) sowie einer weiteren von Nektanebôs I. (4. Jh. v. Chr.). Auf diesen Pharao geht auch der sogenannte Kiosk zurück, der an der Südspitze der Insel steht und später von Ptolemaios II. restauriert wurde. Insgesamt gesehen waren die vorptolemäischen Bauwerke eher bescheiden. Einen Eindruck von der Komplexität des Isis-Kults gewinnt man, wenn man die zahlreichen Kultstätten des heiligen Bezirks von Philae betrachtet.

Das „Museum“ von Philae an seinem neuen Standort, der Insel Agilkia, vom Boot aus gesehen, welches das rechte Nilufer mit der Insel verbindet. Im Hintergrund die Felsen der Insel Bigge, wo sich die Grabstätte des Osiris, genannt Abaton, also der „Unnahbare“, befand.

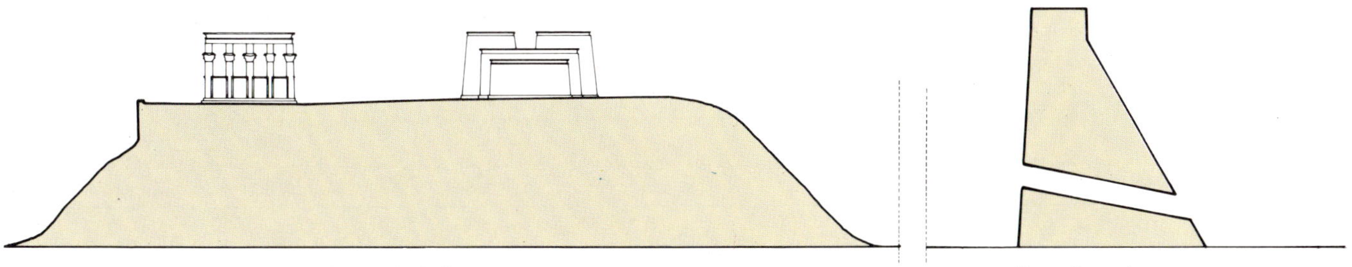

Gegenüberliegende Seite: Westportikus des Zugangsplatzes zum Isis-Heiligtum an ihrem heutigen Platz auf der Insel Agilkia (oben) und an ihrem ursprünglichen Standort auf der Insel Philae (Mitte); seit dem Bau des ersten Staudamms von Assuan waren die Tempel von Philae etwa elf Monate im Jahr halb überflutet. Ansicht des Isis-Tempels an seinem neuen Standort, von Westen gesehen (unten).
Oben: Inneres des ersten Hofs im Isis-Tempel: Man sieht das Mammisi (links) und einen Teil des zweiten Pylons, dessen Portal nicht in der Bauachse des ersten steht, wahrscheinlich weil man die Treppe eines Heiligtums aus der 26. Dynastie verwenden wollte.
Links: Relief an der Nordfassade des ersten Pylons des Isis-Tempels. Dargestellt ist die Prozessionsbarke der Göttin, in ihrer Mitte ein Naos, der ihr Abbild trägt, sowie an Bug und Heck das Bild der Göttin, die Kuhhörner und Sonnenscheibe auf dem Kopf trägt; die Barke wird von vier Priestern auf den Schultern getragen.
Unten: Der Trajan-Kiosk an seinem ursprünglichen Standort im Südostteil der Insel in Philae; links der erste Pylon des Isis-Tempels. Erbaut für die Aufbewahrung der heiligen Barke, ist er das letzte Beispiel eines Bauwerks von diesem Typ, der mit der „Weißen Kapelle" des Sesostris I. begann.

Relief auf einer Säule des östlichen Portikus des zweiten Hofs im Isis-Heiligtum: Der Herrscher Ptolemaios XIII. opfert einer Gottheit zwei Zepter, auf denen sich Uräen befinden.

Der Isis-Tempel. Vor dem Tempel stehen zwei Pylonen, die ein monumentales Portal flankieren. Der erste Pylon, der nach außen zu einem Platz liegt, ist 45,50 m breit und 18 m hoch; an seinen beiden Türmen zeigt er die traditionelle Szene des Herrschers (Neos Dionysos), der die Gefangenen den Gottheiten (Isis, Horus von Edfu und Hathor) opfert; vor ihm stehen zwei Löwen aus rosa Granit, sie waren von zwei Obelisken begleitet, die man zwischen 1819 bis 1830 nach Großbritannien versetzt hat; das Portal wird geschmückt von Kartuschen Nektanebôs' I. und war Teil eines Baukomplexes aus früherer Zeit, der heute verschwunden ist. Nach diesem Pylon betritt man einen Hof, an dessen Seiten zwei Gebäude mit einer Kolonnade davor stehen: im westlichen befindet sich das peripterale Mammisi, im östlichen verschiedene Nebenräume (Büros und Lager). In dem Mammisi, das aus einer Reihe von drei Gemächern, davor ein von Ptolemaios II. begonnener und von Ptolemaios VI. erweiterter Pronaos, wurde die Geburt von Horus und die Mutterschaft von Isis verehrt: das Bauwerk ist elegant und mit feinsten Reliefs (Geburt, Kindheit und Erziehung von Horus) und herrlichen Kapitellen, die mit Hathor-Sistren enden, ausgeschmückt. Der zweite Pylon (32 m breit, 22 m hoch), der in seiner Dekoration dem ersten gleicht, aber zum ersten nicht parallel, sondern schräg steht, hat ein Portal, das von Euergetes II. stammt, und enthält eine Treppe aus der Zeit des Amasis, die vor einem Tempel dieses Pharaos der 26. Dynastie gestanden hatte, von dem man noch die Fundamente fand; der östliche Turm enthält einen Granitblock, der schon aus früherer Zeit vorhanden war und zu einer Stele umgearbeitet wurde und der als Schreibhintergrund für eine Verordnung über eine Schenkung von nubischen Ländereien an den Tempel von Philae diente. Vom Pylon gelangt man in den Pronaos: Zwei Gruppen zu je fünf Säulen mit polychromen Blumenkapitellen, Wandschmuck an der Decke (die Ober- und Unterägypten symbolisierenden Geier, Sonnenbarken und astronomische Darstellungen), auf einigen Architraven (die Stunden), an den Wänden und Säulen (mythologische Sujets) stammen von Euergetes II. (Dieser Pronaos, vor dem ein kleiner Hof liegt, wurde im 5. Jahrhundert in eine Kirche umgewandelt.) Es folgt der *Naos,* er umfaßt 12 Räume und eine Krypta, die mit Opferszenen und liturgischen Themen ausgeschmückt sind. Auf dem Terrassendach steht die Totenkapelle des Osiris, bestehend aus einem Vorraum und einer Kapelle (Szenen von Opferungen sowie von der Bestattung, vom Kult der Mumie, von magischen Praktiken zur Auferstehung des Osiris und von seiner Auferstehung). Das Äußere des Tempels, der von einer jetzt nicht mehr vorhandenen Umfassungsmauer umgeben war, wurde auf Anordnung von Augustus und Tiberius mit Opferbildern dekoriert.

Die Ereignisse des Osiris-Mythos wurden im Winter mit einem Fest begangen, das fast einen Monat lang dauerte und an dem Tausende von Pilgern teilnahmen.

Die anderen Monumente. An der Südwestspitze steht der Kiosk von Nektanebôs I., der ursprünglich in anderer Position stand und aus einem rechteckigen Portikus mit 14 Säulen (ursprünglich 18) gebildet wird. In der Nähe stehen die Ruinen des aus dem 3. Jahrhundert v. Chr. stammenden Tempelchens des Harensnuphis. Westlich des Isis-Tempels befinden sich die Überreste der dem Osiris geweihten und zu Zeiten der Antonianer ausgeschmückten Ädikula: Sie ist als „Hadrians-Pforte" bekannt, an der die „Verordnung des Abaton" geschrieben steht und von der aus die Priester die täglichen Opfergaben zur Grabstätte des Osiris (der Abaton, also der Unnahbare) auf die Insel Bigge brachten; in der Nähe steht ein Nilometer. Östlich des Isis-Tempels liegt ein kleiner, der Hathor geweihter Tempel an der Straße, welche die Insel in Längsrichtung durchzieht; errichtet unter Ptolemaios VI. Philometor und später umgebaut, ist er vor allem für seine Vorhalle bekannt, die zu Augustus' Zeiten ausgeschmückt wurde mit Szenen und Abbildungen von Zwergengottheiten, die Harfe und Tamburin spielen, von einem Priester, der die Doppelflöte spielt, und von einem Pavian, der Laute spielt. Im Ostteil der Insel gab es eine Anlegestelle für die heilige Barke, auf der bei den Prozessionen auf dem Fluß das Bildnis der Göttin reiste. Diese Anlegestelle wurde von Kaiser Trajan erbaut und ist als Kiosk des Trajan bekannt. Das elegante Gebäude besteht aus einem Portikus mit 14 Säulen, die von Zwischenwänden verbunden sind (mit Ausnahme zweier Eingangsräume im Osten und Westen), von denen vier mit Opferszenen an Isis und Osiris sowie an Isis und Horus durch Trajan geschmückt sind. Den Nordzugang der Insel stellte das „Tor des Diokletian" dar, das bei der Demontage von Tauchern der englischen und der ägyptischen Marine auf dem Flußgrund gefunden wurde.

Unternubien

Mit diesem Namen bezeichnete man in der Vergangenheit die Strecke des Niltals zwischen dem ersten und dem zweiten Katarakt, also von Assuan nach Wâdi Halfa: Heute ist diese Unterregion vom Nasser-Stausee überflutet, dem großen Wasserreservoir, das durch den Bau des Hochdamms (Sadd el-Ali) zustande kam, den man 1960 begonnen und 1972 eingeweiht hatte. Dem großen Nutzen, den Landwirtschaft (Zuwachs der bebaubaren Fläche um 20%) und Industrie aus diesem kolossalen Bauwerk gezogen haben, steht der Untergang des dieser Gegend eigenen historischen und künstlerischen Vermächtnisses gegenüber. Die ägyptische Regierung nahm sich des Problems an, einen Teil der bedeutendsten Monumente dieser für die Stauung vorgesehenen Gegend zu retten, und seit 1955 betreute die UNESCO die organisatorische Seite dieses Projekts. Neben den Tempeln von Philae, die wir schon besprochen haben, wurden in das Rettungsprojekt die folgenden Tempelanlagen einbezogen: die Tempel von Kalâbscha, der Tempel von Kertassi, von Bêt el-Wâli, Wâdi es-Sebûa, Ed-Dakka, Mahárrakah, El-Amada, Ed-Derr und schließlich die großartigen Tempel von Abu Simbel. Vier Tempel wurden von der ägyptischen Regierung ebensovielen Staaten geschenkt, die Hilfe bei der Rettung der Monumente geleistet hatten und zwar: die Kapelle Thutmosis' III. aus Ellesijia ging an das Ägyptische Museum Turin, der Tempel von Debod an Spanien, der von Taffeh an die Niederlande und der von Dendur an die Vereinigten Staaten von Amerika. Zu den bedeutendsten Monumenten, die man nicht retten konnte, zählt der Felstempel des Ptah von Gherf Hussein aus ramessidischer Zeit, aus dem man jedoch die Reliefs und Skulpturen entnommen und sie in verschiedenen Museen untergebracht hat.

Nordnubien ist ein Durchgangsland zwischen dem Mittelmeerbecken und Schwarzafrika, bewohnt von einem Volk, das eine in verschiedene Dialekte unterteilte eigene Sprache spricht. Kultur und Tradition haben hier ihre eigene Prägung. Die etwa 60 000 Nubier, die ihre Dörfer verlassen mußten, weil diese von den Wassern des neuen Sees überflutet wurden, hat man umgesiedelt, unter anderem nach Kôm Ombo.

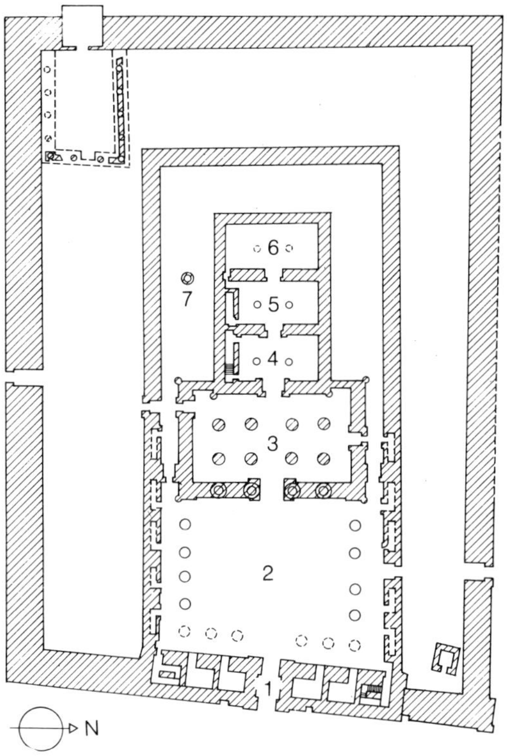

Plan des Kalâbscha-Tempels: 1 Pylon, 2 Hof, 3 Pronaos, 4 Erstes Vestibül, 5 Zweites Vestibül, 6 Cella, 7 Nilometer.

Die Tempel von Kalâbscha, Kertassi und Bêt el-Wâli

Diese Tempel wurden an ihrem ursprünglichen Standplatz abgebaut, bis einen Kilometer südlich des Hochdamms ans Westufer des Nasser-Stausees transportiert und dort am neuen Standort in einer ähnlichen Umgebung wie früher wiederaufgebaut. Kalâbscha (das alte Talmis) stand 40 km südlich des heutigen Ortes, und die Versetzung seines Tempels wurde von der Bundesrepublik Deutschland finanziert. Kertassi stand 30 km südlich des heutigen Standorts, die Versetzung wurde vom ägyptischen Antikendienst durchgeführt. Bêt el-Wâli befand sich in der Nähe von Kalâbscha und wurde mit Unterstützung durch amerikanisches Kapital versetzt.

Der Tempel des Mandulis. In später Zeit war er die größte und berühmteste Kultstätte Nubiens: Er hatte seinen Sitz in Kalâbscha und war dem Lokalgott Mandulis geweiht, der von den Ägyptern mit Horus gleichgesetzt wurde. Er gehört zum Typus des Tempels mit Allerheiligstem und ist 71,60 m lang und 35,50 m breit; erbaut wurde er in römischer Zeit am Ort eines Bauwerks, das Amenophis II. (dargestellt im Pronaos)

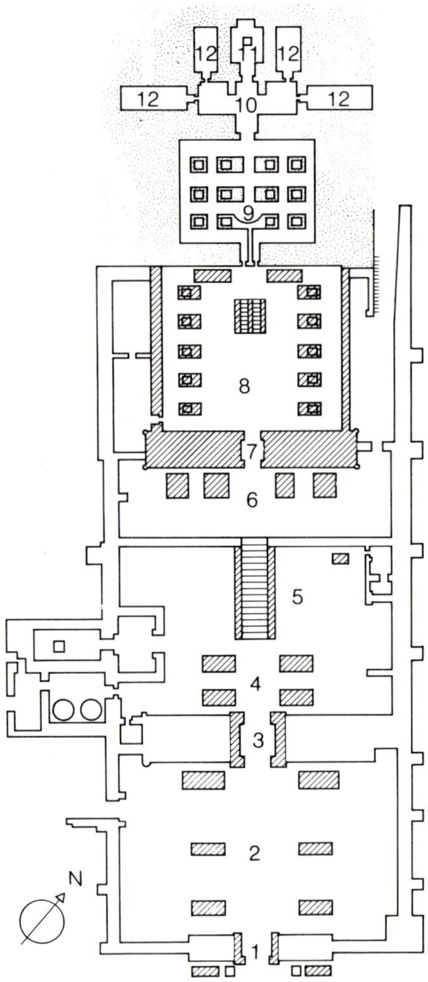

errichten hatte lassen. Seine Bauachse ist nach Ost-West gerichtet: Nach dem Pylon (seinen Nordturm kann man besteigen und das Panorama bewundern) öffnet sich ein gepflasterter Hof, der ursprünglich an drei Seiten Säulengänge hatte, die bei einem Erdbeben zerstört worden waren und die man beim Wiederzusammensetzen nun teilweise wiederaufgebaut hat. Es folgt der Pronaos, dessen Decke auf zwei Gruppen zu sechs Säulen mit Glockenkapitellen in drei Querreihen ruhte, deren erste bis auf halbe Höhe mit Zwischenmauern versehen war. Der Wandschmuck besteht aus Sgraffiti, Inschriften und ägyptischen, griechischen und nubischen Figuren. Die Säulen haben mehrlappige Papyruskapitelle: die zweite von rechts trägt eine aus dem 2.–3. Jahrhundert datierende Inschrift in meroïtischen Kursiven, die nur zum Teil übersetzbar sind, weil uns die altnubische Sprache unbekannt ist. Das Innere des Pronaos ist mit Opferszenen für verschiedene Gottheiten geschmückt, darunter auch für Mandulis. Auf den Pronaos folgen zwei Kammern und die Cella, lauter Quersäle, deren Decke auf zwei Säulen ruhte. Die zweite Kammer wird flankiert von einer Krypta, und ihre Wände enthalten, wie auch die der ersten Kammer, Darstellungen von Opferszenen (Augustus opfert Osiris, Isis, Horus, Mandulis und Uto, huldigt dem löwenköpfigen nubischen Gott Dedun, gießt Milch auf Opfergaben im Angesicht von Osiris, Isis und Mandulis). Von der zweiten Vorhalle gelangt man durch eine sehr sorgfältig gearbeitete, der Form nach altägyptische Tür in die Cella, welche dasjenige Allerheiligste ist, dessen Wandschmuck die meiste Frische bewahrt hat. Zwei Umfassungsmauern, die in den Pylon einmündeten, umgaben den Tempel (nur die aus Stein ist erhalten geblieben, die andere war aus Ziegeln): Im Südabschnitt des Peribolos befindet sich der Schacht eines Nilometers.

Der Tempel von Kertassi. Wenig ist von diesem kleinen Tempel erhalten geblieben, der ursprünglich (3. Jh.) in einer kleinen, von Griechen, Ägyptern und Nubiern bewohnten Stadt (Tzitzis) stand. Er ist der Isis geweiht, und das Gebäude besteht aus einem schlichten rechteckigen Kiosk, eingefaßt von Säulen, die bis auf halbe Höhe durch Zwischenmauern verbunden sind. Der kleine Tempel wurde 1905 restauriert, verfiel aber von neuem und jetzt, nach seinem Wiederaufbau am neuen Standort, sind viele früher herabgefallene Teile seitlich davon abgelegt.

Der Tempel von Bêt el-Wâli. Dieser Felstempel, das „Haus des Heiligen", von dem man nicht weiß, welcher Gottheit er geweiht war, stammt aus dem Reich Ramses' II. (19. Dynastie), und seine Ausschmückung ist das Werk zweier verschiedener Künstler. Er besteht aus einem Vorraum und dem Allerheiligsten; vor ihm öffnet sich ein unbedeckter Hof, dessen Wände Reliefs tragen: sie zeigen Szenen der von Ramses II. in Asien, Libyen und in den Ländern des Südens gewonnenen Feldzüge. In dem Vorraum, dessen Decke auf zwei protodorischen Säulen ruht, haben die Reliefs ihre ursprünglichen Farben recht gut bewahren können: sie stellen Horus von Buhen (Wâdi Halfa) mit Falkenkopf dar, wie er zusammen mit der Göttin Selkis vom vergöttlichten Ramses II. und von der Göttin Hathor Kultdienste erhält; Ramses II. opfert eine Statuette der Maat an Amun-Rê; der Gott Atum umarmt Ramses II. und flößt ihm das ewige Leben der Götter ein. Ähnliche Themen behandeln die Ausschmückungen des Allerheiligsten. Im 6. Jahrhundert wurde der Tempel in eine Kirche umgewandelt.

Die Tempel von Wâdi es-Sebûa und Ed-Dakka

Im neuen Ort Sebûa, 140 km oberhalb des Hochdamms am Westufer des Sees und etwa 2 km nordwestlich des ursprünglichen Standorts des Tempels von Wâdi es-Sebûa („Tal des Löwen"), wurden dieser Tempel sowie der Ed-Dakka-Tempel, der ursprünglich 40 km nördlich stand, wiederaufgebaut. Ein dritter Tempel, der von Mahárraka, etwa 10 km südlich von Ed-Dakka, wurde hier wiederaufgebaut: er stammt aus römischer Zeit, ist unvollendet und besteht heute nur aus einem einzigen Hypostylsaal.

Der Tempel von Wâdi es-Sebûa (Tal der Löwen). Dieser große Felstempelkomplex, der Ähnlichkeit mit dem heute verschwundenen von Gherf Hussein aufweist, wurde von Ramses II. Amun-Rê und Rê-Harachte geweiht. Umfriedet von einer teilweise zerstörten Mauer aus ungebrannten Ziegeln, besitzt er am Eingang ein Steinportal, das

Ausschnitt aus der Wanddekoration einer Kapelle im Tempel von Wâdi es-Sebûa: Darstellungen des vergöttlichten Ramses II. mit dem zunehmenden Mond auf dem Kopf und des Rê-Harachte, wie sie von Ramses II. selbst (hier nicht sichtbar) Opfergaben empfangen.

seitlich von zwei Statuen Ramses' II. flankiert wird. Es folgen ein erster Hof mit einer Allee aus weiteren sechs Königssphingen (daher der Name), der erste Pylon aus Ziegeln mit Steinportal (stark zerstört), der zweite Hof mit vier falkenköpfigen Sphingen und eine Treppe, die zu einer Terrasse hinaufführt, auf welcher der zweite, 20,50 m hohe Pylon (aus Stein) und der dritte Hof, flankiert von zwei Säulengängen mit fünf Osiris-Pfeilern, ruhen. Von dort aus führt eine weitere Treppe zu einer zweiten Terrasse und zum unterirdischen Teil: ein quadratischer Saal (Atrium), dessen fast sechs Meter hohe Decke von zwei Reihen zu drei Pfeilern mit Kolossalfiguren des Königs in Osirisgestalt und zwei Reihen aus einfachen Pfeilern (insgesamt 12) getragen wird, ein Vestibül, das Allerheiligste (der Raum im Hintergrund) mit der Nische, welche die drei Gottheiten des Tempels enthält, sowie vier Kapellen. So hoch der architektonische Wert des Bauwerks ist und so kostbar die Sphingen sind, um so mittelmäßiger sind allerdings die Reliefs des Wanddekors (Opfer- und Anbetungsszenen, eine Prozession der Kinder des Königs – drei Jungen mit dem Wedel, 50 Mädchen mit dem Sistrum). Von den Christen wurde der Bereich des Atriums und die Cella in eine Kirche verwandelt.

Der Ed-Dakka-Tempel. An der Stelle eines Tempels aus dem Neuen Reich weihten der meroïtische König Ergamenes und Ptolemaios IV. um 210 v. Chr. dem Gott Thoth einen Tempel. Vor dem ungewöhnlicherweise nach Norden ausgerichteten Gebäude steht ein (unversehrt erhaltener) Pylon aus Stein, an dessen Südseite zwei Türen zu den Innentreppen führen und damit zu Räumen auf drei Geschossen und zu den Terrassen des Pylons. Zu beiden Seiten des Pylons sind die Überreste der größeren Umfassungsmauer erhalten; eine zweite verlief weiter innen. Der eigentliche Tempel besteht aus einem Pronaos und drei aufeinanderfolgenden Hauptkammern: zwei Vorhallen und dem Allerheiligsten. Die Fassade des Pronaos' ist ein Portikus mit zwei Säulen und Zwischenmauern auf halber Höhe zwischen Säule und Wand (der Eingang liegt zwischen den Säulen). Der Wandschmuck der anderen Räume behandelt Opferszenen für verschiedene Gottheiten und andere Kultszenen.

In christlicher Zeit wurde der Pronaos in eine Kirche umgewandelt, von der noch bis ins vergangene Jahrhundert zahlreiche Fresken erhalten waren.

Die Tempel von El-Amada und Ed-Derr

Der El-Amada-Tempel wurde von seinem ursprünglichen Stand 2,6 km weit nach Norden versetzt. Im selben Ort, der 180 km südlich des Hochdamms am Westufer des Nasser-Stausees liegt, wurde auch der Ed-Derr-Tempel aufgebaut, der ursprünglich 11 km

Gegenüberliegende Seite: Plan des Tempels von Wâdi es-Sebûa: 1 Eingang, 2 Erster Hof, 3 Erster Pylon, 4 Zweiter Hof, 5 Treppe, 6 Terrasse, 7 Zweiter Pylon, 8 Dritter Hof, 9 Atrium, 10 Vestibül, 11 Allerheiligstes, 12 Kapellen (oben); Ausschnitt aus einer Szene der Wanddekoration im Allerheiligsten des Tempels von Bêt el-Wâli. Pharao Ramses II. wird von der Göttin des 1. Katarakts, Anukis, gestillt; sie trägt einen besonderen, vielfarbigen Federschmuck auf dem Kopf. Der Pharao wird zwar als Kleinkind dargestellt, trägt aber die blaue chepresch*-Krone, den mutmaßlichen Kriegshelm der Herrscher (unten).*

Die Tempel von Abu Simbel, wie sie sich Mitte des vorigen Jahrhunderts darboten. Bei der Entdeckung der Tempel durch die Europäer im Jahr 1813 ließen die Sanddünen nur den Blick auf die Köpfe der beiden nördlichen Kolosse und auf den Kopf und einen Teil der Brust des letzten südlichen Kolosses frei. Der Kampf gegen den Sand dauerte mit wechselndem Erfolg fast ein Jahrhundert, genauer gesagt bis 1909, als man ihn in das Tal zwischen die beiden speos *eindämmte.*

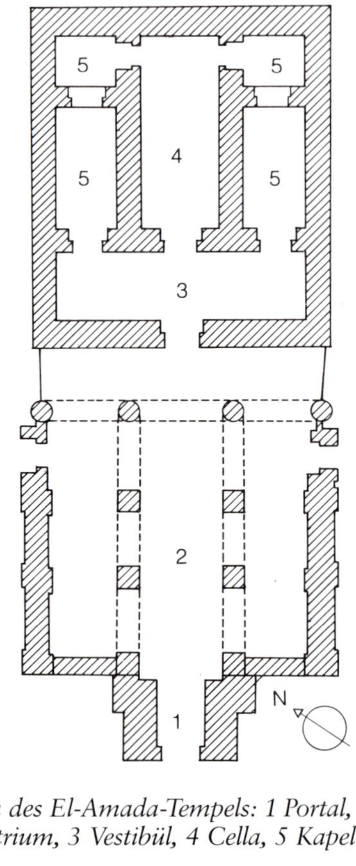

Plan des El-Amada-Tempels: 1 Portal, 2 Atrium, 3 Vestibül, 4 Cella, 5 Kapellen.

weiter südlich stand, sowie das Grab des Pennut, das sich früher in der Nekropole von Aniba befand, einem Festungsort des Mittleren Reiches, 40 km weiter südlich vom heutigen Standort und jetzt überflutet.

Dieses in den Fels gehauene Grab gehörte einem Gouverneur von Wawat (eine der beiden Provinzen des Vizekönigreichs während der Herrschaft Ramses' IV.). Es weist einen kreuzförmigen Grundriß auf und besteht aus einer Querhalle und der Nische. Es ist insgesamt gut erhalten, interessant ist aber vor allem sein Wandschmuck.

Der El-Amada-Tempel. Thutmosis III. weihte diesen Tempel Amun-Rê und Rê-Harachte. Der Tempel wurde von seinem Nachfolger Amenophis II. fertiggestellt und von Thutmosis IV. erweitert. Er ist 9 m breit, 22 m tief und 4,38 m hoch und hat ein Steinportal, hinter dem ursprünglich ein Hof lag, der seitlich von Ziegelmauern und an der Rückseite von einem Portikus mit einer Reihe aus vier protodorischen Säulen geschlossen wurde. Dieser Hof wurde von Thutmosis IV. in ein Atrium aus Stein mit einer Decke, die auf sechs Pfeilern ruhte, umgewandelt. Hinter dem Portikus an der Rückseite liegen die Vorhalle und drei Kapellen: die mittlere setzt sich an der Rückseite mit weiteren zwei Kapellen fort. Die Ausschmückung des Tempels besteht aus Inschriften und Reliefs mit religiöser Thematik; eine Ausnahme bilden eine Szene aus der Vorhalle (Gründung des Tempels) und eine Stele an der Rückwand der mittleren Kapelle: sie erinnert an die von Amenophis II. vollbrachten Werke und an einen Feldzug von ihm nach Syrien, bei dem er schließlich sieben feindliche Fürsten gefangennahm, sie töten ließ und sechs von ihnen an der Stadtmauer von Theben aufhängte, den siebten an der von Napata. Auf einem Relief rechts vom Eingang ist der betende Hekanacht, Wesir Ramses' II. abgebildet: wenn hohe Staatsbeamte Tempel besuchten, hinterließen sie zum Zeichen ihrer Frömmigkeit dort gern ihr Bildnis.

Der Ed-Derr-Tempel. Es handelt sich um einen Felstempel, den man aus der Umgegend eines der größten, heute überfluteten Orte Nubiens, einst Sitz eines autonomen Verwaltungsbezirks, hierher versetzte. Vor ihm lag ein Pylon und ein Hof, die heute nicht mehr vorhanden sind. Der Tempel ist Ramses II. und Rê-Harachte geweiht und besteht aus einem ersten Pronaos oder Hypostylsaal, der ursprünglich drei Querreihen zu vier Pfeilern (die letzte Reihe bestand aus Osiris-Pfeilern) besaß, die jeweils dreiseitig mit Opferszenen geschmückt waren; ferner aus einem zweiten Hypostylsaal oder Vestibül mit unregelmäßigem Grundriß und gänzlich in den Fels gehauen, durch zwei axiale Reihen zu je drei Pfeilern unterteilt in drei Schiffe, sowie aus dem Allerheiligsten (in der Mitte) und zwei Kapellen (seitlich) an der Rückseite. Der erste Pronaos ist mit

Kampfszenen gegen die Nubier ausgeschmückt, das Vestibül mit Anbetungsszenen für Rê und andere Gottheiten, darunter auch der vergöttlichte Ramses II. selbst. Die Reliefs sind versenkt und mehr von historischer denn von künstlerischer Bedeutung. An der Rückwand des Allerheiligsten befinden sich vier verstümmelte, nur schwer identifizierbare Statuen (vielleicht Amun-Rê mit Ptah zu seiner Rechten und Ramses II. und Rê-Harachte zu seiner Linken).

Luftansicht der ramessidischen Tempel von Abu Simbel an ihrem neuen Standort über den Wassern des Nasser-Stausees. Dies war ein Beispiel für eine perfekte Einfügung eines Monuments in seine natürliche Umgebung, wie es Hatschepsut bereits bei ihrem Tempel in Dêr el-Bahri gelungen war. Im Morgengrauen ist der Anblick der Tempel besonders eindrucksvoll, wenn die Sonne jenseits des Sees über den Erhebungen der Arabischen Wüste aufgeht.

Die Tempel von Abu Simbel

Als sich die ägyptische Regierung zum Bau des Hochdamms von Assuan entschloß, stand man vor der Frage, wie man die größten nubischen Monumente und unter ihnen vorrangig die von Ramses II. erbauten großartigen Felsentempel von Abu Simbel, einen der größten Architekturkomplexe des Niltals, retten konnte. Verschiedene Projekte wurden vorgelegt – darunter ein italienisches, das vorsah, die in einem Zementkasten geschützten Tempel mittels einer Winde um 62 Meter anzuheben –, und schließlich entschied man sich dafür, die Tempel komplett zu zerlegen und an einem sicheren Ort wiederaufzubauen. Die beiden riesigen Felshöhlen wurden in 1036 Blöcke zu je

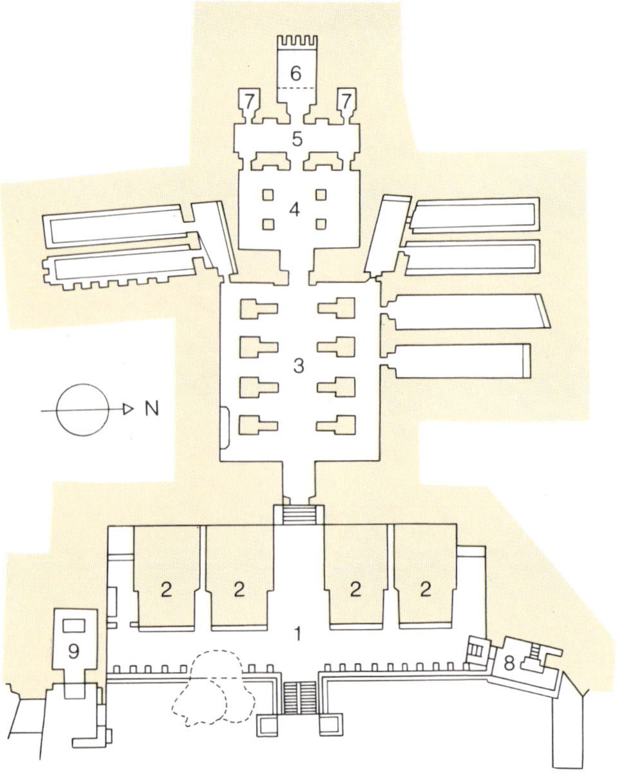

Oben: Plan des Großen Tempels von Abu Simbel: 1 Terrasse, 2 Kolossalstatuen Ramses' II., 3 Pronaos, 4 Säulensaal, 5 Vorhalle, 6 Allerheiligstes, 7 Kapellen, 8 Sonnentempel, 9 Kapelle des Amun und Rê.

Unten: Freilegung des Nordkolosses des Großen Tempels 1874 auf einer Zeichnung von Amelia Blandford Edwards, einer englischen Journalistin, die Ägypten besuchte. Während ihres vierwöchigen Aufenthalts in Abu Simbel beobachtete sie als erste das Phänomen der Sonnenstrahlen, die in bestimmten Wintermonaten auf die Statuen im Allerheiligsten des Großen Tempels treffen.

30 Tonnen zerlegt; der brüchige Sandstein wurde mit Kunstharzen, die man während der gesamten Arbeitsphasen einspritzte, widerstandsfähig gemacht. Tausende von Tonnen transportierte man auf diese Weise 60 Meter höher nach oben auf das Riff; die Höhlen wurden exakt rekonstruiert. Die Verbindungslinien der vorher numerierten Blöcke wurden so gut verborgen, daß im Inneren des Allerheiligsten keine Spuren die vollbrachte Arbeit ahnen lassen. Ebenso ging man an der Außenseite vor und hielt sich an die ursprüngliche Ausrichtung und Position: Heute scheint es, als hätte sich seit Jahrtausenden nichts geändert. Die Ende 1963 begonnenen Arbeiten wurden 1972 abgeschlossen, die offizielle Einweihung fand aber bereits am 22. September 1968 statt.

Der Große Tempel. Den größeren, am südlichsten gelegenen Tempel widmete Ramses II. den beiden Hauptgöttern Ägyptens, Amun-Rê von Theben und Rê-Harachte von Heliopolis, sowie Ptah von Memphis und sich selbst als vergöttlichtem Pharao. Vor dem Tempel öffnet sich eine Terrasse, die von einer Balustrade eingerahmt wird. Auf deren Sockel werden farbige Gefangene (auf der Südseite) und asiatische Gefangene (auf der Nordseite) gezeigt. Der Komplex hat eine Fassade (32 m hoch, an der Basis 38 m breit), die von ihrem Aufriß her an einen Pylon erinnert; davor sind vier Kolossalfiguren des auf dem Thron sitzenden Pharaos gestellt, 20 m hoch und aus dem gewach-

senen Fels skulptiert. Zwischen diesen Kolossen Ramses' II. befinden sich Statuen seiner Familienangehörigen: seine Frau Nofretari, seine Mutter, Töchter und Söhne. Die Kolosse sind gut erhalten, mit Ausnahme der links vom Eingang befindlichen Statue, die auf Kniehöhe abgeschnitten ist (die Überreste von Kopf und Torso liegen auf dem Boden); an ihrer Basis sind die Kartuschen Ramses' II. zu sehen; an den Sockeln des Sitzes am zweiten Koloß im Süden sind Gefangene aus dem Süden dargestellt, beim ersten Koloß im Norden sind Gefangene aus dem Norden dargestellt. An den Wänden des Sitzes, zu beiden Seiten des Eingangs und an den Sockeln des zweiten und dritten Kolosses (wenn man den im Süden als den ersten annimmt), sind die Nördliche und die Südliche Nilgottheit dargestellt, wie sie die Wappenpflanzen von Ober- und Unterägypten zusammenschlingen (Lilie und Papyrus), um damit die Vereinigung des Landes zu symbolisieren. Auf den Kolossen haben antike und spätere Besucher verschiedener Nationalität Inschriften auch in Griechisch und in Phönikisch hinterlassen.

Die Fassade wird von einem Torus eingerahmt, oben quer liegt ein Schmuckband aus Uräen und einem Fries in Hochrelief mit einer Reihe von 22 sitzenden Hundskopfaffen; unterhalb des Torus befindet sich die Widmungsinschrift und oberhalb des Eingangs in einer Nische das Hochrelief des Gottes Rê-Harachte, flankiert von zwei Figuren Ramses' II. (in Flachrelief), der Maat ein Bildnis darbietet. An der Südseite der Fassade sind

Der Große Tempel von Abu Simbel. Links oben: Fassade mit den Kolossen Ramses' II.; oben: Ausschnitt aus der Prozession der Amun-Barke an der Südwand des Säulensaals; unten: Darstellung von Lebensmitteln als Opfergaben aus der Wanddekoration der Vorhalle.

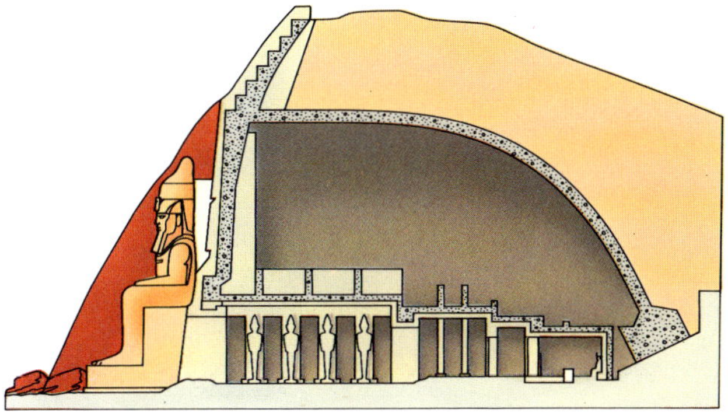

Oben: Schnitt durch den Großen Tempel von Abu Simbel. Der typische Aufbau des Tempels mit Cella wurde hier eingehalten, die verschiedenen bildenden Elemente wurden hier allerdings in den Fels geschlagen: Pylon, Hof (Pronaos), Säulensaal, Vestibül, Cella. Die Decke der Räume wird zunehmend niedriger, je weiter man zur Cella vordringt.

Links: Relief der Südwand am Pronaos des Großen Tempels von Abu Simbel in einer Illustration aus Monumenti dell'Egitto e della Nubia, *einer Zusammenstellung von Zeichnungen der toskanischen Expedition nach Ägypten unter Leitung von Ippolito Rosellini in den Jahren 1828–29. Sie zeigt Ramses II., wie er einen libyschen Heerführer tötet.*

drei Stelen eingemeißelt, darunter die „Hochzeitsstele" zum Gedenken an die im 34. Herrscherjahr stattgefundene Hochzeit von Ramses II. mit einer Tochter des Hethiter-Königs, die der Vater her begleitet hat. An der Nordseite, zwischen Fels und zweitem Koloß, befindet sich eine Gedenkinschrift des Pharaos vor Rê-Harachte und eine Inschrift von Siptah, einem der wenigen Könige, die neben Ramses II. in Abu Simbel genannt werden. Ein kleiner bedeckter Hof führt im Norden die Terrasse fort und bildet ein kleines, aus Stein erbautes Sonnenheiligtum (zwei Gruppenstatuen, die sich ursprünglich hier befanden, stehen jetzt im Kairoer Museum), während an der gegenüberliegenden Seite der Fassade eine Amun und Rê geweihte Felskapelle steht. Geht man ins Innere weiter, wird sofort die Volumenverringerung der Räume spürbar. Auf dem Architrav des Tors ist der König dargestellt, wie er Amun-Rê und Mut (links) sowie Rê-Harachte und der löwenköpfigen Göttin Ueretheka (rechts) opfert, während sich an der Laibung die Überreste einer Inschrift zur königlichen Widmung (rechts) und Kultszenen durch den Pharao (links) befinden, ein Thema, das auch an der Innenseite des Portals vorhanden ist. Man betritt den Pronaos, einen dreischiffigen, weitläufigen rechteckigen Saal (18 m lang, 16,70 m breit), durch zwei parallele Reihen zu vier Pfeilern mit 10 m hohen Statuen des Königs in Osiris-Gestalt. Die linken tragen die Krone Oberägyptens, die anderen die Doppelkrone. Die Decke des Mittelschiffs ist mit Geiern mit ausgebreiteten Flügeln und den Kartuschen des Pharaos geschmückt.

Der Reliefschmuck der Wände des Pronaos ist besonders interessant: Die Nordwand erinnert an den von Ramses II. im fünften Jahr seiner Herrschaft geführten Feldzug gegen die Hethiter, der mit der Schlacht bei Kadesch endete (der Text nennt die entsprechende Kriegsbeute); die Südwand erinnert an die Schlachten des Königs gegen Libyer und Nubier (in einer Szene kehrt Ramses auf dem Kriegswagen von der Schlacht gegen die Nubier heim, und man sieht den zahmen Löwen neben dem Wagen des Königs einherschreiten, eine königliche Gepflogenheit ab dem Neuen Reich), ferner an den Angriff auf eine syrische Festung und den siegreichen Zusammenstoß des Königs mit einem Libyer, außerdem Opferszenen und eine, in welcher der Gott Thoth den Namen von Ramses II. auf die heilige Sykomore von Heliopolis schreibt. Die beiden Halbwände im Westen enthalten Szenen von der Rückkehr des Königs aus einem Krieg und wie er Gefangene (auch Nubier) einer Triade aus Amun, Mut und ihm selbst als Gott (links) vorführt, sowie der König, wie er andere Gefangene zu Rê-Harachte führt,

Gegenüberliegende Seite: Inneres des Großen Tempels mit dem Pronaos und den acht Osiris-Kolossen, die Ramses II. im Gewand des Thronjubiläums darstellen. Die Kolosse links tragen die Krone Oberägyptens, die Kolosse rechts die Doppelkrone. Die Decke ist geschmückt mit Darstellungen von Geiern mit beschützend ausgebreiteten Flügeln (sie verkörpern die Göttin Nechbet). Als es Gianbattista Belzoni im August 1817 nach 22 Tage dauernden Grabungen als erstem gelungen war, einen Zugang zu diesem Saal zu finden, betrug die Temperatur im Inneren 55 ° C.

zu einer löwenköpfigen Göttin und zu ihm selbst als Gott (rechts). Von den Halbwänden im Osten zeigt die linke Szene mit Ramses II., wie er das rituelle Massaker von Gefangenen verschiedener Rassen vor Amun-Rê ausführt (auf dem Sockel acht Söhne des Königs mit dem Wedel und in anbetender Haltung), die linke trägt Königskartuschen und Szenen des vorherigen Ritus vor Harachte (am Sockel bieten neun Prinzessinnen und Königstöchter das Sistrum dar).

Es folgen ein Vorraum, ein Hypostylsaal (11,20 × 7,70 m), der auf vier Pfeilern ruht und an den Wänden Opfer- und liturgische Szenen aufweist, anschließend eine Vorhalle, wiederum mit Opfer und Kultszenen, die durch drei Türen mit Seitenkapellen in Verbindung steht sowie in der Mitte mit dem Allerheiligsten (4 × 7 m), wo die stark beschädigten Sitzfiguren von Ptah, Amun, dem Pharao und von Rê-Harachte (von links nach rechts) in den Fels gemeißelt sind. Die weiteren acht kleineren seitlich angeordneten Nebenräume dienten als Lagerräume für Kultgegenstände und Möbel, die aber schon seit Jahrhunderten aus dem Tempel entfernt wurden.

Hier sei nochmals erwähnt, daß wegen der besonderen Ausrichtung des Tempels und seiner Nähe zum Wendekreis des Krebses die Sonnenstrahlen bei Sonnenaufgang zwischen dem 10. Januar und dem 30. März und zwischen dem 10. September und dem 30. November direkt bis ins Allerheiligste vordrangen und, je nach Tag und Stunde, die Statuen von Amun-Rê, Ramses II. und Rê-Harachte (auch zwei gleichzeitig) beleuchteten. Man vermutet, daß dieses Phänomen zustande gebracht wurde, um ein wichtiges Jubiläum des Königs zu feiern, vielleicht das Thronjubiläum, ein feierlicher Anlaß, zu dem der Tempel möglicherweise errichtet wurde.

Die mindere Qualität des Sandsteins und ein Erdstoß beschädigten das Gebäude schon zu Zeiten Ramses' II. (einige zeitgenössische Reparaturarbeiten im Inneren und außen am Tempel sind erkennbar) und schließlich wurde der Tempel am Ende der 19. Dynastie endgültig geschlossen.

Oben: Hochrelief der Königin Nofretari am Koloß rechts vom Eingang des Großen Tempels. Die links sichtbare schmale Mauer wurde als Stütze für den rechten Arm des Kolosses Ramses' II. und Sethos' II. errichtet, wie man anhand der auf den Blöcken eingeschnittenen Kartuschen annehmen kann.
Rechts: Transport des Gesichts eines der Kolosse ins Lager während der Zerlegungs- und Wiederaufbauarbeiten der Tempel am neuen Standort. Die Kosten des Rettungsunternehmens der beiden Tempel, das sechs Jahre dauerte und an dem 900 Menschen beteiligt waren, wurden auf über 35 Mio. US-Dollar geschätzt.

Unten: Plan des Kleinen Tempels: 1 Eingang, 2 Säulensaal, 3 Vestibül, 4 Allerheiligstes.

Der Kleine Tempel von Abu Simbel.
Links: Relief im Vestibül mit der Darstellung der Königin Nofretari, die von den Göttinen Hathor und Isis gekrönt wird.
Oben: ursprünglicher Standort des Tempels während einer Nilschwemme.
Unten: Die Fassade am neuen Standort, der 60 m höher als der ursprüngliche liegt. Man sieht vier der sechs Kolossalfiguren, die diese schmücken, zwei von Ramses II. (in der Mitte) und zwei der Königin Nofretari.

Der Kleine Tempel von Abu Simbel.
Oben: Ausschnitt aus der Dekoration des dritten Pfleilers rechts im Säulensaal mit der Darstellung der Göttin Isis, ein Porträt der jungen Nofretari. Die schlanke Gestalt der Göttin gehört zu den Kanons, welche die Dekorateure der Zeit Sethos' I., des Vaters Ramses' II., anwendeten und die dann die ganze ramessidische Zeit über beibehalten wurden (links); Säulensaal des Tempels (rechts).

Gegenüberliegende Seite: Stimmungsvolles Abschiedsfoto des Nils: dazu das alte Sprichwort Qui aquam Nili bibit, rursus bibet.

Der Hathor-Tempel. Der Kleine Tempel von Abu Simbel, der in ganz geringer Entfernung nördlich des ersten steht, ist der Göttin Hathor und dem Gedenken an die Gemahlin Ramses' II., Nofretari, gewidmet. Ebenso wie der Große Tempel ist er vollständig in den Fels gehauen, weist aber eine schlichtere Anlage auf, die aus einem fast quadratischen Hypostylsaal (10,80 × 11 m) besteht, der von sechs Hathor-Pfeilern in zwei axialen Reihen zu je dreien in drei Schiffe gegliedert ist, ferner aus einer Querhalle, die an der Nord- und Südseite mit zwei ebenfalls schmucklosen Räumen in Verbindung steht, sowie schließlich aus dem Allerheiligsten im Hintergrund des Bauwerks.

Der Tempel ist nach Osten ausgerichtet, und an der Fassade, die außerhalb jedes in der ägyptischen Kunst schon existierenden Schemas konzipiert ist (sieben Strebepfeiler, die sechs Nischen bilden; der mittlere, breitere Strebepfeiler birgt das Eingangsportal), zeigt er drei Nischen pro Seite; diese enthalten eine Statue der Königin Nofretari und zwei jeweils 10 m hohe Statuen des Herrschers. Die Mauern der Strebepfeiler tragen Widmungsinschriften.

Die Pfeiler des Hypostylsaals sind mit einer Hathor-Maske geschmückt: Die Nord- und Südwand enthalten Opferszenen sowie eine Szene (auf der Südwand), in der Ramses II. von Seth und Horus die Krone von Ober- und Unterägypten erhält. An den Halbwänden im Osten feiert der Pharao das rituelle Massaker eines Gefangenen des Nordens vor Amun-Rê in Gesellschaft seiner Gattin Nofretari. An den Wänden im Westen opfert die Königin jeweils vor der Göttin Mut und vor der Göttin Hathor. Opferszenen dominieren beim Wandschmuck der Vorhalle (wo auch Nofretari von den Göttinnen Hathor und Isis gekrönt wird) sowie des Allerheiligsten, an dessen Rückwand die Hathor-Kuh dargestellt ist. Insgesamt wirkt der Tempel wie eine zarte Bezeugung ehelicher Zuneigung von seiten Ramses' II. an die Große Königsgemahlin, seine Frau Nofretari.

Literaturnachweis

Cyril Aldred, *Echnaton – Gott und Pharao Ägyptens,* Bergisch-Gladbach 1968; *Ägypten,* Köln 1962; *Die Juwelen der Pharaonen,* Herrsching 1980

T. Baldacci, *Il papiro,* Vortrag, Turin 1980

Claudio Barocas, *Egitto,* Mailand 1970; *L'Antico Egitto,* Rom 1978

Frh. Friedrich Wilhelm von Bissing, *Das Rê-Heiligtum des Königs Ne-wser-Rê,* Berlin 1905

A. Brakman u. K. E. Mallakh, *L'oro di Tutankhamen,* Novara 1980

Edda Bresciani, *Letteratura e poesia dell'antico Egitto,* Turin 1969

Bernard Bruyère, *Le tombe n. 1 de Sen-nedjem a Deir el-Medineh,* Kairo 1959

D. Bull u. D. Lorimer, *Up The Nile,* New York 1979

Jean, Capart, *Une rue de tombeaux à Saqqara,* 2 Bde., Brüssel 1907; *Thebes, the glory of a great past,* New York 1926

Howard Carter, *Tut-ench-Amun,* Leipzig 1934

Mohamed Effendi Chaaban, *Rapport sur une mission à l'obélisque d'Abguig,* Annales du Service des Antiquités de l'Égypte, XXVI, Kairo 1926

Emile Chassinat, *Le Temple de Dendera,* 9 Bde., Kairo 1934–47; *Le Temple d'Edfou,* 14 Bde., Kario 1928–34

Luis A. Christophe, *Abou Simbel et l'épopée de sa découverte,* Brüssel 1966

Silvio Curto, *Nubia,* Novara 1965; *Medicina e medici nell'antico Egitto,* Turin 1972; *L'Egitto antico,* Turin 1974; *L'Antico Egitto,* in: *Società e costume,* Turin 1982; *G. B. Belzoni archeologo dell'Egitto Antico,* Auszug aus „Bollettino del Museo Civico di Padova", Jhg. LXVII, 1978

François Daumas, *Le Temple de Dendara,* Kairo 1970

Nina de Garis Davies, *The Rock Tombs of Deir el-Gebrâwi,* 2 Bde., London 1902; *Five Theban Tombs,* London 1913; *The Tombs of two officials of Thuthmosis the fourth,* London 1923

N. de Garis Davies und A. Gardiner, *The Tomb of Huy, Viceroy of Nubia in the Reign of Tutankhamun,* London 1926

Nina u. Norman de Garis Davies, *The Tomb of Menkheperrasomb, Amenose and another,* London 1933; *The mastaba of Ptahhetep and Akhethetep at Saqqara,* 2 Bde., London 1900–01

Norman de Garis Davies, *The Tomb of Rekh-Mi-Rê at Thebes,* 2 Bde., New York 1943

Christiane Desroches-Noblecourt, *Tut-ench-Amun,* Berlin 1964

Sergio Donadoni, *La letteratura egizia,* Florenz und Mailand, 1967; *L'Egitto,* in: *Storia Universale dell'Arte,* Turin 1981

A. M. Donadoni Roveri, *La Valle dei Re,* Novara 1981

E. Drioton u. J. Vandier, *L'Égypte, Des origines à la conquête d'Alexandre,* Paris 1975

A. Erman u. H. Grapow, *Wörterbuch der Ägyptischen Sprache,* Bd. 1–7 und Belegstellen Bd. 1–5, Leipzig und Berlin 1926–1963

Alan H. Gardiner, *Geschichte des alten Ägypten,* Stuttgart 1965; *Egyptian Grammar,* London 1973

A. Giammarusti und A. Roccati, *File, storia e vita di un santuario egizio,* Novara 1980

G. Goyon, *Il segreto delle grandi piramidi,* Rom 1980

Labib Habachi, *I segreti degli obelischi,* Rom 1978

Herodot, (Historiae, dt.) *Das Geschichtswerk des Herodot von Halikarnassos,* Leipzig 1956

Jean-Philippe Lauer, *Le mystère des pyramides,* Paris 1974

Eugène Lefèbvre, *Les hypogées royaux de Thebes,* 2 Bde., Mission archeologique françois du Caire, Paris 1889

Gustave Lefèbvre, *Le tombeau de Petosiris,* Kairo 1924

Enrica Leospo, *Saqqara e Giza,* Novara 1982

R. Macramallah, *La mastaba d'Idut,* Kairo 1935

Geoffrey Martin, *Excavation at the memphite tomb of Horemheb, 1976; preliminary report,* aus „The Journal of Egyptian Archaeology", Bd. 63, S. 13–19, 1977; Vortragszusammenfassung von Robert Hari, *La tombe chapelle d'Horemheb à Saqqara,* Bulletin n. 5, Societé d'Égyptologie, Genf, Mai 1981

Gaston, Maspéro, *Histoire ancienne des peuples de l'orient classique,* Bd. I, Paris 1895

Arpag Mekhitarian, *Die ägyptische Malerei,* Genf 1954

Kurt Mendelssohn, *Das Rätsel der Pyramiden,* Frankfurt 1979

Siegfried Morenz, *Ägyptische Religion,* Stuttgart 1960

Sabatino Moscati u. a., *L'alba della civiltà,* Turin 1976

Charles F. Nims, *Thebes of the Pharaohs. Pattern for Every City,* London 1965

W. M. Flinders Petrie, *Kaun, Gurob and Awara,* London 1980; *Deshashe 1897,* London 1898; *Abydos,* 3 Bde., London 1902–04

Jacques Pirenne, *Histoire de la Civilisation de l'Égypte ancienne,* Bd. 1–3, Paris 1961–1963

B. Porter u. R. Moss, *Topographical Bibliography of Ancient Egyptian Hieroglyphic Texts, Reliefs and Paintings,* Bd. I–VII, Oxford 1927–1951

G. Posener, S. Sauneron, J. Yoyotte, *Dictionnaire de la civilisation égyptienne,* Paris 1959

J. E. Quibell, *Hieraconpolis,* 2 Bde., London 1900–02

Hermann Ranke, *Koptische Friedhöfe bei Karâra,* Berlin 1926

Alessandro Roccati, *Karnak e Luxor,* Novara 1981

Serge Sauneron, *Les prêtres de l'ancienne Égypte,* Paris 1958; *Le temple d'Esna,* 6 Bde., Kairo 1962–75; *Derniers temples d'Égypte: Edfou et Philae,* Paris 1975

Ernesto Schiaparelli, *Relazione sui lavori della missione archeologica italiana in Egitto (anni 1903–1920), vol. I, Esplorazione della „Valle delle Regine" nella necropoli di Tebe,* Turin 1923

M. Tosi u. A. Roccati, *Stele e altre epigrafi di Deir el Medina,* Turin

Jean Vandier, *Manuel d'archéologie égyptienne,* Paris 1969

Versch. Verf., *Guide du Musée égyptien du Caire,* Kairo 1964

Versch. Verf., *Lexikon der Ägyptologie,* Hrsg. Otto Harrassowitz, bisher 4 Bde., Wiesbaden 1975

Versch. Verf., *Égypte – Les Guides Bleus,* Paris 1976

Versch. Verf., *Occhio di Ra,* Turin 1977

Versch. Verf., *Il Nilo,* Novara 1978

Versch. Verf., *Enciclopedia Universale dell'Arte,* Bd. IV, Novara 1981

Versch. Verf., *Egitto Millenario* [Vortragssammlung, angeregt durch die Oberintendanz des Ägyptischen Museums Turin in Zusammenarbeit mit der Region Piemont und der Stadt Turin], Turin 1982

Achille Vogliano, *Rapporti degli scavi condotti dalla missione archeologica d'Egitto della Reale Università di Milano nella zona di Medinet Madi,* I–V, 1936–39

Irmgard Woldering, *Ägypten. Die Kunst der Pharaonen,* (in: Kunst der Welt), 2. Aufl., Baden-Baden 1962

Bildnachweis

Archivio I.G.D.A.: 24, 25, 56 b, 123, 124 a; M. Carrieri: 203; Crivello: 217, 218 a, 219 a; A Curzi: 95, 109 a–b, 127, 128, 130, 131; I.G.D.A./Bevilacqua: 52 b, 213, 214 a–b, 218 b, 219 b–c, 222 b, 223, 224 b, 227 a–b, 229 b, 230, 232, 234; I.G.D.A./Dagli Orti: 11, 12, 13, 15, 16 a–b, 17, 21, 22, 23 a–b, 26, 27, 29, 31, 34 a–b, 35 b, 36, 39, 40, 41, 42, 43, 44 b, 49 a, 50 a–b, 51, 52 a–c, 53 a, 54, 55 a, 56 a–b, 57 a–b, 58, 59, 60 b, 60–61 a–b, 61 a–b, 62 a, 63 a–b, 83 a, 85 a–b, 86, 88 a, 89, 92, 93, 94 a–b, 100 a, 101, 102–103, 103 b, 104, 105, 106, 111 b, 112 a–b, 113 a, 114 a–b, 115, 116, 117, 118 c, 119, 120, 121, 129, 134, 142, 145, 146 b, 149, 152 a–b, 153, 154–155, 156 a–b, 157, 159 a–b, 161 a, 162 a–b, 163 a–b, 164 a–b, 165 a–b, 168 a, 169 b, 171 a, 172 a, 174 a, 175, 176 a, 177 b, 178 a, 179, 181 b, 182 a, 185, 187, 188 a, 190, 193 a–b, 194 a, 195 b, 196, 197, 199 a–b, 201 a–b, 202 b, 206 a, 207, 211, 212 b, 226–227; I.G.D.A./Duba: 215; I.G.D.A./P.2: 225; I.G.D.A./Seemuller: 44 a, 48, 50 c, 60 a, 79, 148 a, 172 b, 191 a, 200; I.G.D.A.:G. Sioen: 74, 90, 96–97, 138, 146 a, 147, 170–171, 208 a, 210 a–b, 212 c, 218 c; I.G.D.A./Vergani: 73, 75, 76, 77, 80 b; Lovera: 108, 125; Pedrini: 141, 150–151, 154 a, 157, 158, 167, 183, 184, 188 b, 205, 233 a–b; Tosi/ Lovera: 133, 135, 136 b, 137 a, 139, 140.

Register

Die Hinweise auf den laufenden Text sind in Normalschrift, die Hinweise auf die Abbildungen sind *kursiv* gedruckt.
Es bedeutet ferner: P. = Plan, Grundriß